体育学研究生核心课程教材

体育管理学高级教程

吕万刚　张瑞林　徐茂卫　主编

Sports Management Advanced Course

中国教育出版传媒集团

高等教育出版社 · 北京

内容提要

本教材为研究生核心课程教材，教材全面贯彻落实党的二十大精神，以培养具有研究和创新能力的高层次体育专业人才为目标，以体现体育管理学知识的纵深和广度为主线，突出较鲜明的理论性、前沿性、指导性和开放性。全书共 11 章，主要包括：体育管理概述、体育管理的计划理论、体育管理的组织理论、体育管理的领导理论、体育管理的创新理论、公共体育管理、社会体育管理、体育产业管理、学校体育管理、竞技体育管理、国际体育管理。

本书为新形态教材，通过二维码关联了丰富的案例、拓展阅读、参考文献等资源，既可作为普通高等学校体育硕士研究生和博士研究生的教材，也可作为体育管理学教师、科研人员的参考用书。

图书在版编目（CIP）数据

体育管理学高级教程 / 吕万刚，张瑞林，徐茂卫主编. -- 北京 ： 高等教育出版社，2025.9
ISBN 978-7-04-062225-6

Ⅰ. ①体… Ⅱ. ①吕… ②张… ③徐… Ⅲ. ①体育－管理学－研究生－教材 Ⅳ. ①G80-05

中国国家版本馆CIP数据核字(2024)第095705号

体育管理学高级教程
Tiyu Guanlixue Gaoji Jiaocheng

| 策划编辑 | 范 峰 廖倩雯 | 责任编辑 | 廖倩雯 李佳妮 | 封面设计 | 王 洋 | 版式设计 | 徐艳妮 |
| 责任绘图 | 杨伟露 | 责任校对 | 高 歌 | 责任印制 | 刘思涵 | | |

出版发行	高等教育出版社	网 址	http://www.hep.edu.cn
社 址	北京市西城区德外大街4号		http://www.hep.com.cn
邮政编码	100120	网上订购	http://www.hepmall.com.cn
印 刷	三河市华骏印务包装有限公司		http://www.hepmall.com
开 本	787mm×1092mm 1/16		http://www.hepmall.cn
印 张	27		
字 数	620 千字	版 次	2025 年 9 月第 1 版
购书热线	010-58581118	印 次	2025 年 9 月第 1 次印刷
咨询电话	400-810-0598	定 价	56.00 元

　　体育承载着国家强盛、民族振兴的梦想。党的二十大吹响了促进群众体育和竞技体育全面发展、加快建设体育强国的号角，以科学的体育管理引领新时代体育事业高质量发展成为时代要求。研究生教育肩负着高层次人才培养和创新创造的重要使命，是国家发展、社会进步的重要基石。习近平总书记在对研究生教育工作的重要指示中指出，研究生教育在培养创新人才、提高创新能力、服务经济社会发展、推进国家治理体系和治理能力现代化方面具有重要作用。加强高校课程与教材建设是提升人才培养质量、实现高等教育高质量发展的重要抓手。

　　"体育管理学"是体育学研究生核心课程之一，旨在促使研究生全面掌握体育管理理论、及时了解体育管理前沿、深入思考行业发展问题，为个人学习、研究与成长奠定坚实的体育管理基础知识。

　　"体育学研究生核心课程教材"由国务院学位委员会体育学学科评议组牵头组织编写，对标"核心课程指南"，以习近平新时代中国特色社会主义思想为指导，以提高学生研究素养为核心任务，以培养科学创新创造精神为目标，以提升思想性、科学性、系统性、民族性和时代性为重点，打造高水平、高质量、高阶性的研究生教材。本教材以培养具有研究和创新能力的高层次体育专业人才为目标，以体现体育管理学知识的纵深和广度为主线，综述了体育管理学的核心概念、知识体系、研究内容、研究对象、发展历程等，构建了体育管理原理、管理职能、管理方法的系统理论体系，注重理论与实践紧密结合、传承与创新有效统一，具有鲜明的理论性、前沿性、指导性和开放性，教材的主要特点如下：

　　一是实现了本科与研究生教育的紧密衔接，较为系统全面地阐述新时代我国体育管理学的理论成果、实践发展等，有利于体育学研究生构建完整的体育管理知识体系。

　　二是实现了系统与开放的统筹兼顾，在构建完整的体育管理理论体系的同时，通过知识拓展案例等形式引入其他学科理论知识，体现跨学科交叉融合，以满足不同专业学生的学习需求。

　　三是实现了理论学习与技能掌握的有效结合，在教材体例、内容、设计等方面进行了知、学、用模式的创新。

四是实现了国际与国内的全面整合，积极引进国外先进研究成果和成功经验，密切联系国内实际，对体育管理的中国方案进行了尝试与探索。

五是实现了课内与课外的有机结合，构建了纸质教材＋数字化资源的建设模式，通过二维码链接丰富的案例、拓展阅读、知识链接等资源，既注重课内学习的深度，又注重课外研究与学习的广度。

本教材由武汉体育学院吕万刚教授、北京师范大学张瑞林教授和武汉体育学院徐茂卫教授担任主编，西安体育学院谢英教授、山东大学孙晋海教授和王先亮教授担任副主编，具体编写分工如下：第一章，北京师范大学张瑞林教授；第二章，山东大学孙晋海教授、王先亮教授；第三章，成都体育学院郭新艳教授；第四章，广州体育学院张宏教授；第五章，沈阳体育学院程文广教授；第六章，西安体育学院谢英教授、张恩利教授；第七章，武汉体育学院沈克印教授、董芹芹教授；第八章，北京体育大学王莉教授、首都体育学院梁金辉教授；第九章，西南大学黄晓灵教授、黄菁副教授；第十章，天津体育学院陈洪教授；第十一章，国际举重联合会力量与健身分会王艳秘书长、首都体育学院梁金辉教授。

在本书编写过程中参考了众多研究成果，得到了高等教育出版社的大力支持，在此表示真诚的感谢。由于编者水平有限，书中难免存在一些疏漏和错误，敬请各位专家、广大读者批评指正。

编者

2025 年 5 月

目录 CONTENTS

体育管理概述

本章导语

学习体育管理学，需要解决"体育管理是什么""体育管理研究什么"与"体育管理的基本规律与方法是什么"等核心问题。为了更好地解决上述问题，必须解决好"体育管理从哪里来"这一关键问题。正确对待并认识现实中的体育管理问题，科学合理地预测体育管理问题的未来发展趋势，有助于有效掌握体育管理的基本原理与科学方法，构建相对完善的体育管理学学科体系。体育管理原理反映了体育管理的基本理念和指导思想，体育管理方法是体育管理理论、原理的具体化和实际化。本章将追溯管理学与体育管理学的形成与发展，分析体育管理学科要素和体育管理系统，探讨体育管理的基本原理与方法，引导学生建立体育管理学习与研究的历史观、学科观与方法论。

学习重点和难点

学习重点：管理学、体育管理学的形成与发展，体育管理的定义、特征与体育管理学的学科特征。

学习难点：体育管理的系统构成，运用体育管理原理与方法分析相关实践案例。

第一节
管理学的形成与发展

　　管理，是人类社会存在的一种实践活动，有了人就会产生管理的问题。管理学的形成来源于管理实践，是对管理经验的总结与概括。从一定意义上讲，人类活动的特点为我们提供了管理的依据。

一、人类活动的特点

　　丰富多彩的人类社会活动，在生产、生活以及社会交往中体现出一些共同的特点，即人类活动具有目的性、依存性和知识性[1]。

（一）人类活动的目的性

　　马克思在分析人与动物的根本区别时指出，人是有意识的自由自觉的生命活动的客观存在[2]。人的能动性是其他动物所不具备的，突出表现为人属于有意识的高级动物。因此，从本质上分析，人类为达成一定目的而产生的有意识的行动是人的本质属性，人的本质属性也就赋予了人类活动的目的性特征。人类活动是由动机触发的，需求产生动机、动机触发行动，动机是实现目的的需要，人们总是为了达成一定的目的而采取相应的行动。所以，无论从人的本质属性分析，还是从人类实践活动分析，人类活动都具有目的性特征。

---

　　① 周三多，陈传明，鲁明泓. 管理学——原理与方法 [M]. 5版. 上海：复旦大学出版社，2009：4-5.
　　② 方青，孔文. 社会学概论 [M]. 合肥：安徽大学出版社，2005：60.

（二）人类活动的依存性

生命的进化历程显示，人类的产生是一个漫长的过程，在生命进化过程中人类是自然的产物[①]，同时，人类与自然相互依存。在从猿类到人类的进化过程中，人类不断适应自然环境，逐渐学会站立行走、用火、农耕、使用语言，在依存于自然环境生存的过程中，人类逐渐强大。人类与自然环境具有双向影响，一方面，人类的生存依赖于自然环境；另一方面，人类利用和改造环境，虽然提高了生活环境的居住适宜性，但不合理的自然改造过程也造成了污染、生态破坏等问题，自然灾害又对人类的生活产生了威胁。这就体现了人类活动的依存性特征，人类活动需要依存于自然环境等外部条件实现生存和发展。人类活动的依存性还体现在内部环境中，人的社会属性决定了人是社会化产物，人类需要依存社会而存在。需要理论也验证了人类活动的依存性，马斯洛的需要层次理论将人类的需求划分为生理需要、安全需要、社交需要、尊重需要和自我实现需要五大方面，不同需要层次和内容反映出人类对自然、社会等方面的依存性。

（三）人类活动的知识性

克洛伯认为人类能够把获得的学问、知识和成果传授给同伴和后代，这是任何其他动物所无法做到的[②]。这反映了知识对人类的重要性和人类活动的知识性。知识性体现在历史发展进程中，人类不断学习各类知识适应自然和社会条件，进而实现人类的生存和文明的进步，知识随着人类活动的开展逐渐丰富。知识性体现在人类社会的科技进步中，认识知识、学习知识、掌握知识、丰富知识、传承知识是人类社会科技活动的主要内容，正是不同知识在各个领域的运用，实现了科技的进步和人类社会的进步。知识性体现在人类活动的社会文明中，掌握知识提高了生产效率，同时，知识提高了人们的认识水平和社会文明程度，让道德规范、社会制度、法律规章等更加以人为本。

人类活动的目的性、依存性和知识性决定了管理的可行性，也为实施管理活动和研究管理科学提供了基本依据。

[①] 李哲. 生物进化的历程 [M]. 北京：中国画报出版社，2012：192.
[②] ［美］刘易斯·科塞. 社会学导论 [M]. 杨心恒，译. 天津：南开大学出版社，1990：72.

二、管理实践活动的变迁

研究认为，有据可考的最早的人类管理活动，可以追溯到公元前 5000 年，在幼发拉底河流域生活的闪米特人，最早发明了文字并开始有意识地记录原始的人类活动。其中，闪米特人对会计收支记账等方面的记录显示了管理活动在一定意义上已经形成了控制系统[①]。由此开始，管理实践活动在人类繁衍生息、丰富多彩的发展历程中逐步发展壮大起来。

（一）中国古代管理实践活动

公元前 3000 年左右，古老的中华文明已经诞生了部落和王国，部落、王国的管理也初具规模，夏、商、周、秦、汉等王朝更迭换代，每一个朝代的建立、繁荣和衰亡都显示了统治管理的人类活动。不同朝代设立的不同管理机构、统治政策等都是人类管理智慧的结晶，如历朝形成的州、郡、县等不同的行政区划制度，按照刑部、吏部、兵部、礼部、户部、工部六部设计建构的中央行政机构的管理体系。历朝历代积累了丰富的战争、战备等管理经验，形成了《孙子兵法》等至今具有学习、借鉴及研究意义的著作。由于人类生活和历史文化的积淀，中国历史上产生了大量的文学巨作，其中，很多涉及管理活动与管理智慧，如世人常用"半部论语治天下"来形容《论语》中的管理哲学。中国古代人民的管理活动还体现在修建长城、都江堰、良渚古城等大型军事防御、水利灌溉等工程上，中国古代人民依靠汗水和精密的组织管理创造了一项项世界奇迹。

诸多管理学相关的研究，将我国历史上人类管理实践活动中的智慧总结为顺道、重人、人和、守信、利器、求实、对策、节俭、法治[②]。其中，顺道，意指管理中的顺道而为，"道"包括原则、规律、内涵等，顺道强调管理者应遵循客观规律来实施管理行为，这是最朴素的管理思想之一。重人，意指管理工作中重视人的作用，将人作为管理的中心，历史上求贤若渴的管理故事众多，黄金台招贤、刘备三顾茅庐等无不成为佳话。人和，《孟子》有言"天时不如地利，地利不如人和"，天时地利人和是自古以来治国、齐家、个人成功等追求的至上条件，其中最为关键的是人和，强调发挥人与人相互间的合

---

① 周三多，陈传明，鲁明泓. 管理学——原理与方法 [M]. 5 版. 上海：复旦大学出版社，2009：3.

② 杨仕梅，李晓楠，曾霞. 管理学 [M]. 北京：北京理工大学出版社，2017：14-18.

作以及有利的人际关系环境形成的综合实力。守信，诚信广泛应用于治国理政、经商营生、社会交往等方面，是我国优秀的传统文化。诚实守信也是传统思想中管理活动的重要依据，子夏曰："君子信而后劳其民；未信，则以为厉己也"，君子在得到民众的信任之后才去役劳他们，没有得到信任就去役劳，民众就会认为是在虐害他们。仁、义、礼、智、信也被尊为儒家的"五常"和做人做事的道德准则。此外，商鞅"徙木立信"等典故皆是对守信管理思想的实践运用。利器，反映了古代人们对工具的重视和善于制造并利用工具的管理思想，《荀子》中提道："假舆马者，非利足也，而致千里；假舟楫者，非能水也，而绝江河。君子生非异也，善假于物也。"君子的本性与一般人没什么不同，只是君子善于利用外物罢了。求实，其中包含实事求是、追求实效等管理思想，儒家强调"守正"，即正确客观地看待问题，处理事情要适度适宜；而管子量力而行和事以时举，强调根据实际情况做力所能及的事，同时，要注重时机的选择，强调适宜的时间做适宜的事，要关注处理事情的效率。对策，古人战争、治国之中无不体现谋划、谋略的思想，强调"凡事预则立，不预则废""运筹帷幄之中，决胜于千里之外""谋定而后动"，反映了管理思想中谋划、规划、策略等观点，如诸葛亮草船借箭、田忌赛马、孙膑"减灶骄兵"、丁谓"一举而三役济"等。节俭，不仅是一种传统美德，也是治国、营商的重要准则，《史记》中记载"夫纤啬筋力，治生之正道也"，将节俭作为家庭美德和优良的生活作风；墨子言称"其财用节，其自养俭，民富国治"，也强调了节俭的作用。法治，历史上管子、韩非子等皆提倡法治思想，形成了以法治国的管理思想，"明法""一法"等法令至今仍有启发意义。

（二）世界历史上的管理实践活动

世界历史发展进程也历经了波澜壮阔的人类活动，其中诸多管理实践活动形成了奇迹。古埃及的金字塔由成千上万巨大的石块累积而成，当时的古埃及工人、奴隶仅仅依靠人力、畜力完成了看似不可能完成的任务，石块的光滑程度与紧密衔接、金字塔内部结构设计、石块数量精确的计算、科学化的组织管理至今令人叹服；古巴比伦的《汉谟拉比法典》以法律的形式将国家、社会、居民有效管理起来；古希腊的理想城邦、古罗马的《十二铜表法》等都是管理活动的智慧结晶[①]。人类发展史上的重要工程、重大活动等，无不散发着管理思想、管理智慧的光芒。

但现代意义上的管理活动起源于工业革命。18世纪60年代，一大批思想

---

① 刘琳，王金秋，胡云清. 管理学 [M]. 北京：北京理工大学出版社，2016：49.

家从工业实践中不断总结科学理论，工厂化管理、科学分工等相继出现，奠定了现代管理研究的基础[①]。其中包括亚当·斯密的分工理论[②]。亚当·斯密的《国富论》提出经济人假设和分工的思想：人都是利己主义的，都会从利己的角度出发实现自己的目的，利己主义是管理者实施管理包括各项管理制度设计的基本依据；分工思想认为分工有利于提高生产效率，劳动者因分工的专业化而不断提升劳动技能，分工简化了劳动过程与环节，并且提升了劳动效率。再如，科学生产制度。小瓦特和博尔顿是蒸汽机发明者詹姆斯·瓦特及其合作者的后代，两人发展了科学生产制度，提出按照生产流程要求，引进生产机器、配置产业工人、制定生产标准、强调零部件标准化，并且从会计制度的方面进行监督和考核。再如，现代人事管理制度。罗伯特·欧文重视人的作用，强调应改善工作条件、缩短工作时间、提高工作待遇等，倡导重视发挥人的作用。再如，数学管理。查尔斯·巴贝奇将数学的理论与方法应用到了生产管理之中，形成了数学思想与管理的结合，成为现代管理活动发展的重要阶段。他利用数学方法研究如何提高工作效率，研究时间与成本控制，计量工人工作的成果，分析预测市场的需求，研究工人在工资之外的利润共享等，成为促进现代管理科学化的重要探索。19世纪40年代末期，铁路、石油等行业快速发展，行业和企业规模的壮大为现代管理活动的兴起创造了有利条件，这一时期，职业经理人的产生成为企业发展的分水岭，自此管理活动向专业化迈进。管理教育的兴起是管理活动现代化的重要标志之一。企业管理人员不仅意识到了管理知识在企业实践活动中发挥的重要作用，而且愈发关注如何培养管理人才，1881年成立的沃顿商学院是美国第一所大学商学院，专门从事管理教育工作，是享誉世界的专业管理学院之一。

三、管理学的形成与发展

管理学理论的发展历经了古典管理理论、行为科学理论和现代管理理论三个阶段。

---

① 潘永明，毕小青，杨强. 管理学 [M]. 上海：上海财经大学出版社，2018：327.
② 刘琳，王金秋，胡云清. 管理学 [M]. 北京：北京理工大学出版社，2016：50.

（一）古典管理理论

工业革命后，随着社会生产力水平的不断提升，企业规模扩大、生产技术变革、管理日益复杂，依据传统的经验模式开展的管理活动已无法适应时代的要求，弗雷德里克·温斯格·泰勒、亨利·法约尔、马克斯·韦伯切斯特·巴纳德等人探索研究管理理论，初步构建了管理体系，形成了古典管理理论。

1. 科学管理理论

弗雷德里克·温斯洛·泰勒是科学管理理论的创始人。在米德维尔工厂，泰勒曾先后经历过企业学徒、工人、技术工人、车间主任、班组长、总机械师、总工程师等多个工作岗位，长期从事企业组织管理工作，并且积极开展企业管理研究，其著作《工厂管理》《科学管理原理》等系统论述了科学管理理论。科学管理理论以"经济人"假设为基础和研究前提，研究方法上主要以静态的观点研究管理的规律，主要观点包括：一是管理的中心任务是提高生产效率，计件制、计时制等是提高工作效率的基本方法。二是提高生产效率和工作效率，必须挑选"第一流的工人"，他们是适合某项工作并愿意为之努力的人员。三是工时制和标准化是提高劳动生产率的基础，标准工时、标准化工作、标准化工具等是提高劳动生产效率的有效途径。四是在标准定额的基础上实行差别计件工资制，制定工作的标准定额，根据工人不同的完成情况实施计件工资制。五是实行职能工长制，根据不同工作的专业化要求，设置适应专门职能要求的工长。六是实施管理控制的例外原则，管理过程中不必事无巨细，而应管理例外、控制例外。七是开展管理"心理革命"，打破劳资之间传统的对立关系，建立新型的互动协作关系。此外，吉尔布雷斯夫妇、甘特、埃摩森等传承并发扬了泰勒的科学管理理论，吉尔布雷斯夫妇通过动作研究和劳动简化提高了劳动生产率，甘特创造了甘特图表、任务奖金制度等理论，埃默森提出了资源利用效率、人员编制等管理理论[①]。

2. 组织管理理论

（1）一般管理理论

亨利·法约尔是一般管理理论的创始人，他早期参与企业的管理工作，并且长期担任企业的高级领导职务。法约尔于1916年出版了《工业管理与一般管理》一书。一般管理理论的主要观点包括：首先，区分了经营与管理，认为经营与管理存在着本质的差别。其次，概括并描述了管理的一般职能，即计划、组织、指挥、协调与控制，并且认为管理的职能广泛存在于一般管理活动之中。最后，提出了管理的14项一般原则，即劳动分工原则、权力与

---

① 杨仕梅，李晓楠，曾霞. 管理学 [M]. 北京：北京理工大学出版社，2017：19.

责任原则、纪律原则、统一指挥原则、统一领导原则、个人利益服务集体利益、合理的报酬、适当的集权和分权、秩序原则、公平原则、保持人员稳定原则、首创精神、人员的团结、跳板原则。一般管理理论形成了一套相对系统和完善的管理体系，强调管理中的一般原则、普遍适用价值等①。

（2）行政组织理论

马克斯·韦伯是行政组织理论的创始人，他对组织管理理论的贡献在于明确而系统地提出理想的组织应以合理合法的权力为基础，才能维系组织的连续和目标的达成。韦伯先后出版了《新教伦理与资本主义精神》《经济史》《社会组织与经济组织理论》等著作，以权力和权威作为出发点，提出了"理想的行政组织体系"。韦伯揭示了权威与组织的关系并划分了权威的类型，归纳了任命制、技术资格制、指挥体系等官僚制组织的特征，概括了最高领导层、行政官员层和一般工作人员层的组织结构。韦伯认为行政组织理论体系特点鲜明，组织应有明确的分工，形成自上而下的等级体系，实施严格的人员任用制度，采取专职职业定向，制定正式的规则和纪律。

（3）社会组织理论

切斯特·巴纳德是管理理论中社会系统学派的创始人，他将社会学的概念应用于组织管理研究之中，出版了《经理人员的职能》和《组织与管理》两本经典著作，并通过社会学的理论视角研究形成管理中协作和组织的理论体系。巴纳德独创性地提出了组织的概念，认为组织是一个有意识的协作系统，协作协调是组织功能发挥的关键所在；组织可以分为正式组织和非正式组织，非正式组织是正式组织中存在的无形组织；任何正式组织的形成都离不开基本的构成要素，明确的目标、协作的意愿和良好的沟通是组织的基本构成要素；组织效力是组织实现目标的能力，组织效率反映了组织效力发挥的程度；管理者的权威不是来自上级的授予，而是来自自下而上的认可。

此外，穆尼、厄威克等人也提出了组织的原则、行政管理原理等古典组织理论。

（二）行为科学理论

古典管理理论认为人是"经济人"，强调管理的领域、职能、原则，注重非人性化的作用，但是缺乏对人的关注，行为科学理论则更加重视管理中人的问题。20世纪30年代，一批管理学家注重从人的行为出发研究管理的规律，研究人的需求、人的心理活动，进而探索掌握人的行为活动规律，从人的角度寻找管理的新手段和提高劳动生产效率的新途径。

---

① 黄建春. 管理学 ［M］. 重庆：重庆大学出版社，2017：42.

1. 人际关系学说

埃尔顿·梅奥是人际关系学说的重要代表人物，是早期行为科学研究的奠基人。梅奥曾从心理学角度解释产业工人的行为，他认为影响因素是多重的，没有一个单独的要素能够起决定性作用，这成为他后来将组织归纳为社会系统的理论基础。其著作《工业文明的人类问题》《工业文明的社会问题》等将工人的心理问题置于"总体情况的心理学"进行探讨，使人的作用在管理中的位置受到重视。霍桑进行了著名的霍桑实验，其中包括车间照明实验、电话机继电器装配实验等，充分验证和形成了三个重要的观点：一是员工不是经济人而是社会人，工人的情绪影响劳动生产率。二是正式组织中存在非正式组织，管理者应该重视并发挥非正式组织的作用。三是通过提高员工的满足度来提高工作热情是新型管理者的管理能力。

2. 行为科学理论

行为科学理论从人的需求出发，研究人的行为并分析其规律，根据人类的需求规律探寻管理的原理。行为科学理论主要包括需要层次理论、双因素理论、三种需要理论、X-Y 理论等，要求管理者更加重视人的作用，并通过研究人的需要进行相应的激励和管理。

（1）需要层次理论

马斯洛提出了需要层次理论，他将人的需求划分为生理需要、安全需要、社交需要、尊重需要、自我实现需要五个层次。生理需要和安全需要是较低层次的需求，社交需要、尊重需要和自我实现需要是较高层次的需要。生理需要是人对衣、食、住、行等最基本的需要，是人生存的基本条件，管理活动中首先需要考虑的是生理需要；安全需要是对人身安全、生存条件稳定、免受疾病痛苦等威胁的需求，安全是个体的基本生活需要，管理者应在稳定与竞争之间做好平衡；社交需要是人作为社会人的必要需求，是高于生理和安全需要的需求，反映了人与其他人交往等人际关系需求，正视社交需求是塑造组织文化和打造高绩效团队的重要内容；尊重需要是对个体价值、自我价值、他人的认可与尊重等方面的自我感受，尊重属于较高层次的需要，也是个体追求的重要方面，管理活动中关注管理对象的尊严是管理的基本要求；自我实现是最高层次的需求，是个体发挥自我潜能、追求自我价值实现的需求，管理活动应在满足生理、安全、社交、尊重的基础上鼓励管理对象追求自我实现。需要层次理论分析了人的需求分类和层次划分，人往往在低层次需求得到满足后追求高层次需求，也并非要逐一实现每一层次的需求。

（2）双因素理论

弗雷德里克·赫茨伯格将人的需求划分为两方面的因素，分别是激励因素和保健因素，故称为双因素理论。激励因素是内在条件，包括工作性质、社会认可、自我成就和责任职责，不仅是激发管理对象工作热情和投入程度的关键要素，更是管理中的决定性因素。保健因素是外在因素，主要包括工资待遇、福利条件、工作条件、人际关系和企业政策等因素，保健因素影响管理对象的积极性，但并非决定性因素。管理者应重视发挥激励性因素的作用，激发管理对象的工作热情，为管理对象提供必要的保健性因素支持，但保健性因素提高到一定程度后激励的作用就不再显著。

（3）三种需要理论

三种需要理论是由戴维·麦克莱兰提出的，他将人的需要划分为成就需要、权力需要与亲和需要，三种需要是三种不同类型的人格特征。成就需要强者具有工作热情，能积极投入工作，提高工作效率，乐于接受挑战，不断追求更大的工作和事业成就，管理中应为成就需要强者提供具有挑战性的工作岗位；权力需要强者把追求支配和驱使别人的权力作为自我奋斗的动力，其特点是喜欢支配他人，对他人发号施令，追求获得领导地位和广泛的影响力，管理中应发挥权力需要强者的特性，将其合理安排在不同的管理岗位上；亲和需要强者追求别人的接纳认可和良好的社交氛围，其特点是喜欢与人交往，重视他人的认可程度，在意他人的评价，管理中应将亲和需要强者安排在团队氛围较好的工作岗位，发挥其融洽团队的作用。

（4）X-Y 理论

该理论是由道格拉斯·麦格雷戈提出的，他将传统的管理理论称为 X 理论，将自己提出的管理理论称为 Y 理论，X 理论将人视为消极人，即人是懒惰的，没有抱负、逃避工作、怕担责任，生理需要和安全需要是人最大的追求，管理中应软硬兼施、严加管教；而 Y 理论与之相反，认为人是积极人，愿意承担责任、追求卓越、奉献自我，自我实现、尊重、社交等需要是激励人的重要措施，管理中应激发个体的自我实现需求。

（三）现代管理理论

第二次世界大战以来，管理学家在行为科学理论的基础上，进行了大量的探索，形成了系统理论学派、决策理论学派、经验主义学派等管理学理论代表，繁荣的理论发展被称为"现代管理理论丛林"。

1. 系统理论学派

该学派以切斯特·巴纳德为代表人物，还包括理查德·约翰逊、弗里蒙特·卡斯特等学者，他们将系统理论的观点应用到管理研究中，认为不同社会组织、行业、部门等都可以被视为管理中的系统。系统是由相互联系的要素构成的有机整体，具有整体性和系统性等特征，应该在管理中运用系统的观点去认识问题、分析问题和解决问题。

2. 决策理论学派

该学派的代表人物是西蒙和詹姆斯·马奇，他们吸收行为科学、系统理论、计算机科学等众多学科的先进理论，集成应用到管理决策之中，将决策理论由经验主义上升到科学决策的层次。其主要观点是：管理的中心是决策，决策是一个复杂的过程，决策的目标是满意，决策类型可以分为定型化决策和非定型化决策。

3. 经验主义学派

该学派的代表人物是彼得·德鲁克、欧内斯特·戴尔。经验主义学派以企业管理实践作为研究对象，从现实出发寻找管理的科学与规律，进而形成以管理现实为基础的管理理论。经验主义学派的主要观点认为：管理应侧重于实际应用，不能仅停留在理论研究上；管理者的任务是深入了解管理目标和任务，进而组织形成统一的经营目标体系；运用管理的方法最终是为实现目标，并提出了目标管理法。

现代管理理论造就了大量的理论学派，推动了管理学理论的发展，预示着管理学学科的形成与壮大。20 世纪 80 年代以来，管理理论进一步丰富，战略管理理论、全面质量管理理论、组织文化理论、供应链理论、企业再造论、学习型组织理论等将管理学的研究再次推上高峰。此外，管理理论研究还不断向多层次领域和学科拓展，行政管理、教育管理、旅游管理、体育管理等行业性管理理论相继涌现。

第二节

体育管理学的形成与发展

体育是人类社会文化的重要构成要素。尽管体育的起源存在众多说法，但体育史的研究表明：体育是伴随人类起源及其活动而产生并不断发展的，具有悠久而深远的历史；体育活动的规则制定、组织开展、传承教育等无不蕴含着管理学的思想与智慧，一定意义上，体育管理活动始终伴随着体育的形成和发展。本节主要从人类体育活动的特点出发，分析学科形成的影响因素，进而归纳总结体育管理学的发展历程。

一、人类体育活动的特点

在人类从事体育活动的过程中形成了独特的活动本质、活动规律和活动特征，人类活动的特点成为管理体育活动的依据，成为探索体育管理学的重要规律。学者们对体育本质、体育功能等的研究成果显示：人类体育活动具有显著的健身性、教育性、文化性、竞争性、技能性、娱乐性和社会性[①]。

（一）人类体育活动的健身性

健身性是人类体育活动的本质属性，体育活动不仅可以增强人的体质、提升健康水平，而且可以有效舒缓精神压力、提高心理健康水平。体育活动可通过科学的方法体系和健身手段，有效发挥其对人的身体、心理和社会适应等方面的功能。体育活动健身属性特征的发挥，离不开科学的健身指导、合理的健身方法、良好的运动环境、适宜的体育组织等管理体系的支撑，毫无疑问，科学的体育管理是保障人类体育活动健身性的首要条件。

（二）人类体育活动的教育性

早期，人类将体育视为"以体育活动为媒介的教育"，该认识虽然具有狭义性，但是也从另一个角度反映了体育与教育的本质联系。人类在体育活动中传授体育知识、体育技能、体育精神等，构成了教育的重要组成部分。同时，人类在体育活动中潜移默化地传递规则意识、公平竞争、团结协作等理念，又形成了教育的特殊载体。体育管理活动将促进体育活动教育性功能的发挥，促进教育活动、教育形式更具有组织性和科学性。

（三）人类体育活动的文化性

体育是人类文化的重要组成部分，体育活动中的各种仪式、规则制度、体育精神、体育故事、体育人物等，形成了独特的体育文化，繁荣体育文化是推动体育强国建设的重要措施。文化的形成、发展和传承也需要管理活动

---

① 黄延春，梁汉平. 体育概论 [M]. 重庆：重庆大学出版社，2018：62-64.

介入，体育管理活动应重视发挥体育文化的作用，加强体育文化建设。

（四）人类体育活动的竞争性

竞争性是人类体育活动的基本属性，公平、公正的竞争赋予竞技体育生命和活力，竞争激发了人类追求极限的潜力，竞争赋予了人类通过体育不断创造奇迹的可能。体育活动竞争性的形成，依赖于科学管理创造的公平竞争环境、公正竞争规则和合理竞争安排，体育管理活动应激励体育活动中的公平、公正竞争。

（五）人类体育活动的技能性

人类体育活动的技能性是其存续发展、推广传承的重要形式，不同的项目具有不同的技能方法、技能内容和技能形式，人类总是在学习体育活动技能的过程中认识体育项目、掌握体育技巧、参与体育比赛等。体育活动离不开技能，技能性是人类体育活动重要的形式特征。体育技能的形成、传播和创新，需要有组织的体育管理活动加以辅助。

（六）人类体育活动的娱乐性

体育活动中的游戏、娱乐、休闲等元素，为参与体育活动的人带来快乐、放松的体验。同时，体育活动不同于一般休憩娱乐活动，是在参与体育、观赏体育等基础上进行的健康性娱乐行为。人类具有追求娱乐、休闲等美好生活的需求，通过体育管理活动塑造健康的体育娱乐价值观，既可以满足社会需求，又能有力地推动体育产业的蓬勃发展。

（七）人类体育活动的社会性

人类体育活动一方面为人类形成和迁移社会技能提供了有效载体，促进人类掌握社会交往技能并更好地融入社会；另一方面提供了社会交往的平台，以体育活动为载体的社会交往、国际交流案例屡见不鲜。例如，1971—1972年中国与美国两国乒乓球队相互访问、友好往来，不仅推动了中、美两国关系正常化的进程，也加速了中国走向世界的步伐。人类体育活动的社会性不仅为体育管理提供了依据，也为体育管理活动提供了途径和方法，而社会性方法也是解决体育管理问题的重要手段。

二、体育管理学形成的影响因素

体育管理学作为一门快速发展的学科，从其历史进程看，学科形成过程滞后于物质生产和经济活动领域科学化管理的进程，符合人类文明发展的普遍规律。由于体育是一种非物质生产活动，在很大程度上依赖物质生产过程，人类只有在物质条件达到一定水平时，才会更多地关注体育这一非物质生产过程，才会将在物质生产领域发挥重大作用的管理科学融入体育领域中来。综合来讲，体育管理学的形成主要受以下三方面要素的影响：

（一）体育自身发展的需要是体育管理学形成的根本动力

体育作为一种社会事业在其生存和发展过程中，必须处理好两方面的问题：一是体育系统与外部系统之间的关系；二是体育系统内部各要素之间的关系。随着人类文明和体育事业的发展，体育已从个体的身体锻炼发展成为社会公共事业的关键组成部分。体育与社会系统之间的联系愈加复杂，更加需要借助科学的管理理念和有效的管理方法对体育事业发展的规模、速度、类型、结构和布局等问题进行统筹规划、资源配置，以协调体育与外部系统之间快速变化、千丝万缕的联系。与此同时，体育事业的规模不断扩大，构成要素之间的联系也愈加复杂化，理应借助科学的理论与方法，从理论和实践两个维度作出解答。这些问题都是体育管理学的研究范畴。因此，体育管理学的形成与发展源于体育自身发展的需要。

（二）科学技术发展为体育管理学的形成发展提供了可能

第二次世界大战以后，人类在科学技术领域取得了重大突破，掌握了更多认识世界和改造世界的方法和工具。现代数学、现代物理、现代生物学、现代心理学及计算机科学等所提供的认识方法和科学工具，包括调查、统计、测量、实验、评价、预测等，都不断被体育工作者运用到体育管理领域，以此更系统、全面地发展体育系统。如果说体育事业的发展需要体育管理学的形成，那么现代科学技术就加快了这种需要成为可能的速度。

（三）经济管理理论与方法的成就对体育管理理论的辐射

经济基础决定上层建筑，经济领域的任何变化都或多或少会对社会其他部门产生影响。20世纪不但是科学技术高速发展的时期，更是管理科学在经济领域取得瞩目成就的时期。不论管理理论、管理方法，还是管理手段都发生了翻天覆地的变化。人们在赞美管理科学对经济发展带来巨大贡献的同时，也开始将其应用到其他部门，特别是非物质生产部门。体育工作者开始不断尝试将管理科学运用和融入体育领域。体育管理中经常使用的目标管理、质量管理、行为管理、计划网络管理等，都是对经济管理理论和方法的借鉴。因此，现代经济管理理论和方法对体育管理产生了不可忽略的影响，极大地促进了体育管理理论的发展。

三、体育管理学的形成与演变

体育管理学的形成与演变可以分为4个阶段：

（一）萌芽时期（20世纪30年代至50年代初）

早在18世纪，英国就出现了体育俱乐部并开始在全球范围内发展。19世纪中叶，美国商业体育赛事开始萌芽，取得了巨大发展的同时带动了美国体育产业的快速发展，这一时期对体育进行科学管理的需求愈加迫切。到20世纪30年代，美国学者开始将企业管理的原理和方法引入体育领域之中，这是体育管理专门化研究的开始。因此，人们普遍认为体育管理学最早起源于美国。苏联从20世纪40年代开始对体育管理学进行研究。1935年，我国学者金兆均编著出版了《体育行政》一书，标志着我国体育管理学理论研究的开始。体育管理学萌芽时期，管理思想、理论和方法开始孕育，其特点是研究处于自发阶段，研究人员、研究成果均较为零散，主要借鉴管理学，尚未形成独立且统一的体系。

（二）创立时期（20世纪50年代中至60年代初）

随着对体育管理研究的深入，体育管理理论体系逐步建立。20世纪50年代，美国正式将体育管理学列为大学课程，开始系统培养体育管理的专门性人才。1955年，查尔斯·布切尔编著出版《体育与竞赛运动计划的行政管理》。1966年，美国俄亥俄州立大学将体育管理学纳入研究生专业课程。20世纪60年代初，苏联和东欧社会主义国家也陆续在高校推出体育管理学课程，并有大批体育管理学教材和专著问世，较为著名的是1961年出版的《苏联体育组织学》，后改名为《体育运动管理学》并作为苏联正式通用教材。这一时期，日本也出现了体育管理学的著作，1949年竹之下臧撰写出版《学校体育管理法》，1953年宫细虎彦出版了《体育管理》。我国在20世纪50年代中期开始出现了一批体育行政讲义，但并未形成专门的教材或著作。体育管理学专著和教材的涌现以及体育管理课程的设置是体育管理学正式创立的标志。

（三）发展时期（20世纪60年代至70年代末）

20世纪60年代后，体育管理学发展迅速，人们从经济管理领域不断移植管理方法到体育领域的同时，也开始了对体育管理自身规律的探讨，希望能够推动体育学科与管理学科相互融合，并且能够逐步建立起系统化的体育管理学理论体系。20世纪60年代至70年代末，学者对体育管理的理论研究更加深入，主要标志是体育管理学的理论体系初步建立，其特点是管理学理论与体育实践之间的结合更加紧密，体育管理学开始出现自身的学科特征。

（四）相对成熟时期（20世纪80年代至今）

随着体育学科的不断发展，人们对体育和体育管理的认识也更加深入。自20世纪80年代起，人们对体育管理的研究从侧重体育行政管理、学校体育管理、业余运动训练管理，逐步向重视职业体育管理、体育俱乐部管理等方面转变。体育管理学研究方向与体育实践发展方向表现出相一致的特点，这也标志着体育管理学逐渐成熟。但学科成熟具有相对性和动态性。在此时期，我国体育管理学也正处于起步发展阶段。1982年，国家体育运动委员会（以下简称"国家体委"）将体育管理学作为新兴重点建设学科，开始出现了体育管理学教材并开设体育管理学课程。

从体育管理学学科与专业建设来看，各国体育管理学的发展都取得了较大的进步，并处于不断发展和完善的时期。美国开设体育管理专业的学校数量不断提升，专业内容主要包括体育运动管理、体育行政管理、体育组织与管理等。欧洲的诸多商学院设立了体育管理的相关专业，如全球体育和户外管理、体育活动管理、旅游与休闲体育管理、国际商业赛事管理、体育管理与市场营销。我国的体育管理教育主要形成了公共事业管理、旅游管理、体育产业管理三个专业方向，构建起了学士、硕士、博士三级人才培养体系[1]。

第三节
体育管理与体育管理学

从体育管理实践到体育管理理论，体育管理学逐渐形成一个专门的学科体系，具备了独特的概念、特征、目标、研究对象与研究方法等，成为体育学中重要的基础性学科。

一、体育管理的定义

管理的定义一直是管理学探讨的核心问题，学者根据对管理本质认识的不同提出了一系列不同的管理学概念。其一，职能论。以法约尔为代表的管理学者认为管理是由计划、组织、指挥、协调及控制等职能组成的活动过程。其二，决策论。西蒙认为管理就是决策，管理的过程就是决策的过程，决策的过程分为调查明确决策原因、制定可供选择的行动方案、选择方案付诸实施、评价决策并制定新决策。其三，环境论。孔茨和韦里克认为管理就是创

---

① 孙越. 中国体育管理专业发展研究 [D]. 北京：北京体育大学，2012：31-32.

造良好的环境促使他人高效率地达成既定目标的过程①。其四，有效论。罗宾斯强调有效率和有效果地实现管理，将管理界定为协调他人的工作，有效率、有效果地实现组织目标的过程②。其五，综合论。周三多等认为，管理是管理者为了有效实现组织目标、个人发展和社会责任，运用管理职能进行协调的过程。他们认为管理是有意识、有目的的行动，管理是有效的，管理的本质是协调，协调是运用管理职能的过程③。总体来看，目前管理的概念并未取得一致的认可，但有关管理的几个观点是明确的：第一，管理是一个过程；第二，管理是为了实现一定的目标；第三，管理是通过他人实现目标的；第四，管理目标的达成需要通过管理职能来实现；第五，管理的过程追求有效率；第六，管理的目标追求有效果。以上观点为体育管理概念的探讨提供了指导。

体育管理的定义源于管理，同时兼顾体育和管理两个层面的内容。当前学界较为认可的体育定义为：体育是一种以身体运动为主要手段的实践，是人们以自觉意识支配下的身体运动作为主要手段对自身进行改造，以满足享受和发展需要的实践④。体育管理的定义是建立在体育定义的基础上，体育管理所涉及的体育事务也伴随体育的变化而改变。国内外学者将管理的概念引入体育管理中，大致形成了"职能论"和"协调论"两类体育管理界定的方法，职能论认为体育管理即为运用计划、组织、领导、控制、创新等管理职能对体育事务进行管理的过程；协调论认为体育管理即有效整合资源创造良好环境实现体育目标的过程⑤。以上体育管理的定义，因其角度不同均有其合理性。但是综合体育的本质、管理概念的认知、体育管理的规律，体育管理的定义应具有综合性和专门性，综合性即综合考虑体育与管理的有机结合，专门性即充分反映体育管理的本质规律。为此，本书将体育管理定义为：体育管理是运用计划、组织、领导、控制、创新等职能，整合各类体育及相关资源创造良好环境，协调各类人员有效率和有效果地达成体育目标的过程。

① ［美］哈罗德·孔茨，海因茨·韦里克. 管理学［M］. 郝国华，金慰祖，葛昌权，等，译. 9 版. 北京：经济科学出版社，1993：6-11.
② ［美］斯蒂芬·罗宾斯，玛丽·库尔特. 管理学［M］. 刘刚，程熙鎔，梁晗，等，译. 13 版. 北京：中国人民大学出版社，2017：1-10.
③ 周三多，陈传明，鲁明泓. 管理学——原理与方法［M］. 5 版. 上海：复旦大学出版社，2009：11.
④ 秦椿林. 体育管理学高级教程［M］. 北京：高等教育出版社，2009：8-9.
⑤ 秦椿林. 体育管理学高级教程［M］. 北京：高等教育出版社，2009：28.

二、体育管理的基本特征

体育管理反映了体育运行的基本规律，管理过程中呈现出目的性、系统性、有效性和协调性等特征。

（一）目的性

人类的活动具有目的性，目的性是人类活动的本质特征。体育管理亦是有目的的活动，是人们为了解决体育领域的事务达成体育组织或者个体目标的过程。为此，体育管理具有目的性，并且体育管理应围绕体育组织目标开展管理活动。体育管理的目标主要分为三类，一是经济效益类目标，即提升体育组织的经济效益，从产业的角度通过体育管理提高管理效能，获取更大的经济收益；二是社会效益类目标，即获得更大的社会效益，如促进全民健身活动以提升国民体质健康水平、举办体育赛事以扩大城市影响力、进行科学训练以提高运动员竞技水平等；三是综合类目标，由于体育事业的公益属性，很多体育管理活动兼具经济效益和社会效益目标，如发展健身休闲服务业，不仅能够创造经济效益，也能够满足预防疾病、促进健康的社会公众需求。

（二）系统性

系统是为了达成一定目标而形成的有机整体。首先，体育管理要形成一个系统，管理者和被管理者构成管理的主体系统，主体之间共同努力以实现体育组织或个体的目标；其次，体育管理的执行过程运用了各类资源，包括人力、财力、物力资源等，各级各类资源有效整合形成体育管理系统；最后，体育管理综合运用了体育管理的计划、组织、领导、控制、创新等各类职能，职能之间的有效整合形成了体育管理职能系统。为此，体育管理具有显著的系统性，并且系统性与体育管理目标的达成之间具有密切的联系。

（三）有效性

达成体育管理目标的过程是体育管理的核心内容，通过体育管理有效达成目标是体育组织的追求。反之，体育管理无法完成目标或者目标的达成效率过低，则失去运用和实施体育管理的意义。为此，体育管理必须具有有效性，其包括两个层面的意义：一是有效率，效率是指一定时间内完成的工作量，强调了体育管理应用最短的时间取得最大的成效，应通过技术改进、流程再造、自主学习等方式不断提高体育组织的运行效率。二是有效果，效果是体育管理促进最终目标达成的程度，强调体育管理工作与体育管理目标的方向一致性，体育管理中应通过计划的执行、体育组织的设计、人员的合理安排、工作过程的控制等促进各项工作围绕体育组织目标展开。

（四）协调性

管理的内涵清晰地表达出了管理在于通过被管理者的工作实现组织目标的要求，体育管理同样反映了该特征，体育组织的管理者通过管理对象的工作实现组织目标。而管理对象如何开展工作达成目标？管理对象的工作效率如何？一系列问题决定了管理的有效性。在体育管理过程中，管理者通过协调管理对象之间的关系，形成体育组织的合力，达成体育组织的目标。管理者与管理对象之间的关系、管理对象之间的关系、各项系统内工作的关系等，均需要相互协调以提升管理效能。为此，协调性决定了组织效能的高低以及组织目标完成的情况，体育管理应具有协调性特征。

三、体育管理学的学科特征

体育管理学学科具有历史性、社会性、综合性和适用性的学科特征[1]。

（一）历史性

现代体育管理学是建立在研究管理学历史的基础上，是对前人管理实践、经验、思想、理论的扬弃和发展。体育管理学的发展历史和前人对管理经验的理论总结，构成了建立现代体育管理科学的依据。

---

[1] 　张瑞林. 体育管理学［M］. 3 版. 北京：高等教育出版社，2015：11-13.

　　◆◇◆

（二）社会性

体育管理学的社会性是指体育与管理的两重性在现代管理学中有同样的反映。国内外的科学管理理论和方法，总是与当时的社会制度和阶级属性紧密联系在一起的，研究体育管理学时应当坚持使用科学的方法，取其精华、去其糟粕。

（三）综合性

体育管理学是一门综合性很强的学科。体育管理学作为体育管理实践的理论指导，建立在自然科学和社会科学的基础之上，吸收了多学科多领域的研究成果和先进技术，与政治学、伦理学、教育学、数学、环境科学、计算机科学与技术等有着密切的联系。体育管理学研究要广泛地从这些学科及其理论中吸收营养，推动自身不断进步与成熟。

（四）适用性

体育管理学的适用性是指这门学科的实践意义，强调体育管理学是一门为体育管理者提供管理工作指导的实用性学科，具有较强的实践价值。体育管理学的研究要强调理论与实践相结合，要注意在实践中总结和提炼理论，又要注意将提炼的理论应用于实践，指导实践。

四、体育管理学的研究对象与方法

每一门学科均有其研究对象和研究方法，研究对象和方法所具有的特殊矛盾性，是这一学科与其他学科区别的重要标志[1]。体育管理学也不例外。

---

① 张瑞林. 体育管理学 [M]. 3 版. 北京：高等教育出版社，2015：13-14.

（一）体育管理学的研究对象

体育系统庞大而复杂，存在于社会系统的大环境中，受到社会环境中各种因素的影响与制约，同时也以自身的力量影响着社会系统的运行与发展。体育事业的发展，是建立在社会政治、经济、文化系统的发展之上，表现出一定的滞后性。随着人类物质文明的不断进步和人们对包括体育在内的非物质文化需求的不断增加（如"马拉松热""广场舞热"等社会现象都反映出了近些年人们对体育需求的不断增加），体育不断从分散、自发的"小体育"状态向自觉集中的"大体育"状态过渡，并以其社会普适性（不分男女老幼、不分社会地位）、国际性（不分国界与肤色）、参与性（亲身参与）及教育性（培养集体主义、爱国主义情感等）等特点成为人类社会中全球性的文化现象之一。现代体育之所以蓬勃发展，与人们不断探索体育系统的管理规律，对体育系统进行科学管理密不可分。而体育管理学，就是以体育管理的实施过程、体育管理过程的基本规律和一般方法及体育管理的本质和结构为研究对象的科学。

（二）体育管理学的研究方法

体育管理学的研究，首先要以马克思主义为指导，坚持以辩证唯物主义和历史唯物主义的方法论为基础，要用联系的、发展的和全面的观点去分析问题的实质，要用实践作为检验真理的唯一标准，反对唯心主义。体育管理学常用的研究方法有：

1. 理论研究的方法

理论研究的方法主要是探索体育管理与哲学、心理学、社会学、政治学、经济学、法学等学科之间的相互关系，为体育管理学的发展提供必要的理论支持，同时将系统科学、计算机技术、控制论与信息论等理论和技术运用到体育管理中，加强体育管理的科学性和理论性。例如，扎根理论研究法强调在资料中建构理论，最终形成涵盖开放式登录、关联式登录和核心式登录的三级编码过程。

2. 科学实验和调查统计的方法

科学实验和调查统计的方法是通过科学实验、调查统计、总结经验，进而从规律的层次来认识体育管理的一种方法。在使用该类方法时，可充分利用可控的因素，对个别专门问题进行现场实验，探索其客观规律，或采用调查研究的方法，通过数量统计进行理论分析，将得到的理论知识应用到实践中去，这样既指导体育管理的过程，又能在实践中检验体育管理的规律，进一步丰富体育管理的理论体系。

3. 比较研究的方法

比较研究的方法是体育管理学研究中的重要方法之一。由于历史传统不一，文化渊源不同，世界各国的体育事业发展情况存在较大差异，所以体育管理的规律也会有所区别。我国体育事业的发展，不能闭关自守，而应该立足本国国情，放眼世界，用比较研究的方法去分析各国体育管理理论的优缺点，从中汲取适用的经验。此外，也可以在几种不同的方法中进行比较研究，从而确定最为经济、有效的办法。

4. 历史研究的方法

历史研究的方法是从中外体育史和体育管理史中总结经验教训，扬长避短，探索体育发展的规律，推断体育发展趋势的一种方法。历史研究的方法主要包括两项内容：一是分析体育管理史上的典型事件，总结体育管理规律和方法；二是根据体育管理典型事件的分析，总结经验进而指导未来体育管理工作的开展。

5. 实证研究的方法

随着系统工程、数学等方法的发展，体育管理学研究中实证研究方法的越来越重要，成为促进体育管理学研究的重要手段。体育管理中实证研究的方法很多，研究中较为常用方法有三种，一是体育管理测量研究。选择科学适宜的量表类型，根据研究的问题开发和构建测量量表，对量表进行验证和修改，提高量表的效度，开展量表的测量实施，回收量表并进行统计和应用。二是体育管理相关性研究。解决体育管理系统中不同要素之间的关系，主要研究方法包括二元分布法、皮尔逊（Pearson）相关分析法、假设检验法、回归分析法。三是体育管理模型研究。结合体育管理的实际问题构建体育管理模型，然后获取并输入数据进行模型检验，最后得出结论和建议，常用的体育管理模型包括结构方程模型、系统仿真模型等。

案例 1-1

阅读文章：J. Zhang J, W.Du J, J. Wang J, et al. 体育管理研究与理论构建、检验中的核心问题——体育管理学研究设计、测量和分析系列 [J]. 上海体育学院学报，2016，40（1）：4-11.

回答问题：体育管理研究与理论建构的核心问题是什么？

第四节
体育管理的系统构成

体育管理具有系统性特征，体育管理工作的实施需要形成一个由相关要素构成的有机整体，即体育管理系统。体育管理系统一般包括体育管理主体、体育管理客体和体育管理中介，主体是管理实施者，客体是管理受控者，中介是联系主体和客体的桥梁，三者共同构成了体育管理系统。

一、体育管理主体

体育管理主体是体育管理的实施者，主要为各类体育组织及其管理人员，是从事体育管理的人力资源队伍。体育组织将在第三章专门介绍，本章主要介绍体育管理人员。体育管理主体具有主观能动性，体育管理队伍建设的优劣决定了体育管理水平的高低。

（一）体育管理主体的分类

根据划分标准的不同，体育管理人员可以进行多种类型的划分。按照管理层次划分，可以划分为高层管理人员、中层管理人员和基层管理人员；按照管理人员性格类型，可以划分为专权型管理人员、民主型管理人员和放任型管理人员；按照管理人员的业务类型，可以划分为专业技术型管理人员、非专业技术型管理人员。不同类型的管理人员承担着不同的体育管理角色和任务，需要匹配相应的权力。

（二）体育管理主体的技能

体育管理人员必须具备三类技能，分别是概念技能、人际技能和技术技能。概念技能是体育管理人员宏观把握体育组织全局性要素及其复杂关系的抽象、认知、概括能力，人际技能是体育管理人员处理体育组织内部及外部各类人员关系的能力，技术技能是体育管理人员掌握体育以及管理等领域内专门知识、技术和方法以达成体育组织目标的能力[①]。不同层次的管理人员对各类技能的要求存在差异，高层管理人员对概念技能要求较高，中层管理人员要求三类技能要均衡，基层管理者对技术技能的要求较高。国内学者对不同层次管理人员的能力进行了图解划分，建立了不同层次管理人员的能力结构图，反映了不同层次管理人员所需能力的差异，具体内容如图 1-1 所示。

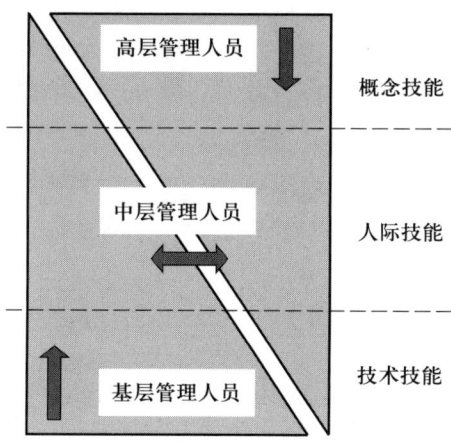

图 1-1　不同层次管理人员能力结构图

二、体育管理客体

客体是体育管理的对象，指体育管理主体所支配、协调、开发、利用、提升和运用的各类体育资源。体育管理的本质以及协调性特征决定了体育管理工作的实施必须依靠体育资源的整合与作用的发挥，为此，体育管理客体在体育管理中具有不可或缺的作用，是体育管理工作的基础保障条件。体育管理客体，根据资源属性可以划分为体育自然资源客体、体育社会资源客体、体育文化资源客体和体育组织资源客体等；根据资源类别可以划分为体育人力资源、体育物质资源和体育财力资源等；根据体育事业可以划分为竞技体

---

① ［美］斯蒂芬·罗宾斯，玛丽·库尔特. 管理学 ［M］. 刘刚，程熙鎔，梁晗，等，译. 13 版. 北京：中国人民大学出版社，2017：36-50.

育资源、群众体育资源、体育产业资源、体育文化资源和青少年体育资源等。体育管理主体与体育管理客体之间存在相互依赖的共生关系，体育管理主体通过体育管理客体的有效整合实施体育管理工作，体育管理客体作用的发挥离不开管理主体的主导与协调，两者之间以及两者内部良性互动体系的形成构成了体育管理系统的框架，如图 1-2 所示。

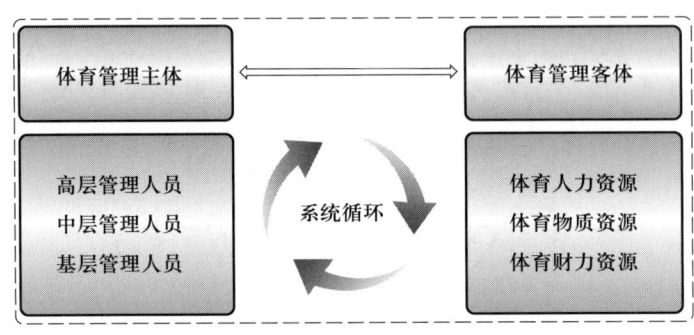

图 1-2　体育管理系统构成图

三、体育管理中介

　　体育管理中介是体育管理主体为了达成目标所采用的各类管理职能、管理方法、管理工具等，是体育管理主体作用于体育管理客体的桥梁和纽带。体育管理中介是体育管理系统的重要构成内容，在衔接体育管理主体与客体、提升管理效能等方面具有重要作用。体育管理中介的内容之一为职能，职能是指体育管理主体所发挥的作用或者是体育管理者的各类管理行动，管理职能主要包括计划、组织、领导、控制、创新，计划是对管理活动的谋划和安排，组织是为实现目的所设置的职能划分与人员配置，领导是影响他人高效率实现目标的过程，控制是确保各类人员活动依计划而行或监控各类行动在正常轨迹上运转的手段，创新是一种新型的资源整合方式。体育管理中介的内容之二为方法，体育管理必然采用适宜的管理方法解决体育组织中的问题。体育管理的具体方法包括行政方法、法律方法、法规方法、宣传方法、心理方法、经济方法、教育方法等，不同的管理方法各自具有优缺点，也有不同的适应性应用场景，体育管理主体应根据需要合理地选择管理方法。体育管理中介的内容之三为工具，管理工具是体育管理主体为提高管理效率而采用的各类管理载体，如大数据平台、物联网、云存储、人工智能等，科学技术的快速发展赋予了体育管理新的载体工具，体育管理主体应不断引入适宜的管理工具，提高体育管理的效能。

第五节
体育管理原理与方法

　　原理是根本性的规律和法则，体育管理原理反映了体育管理活动的实质和根本规律，是体育管理活动的行动指南与理论依据。体育管理原理具有客观性、概括性、稳定性、系统性的特点。管理方法是为了实现管理目标、保障管理活动顺利进行而运用的手段、方式、途径和程序等的总称。管理方法是管理原理的自然延伸与具体化、实践化，管理原理必须通过管理方法才能在管理实践中发挥作用。

一、体育管理原理

（一）体育管理原理的定义

　　体育管理原理是人类经过长期管理实践探索后形成的具有一定规律性的认识，是对体育管理工作实质内容进行科学分析总结而形成的基本规律，是对体育管理现象的共性抽象，是对各项体育管理制度和管理方法的高度综合与概括，是对体育管理实质及其客观规律的表述，是体育管理实践经验的总结与升华，是指导体育管理活动实施的基本准则。

（二）体育管理原理的特征

　　体育管理原理具有客观性、概括性、稳定性和系统性特征。

1. 客观性

客观性是指事物不受主观思想或意识影响而独立存在的性质。管理原理是对管理实践活动进行客观表述和规律性认识，带有理论的抽象性与概括性，不以人的意志为转移。它在直观经验性认知的基础上，经过理论研究与分析，反映事物内部的内在联系和事物发展的必然趋势。作为指导体育管理实践的本质性规律，体育管理原理必然要高于体育实践活动，但又源于体育实践行为，具有客观性。因此，在进行体育管理活动时，必须遵循管理的客观规律，以科学的管理原理为指导，从而达到理想的管理效果。

2. 概括性

体育管理原理是在高度综合和概括管理活动客观规律的基础上而得出的具有普遍性、规律性的结论。体育管理原理之所以能够适用于各种不同的管理场景和过程，是因为它反映了各种管理活动中的共同规律，同时也舍弃了各种管理过程的个性化特点，从而也就抽象化了。抽象化程度越高，越能体现普适性。在运用体育管理原理进行分析概括体育管理活动的规律时，必须对其相关条件和联系进行明确描述和说明，充分考虑有关因素与前置条件。

3. 稳定性

体育管理学作为一门应用性学科，会伴随体育管理改革和管理实践的发展而使自身不断得到补充与调整。虽然管理技术与方法在不断更新与完善，管理思想也逐渐推陈出新，但是在众多的体育实践发展变化中，管理原理保持相对稳定，具有"公理"的性质，因为它反映了体育管理活动的普适性规律，具有普遍性指导意义[①]。

4. 系统性

管理原理不是若干真理或原则的简单堆砌，也不是各种相关论点的机械组合，而是根据体育管理内在的根本问题形成的一个相互联系、相互依存的统一体。体育管理原理从不同实践角度出发，反映管理的根本问题，各原理之间不是孤立存在的，而是密切相关的；不是千篇一律的，而是各有侧重的。某一管理原理只有与其他原理相互配合时才能发挥作用，如果孤立地使用某一原理，有可能发挥不出应有的作用，无法提高体育管理的效果。

（三）体育管理原理的基本内容

体育管理原理主要包括系统原理、人本原理、责任原理、效益原理和动态原理。

---

① 张瑞林. 体育管理学 [M]. 3版. 北京：高等教育出版社，2015：21-22.

　　　　　　　　　　　　　　　　　　　第一章　体育管理概述

1. 系统原理

系统，是指由若干相互联系、相互作用的要素在一定环境中构成的具有特定功能的有机整体。就其本质来说，系统是"过程的复合体"。[①] 一个完整的系统必须具备三个条件：一是具备两个以上的系统要素；二是要素与要素之间、要素与系统之间、系统整体与环境之间存在相互关联、相互作用的联系；三是系统整体具有明确的功能。这三方面条件缺一不可，否则无法形成一个完整的系统。

（1）系统原理的内容

若干部分按照某种方式整合成为一个系统，就会产生出整体具有而部分或部分的总和没有的东西，即系统的涌现性。它是由系统的结构方式相互作用、相互补充、相互制约而激发出来的，体育管理实践中强调"整体大于部分之和"。系统原理主要着眼于考查系统的整体性，即体育管理主体从整体的角度，科学把握系统运行的规律，运用系统的管理方法、手段，实现体育系统目标的过程。系统原理还应考量构成系统的各个子系统的地位与作用，系统整体的优化需要多层次子系统的最佳组合而实现。各子系统及其环境均处于不断运动和变化中，是系统生存和发展的基本前提。掌握系统原理需要把握以下要点：一是整体性原则，即系统要素之间的相互关系及要素与系统之间的关系，以整体为主进行统筹协调。二是动态性原则，系统内部的联系就是一种运动，系统与环境的相互作用也是一种运动，运动是系统的基底。三是开放性原则，任何有机系统均为耗散结构系统，系统与外界不断进行物质、信息和能量的交换，才能维持系统基本的生命力。四是环境适应性原则，系统不是孤立存在的，它要与周围环境产生各种联系，环境可以施加影响于系统，系统也可以施加作用于环境。五是综合性原则，系统是多种复杂关系甚至对立因素相互作用的结果，需要考查其中的共性和规律。

（2）系统原理的应用

在体育管理中应用系统原理的基本要求有：

① 局部与整体相结合

整体是由局部（部分）构成的，整体统摄局部（部分），局部支撑整体，局部行为受整体的约束、支配。因此，需要把二者有机地结合起来，在系统的整体观下建立对局部的描述，然后综合局部的描述以建立对整体的描述，即从局部走向整体，从整体走向局部。以学校体育管理子系统为例，它与其他类型体育管理系统是相联系的，对这一子系统的认识，我们既要从整体角度进行大教育、大体育的统筹，又要从局部角度对体育课程、课外活动等进行具体考虑，实现学校体育工作的协调运行，从而达到自身功能和社会功能

---

① 周三多，陈传明，鲁明泓. 管理学——原理与方法 [M]. 3版. 上海：复旦大学出版社，1999：112-113.

的实现。

②　定性描述与定量描述相结合

任何系统都具有定性特性和定量特性两方面。定性特性是对某事物特性和变化趋势进行分析和判断，定量特性是通过尽可能精确的数理手段描述，对体育管理问题进行说明。定性描述是定量描述的基础，若定性描述不正确，则定量描述会将认识引向歧途；定量描述是为定性描述服务的，可以使定性认识更加深刻和精确。在体育管理中管理者应在正确认识定性描述的前提下，尽可能采用定量描述对管理过程进行精确安排，以更加精确和准确地组织与控制体育管理过程。

③　系统分析与系统综合相结合

要了解一个系统，首先要进行系统分析：一要知道这个系统是由哪些要素和部分组成；二要明确系统各要素之间的关联方式；三要进行环境分析，确定系统所处的环境和功能对象，了解系统与环境如何相互影响以及环境的特点和变化趋势。其次还要进行系统综合，系统综合是综合对局部的认识以求得对整体的认识，或综合低层次的认识以求得对高层次的认识。综合的任务就是把握系统的整体性。在体育管理过程中，首先要对管理系统进行综合分析，厘清各组成部分以及各子系统间的关联形式，分析内外部环境，从整体上把握整个管理系统；其次在管理进程中，对部分或子系统的认识综合，可更好地对整体进行把握。

2.　人本原理

管理的人本原理是20世纪80年代以来在世界范围内兴起的管理思潮。人本原理是以人的全面、自由发展为核心，以组织共同愿景为引导的一种管理模式。任何管理者都会在管理过程中影响下属的发展。同时，管理者行为本身又是管理者人性的反映。组织的人力资源状况是组织成功的关键，在实施每一项管理措施、制度或办法时，不仅要考虑管理行为的经济效益，还要考虑对人精神状态的影响，要分析它们是使组织成员精神状态更加健康、人性更加健全，还是起相反的作用。

（1）人本原理的内容

以人为本，是现代体育要弘扬的一个重要价值观念。人本管理的思想主要体现为：人是组织的主体，组织是由人来管理的，管理是为人服务的。体育发展的最终目的，不仅是使人的潜力和创造力获得全面发展，更重要的是提升人的价值观念。体育管理过程的起点必须是人，必须将满足人的物质需求与精神需求结合起来，实现人的全面发展、满足人民对美好生活向往的发展目标。体育管理中的人本原理就是一切体育管理活动都以调动人的主观能动性、积极性和创造性为根本原则，使全体人员明确整体目标、个体职责以及二者之间的相互关系，积极主动、有创造性地完成工作职责。人本原理的核心观点为：人是管理的核心，管理过程要依靠人，管理目标为了人。人本管理在实践中表现出多种形态，根据发展的难易程度和基本顺序，可以将人本管理划分为5个层次，分别为：情感管理、民主管理、自主管理、人才管理、文化管理。

（2）人本原理的应用

在体育管理中应用人本原理的基本要求有：

① 满足人的生存需求是体育管理的前提

现代管理学认为，物质动力、精神动力和信息动力是推动管理系统向系统整体最优化目标发展，促使人高效率、创造性完成工作任务的基本手段。其中，以满足人的生存需求为主要标志的物质动力，是最原始也是迄今为止最重要的方法。当然，体育管理不能只停留在满足人生存需求的低层次上，体育管理活动需要多种管理措施，满足人的生存需求只是其中一个基本的前提。但只有解决好这个问题，其他措施才能顺利实施。

随着人们生活条件和生活环境的不断改善，体育成为个人、家庭、社会生活中的一种行为方式，体育在提高人的身体素质和健康水平、促进人的全面发展、丰富人的精神文化生活等方面有着不可替代的重要作用。人本原理要求在管理中以人民群众为中心，办人民群众满意的体育作为衡量体育发展的重要指标。

② 促进人的全面发展是体育管理的重要目标

人的精神自由和全面发展是体育发展的追求目标，也是体育管理活动中的核心问题。人本原理要求在管理中树立人本观念，特别是尊重人和人的全面发展。在管理实践中，不仅要把人作为生产力的首要因素，更要把关心人、尊重人、解放人与发展人作为管理的目标。此外，还要创造能够使人发挥才能和体现主观能动性的良好机制与环境，为组织中的人树立"管理是为人服务"的核心理念，重视构建和谐的组织公共关系。在体育管理活动中，要在管理体制、管理方式、管理手段上体现出关注人的心理、重视人的精神需求，尊重人的个性展示与发展，实现人的自信、尊严和价值，这也是体育管理发展的必然趋势。

此外，体育能带给人自由发挥的创造灵感和挑战生理极限的勇气，同时又要求人们具有服从集体的团队意识。将中华体育精神在体育管理中广泛应用，在管理过程中形成公正为怀、公平行事的管理风格，有助于达到提升人的精神境界的重要目标。

3. 责任原理

责任是组织和岗位存在的重要依据，落实责任原理是体育管理主体最基本、最重要的任务。

（1）责任原理的内容

古典管理观认为管理的最大目标是追求企业经济利益最大化。社会经济观认为管理不仅要追求企业经济利益的最大化，还要增加社会财富，表现出对环境、社会、利益主体所在社区的责任等。

　　体育管理工作中为了实现管理的效率和效益，需要基于合理的分工与明确的责权划分，明确各部门和个人必须完成的工作任务和所要承担的责任。责任原理的核心是：责权明确、责权对等、奖罚分明。在这个过程中应充分挖掘人的潜能，不断提高管理效能。

　　职责、权限、利益与能力之间的关系应遵循等边三角形定理，能力可以略小于职责，这样使得工作更具挑战性，从而促进管理者学习新知识、树立新理念，努力提升管理效果[1]，具体内容如图1-3所示。

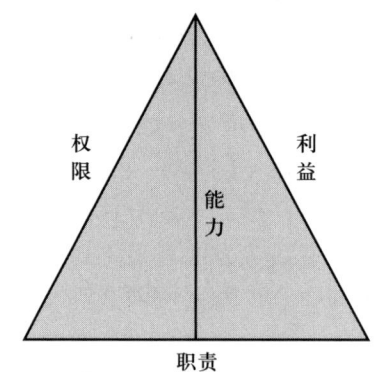

图 1-3　职责、权限、利益、能力之间的关系图

　　（2）责任原理的应用

　　要充分发挥人的作用，最有效的办法是在合理分工的基础上明确每个人的职责。分工是生产力发展的必然结果，也是生产力发展的必然要求。在合理分工的基础上确定每个人的职位，明确各职位应担负的任务，这就是职责。所以，职责是职位和责任的统一，是维护正常管理秩序的约束性要求，也是个体的基本任务。它是以制度性规定来体现的，不是随心所欲的产物，主要通过规程、条例、范围、目标、计划等形式对工作的数量、时间、效益等方面进行严格规定。

　　① 科学划分职责

　　那么，如何明确职责？首先，职责界限划分要清晰。应按照与工作结果联系的密切程度，划分出直接责任与间接责任、实时责任与事后责任。以学校体育管理为例，在一线工作的体育教师，对教学活动负实时责任与直接责任；而管理部门应负间接责任和事后责任。其次，职责内容要具体明确。即将学校体育管理的内容——体育教学、群众体育、运动队训练与竞赛、体育设施等管理工作责任到人，以便于执行、检查与考评。再次，职责中要包括

　　① 姚莉. 管理学原理［M］. 北京：人民邮电出版社，2013：67-68.

纵向联系、横向联系，将不同责任联系在一起，如体育设施管理的责任人要对体育教学、运动训练、群众体育和比赛活动负责，各部门之间协调配合完成学校体育工作。最后，职责要落实到每个人，并进行监督。否则，职责不清，会导致管理上的混乱和效率的低下。

② 合理匹配职责与能力

一个人能否承担起一定的职责，取决于他的能力、职位和报酬等。责权对等就是要将每个人的权利和责任进行匹配，职位设计与权限设定要合理。其中，能力是承担一定职责的关键因素，能力主要包括能力大小、擅长领域等不同层次，不同的能力应承担不同的责任、适应不同的职位、获取不同的报酬。管理不仅是一门科学，又是一种艺术，管理者要创造性地进行责任划分、人员配备，将合适的人用到合适的岗位上。同时，对于管理者而言，不同的管理应具有不同的能力，运用系统化的科学知识是管理者能力的体现。

③ 平衡职责与权力

明确了职责，就要授予相应的权力。管理是对人力、财力、物力、信息的支配与使用，如果没有一定的人事权、物权、财权，没有人能对工作进行管理。根据一定的职责，赋予相应的权力，才是真正意义上的管理，才能够使体育管理者认真履行职务责任。

实行与职责相对应的权力，就意味着责任者要承担责任风险。任何管理者在承担责任风险时，都会自觉不自觉地对风险与收益进行权衡，然后才决定是否值得承担这种风险。在体育管理实践中，有时会出现上级放权、下级反而不要权的现象，根本原因就在于责任与权力不对等、风险与收益不对称。因此，在明确了职责与权力的同时，还要明确承担责任所带来的利益。这种利益既包括物质利益，又包括精神上的荣誉等。

④ 做好职责的监督

在体育管理中对每个人的工作表现及其绩效给予公正、公平的评价，做到奖惩分明，将有助于落实岗位职责，提高人的积极性，充分挖掘人的潜能，引导组织中的每一个个体的行为向符合管理需要的方向变化，提高体育管理效率和效益。例如，对教练员和运动员实行奖金激励措施，鼓励运动员顽强拼搏，对参加省级以上大型综合性比赛并获得较好名次的运动员及其教练实行奖金奖励，并参加不同性质比赛、获得不同比赛名次的运动员进行数额不等的奖励，从而提高运动队训练的积极性和创造性。建立健全组织奖惩制度，使奖惩工作规范化、制度化，是实现奖惩公正、公平、及时的可靠保障，使奖惩做到有章可遵，有规可循。

4. 效益原理

效益是体育管理永恒的主题。任何组织的管理都是为了获得某种效益，管理效益的高低，直接影响组织的生存和发展。

（1）效益原理的内容

① 效益、效率与效果的概念

所谓效益，是指在社会活动中劳动的消耗同取得符合社会需要的劳动成果的对比关系，即有效产出与投入之间的比例关系。效益可分为社会效益和经济效益。效益至少包含两层意思：第一，投入与产出的对比关系，这表明效益是一个相对化概念。例如，在运动竞赛中我们不能只看到所夺得金牌的数量和举办体育活动的数量等体育产出指标，还应关注因为"产出"而在体育工作中所进行的"投入"的大小。第二，产出（所得成果）必须符合社会需要。例如，对体育公共物品的供给必须满足群众体育的需求，否则只会造成资源的浪费，没有什么效益可谈。

效益与效率、效果之间既有联系，又有区别。效率是指某一特定系统所消耗的能量与所收获效果的比率，强调单位时间内取得的效果数量，反映了劳动时间的利用状况，与效益有一定的联系。效果是人们在进行体育管理实践中通过某种行为、方式或因素实现目的的结果。它强调目的性，但在体育管理实践中即使结果符合某种目的，也不一定能产生效益。只有当其被社会所接受，才是有效益的。

② 体育管理效益评价

体育管理效益分为经济效益和社会效益，一般来说，经济效益相比于社会效益更为直接。经济效益可以通过若干经济指标来进行评价，而社会效益则难以进行计量评价，主要通过定性的方式来评估。

经济效益评价主要针对经营性体育产业活动，可以通过货币化的投入与产出之比进行评价。例如，一个体育俱乐部可以通过其在一段时间内的投入所带来的产出评价其运行效益。这种可以直接用货币来衡量体育工作成绩的评价比较容易，关键是体育工作者要树立效益观念，不能让只注重结果的"政绩观"掩盖了"效益观"。

社会效益评价主要针对投入与产出之间没有直接可比性的体育工作，管理者必须寻求其他方法加以评价，并使之具有可比性。多数体育部门（如学校体育管理部门）属于非物质生产部门，其效益主要表现在国家和社会投资体育事业时所产生的效益，如推动社会进步，提高全民族健康水平，丰富社会文化生活以及在精神文明建设中所发挥的作用等。

（2）效益原理的应用

体育管理效益的实现必须遵循一定的规律，处理好各种关系。

① 正确处理体育管理活动中局部效益和全局效益的关系

如果全局效益差，局部效益难以持久；如果没有局部效益的提高，全局效益也难以实现，应把二者有机结合起来。例如，2022年北京冬奥会一批雪上运动场馆的建设不仅为比赛提供了竞技支持，同时也促进了大众冰雪运动与冰雪体育产业的发展带来了举办地公共服务和基础设施的提档升级，催生了冰雪产业市场的需求。

② 正确处理体育管理活动中当前效益和长远效益的关系

体育管理效益的实现，要重视当前效益，更应重视长远效益，构建可持续发展的效益观。可持续发展与效益原理结合，就是要在追求经济效益的同时，保持与生态环境和社会环境的协调发展。体育的发展既要注重技术的先进性、经济的收益性，又要注重对社会发展的效用性。例如，体育产业的高质量发展既要注重体育产业布局、产业结构、产业内容等方面的调整创新，还要将体育产业纳入国家经济体系与社会发展的宏观框架下，考虑体育产业与政治、经济、生态、文化等领域的可持续发展效益。

③ 正确处理体育管理活动中经济效益和社会效益的关系

体育管理效益的直接形态是通过经济效益表现出来的，而社会效益则是在潜移默化中体现出来的。经济效益的实现是社会效益实现的基础，而社会效益的提高又是促进经济效益提高的重要条件。在体育管理中必须坚持既讲经济效益又讲社会效益。

总之，体育管理的局部效益与全局效益、当前效益与长远效益、经济效益与社会效益是客观存在的，正确处理好它们之间的关系，体育管理效益才能得到充分、全面的实现。

5. 动态原理

（1）动态原理的定义

体育组织内、外部环境都处在不断变化之中，因此，并不存在固定的体育管理模式。随着改革开放的深入和体育事业的发展，我国体育管理工作的管理理念、管理方法和服务对象等均已发生了很大变化，并且还会发生更大的变化。内、外环境的变化要求管理者正视变化，并妥善进行管理应对。实践证明：只有因情况采取有针对性的管理举措才是有效的管理。因此，动态原理是指体育管理者应不断更新观念，在处理管理问题时避免僵化的管理思想和方法，不能凭主观臆断行事，而应根据环境条件的变化权宜行事[①]。

（2）动态原理的应用

动态原理的应用要求做到随机制宜、弹性管理与及时反馈三方面。

① 随机制宜

在管理实践中，任何特定的管理理论和方法都不能解决所有的管理问题，只能适应特定的管理活动。在体育管理过程中必须从实际出发，不能犯教条主义错误，也不能仅凭主观臆断采取管理措施，而应根据管理对象、管理目标以及内、外环境的变化，因时、因地、因人实施相应的管理。

---

① 张文昌，顾天辉. 现代管理学（原理卷）[M]. 2 版. 济南：山东人民出版社，2004：50-54.

② 弹性管理

体育管理活动纷繁复杂，受多种因素的影响，而各种因素间又存在很多微妙的联系，这就要求管理者尤其是领导者在管理过程中应富有弹性。在面对动态变化的内、外部环境时，管理者要在运用各种管理手段和措施、周密计划和安排的同时，尽可能多地考虑各种因素，在作出决策和处理问题时要考虑事物可能的变动并留有调节余地。

③ 及时反馈

在动态管理中，面对体育管理系统的复杂性，必须具备健全、及时、灵敏、准确、高效的信息反馈机制，对体育管理过程中出现的新问题、新动态作出信息反馈[①]。一旦原有计划与目标或客观实际情况发生偏差、冲突，就应适时判断调整，及时采取有效的措施，以确保组织目标的实现。

二、体育管理中常用的方法

体育管理方法是为了实现组织目标而在体育管理活动中采用的手段、方式和措施等。管理原理必须通过管理方法才能在管理实践中发挥作用，管理方法是管理原理的具体延伸，又呈现出稳定性。按照不同的划分标准，管理方法有不同的分类，这些不同分类的管理方法组成了管理方法体系[②]，如图 1-4 所示。

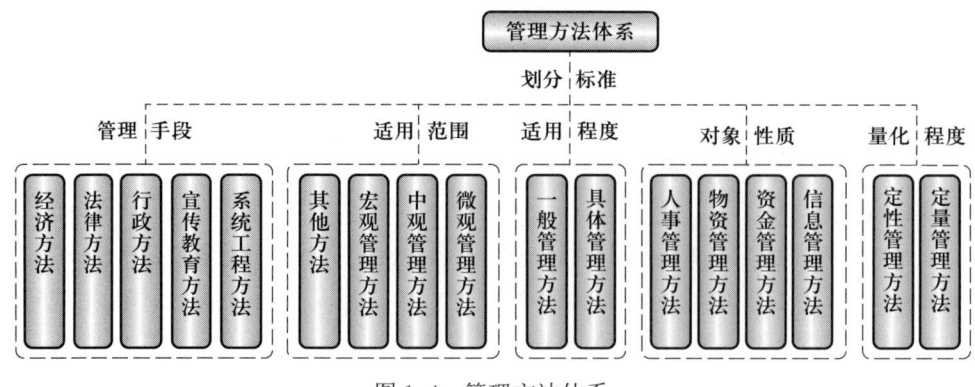

图 1-4　管理方法体系

① 杨跃之. 管理学原理 [M]. 2 版. 北京：人民邮电出版社，2016：9-10.
② 王建民. 管理学原理 [M]. 3 版. 北京：北京大学出版社，2015.

按照管理手段划分，管理方法可以分为经济方法、法律方法、行政方法、宣传教育方法、系统工程方法等；按照管理的适用范围分类可以分为：宏观管理方法、中观管理方法、微观管理方法和其他方法；按照管理的适用程度分类可以分为一般管理方法和具体管理方法；按照管理的对象性质分类可以分为人事管理方法、物资管理方法、资金管理方法与信息管理方法；按照管理的量化程度可以分为定性管理方法和定量管理方法。下面重点分析按照管理手段划分的几种常用的管理方法。

（一）经济方法

经济方法是指遵照客观经济规律的要求，运用经济手段来调节体育系统内各方面的利益关系，调动人们的积极性和主动性的一种管理方法，是体育管理中常用的方法之一。

1. 作用和优点

经济方法能充分调动管理者和被管理者的工作积极性，便于分权和进行横向联系。其作用表现在两方面：一方面，在宏观管理上通过发挥价格、税收、信贷等经济杠杆的作用，调节和控制体育管理中的经济活动；另一方面，在微观管理上通过工资、奖金、罚款等制度来调节国家、集体和个人三者之间的物质关系，充分发挥经济的激励作用。经济方法具有规律性、制约性、广泛性等特点。

2. 缺点和正确运用

经济方法也有一些缺点，如容易导致一些人过于追求自身经济利益而不惜牺牲他人和社会的经济利益，助长尔虞我诈与巧取豪夺的倾向，加剧贫富差距与分配不公等。因此需要正确运用。

要注意将经济方法与法律方法、宣传教育方法结合并用，才能获得较好的效果。首先，经济方法需要法治的保证与法律的规范，从而保证个人在追求自身经济利益的同时不致侵害他人和社会的利益。其次，经济方法还需要宣传教育方法的配合。

（二）法律方法

法律方法是指通过各种法律及司法、仲裁工作，保证体育管理系统的必要秩序，规范和调节各管理要素之间的关系，促进体育系统和谐有序地向前发展，是现代体育管理重要的方法之一。法律方法主要包括法律、法令、条例、决议、命令、细则、合同、标准、规章制度等。

1. 作用和优点

法律方法的运用，有利于实现管理的公开、公平、公正，有利于建立健全科学而稳定的管理制度，从而使体育管理走向正规化轨道。法律方法的主要作用有：

（1）保证管理秩序

不论社会还是组织都需要依靠法律法规去维持有序运行。一个组织只有具备稳定和健全的法律，才能保持秩序，不至于引起混乱。《中华人民共和国体育法》作为体育基本法律，是宪法下关于体育的最高阶位法律，指导和引领我国体育管理全局工作。

（2）使管理活动纳入规范化、制度化轨道

法律方法可使符合客观规律的、行之有效的管理方法和制度用法律法规的形式固定下来，使之有章可循、有法可依。[①] 为了推动体育运动的良性发展，必须明确界定协会、俱乐部的权利义务关系，对资质条件、组织结构、管理体制、经营办法、业务指导及场地器材的配备使用、安全标准、技术要求等加以规范，并严格规定强制保险、侵权责任及纠纷事故解决机制，促使其尽快走向法制化、规范化。

2. 缺点和正确运用

因法律方法具有强制性、规范性、稳定性、概括性和可预测性等特点，在运用过程中，法律方法只适宜处理某些共性问题，而不适宜处理特殊的个别问题。由于法律方法缺少灵活性和弹性，因此其不能代替其他管理方法，否则将造成管理僵化。

（三）行政方法

行政方法是指依靠体育行政组织，通过行政系统对管理对象进行强制性的直接管理的方法。行政方法的实质是通过行政组织中的职务和职位来进行管理。一般采用命令、指示、规定、指令性计划、决议、纪律、规章制度等方式，它强调权威和无条件服从，直接指挥下属的活动，因此具有权威性、强制性、直接性、时效性、具体性和垂直性等特点。

1. 作用和优点

行政方法的正确运用有利于组织内部目标、意志、行动的统一和上级方针政策迅速有力的贯彻，对全局实行有效的控制。尤其是对于需要高度集中和保密的领域，行政方法更具有独特作用。

---

① 张文昌，顾天辉. 现代管理学（原理卷）[M]. 2版. 济南：山东人民出版社，2004：27-29.

行政方法能迅速地传递纵向信息，及时有效地解决各种重大和特殊的问题，它能通过针对性地发出行政命令、指示，对重大问题、特殊问题采取强有力的措施。

行政方法是实行经济、法律等管理方法的协同手段。

行政方法可以使管理的作用得到强化，并促进管理职能的发挥，使全局、各部门之间相互配合，并不断调整它们的活动与相互关系。

2. 缺点和正确运用

行政方法在使用效率、效果上很大程度取决于行政管理者和执行者的素质水平。

行政方法横向沟通较为困难，它是纵向的垂直式管理，子系统之间容易产生矛盾，协调任务较重。

行政方法强调管理权力的高度集中，不便管理分权和调动下属的积极性。

因此，在实践中应将行政方法与其他方法结合起来使用，以弥补行政方法的不足，提高行政方法的使用效力。

（四）宣传教育方法

宣传教育方法是我国管理工作的传统方法，也是其他方法制定和实施的基础。这是因为宣传教育方法具有思想性、灵活性等特点，可以依靠宣传使人们了解和领会管理方法，不断提高认识。

1. 作用和优点

宣传教育方法是其他管理方法发挥作用的先导，通过激励、培养人的责任感和纪律性，不仅可以提升人的思想素质、文化素质和体育专业素质，实现人的全面发展，还可以适应信息技术的迅猛发展，加快实现体育智能化、智慧化。

2. 缺点和正确运用

宣传教育能够对人的思想品德、思维方式、知识结构、能力水平等产生重要影响。但它的局限性也十分明显，不能直接干涉或决定人们的具体行为。宣传教育方法必须树立"尊重人、理解人、关心人"的原则，通过结合其他方法，正确运用。首先，要坚持从实际问题出发，选择和安排恰当的教育内容，避免低俗粗制；其次，要注重教育方式的多样性和艺术性，根据不同的教育对象，选择不同形式，应尽量做到生动、直观与形象；最后，注意与其他管理方法相结合，不能脱离具体的体育实践活动，孤立地使用宣传教育方法。

（五）系统工程方法

系统工程方法是组织管理系统的规划、研究、设计、制造、试验和使用的一种科学方法。它从系统整体出发，以系统学、系统论、运筹学、控制论、信息论等为基础和方法，以数学和计算机技术为定量化的技术和手段，根据总体协调的需要，进行系统结构与功能分析，包括系统建模、仿真、分析、优化、评价和决策，以求得最优的或令人满意的系统方案并付诸实践。因此，系统工程方法是一门综合性的整体技术，又是一门定性定量相结合的技术。系统工程方法不同于其他技术和方法，它是从整体上研究和解决管理问题的科学方法。系统工程方法的核心是组织管理与决策。目前，体育系统中人们正逐渐认识和运用系统工程技术来解决体育管理活动中出现的问题，并取得了良好的效果与效益。例如，在1990年北京亚运会、2008年北京奥运会、2022年北京冬奥会等赛事的管理活动中，系统工程技术都扮演了举足轻重的角色。

1. 作用和优点

系统工程方法实际上就是利用新技术进行管理。技术进步直接关乎管理手段的科学化与现代化，有效的管理离不开先进技术的支持，技术方法的运用对组织有效运行有着十分重要的作用。与其他方法相比，系统工程方法突出表现了客观性、精确性与动态性的优点。系统工程方法所用到的技术是客观存在的，它所产生的结果也是客观的。采用系统工程方法时，只要基础数据正确无误，操作流程规范可行，所得出的结果均有较高的信度和效度。采用系统工程方法可以提高信息获取的速度和信息质量，提高决策的速度和质量，提高管理相关职能的执行效率。

2. 缺点和正确运用

虽然系统工程方法的运用可以提高组织管理效率，但其仍具有一定的局限性。面向体育管理实践中的复杂情况，技术可能有效，但在某些情况下，技术也可能失效，尤其在资料数据不充足、"事实"有限时，依赖技术决策往往没有经验判断准确[1]。为了充分发挥系统工程方法在管理中的重要作用，管理者需要结合多种管理方法，多管齐下，以期达到良好的管理效果。同时，管理者本身应与时俱进，学习与掌握新技术，及时发现与选择解决问题的手段方法。

---

① 姚莉. 管理学原理 [M]. 北京：人民邮电出版社，2013：80-81.

技术管理应用于 2022 年北京冬奥会

2016 年，在北京冬奥组委的统筹协调下，科技部会同国家体育总局、北京市、河北省等有关部门和地方制订了"科技冬奥（2022）行动计划"，围绕"零排供能、绿色出行、5G 共享、智慧观赛、运动科技、清洁环境、安全办赛、国际合作"等八方面统筹设计重点任务。

2017 年，国家重点研发计划设立了"科技冬奥"重点专项。面向 2022 年北京冬奥会的实际需求，围绕办赛、参赛、观赛、安全、示范五大板块部署科研任务。

办赛，主要围绕场馆建设、气象预报、智慧出行、火炬研制、开闭幕式、运行指挥、碳中和等方面部署任务。

参赛，主要围绕科学训练，在运动员技能优化、体能训练和训练监测、训练基地建设、高性能竞赛器材和服装等方面部署任务。

观赛，主要围绕"5G＋8K"、云转播平台、VR 观赛、智能语音服务等方面部署任务。

安全，主要围绕奥运场馆运维管理、设备运行、食品安全、医疗保障、疫情研判和防控等方面部署任务。

示范，主要围绕氢能出行、无人驾驶、100% 清洁电力、智能机器人、无障碍服务等新技术在冬奥会场景中的集成应用。

"科技冬奥"专项安排部署了 80 个科研项目，共有 212 项技术在 2022 年北京冬奥会上落地应用，为举办一届"简约、安全、精彩"的冬奥会提供了有力支撑。通过组织实施"科技冬奥"重点专项，我国攻克了一批关键核心技术，转化了一批绿色低碳技术，建设了一批示范工程。

"科技冬奥"不仅满足了 2022 年北京冬奥会筹办和运动员参赛的重大科技需求，也将对经济社会的高质量发展发挥积极作用。一方面，我国加大对压雪车、造雪机、滑雪板、冰刀等装备的研发投入，提升了冰雪运动装备自主研发和供给的能力，促进了冰雪运动的普及和冰雪体育产业发展；另一方面，通过推动 5G、氢能出行、智能车联网、100% 清洁电力等新技术在冬奥会中的示范应用，带动了我国通信、交通、能源等产业的发展。

（六）其他方法

1. 心理学方法

心理学方法是指运用心理科学知识，通过了解被管理者群体和个体的心理活动特点，按照人们在管理活动中的心理规律，采取有效管理措施，促进管理活动有序发展的各种方法的总称。

人是自然的人，又是社会的人。作为管理者，只有在把握人的心理活动现象和产生发展规律的基础上，才能在管理活动中做好人和组织的管理工作。心理学方法包括两方面，一方面，从群体角度来看，根据群体的构成特点、非正式组织的结构特点、群体多数人对工作情况（包括工作目的、职业地位、工作条件）的理解和满意程度以及群体中人与人的关系等方面，采用各种方法与措施激发人的积极性；另一方面，从个体角度来看，根据个体的思想、情绪、爱好、需求、兴趣、动机等，采取各种措施激励个体的主观能动性。心理学方法是现代体育管理中体现以人为本的一个重要的管理方法，但它也有一定的局限性，这是因为心理学方法直接作用于人的意识，而不是人的行为，同时人的心理活动又是一个十分复杂且难以把握的领域。因此，心理学方法的作用效果都比较有限。

2. 评价方法

评价，顾名思义就是评定、评判、评估管理对象和管理功能的价值，目的是为改进管理、进行决策提供依据。评价是进行有效管理的重要方法。评价一般分为以下三个步骤：一是准备阶段，主要是明确评价目的、建立评价组织、制定评价方案；二是实施评价，主要是通过自我评价、组织评价、同行评价，做好评价的计量工作；三是结果处理，主要进行综合判断、分析诊断和结果解释工作。

▌ 思考与探索 ▌

1. 体育管理的形成与发展有很多推动因素，请简述体育实践与体育管理的辩证关系。

2. 请结合学科发展历程，分析体育管理学学科的基本构成要素，并探讨未来应如何强化学科建设。

3. 不同的角度形成了多样化的体育管理概念，请分析体育管理的本质及其概念的核心构成。

4. 体育管理具有体育和管理的双重属性，请根据体育和管理基本规律分析体育管理的特征。

5. 体育管理学的研究方法日新月异，请查找并运用三种研究方法探讨分析体育管理学中的现实问题。

▌ 推荐阅读文献 ▌

1. ［美］斯蒂芬·罗宾斯，玛丽·库尔特. 管理学［M］. 刘刚，程熙镕，梁晗，等，译. 13 版. 北京：中国人民大学出版社，2017.

2. 秦椿林. 体育管理学高级教程［M］. 北京：高等教育出版社，2009.

3. 张瑞林. 体育管理学［M］. 3版. 北京：高等教育出版社，2015.

4. PAUL M.P, LUCIE T.Contemporary Sport Management［M］. Champagne City, Illinois: Human Kinetics, 2021.

5. 高奎亭，陈家起，刘红建，等. 国际体育管理科学研究（2000—2018）话语分布与进展演化——国际主流期刊的可视化分析［J］. 西安体育学院学报，2020，37（5）：513−522.

第一章参考文献

体育管理的计划理论

本章导语

　　凡事预则立，不预则废。计划是体育管理的首要职能，是组织、领导、协调、控制和创新等职能的基础，提供了体育组织、领导、协调、控制和创新的标准，决定了体育管理活动的成效。学习体育管理的计划理论，不仅可以掌握计划的内容、程序、方法，而且可以运用计划的视野审视体育管理活动规划和实施的现实问题，构建体育管理活动学习和研究的"计划思维"。同时，管理学家西蒙认为"管理即决策"，决策是体育管理活动的先导，决策与计划之间联系紧密。决策选择计划，计划执行决策，掌握体育计划必须要系统地认识决策与计划的关系。通过本章的学习，学生应了解体育决策的定义与原则、体育计划的定义与性质、体育计划的类型，掌握体育计划编制的流程和常用方法，熟悉体育战略规划的实质和编制步骤，理解计划工作在体育管理活动中的重要性。

学习重点和难点

　　学习重点：体育决策的定义与原则，古典决策理论、行为决策理论和回溯决策理论的主要内容，能依据决策的影响时间、主体、程序、性质等划分体育决策类型，体育决策过程并结合案例学习体育决策方法。

　　学习难点：体育计划的定义与性质，滚动计划法、网络计划技术以及 WBS 方法等体育计划方法，体育战略规划的结构、编制与实施，结合《"十四五"体育发展规划》，梳理决策、计划和战略规划的内容与关系。

第一节
体育管理中的决策

决策是计划的前提，计划是决策的逻辑延续，决策为计划的任务安排提供了依据，计划为决策活动的选择提供组织保证。认识和学习体育计划理论，首先应掌握决策的基本理论知识。

一、体育决策的定义与原则

（一）体育决策的定义

决策是人类社会活动中普遍存在的一种行为，为实现既定的目标，人总是需要不断地进行判断和选择。在管理活动中需要制定多种方案以应对未来的不确定性，而选择某一方案的过程便涉及决策，于是有学者将决策定义为：是从两个及两个以上备选方案中选择一个方案的过程[1]。但管理中的决策不仅仅是选择方案，从管理学的原理出发，学者们将决策定义为：组织或个人为实现目标，对一定时期内管理活动方向、内容及方式的选择或调整过程[2]。由此可以看出，决策的本质是一个过程。在体育管理活动中，管理者要不断地发现问题、识别机会并解决问题，每一个环节都离不开决策，体育决策贯穿于体育管理活动的全过程。综上，体育决策是决策在体育管理活动中的具体运用，可以将其定义为：体育管理者为实现预期目标，对特定时期内体育管理活动的方向、内容、方式、标准、路径等作出选择和调整的过程。

---

① 杨洪兰，王方华. 现代实用管理学 [M]. 上海：复旦大学出版社，1996：112.
② 周三多，陈传明，鲁明泓. 管理学——原理与方法 [M]. 3 版. 上海：复旦大学出版社，1999：221.

　　　　　　　　　　　　　　　　　　第二章　体育管理的计划理论

（二）体育决策原则

1. 可预测性

体育决策的可预测性是指决策者应能够最大限度科学、准确地预见体育管理活动的未来。从时间维度上看，决策总是面向未来的，而未来又总是充满着不确定性，因此决策是化解未来不确定性的过程。预测是体育决策的前提和依据，在体育管理活动中，管理者需要依据事物发展的过去和现状，预测事物未来的发展方向和可能存在的不确定性，如果预测不够精准或出现偏差则常常造成决策的失误。因此，管理者在决策时首先要能够运用科学的方法和实事求是的态度，尽快将通过多种渠道收集的信息作为决策的依据，从而提高预测的准确度，准确预测每个方案可能带来的结果，防止主观臆断、盲目决策。例如，体育中介服务企业大多以单一业务起家，在发展过程中一般围绕运动项目、业务模式和地理区域三个维度进行扩张，从而实现企业专业化、职业化和综合化发展，但具体选择哪一个方向进行扩展，企业需要尽可能多地收集相关信息，根据对信息的分析确定扩张方向。

2. 可行性

体育决策的可行性是指决策者通过设定有关标准对备选方案进行综合判断，从而确定能够执行的最优方案。在体育决策工作中，决策者为达成既定目标，会综合利用多种手段制定多套方案，每一套方案各有利弊，但无论选择哪一种方案，该方案必须是可行的，否则会造成管理的失败和管理资源的浪费。决策者需要对所有备选方案进行利弊分析，从实际需要和现实可能两个维度全面把握备选方案，通过综合衡量，最终确定可行方案。例如，在一场大型体育赛事活动中，管理者通常会制定多套安保预案，有些预案可能需要更多的安保人员，有些需要投入更多的安保经费，有些则需要投入高端的安保设备，管理者可通过广泛调研，依据实际情况选择效益大、效率高的方案。

3. 整体性

体育决策的整体性是指决策者在进行决策工作时，要具备系统性思维，将决策对象看作一个有机整体。从系统论角度来看，决策是促进系统整体目标得到优化的过程，在进行决策工作时，决策者需要综合优化各子系统之间的关系，促进系统的协调发展，并把各子系统置于整个系统中进行衡量，以系统整体目标来统领各子系统目标，从而使系统更加均衡。例如，在奥运会备战管理中，要从整个备战周期的角度综合衡量每个训练阶段的任务，准确把握各训练阶段之间的关系，最终实现备战制胜的整体目标。

4. 经济性

体育决策的经济性是指决策工作要力争以较小的投入取得最大的收益。任何一项决策都会涉及投入和产出问题，体育决策者在选择某项决策方案时，需要综合考虑多项因素，但从经济性角度而言，必须以效益（包括经济效益和社会效益）为中心，即以最小的成本取得最佳效益。如果一项活动注重追求经济效益，可以用投入和产出衡量该决策是否科学，如果投入大于产出，则决策不科学。当然，如果一项活动侧重追求社会效益，决策者在决策时通常会弱化对投入和产出的经济考量，但并不意味着完全不考虑经济效益。因此，体育管理者在进行决策时，需要依据决策对象的性质，辩证地处理经济效益和社会效益的关系。

二、体育决策理论与分类

（一）体育决策理论

1. 古典决策理论

古典决策理论流行于 20 世纪 50 年代，该理论的提出对决策理论的发展发挥了重要的推动作用。古典决策理论的依据是"经济人"假设，假定管理者是完全理性的，在进行决策工作时，决策的过程是完全客观和合乎逻辑的。该理论重视对经济利益最大化方案的选择，即决策的目的是实现组织的经济效益最大化。

古典决策理论的主要内容包括：

（1）决策者必须对决策环境进行全面分析，全面掌握信息情报。

（2）决策者要对相关备选方案进行全面的了解。

（3）决策者要建立能够有效执行保障方案的自上而下的组织体系。

（4）决策者始终以追求组织经济效益最大化为决策目的。

古典决策理论被认为是一种规范或标准的决策理论。尤其在程序性决策中，古典决策理论在应对决策过程中的不确定性和风险时具有重要价值，主要是因为决策者能对信息进行全面收集，并对问题发生的概率进行较为清晰的计算。尤其随着大数据等信息技术逐渐被运用到管理决策中，决策者收集的信息更加广泛，从而可以更加准确地开展决策工作。但现实生活中并不存在完全理性的"经济人"，在实际决策中非经济因素同样会影响决策者的决策行为。另外，人在知识、能力等方面的局限性决定了决策者在收集和处理信息时同样具有一定的局限。因此，古典决策理论对实际决策活动的指导并不全面。例如，在一场体育赛事管理活动中，决策者如果完全从理性和经济的角度出发，以赛事经济效益的最大化为决策准则，无疑会忽略其他可能导致赛事失败的因素，从而产生决策失误。

2. 行为决策理论

行为决策理论发轫于 20 世纪 50 年代，其产生的背景是相关学者对古典决策理论假设的质疑，他们认为人是有限理性的。正如赫伯特·A. 西蒙所言，管理活动中的决策过程是无法用理性和经济的标准给予准确说明的[①]。行为决策理论从组织行为学的角度来研究管理者的决策过程，认为决策是以组织中行为与绩效为前提，经济因素、个人经验以及情感等都是影响决策的重要因素。人的有限理性决定了决策者在决策中不可能收集所有信息而作出最优决策，而是遵循满意原则。行为决策理论的主要内容包括：

（1）决策者所拥有的知识、想象力、计算能力和预测能力是有限的，在面对高度不确定和复杂的决策环境时，决策者无法作出最优决策，因此人是介于完全理性和非理性之间的有限理性。

（2）决策者的认知能力是有限的，并不能收集全部信息形成准确认知，知觉上的偏差会影响决策者识别和发现问题，尤其在对未来状况进行判断时，决策者对于直觉的运用常常多于对于逻辑分析方法的运用。

（3）决策者选择的理性是相对的，即使能够充分收集、了解并掌握有关信息，但受多种因素的制约，决策者也只能做到最大限度地了解各种备选方案，无法做到全部了解。

（4）在风险型决策中，决策者在面对风险和经济利益的抉择时，会更多地考虑风险，即使风险较大的方案可能会带来更好的经济收益，但为了尽可能规避风险，决策者往往倾向于选择风险较小的方案。

（5）相较于消耗更多的资源、花费更多的精力去寻求最佳方案，决策者更愿意追求满意的结果。这主要是因为决策者常满足于在现有方案中作出选择，而不注重继续进行研究以获取新的方案。此外，决策者由于自身能力的欠缺或出于对某些因素的考虑不愿寻求新的方案。最重要的是，决策者认为如果耗费大量的资源对所有方案进行评估然后选择最佳方案，有可能得不偿失[②]。

行为决策理论的支持者们主张将决策作为一种文化现象来看待，抨击将决策视为定量方法和固定程序的片面性，将更多的环境因素纳入决策中，极大地推动了决策研究的发展。从行为决策理论的内容可以看出，该理论更加重视决策者的行为，认为内、外部环境会对决策者行为产生影响，补充了古典决策理论所忽视的行为变量。

---

①② 周三多，陈传明，鲁明泓. 管理学——原理与方法 [M]. 5 版. 上海：复旦大学出版社，2009：209-210.

3. 回溯决策理论

回溯决策理论由彼得·索尔伯格在 1967 年提出，又被称为隐含最爱理论。该理论解释了决策者是如何努力将自己的决策合理化的过程。例如，体育赛事管理者在确定开幕式方案时很早便确定采用外包形式，我们称为倾向的解决方案（隐含最爱方案）。但出于某些因素的考虑，决策者会制定更多的开幕式方案并从中确定备选方案，假设采用自主举办方式。在选择最终方案时，决策者会制定一套标准以证明外包形式要优于自主举办方式，强调隐含最爱方案的优越性，最终选择外包形式。回溯决策理论表明决策某种程度是一个证明直觉决策合理性的过程，说明了直觉在决策中的作用。管理实践案例证明，虽然很多管理者的决策行为建立在充分的理性分析基础上，但直觉决策不仅在决策时间上更快，决策效果也与理性分析一样，有时甚至超过理性分析。

决策理论的不断发展推动着管理决策的进步，古典决策理论使管理者在制定决策时具有理性，但完全理性的"经济人"在现实社会中是不存在的，这使得该理论存在先天的局限。相比之下，行为决策理论看到了人在决策时的理性是一种受文化、情感等多种因素的有限理性。回溯决策理论则更加注重人的直觉在决策中的重要性，可以称为直觉决策。整体来看，每一种理论有其产生的特定时空和条件，都有自己的理论基础和内容特点，对于管理决策的发展都贡献了独特的价值。

（二）体育决策的分类

依据决策的影响时间、主体、程序、性质等可将决策划分为不同类型。

1. 长期决策与短期决策

依据决策的影响时间，体育决策可分为长期决策与短期决策。长期决策又称长期战略决策，是指决策者在管理活动中所作出的有关组织今后发展方向的长远性、全局性的重大决策，如《"十四五"体育发展规划》。短期决策又称战术决策，是为实现长期战略目标而选择的短期策略手段，如为实现《体育强国建设纲要》中提出的 2035 年人均体育场地面积达到 2.5 平方米的目标，我国制定了建设社会足球场、增加群众身边的体育场地设施等措施。

2. 集体决策与个人决策

依据决策主体的不同，体育决策可分为集体决策和个人决策。集体决策顾名思义是由多个人共同作出的决策，而个人决策则是指由个体作出的决策。两种决策各有利弊，集体决策可以促进组织成员之间的沟通，在更大范围内收集信息、拟定更多的备选方案，使方案能够得到更多的认同，但同时容易使决策花费很多的时间，并造成责任不明确。个人决策的优点在于花费更少的决策时间，责任明确，但受制于个人能力和经历等因素制约，个人决策在信息收集以及制定备选方案等方面存在局限。例如，在职业足球队管理中，主教练负责制和教练组负责制的决策过程和效果会存在差异。

3. 程序化决策和非程序化决策

从决策的性质来看，体育决策可分为程序化决策和非程序化决策。管理者在体育管理活动中常需要面临两类问题，一类是重复出现的日常问题，即例行问题，如体育用品制造企业面临的资金周转、设备损耗等问题；另一类是偶然发生或者首次出现具有较大影响的问题，即例外问题，如体育用品制造业开发的新产品或开拓的新市场、重要的人员变动等。在解决例行问题时决策者常采用程序化决策，解决例外问题时常采用非程序化决策。

4. 初始决策与追踪决策

依据决策的起点，体育决策可划分为初始决策与追踪决策。出于环境对决策影响的考虑，如果一项决策是在未受到环境影响之前作出的，这项决策便被称为初始决策，也称零点决策。相反的，如果一项决策是随着决策活动开始后依据外部环境变化情况进行的，则被称为追踪决策，也被称为非零点决策。

5. 战略决策、战术决策与业务决策

依据决策的作用，体育决策可分为战略决策、战术决策和业务决策。战略决策主要是指有关组织发展方向的重大全局性决策，具有长期性。例如，某体育企业的发展目标、方针的制定等都属于战略决策。战术决策也被称为管理决策，是为实现战略目标，在战略目标执行过程中的具体决策，具有短期性。例如，为实现体育强国战略，我国围绕全民健身、竞技体育、体育产业、体育文化等多个领域进行的决策，属于战术决策。业务决策也被称为执行性决策，是指决策者为应对日常工作、提高组织效率所作的决策。例如，为促进全民健身国家战略的落实，某地区决定在每年的全民健身日举办全民健身运动会。

三、体育决策过程与方法

（一）体育决策过程

1. 识别问题

体育决策是围绕体育管理过程中所要解决的问题进行的，问题是体育决

策存在的基础，体育决策过程的起点是识别问题。一般而言，识别问题分为两步：第一步是分析并找到问题。例如，体育场馆管理者按照体育场馆公共服务标准对服务过程进行评价，对照标准找出场馆出现了何种问题，从而依据该问题作出相应的决策。第二步是确定可能引发该问题的原因。仅仅找到问题并不能确定决策的目标，还需要进一步探寻问题出现的原因，才能够作出正确的决策。例如，管理者发现场馆未能提供体育公共服务的原因是社会体育指导人员人数不足，那么便可以作出增加社会体育指导人员的决策。识别问题的精确度直接影响决策的准确度，所以决策者要尽可能收集精确的信息，但需要说明的是，问题以及问题产生的原因并非总是明显的，即使决策者收集到了高质量的信息，但在解释过程中也可能发生偏差，更极端的情况是决策者收集到了高质量信息并作出了正确的解释，但某些不在其控制范围之内的因素同样会影响问题的识别。

2. 确定目标

决策目标是体育组织管理者在一定的环境和条件下期望获得的结果。决策目标的确定对于整个决策工作非常重要，因为决策目标不同，所制定的备选决策方案也会存在较大差异。在确定决策目标时需要对现实情况进行调查分析，掌握充分的信息后，与组织的总目标进行平衡，最终确定决策目标。决策目标的内容应该是明确的、清晰的、具体的和可衡量的。

3. 拟定备选方案

在清晰地识别问题后，管理者便需要针对问题拟定备选方案。在拟定备选方案的过程中，管理者的个人经验和经历发挥着重要的作用，但也需要广泛地征询他人意见。从备选方案的类型看，既包括标准的方案又包括富有创造性的方案。标准方案通常是已使用过的成熟方案，在此基础上，管理者应该充分运用头脑风暴等方法尽可能地提出创造性方案，当然不采取任何行动也是备选方案之一。

4. 分析评估备选方案

分析评估备选方案是对所拟定方案的价值或优势和劣势进行衡量的过程。由于体育决策需要在众多方案中确定最终执行的方案，必然需要先确定一套评估标准，评估标准一般包括目标达成程度、预期成本、收益以及不确定性等。管理者依照评估标准对每一种备选方案的达成度以及可能带来的后果进行衡量，最后根据方案的可行性、满意度和可能产生的后果确定最终方案。例如，赛事运营商在承接某项比赛时会制定多种办赛方案，决策者会思考该方案是否有助于赛事目标的达成，方案的预期成本是多少，在赛事举办过程中该方案存在的不确定性和风险有多大。

5. 确定方案

经过对所有备选方案的分析评估，需要确定一个最终方案。在确定最终方案时，体育管理者需要注意任何方案都有风险，不要试图确定一个没有风险的方案，因为外部因素的不确定性只能减少而不能完全消除，因此，管理者在决策时需要综合运用直觉、逻辑、系统分析等方法进行综合判断。另外，在确定最终方案时受外部环境变化和决策者能力的局限性，决策者最终只能确定一个相对满意的方案。此外，面对错综复杂的外部环境，有时不作任何选择也是被允许的，因为可以避免因盲目决策带来的风险。

6. 选择实施战略

方案确定后便进入实施环节，实施是方案执行效果的重要保证。在实施过程中，首先，体育管理者需要制定实施方案的措施和程序；其次，要保证所制定的各种措施能够被相关人员充分理解，相关指令能够传达给各执行单位和个人；最后，为保证方案的落实，还需要制定实施工作报告，以便对实施计划及时进行调整。

7. 监督与反馈

在方案实施过程中，组织内、外部环境会随着时间推移发生变化，这就需要对原先环境条件下作出的决策方案进行调整。因此，加强决策执行过程中的监督与反馈，不断对方案进行修正和完善，最大限度地减少不确定性，是保障决策效果的重要环节。监督与反馈工作主要围绕决策目标的实现程度展开，当发现现实与既定决策目标发生偏离时，团队成员要及时将相关信息反馈给决策者，以便决策者及时采取有效措施进行补救。当客观条件发生重大变化，既定决策目标已完全无法实现时，决策者需要重新确定目标，并围绕目标重新制定备选方案。

（二）体育决策方法

1. 头脑风暴法

头脑风暴法是群体决策中的一种重要方法，通常是在解决某一问题时，将相关人员集合在一起，在不受任何约束和限制的环境下，畅所欲言。头脑风暴法的时间安排一般在 1~2 小时为宜，参与人员为 5~6 人。为激发每位成员的创意，头脑风暴法可遵循以下原则：对别人的建议不作评价，禁止批评和评论；参与者不必过谦，能够提出的建议越多越好；鼓励提出新奇、具有创意的想法；参与者应独立思考，不允许私下交流，可以补充完善相关建议。

2. 德尔菲法

20 世纪 50 年代，美国兰德公司与道格拉斯公司协作研究通过有控制的反馈，更可靠地收集专家意见，最后用"德尔菲"命名这种方法，也被称为专家调查法，其本质上是一种反馈匿名的函询法。德尔菲法的大致流程包括：

对所有要咨询的问题征询专家意见，对专家意见进行整理、归纳、统计、分析，匿名反馈给全部专家再次征询意见，如此反复多次，最终形成专家组方案。德尔菲法在实施过程中要注意根据所咨询的问题选择相应专业领域的专家，专家人员一般控制在 10~50 人。

案例2-1

阅读文章：郭太玮，潘绍伟，季浏. 基于德尔菲法筛选大学体育课程内容标准的具体指标［J］. 体育学刊，2012，19（2）：89-93.

回答问题：查阅该篇论文，并简述德尔菲法的具体应用。

3. 名义群体法

名义群体法又称为名义小组技术，当管理者对所要解决的问题性质了解不完全并且意见分歧严重时可采用此方法。操作步骤：首先，管理者召集群体成员，并把要解决的问题告诉大家。其次，要求每位成员在独立思考的情况下写出自己的方案，然后进行充分陈述。最后，每一位成员对备选方案进行排序，或让成员对所有的备选方案进行投票，排序靠前或得票数最多的方案即为最终方案。

第二节
体育管理中的计划

有学者指出计划是管理的首要职能，因为计划不仅是其他管理职能的基础和前提，而且也融入其他管理职能中。任何体育管理实践活动都离不开计划，科学合理的计划能够有效提升管理活动的效能。

一、体育计划的定义与性质

（一）体育计划的定义

"计划"一词既可以是名词，又可是动词。作为名词，计划是用文字和指标等形式所表述的关于组织行动方向、内容和方式安排的管理文件；作为动词，计划是组织为实现既定的组织目标所预先进行的行动安排[①]。计划是一个较为宽泛的概念，组织目标及为实现目标进行的一系列安排都可以纳入计划的范畴。孔茨将组织的宗旨、仿真、政策、目标、程序、规章等纳入计划。通常而言，计划工作就是在管理活动开始前预先明确做什么，如何做和谁去做，为组织提供通向未来目标的道路和桥梁。任何体育管理活动都离不开计划，小到一场体育赛事的运作，大到国家体育事业的发展，本教材对体育计划的定义概括如下：体育计划是为实现管理目标，合理使用体育资源，有效地把握体育管理活动未来发展而事先进行的预测未来、制定政策、选择方案的一系列行动过程。

（二）体育计划的性质

从体育决策与体育计划的关系看，体育计划在一定程度上是体育决策的逻辑延续，体育计划需要为体育决策所制定的目标提供实施保障。同时，体育计划作为体育管理的首要职能，是组织、领导、控制等其他管理职能的基础，是体育管理者和体育工作人员的行动依据。

1. 体育计划工作为组织目标服务

在体育管理活动中，任何组织或个人制订的计划都是为了实现决策所制定的组织目标。体育决策活动为组织确立了目标，体育计划则需要对目标进行进一步的分解和细化。这种细化可以从两方面展开：一是体育计划将体育决策所选择的组织目标在时间层面进行分解，包括短期、中期、长期目标；二是在空间层面上，体育计划将组织目标分解为不同部门和成员的行动安排。无论哪种方式，一切计划都应该是为实现组织目标服务的。例如，围绕体育强国建设目标，国务院办公厅印发《体育强国建设纲要》，该纲要中设计了分阶段的战略目标，明确了战略任务和政策保障。

---

① 周三多，陈传明，鲁明泓. 管理学——原理与方法 [M]. 5 版. 上海：复旦大学出版社，2009：233.

2. 体育计划工作是管理活动的基础

体育计划工作的基础性主要体现在两方面，一方面体育计划工作是组织、领导、控制等其他管理活动的基础和前提，没有计划工作，其他管理活动无法开展；另一方面计划工作可以降低不确定性，体育工作总是面临未知风险与挑战，周密而完善的计划能够使目标完成保持正确的方向。

3. 体育计划工作追求管理效率的提升

体育计划工作的效率主要从时间和资源投入两方面考量。在时间层面，任何体育计划工作都需要考虑时间成本，如果能够以最快的速度实现既定目标，那么可以说该计划是有效率的。在资源投入层面，体育计划工作需要对各种体育资源进行组合配置，如果能以最少的资源投入实现既定目标，那么该计划也是有效率的。需要说明的是，计划对于管理效率的提升是需要通过衡量确定的，体育计划工作就是要运用最合理的人力、财力、物力、信息等资源，以最快的速度实现组织目标。

二、体育计划的分类与编制

（一）体育计划的分类

依据设计时间、计划明确性、计划复杂性等不同的标准，可以将体育计划划分为以下类型：

1. 长期计划、中期计划和短期计划

依据设计时间的长短，可将计划分为长期计划、中期计划和短期计划。长期计划一般是组织在较长一段时期内的发展方向，计划时间一般在 5 年以上，是组织长期发展的蓝图，具有战略性。中期计划的实现要短于长期计划，所面对的不确定因素也相对较少，因此可以较为清晰地确定计划目标，措施方案相较于长期方案更加具体。中期计划衔接长期计划和短期计划，计划时间介于两者之间。短期计划一般指 1 年或 1 年以内的计划，更加具体地规定了组织在所规定的时间内应该从事何种活动，达到何种要求，是短期内行动的依据。例如，2016 年，国家发展改革委、国务院足球改革发展部际联席会议办公室（中国足球协会）、国家体育总局、教育部联合印发了《中国足球中长期发展规划（2016—2050 年）》，其中明确了我国足球发展的近期目标（2016—2020 年）、中期目标（2021—2030 年）和远期目标（2031—2050

年），依据这三个目标所制订的计划便是短期计划、中期计划和长期计划。

2. 战略性计划和战术性计划

战略性计划与战术性计划通常可以相互转换，战略性计划是指应用于组织整体，为组织设立较长时间的总体目标和推动组织在所属领域内树立地位的计划。战术性计划就是在战略性计划指导下，组织在较短时间内的行动计划。战略性计划是战术性计划制订的依据，而战术性计划是战略性计划的落实。例如，《全民健身计划（2021—2025年）》是促进全民健身发展、满足人民群众健身和健康需求的战略性计划，而《关于构建更高水平的全民健身公共服务体系的意见》《关于推进体育公园建设的指导意见》等是为落实《全民健身计划（2021—2025年）》的战术性计划。

3. 程序性计划和非程序性计划

根据组织计划制订的复杂性，可将体育计划分为程序性计划和非程序性计划。体育管理活动分为例行活动和非例行活动，例行活动是指日常活动中经常重复出现或者周期性出现的工作，如体育场馆设备的维护维修。关于这类活动的决策是经常出现的，且有相对固定的程序，当问题出现时，只需要按程序进行决策即可，这类计划被称为程序性计划。非例行活动是指不重复出现的，如传统体育场馆的智慧化升级。在处理非例行活动时并没有固定的程序和方法，需要制订专门的工作计划，该类计划被称为非程序性计划。

4. 具体计划和指导性计划

根据计划内容的明确程度，体育计划可划分为具体计划和指导性计划。在体育管理中有时需要确定明确的目标，有时只需要提出行动原则。例如，某市为推动全民健身设施建设，制定了《全民健身设施补短板5年行动计划》。该计划提出在未来5年新建1座大型体育场馆、10个体育公园，该市还制定了明确的建设进度表、经费预算方案和土地使用规划方案等。上述计划中的目标是明确的，不存在模棱两可的情况，明确相关责任单位在5年必须要完成所有的目标。因此，具体计划在目标或行动方案上要具有明确性，虽然灵活性不足，但更加便于执行和考核。而指导性计划则相对宏观，一般只对行动方案或原则作出规定。例如，一个增加全民健身场地设施建设的具体计划会规定在1年内建设20个小型的智慧社区百姓健身房，而指导性计划可能只规定建议数量，通常会给予执行者更大的自由处置权。

（二）体育计划编制

体育计划编制本身也是一个过程，为保障编制计划的科学性和合理性，并保证计划能够落地实施，在编制时要遵循以下原则和方法：

1. 明确目标

目标是主体期望的结果，任何管理计划都是为实现特定管理目标而展开的，因此在体育计划过程中首先要明确目标，只有这样才能明确管理活动的方向，同时为衡量工作绩效提供标准。通常，一个明确的目标需要能够解决以下8个问题：一是目标是什么，即清晰地表达目标。二是达到什么程度，即目标所要达到的状态。三是谁来完成目标，即明确目标任务的负责人和参与人。四是什么时间完成目标，即确定完成目标的时间规划和期限。五是怎样完成目标，即实现目标所采取的方法和手段。六是达成目标的保障，即明确达成目标所需要的资源配备情况和使用授权。七是既定目标是否完成，即对工作成果的监督和评价。八是目标完成情况的奖惩，即制定相应的奖惩制度。目标确定后还需要对目标进行分解，以便计划的落实和实施。例如，体育强国建设目标的实现是全民健身、竞技体育、体育产业等各领域共同作用的结果，需要根据总目标确定各自领域的发展目标。

2. 识别现状

目标为未来发展提供方向，计划则是连接现在与未来的桥梁。对现实情况进行全面分析，才能够更加合理地确定方向。在编制计划时，需要对外部环境、竞争情况、自身实力等方面进行综合评估，从而识别发展的机会与威胁，进而确定发展目标。例如，目前，我国在体育场地设施供给、体育组织发展等方面与发达国家相比存在一定的差距，在制订相关发展计划时必须对当前的实际情况加以了解，从而制订出切实可行的计划。在对现状进行识别时，应该把握以下原则：一是目的性原则，现状调查要紧紧围绕所要解决的问题。二是客观性原则，现状描述是对客观事实的直接描述，不能主观判断。三是效率性原则，在保证获得同样信息的前提下，现状调查应该选择最简洁的方式，以节约调查成本。四是总结性原则，对于现状调查所获得的数据要进行对比、分析、总结，从而得出客观的结论。

3. 借鉴经验

在编制计划时不能忽视过去已发生事件的重要作用，要善于借鉴，总结经验和规律。例如，改革开放以来，我国体育事业取得了长足的进步，一些优秀的做法和经验可以在体育强国建设过程中延续。在对计划进行分析时，可以采用个案分析法、时间序列分析法等方法。个案分析法是对某一特定个体、单位、现象或主题的研究，如某地在制订一份体育文化展览馆建设计划时，可以选择比较知名的展览馆进行个案分析，以汲取相关经验和思路。个案分析的步骤包括：确定个案—明确主要问题—收集资料—分析资料—做出决策—提出建议。时间序列分析法是将相关的观察值，按照时间顺序进行排列，构成统计的时间序列，然后用数理统计方法加以分析，进而预测该时间序列的未来值。例如，记录某地区第1个月、第2个月、第3个月……第 n 个月的体育产业产值，利用时间序列分析法，可以对未来各个月的产值进行预测。时间序列分析的建模步骤一般包括：第一，获取被观测对象的时间序列；第二，根据动态数据制作趋势图，进行相关分析；第三，辨识合适的随机模型，进行曲线拟合。

4. 确定前提条件

确定前提条件对于提高计划的有效性以及提高组织成员的合作效率具有重要作用。由于未来是复杂和难以预测的，在编制计划时并不能穷尽每一个细节或影响因素，需要识别对计划产生关键性影响的因素，从而预测并确定前提条件，对前提条件了解得越精细，计划工作也会越协调。例如，随着我国社会主要矛盾发生变化，人民日益增长的美好生活需要和体育事业发展不平衡、不充分之间的矛盾成为制订我国体育事业发展计划的重要前提条件之一，同时还要考虑各地的经济发展水平、各地体育事业和产业既有的发展基础。根据不同的划分标准，体育计划编制可以划分出不同的前提条件。按照内、外部环境，前提条件可分为内部前提条件和外部前提条件；按照可控制性，前提条件可划分为完全可控前提条件、部分可控前提条件和不可控前提条件三种。

5. 拟定可供选择的可行性行动方案

拟定可行性行动方案是计划编制的重要环节，包括拟定方案、评估方案和选定方案。拟定方案是根据所确定的目标、结合自身资源条件制定的可行性方案。一般而言，在计划编制过程中所拟定的可行性行动方案越多，那么行动的效率就越高。评估方案是依据一定的标准对所拟定的备选方案进行评估，如充分衡量方案的制约因素和可能存在的隐患，明确方案所涉及的有形因素和无形因素，从收益和损失两方面动态观察方案的效果。选定方案是在评估的基础上，依据评估结果选择较优计划。在拟定可行性行动方案时可以遵循 SMART 原则。即具体性原则（specific），所拟定的可行性行动方案中应该具体体现出任务内容、任务量和时间限定等具体内容。可衡量原则（measurable），行动方案应该是能够被以一定的标准进行衡量的。可达性原则（attainable），拟定行动方案时要根据各种资源条件量力而行，制定能够完成的方案。相关性原则（relevant），所确定的行动方案不仅要与目标相关联，同时要与其他辅助性计划相关联。时限性原则（time-bound），行动方案要有时间约束，即在规定时间内完成相应的任务。

6. 制订主要计划

在确定可行性行动方案后，需要对所选择的方案通过文字形式进行总结和表达，即制订主要计划。在制订主要计划时可采用"5W1H"分析法。即做什么（what），在制订主要计划时要先进行评估，通过评估明确行动的范围和内容。为什么（why），在制订计划时，要对为什么做这件事、是否可以不做等问题进行思考，从而降低行动风险。何时（when），要规定任务的进度安排，即明确任务的起止时间以及在不同时间节点需要完成的任务。何地

（where），要明确工作地点以及这个地点是否有足够的资源支撑任务的完成。谁做（who），要明确计划中各项任务的负责人和执行人，他们是任务的承担者。怎么做（how），明确完成计划所需要采用的方法和工具。

7. 制订派生计划

主要计划需要多个分支计划辅助完成，这些分支计划被称为派生计划。派生计划的来源包括两方面，一是根据主要计划中涉及的小计划拓展而来，二是根据计划目标的需要制订其他相关计划。一定意义上，派生计划是对主要计划的进一步分解和完善，对实际行动的指导性更强，因此可以提升主要计划的可操作性和针对性。一项大的体育计划通常需要若干分支计划的辅助，如某赛事运营公司决定在山东省成立营销中心来开拓山东市场，围绕这一主要计划需要制订人员安排计划、资金筹备计划、业务拓展计划等一系列的派生计划。

三、体育计划方法

（一）滚动计划法

外部环境变化会影响计划的执行，甚至使原先制订的计划无法实施。因此，决策者在制订计划时需要尽可能全面地预测外部环境的变化，根据环境变化情况动态编制计划。滚动计划法便是一种根据计划执行情况和外部环境变化情况定期修订未来计划的方法，主张在计划实施过程中要密切关注计划的执行情况和相关因素的变化情况，然后逐步向前推进计划。

滚动计划法遵循"近细远粗"的原则，根据时间将计划分为若干执行期，包括近期计划、中期计划和远期计划。近期计划是具体实施部分，内容详细、具体，具有指令性；中期计划是连接近期计划与长期计划的部分，内容相对宽泛；长期计划是计划的准备实施部分，内容更加宏观，具有指导性。滚动计划法的具体实施过程是在已编制计划的基础上，设置固定的时期，也称为滚动期（如一年或一个季度），在每个时期都要依据计划执行情况和环境变化情况，对原计划进行调整，从而确保计划目标的实现。但每次对计划进行调整时，并不改变原有的计划期限，而是将计划期顺序向前推进一个滚动期。

由于要不断对计划进行修正，运用滚动计划法编制计划会增加计划编制和实施的工作量。但未来总是充满不确定性的，管理者也无法对未来环境的变化作出准确判断，计划涉及时间越长，所面临的不确定性也就越多，计划实施也就越困难，而滚动计划法可以缩短计划的时间，一定程度上加大计划的可操作性。此外，滚动计划法使长期计划、中期计划和短期计划衔接得更加紧密，即使外部环境发生变化也能及时对计划进行调整，增强计划的弹性。

（二）网络计划技术

网络计划技术是用网络图的形式将工作计划安排予以清晰的表达，是一种控制进度的先进方法。

1. 网络计划技术的基本步骤

网络计划技术的基本原理是从需要管理的任务总进度出发，把总任务分解成各种作业，然后根据各项作业顺序，绘制出网络图，明确而直接地反映出各项作业的进度安排、先后顺序和相互关系，如图2-1所示。

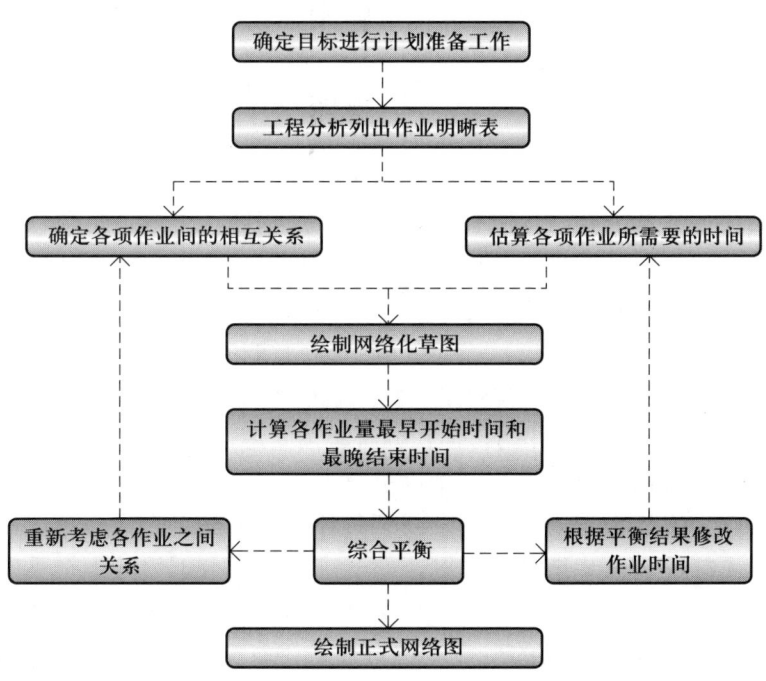

图 2-1　网络计划技术的基本步骤[①]

2. 网络计划技术的基本内容

网络图：网络图是网络计划技术的图解模型，是按照一定的逻辑呈现整

———————————

①　周三多，陈传明，鲁明泓. 管理学——原理与方法 [M]. 5 版. 上海：复旦大学出版社，2009：261.

个任务的分解（任务的划分）与合成（各项工作的协作）。

时间参数：在完成任务的过程中，可以用时间参数来表示人、事、物的运动状态。时间参数包括每项工作的作业时间、开始时间、结束时间、衔接时间、完成任务的动机时间等。

关键路线：在达成计划目标时一般会设计多条线路，通过计算网络图中的时间参数，能够找出关键路线。关键路线上的作业是关键作业，完成关键作业的时间直接影响整个计划完成的时间。

网络优化：网络优化是网络计划技术的主要内容，是根据关键路线法，通过计算时差，对初始方案不断进行改善，在满足一定的约束条件下，寻求管理目标达到最优化的计划方案。

（三）WBS 方法

工作分解结构（work breakdown structure，英文缩写为 WBS）是一种把复杂问题不断分解为简单问题的计划方法，其原理类似于因数分解，即将一个项目分解成若干任务，然后把任务分解为具体的工作，最后把具体工作落实到具体的小组或个人。例如，某体育企业中标一项大型体育赛事项目，在对该中标项目进行管理时，可以按照赛事举办的需要将其分解为赛事宣传任务、后勤接待任务、赛事保障任务、赛事安保任务、志愿者招募任务等，然后围绕每一项任务分解出具体的工作，如赛事宣传任务包括媒体选择、召开新闻发布会、营造赛场氛围、电视转播等多项工作，然后把每一项工作具体分配到个人。从中可以看出，工作分解结构归纳和定义了一个项目所涉及的全部工作范围。工作分解结构处于计划过程的中心环节，尤其对于进度计划、风险管理计划等具有重要作用，但在分解时需要遵循一定的原则和标准。

工作分解结构的原则主要包括以下三方面：第一，在对项目目标分解时要逐步细化，不能根据直觉分解，要把具体工作分配到个人；第二，任务的分解要以不能够进一步细分为原则，即一项任务要分解为若干个不能够再进行细化的工作；第三，具体工作在分配到具体的执行人时，要明确完成的时间以及完成该项工作所需的资金。在对任务进行分解时需要遵循以下标准：一是任务分解后各个活动应结构清晰，尽量不存在任务交叉；二是所分解出的全部活动要逻辑严密，体系完整。

在体育管理工作中运用工作分解结构的方法制订计划可以明确目标项目的范围、工作内容和工作程序，并将细化后的工作责任到人。与此同时，工作分解结构能够为提高项目人力、财力、物力等资源估算的准确度，为计划的进度、成本、质量的控制提供基准。

第三节
体育战略规划

体育战略规划是以体育基本发展规律为基础，综合考虑内、外部条件，对未来一个时期内体育发展的高层次谋划，它决定体育事业发展的方向、目标和任务，是体育事业发展的重要支撑。

一、体育战略规划的结构

（一）目标和方向

目标和方向是体育战略规划的起点，体育战略规划目标是对体育实践活动成果的期望值，是战略规划的核心和重要环节。战略方向是制定战略方案和战略决策的依据，规定了组织或活动未来努力的方向。从时间上看，战略方向是无时限的，涉及的时间更为持久，战略目标是有时限的，在某一时刻可以达到和实现。从内容上看，战略目标的内容更具体，战略方向的内容更加广泛。

（二）任务与工程

体育战略规划中之所以有任务，是因为任务是达成目标的执行载体，只有通过实施任务，才能获得预期结果，这个结果正是体育战略规划中所确定的目标，因此战略任务是战略目标的分解，战略目标要通过战略任务的完成来实现。在制定体育战略规划时，需要对当前发展现状和未来发展需要进行深入的研究和分析，要围绕战略目标，确定相应的任务和工程，从而保障战略目标的达成。例如，为落实全民健身国家战略，推进健康中国建设，我国提出了构建更高水平的全民健身公共服务体系、广泛开展全民健身活动、推进全民健身场地设施建设、推动全民健身与全民健康深度融合、提高科学健身指导水平、推动全民健身智慧化发展等战略任务。围绕战略任务，积极推进实施全国社区运动会品牌赛事活动打造工程、全民健身场地设施建设工程、社会足球场地建设工程、体育运动水平等级评定工程、运动项目推广普及工程等。

（三）保障与监督

战略目标的实现、战略思想的贯彻以及战略计划的实施都离不开战略保障与监督。完善的战略保障是发挥战略预见效果的重要抓手，战略保障的制定需要根据战略实施的具体需要确定。一般而言，战略保障的内容应该包括政策支持、人员配备、经费支持、资源配置等。战略监督是对战略规划实施的监测，监督措施的制定主要围绕三方向展开：一是建立战略规划实施的动态调整机制，以便及时发现规划实施中出现的问题，优化实施策略；二是要定期开展战略的中期评估和总结，掌握战略目标的完成情况；三是强化社会监督，充分发挥社会监督力量，确保规划总体目标任务如期完成。

体育战略规划是分层次的，高层、中层和基础层应都有规划。以体育发展战略规划为例，一般包括三层战略，即国家级、省级和地市级，每一级均有三个要素：方向与目标、任务与工程、保障与监督。这9个因素构成了体育战略规划矩阵，即体育战略规划的框架结构，如图2-2所示。

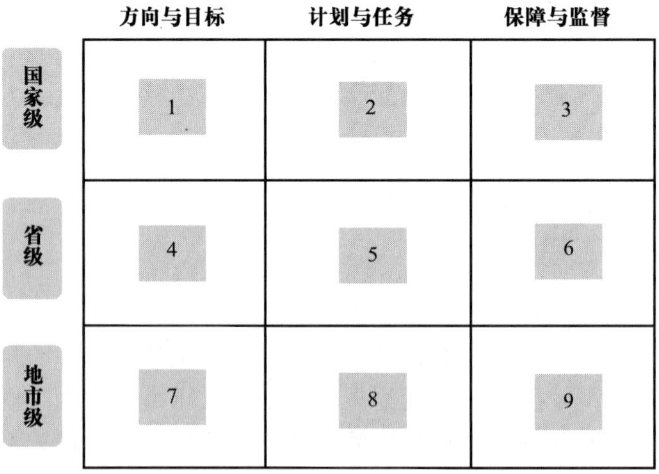

	方向与目标	计划与任务	保障与监督
国家级	1	2	3
省级	4	5	6
地市级	7	8	9

图2-2　体育战略规划结构图

　第二章　体育管理的计划理论

二、体育战略规划的编制

（一）体育战略规划编制的基本原则

体育事业战略规划和体育企业战略规划关注的焦点不同，所遵循的原则也有所差异。

体育事业战略规划编制的基本原则包括：第一，坚持党的领导原则。体育战略规划必须以党中央、国务院发展体育工作的一系列指示、精神为导向，坚持把体育事业发展融入党和国家的重大战略规划中。强化党对体育事业发展的领导，严格落实党中央的纪律要求，推进体育领域反腐倡廉建设和作风建设，加强体育工作者的思想政治建设，为体育发展提供强大的政治力量和保障。第二，坚持以人为本原则。体育战略规划的编制必须以人民为中心，以保障人民群众体育权益为着眼点，办人民需要的体育。通过规范充分调动广大体育工作者的创造性，激发人民参与体育的积极性，推动体育事业高质量发展，满足人民群众日益增长的多元化体育需求。第三，坚持创新发展原则。体育战略规划必须立足当前体育发展实际，根据经济社会发展变化和新时代对体育发展的内在要求，不断探索适应社会需求的体育发展方式，始终坚持创新发展，保持体育发展活力，增强体育发展的可持续性，提高体育发展质量。第四，坚持深化改革原则。体育战略规划必须将坚持改革的思维贯穿体育发展的全过程中，重视体育体制机制改革，协调发挥政府与市场的重要作用，发挥社会力量在体育发展中的作用，以改革带动发展，推动体育治理能力和治理体系现代化。

体育企业战略规划制定的基本原则包括：第一，核心能力原则。企业在制定战略规划时首先要明确自身的核心能力，并将战略目标与企业的核心能力紧密结合，形成企业独特的价值主张。第二，客户价值原则。企业存在的意义在于能够为客户创造价值，因此企业在制定战略规划时必须围绕客户价值展开，对目标客户进行精准分析，明确自身能够为客户创造的独特价值。第三，需求主导原则，消费者需求对企业的生产和经营具有重要的指导意义，企业在制定战略规划时需要对消费者需求进行详细的调查，识别客户需求，并以客户需求为导向，进行规划的编制。第四，重视竞争原则。企业战略规划制定需要对自身资源条件进行分析，同时还要考虑行业竞争因素，在精准分析竞争对手特征、竞争对手战略的基础上，进行规划编制。第五，追求共识原则。战略规划需要落地执行才能发挥价值，如果企业成员无法对企业战略方向、战略目标、战略计划达成共识，势必会带来执行阻滞，影响规划效果。因此，在制定战略规划时，要与企业成员充分沟通，达成共识。

（二）体育战略规划编制的程序

1. 全面调研

全面调研就是对需要调查的对象进行系统调查，是保障体育战略规划有效性的基础。在规划编制开始前要有针对性地对目标领域进行全面、系统的调研，从而全面掌握发展现状，明确存在的问题。调研通常包括两种方法：一是全面调查，即对所要调查的单位逐一进行调查，这种调查方法所收集的信息较为全面，但是调查过程中需要耗费大量的人力、物力、财力；二是抽样调查，即从需要调研的对象中，抽取若干个体作为样本进行调查分析，根据样本信息推断总体特征，抽样调查的经济性较好，在调研中易被广泛采用。

2. 前期研究

体育战略规划涉及范围广泛，需要开展大量的前期研究，规划研究内容一般包括对前期规划的总结、经济社会特征研究、外部环境研究、内部环境研究、理论案例研究和综合分析六部分，这些内容是规划思路提出的基础。战略规划的前期研究涉及相关重大课题研究和专项规划研究。重大课题研究是针对体育发展过程中需要解决的重大问题开展专题研究。例如，针对《中华人民共和国体育法》修订问题的研究、提升国家体育形象的研究等。专项规划研究一般针对某一特定领域，对该领域进行系统分析，梳理出该领域发展的核心思路。例如，在进行某市体育产业专项发展规划研究时，需要对该市的产业资源、产业基础、产业市场等方面进行全方位调研，在此基础上提出该市体育产业的发展思路。

3. 确定思路

确定规划思路主要是将概念化需求转化为具体成果，编制规划需要在全面调研和前期专项研究的基础上，形成体育战略规划的基本思路。规划思路要能够将所涉及的因素和发展谋划有条理地呈现出来，一般包括发展战略、发展主题、发展目标、发展路径、主要任务、保障措施等方面的内容。规划思路确定后要上报相关部门或邀请相关专家进行论证和完善。

4. 规划编制

在明确规划思路后需要根据规划思路，组建规划编制团队，进行规划编制。规划编制首先要设定明确的时间节点，依据时间安排对编制任务进行分解，以保障规划能够按期完成。根据编制团队的实际情况和工作安排，可以采用个人分工和团队合作两种方式。个人分工主要是将分解的任务分配给相应的成员，然后汇总讨论；团队合作则不进行任务分工，由编制团队集中进行规划的撰写。

5. 规划论证

规划论证是采取一定的交流与论证模式，组织相关专家对规划进行讨论，根据各方的意见和所反馈的信息，对规划进行优化、修改和调整的过程。一般规划论证包括以下程序：一是规划编制团队内部讨论，这一环节主要是编制团队内部对规划初稿进行反复的论证、推敲和修改；二是邀请专家论证，邀请相关领域的国内外专家对规划进行论证，根据专家意见进行修改；三是将规划在一定范围内进行多部门、多领域专家的专题讨论，根据各方意见对初稿进行必要的修改；四是在送审之前需委托同级规划咨询委员会对规划内容组织论证。

6. 发布规划

发布规划是指将经过论证确定后的战略规划报送相关审批部门批准、发布。

三、体育战略规划的实施

实施是保障体育战略规划效果的关键环节。体育战略规划的实施过程涉及执行、评价和监督反馈环节。例如，为确保《"十四五"体育发展规划》的落地实施，文件中明确提出：加强规划实施监测评估，将规划实施情况作为督促检查各级体育部门、事业单位和项目协会的重要内容。建立规划实施动态调整机制，加强规划实施监测，及时发现和解决规划实施中出现的问题，优化实施策略，适时开展规划中期评估和总结评估。强化规划落实的社会监督，确保规划总体目标任务如期完成。

（一）体育战略规划执行

执行是体育战略规划实施的第一步，涉及执行主体、执行时间、执行内容等。执行主体主要是指体育战略规划中的任务由谁来做，只有任务到人才能保证战略规划的顺利执行。执行时间是明确什么时候做，主要应该明确某项任务何时开始、何时结束。执行内容是明确做什么，即体育战略规划中规定的任务。例如，《山东省全民健身实施计划（2021—2025年）》中围绕经常参加体育锻炼人数、人均体育场地面积等设定了到2025年的发展目标，根据目标确定了主要任务，并明确了每一项任务的牵头部门和参与部门。

（二）体育战略规划评价

体育战略规划所面临的外部环境是动态变化的，在实施过程中需要密切关注外部环境变化和战略规划执行情况，根据观察的结果对体育战略规划执行的情况和规划本身进行评价，并依据评价的结果对规划进行优化和完善。通常在外部环境变化不大的情况下，只需要对规划进行适当的调适，如果遇到重大变化，则需要对规划进行大幅度修改。

案例 2-2

"十四五"时期是我国全面建成小康社会、实现第一个百年奋斗目标之后，开启全面建成社会主义现代化强国新征程、向第二个百年奋斗目标进军的第一个五年，也是乘势而上筑牢体育强国根基、奋力实现体育现代化的开局时期。为统筹推进"十四五"时期体育各项事业发展，加快把体育建设成为中华民族伟大复兴的标志性事业，按照党的十九届五中全会精神以及《中华人民共和国国民经济和社会发展第十四个五年规划和 2035 年远景目标纲要》《体育强国建设纲要》等要求，结合我国体育发展实际，国家体育总局制定了《"十四五"体育发展规划》。

党的二十大报告指出，促进群众体育和竞技体育全面发展，加快建设体育强国。

回答问题：查阅《"十四五"体育发展规划》，梳理该规划中决策、计划和战略规划的内容。

（三）体育战略规划监督

科学有效的监督是发挥制度效力的重要环节，任何一种有生命力的制度模式都需要科学完善的监督[1]。体育战略规划的监督与反馈是指对规划执行过程和执行效果进行评价和反馈的过程，有效的监督与反馈可以保证体育战略规划与外部环境相适应，并促进体育战略规划目标的实现。在实施监督的过程中，首先要明确监督主体，并以制定规章制度的形式对监督主体的监督职责或责任、权利予以固定；其次是明确评价标准，标准可以依据战略规划所涉及的指标和任务以及相关的标准和规范进行，然后依照标准对实施过程进

---

① 项显生. 我国政府购买公共服务监督机制研究 [J]. 福建论坛（人文社会科学版），2014（1）：167-175.

行监督；最后是评价信息的反馈机制，根据反馈信息及时纠正实施偏差，从而保证战略规划任务顺利实施。

▎思考与探索 ▎

1. 简述体育决策的定义和原则。
2. 简述网络计划技术的基本内容。
3. 体育战略规划编制包括哪些原则。
4. 结合具体案例，简述体育决策的具体过程。
5. 结合个人参与体育活动的经历，完成一份体育活动计划的编制。

▎推荐阅读文献 ▎

1. ［美］哈罗德·孔茨，海因茨·韦里克. 管理学［M］. 张晓君，陶新权，马继华，等，译. 10 版. 北京：经济科学出版社，1998.

2. 耿志伟. 体育决策研究［M］. 长春：吉林大学出版社，2014.

3. 黄谦，丁建岚，张犁，等. 神经管理科学在体育活动决策中的应用与展望［J］. 上海体育学院学报，2020，44（12）：27.

4. 赵广高，吕文娣，付近梅，等. 幼儿体质影响因素的决策树研究［J］. 体育科学，2020，40（2）：32-39.

第二章参考文献

体育管理的组织理论

本章导语

随着社会的快速发展，各种形式的体育组织相继出现，人们参与体育活动的形式呈现多样化趋势，人们对体育活动的选择也更加多元化。随着全民健身活动的深入推广，人们的健身意识不断增强，对体育的需求也在不断增加，个体无法满足和实现这些复杂多样的体育需求，需要具有相同目标的人共同努力来实现，体育组织应运而生。体育组织形成后，组织成员为确保组织目标的实现，就必须对相关工作进行合理分配，制定明确的规章制度以及设立合理的组织机构。体育组织管理即是对以上各流程环节的实施和相关因素的管理过程。

学习重点和难点

学习重点：体育组织相关定义及其特征，体育组织管理的产生与发展过程，体育组织设计的任务与原则、体育组织环境，体育组织文化起源及特点。

学习难点：体育组织的要素和分类，体育组织环境的内容及其影响，常见的体育组织结构类型，体育组织文化的功能与塑造途径。

第一节
体育管理的组织理论概述

一、体育组织与体育组织管理

（一）体育组织

1. 组织的定义

"组织"一词既可作为名词又可作为动词。作为名词的"组织"，广义上是指由诸多要素按照一定方式相互联系起来的系统，狭义上是指人们为实现一定的目标，互相协作结合而成的集体或团体，如党团组织、工会组织、企业、军事组织等①。狭义上的"组织"多指人群，并运用于社会管理之中。在现代社会生活中，组织是人们按照一定的目的、任务和形式编制起来的社会集团，组织不仅是社会的基本单元，也是社会的基础。

作为动词的"组织"被认为是管理的一种职能，是将组织中的各种资源进行有效配置、实现组织目标的动态运作过程。管理学中所考查的组织管理问题的重点是在资源供给和制度安排既定的情况下，如何对组织结构进行合理的设计，对组织构成要素进行有效的组合，对组织运作流程进行妥善的安排等。

从管理学的角度来看，组织是具有明确的目标导向、精心设计的结构和有意识协调的活动系统，同时又同外部环境保持密切的联系。现代社会中的组织较传统等级制结构的组织具有更大的灵活性和更强的开放性，更多的是一种扁平网络结构。为适应复杂多变的组织活动流程，组织更倾向于向更灵活、更开放和更具有响应性的方向发展。

2. 体育组织的定义

在体育组织中，"组织"的含义又有所不同。张瑞林提出：体育组织是指一定的人员按照一定的程序，在一定的期限内，为了实现一定的体育目标而

---

① ［美］斯蒂芬·罗宾斯，蒂莫西·贾奇. 组织行为学 [M]. 孙健敏，王震，李原，译. 16版. 北京：中国人民大学出版社，2016：4-6.

组成的合作性统一体[①]。高雪峰等认为：组织作为一项体育管理职能，是为了有效实现体育组织的既定目标，通过建立体育组织机构，确定工作职责、权限，协调相互关系，使体育管理诸要素合理有效地配合，形成一个有机整体的活动过程[②]。"组织"作为名词和动词的含义各有不同，作为名词的"组织"，是发挥体育管理职能的基础，是指为实现一定体育管理目标，互相协作结合而成的集体或团体。作为动词的"组织"，是体育管理职能的具体表现，是指在既定的资源供给和制度安排下，通过合理设计体育组织结构，使体育组织诸要素有效配合，实现体育组织流程的高效运作的活动过程。

3. 体育组织的特征

在系统科学研究中，人们从不同方面对系统的具体特征展开描述，如整体性、统一性、结构性、功能性、层次性、动态性和目的性等。其中，目的性、整体性和开放性是最普遍、最本质的特征。组织是由诸多要素按照一定方式相互联系起来的系统，因此，所有组织，无论社会组织还是生物组织都具有目的性、整体性和开放性这三个主要特征。而体育组织作为社会组织的一种具体表现形式，目的性、整体性和开放性也是其主要特征。

（1）目的性

系统理论的核心思想是系统的整体观，即把研究和处理的对象看作一个整体。但在系统理论中还存在另一个基本假设，即系统总是在一定范围和条件中存在，具有一定的稳定性。但是，任何系统都处于内、外环境的作用之中，都受到来自系统内、外部的各种干扰，因此系统的稳定性又需要抵抗各种干扰，不断发展和变化，然后达到新的稳定。归结起来，系统的稳定性有两种情况：一种是非生命系统的稳定性，如系统受热膨胀而变形，温度降低又恢复原状等；另一种是系统受某种干扰而偏离正常状态，能够恢复到正常状态或趋向于某一种状态，如社会组织、人工控制系统、生物系统等都属于这种稳定的系统。这种稳定系统往往具有自调节、自组织、自适应等特性，所以这种系统的稳定性具有一定的目的性。通常认为，是否具有目的性是生命系统和非生命系统的主要区别之一。同样，体育组织作为社会组织的一种形式，往往具有自调节、自组织、自适应等特性，目的性使体育组织在内、外环境影响下，能够在一定范围内自我调节，从而保持和恢复原有有序的状态、结构、性质、功能或达到新的有序状态。

（2）整体性

整体性是系统首要的也是最为重要的特征。从目的性与整体性来说，局部与整体存在着复杂的联系和交义。在一般情况下，局部与整体是一致的，如对局部有利的对整体也同样有利。但有时，两者并不完全统一。当局部与

---

① 张瑞林. 体育管理学 [M]. 3 版. 北京：高等教育出版社，2015：97.
② 高雪峰，刘青. 体育管理学 [M]. 北京：人民体育出版社，2009：44-48.

整体发生矛盾时，局部利益应服从整体利益。从系统功能的整体性来说，系统的功能不只是各要素的简单相加，而应大于各部分功能之和，实现一种量变到质变的过程。体育组织作为一个具有复杂联系的系统，各系统要素应服从整体功能，从整体着眼、局部着手、统筹考虑，以达到整体的最优化。

（3）开放性

系统管理理论学派认为组织是一个开放系统。最早提出开放系统概念的是冯·贝塔郎菲，他提出生命系统本质上是开放系统，并将开放系统定义为与环境交换物质的系统[①]。传统管理理论把组织看成一个封闭系统，而现代管理理论则认为组织在它与环境的相互关系之中是一个开放系统。组织的开放性是指组织具有不断与外界环境进行物质、能量、信息交换的性质和功能。任何具体组织作为整体，都不是孤立存在的，而是总处于一定的环境之中，并同环境相互联系、相互作用，从而表现出自身的整体性。因而体育组织作为一种具体的组织同样具有开放性，只有不断地与外部环境进行物质、能量和信息的交换，体育组织才得以向上发展、稳定存在。

（二）体育组织管理

体育组织管理是指为实现一定的体育管理目标，互相协作结合而成的集体或团体在特定情境下协调资源以实现体育组织高效运作的活动过程。体育组织管理是管理主体围绕组织设定的目标，组建相应的组织系统，并不断调整和优化组织结构，使得组织系统内的人力、财力、物力、信息和技术等要素适应不断变化的环境的过程[②]。在管理学视角下，一方面，体育组织管理中的管理是指通过发挥"组织"的作用来帮助管理者提高活动效率从而实现组织目标，因而"组织"更多发挥着其作为动词的含义。另一方面，"组织"作为管理者实施管理的目标对象，管理者需要在既定情况下，合理设计组织结构，有效组合组织构成要素，并协调组织的良性运作，因而"组织"又发挥着其作为名词的含义。

可以说，组织与管理是一个事物的两方面，设计合理的组织结构是管理的基础，也是管理的必要条件。因此，体育组织管理是不断寻求内部秩序与外部环境均衡发展的动态过程。

---

① E. 拉兹洛，闵家胤. 从贝塔朗菲的著述看一般系统论的起源（《关于一般系统论》一书的导言）[J]. 系统辩证学学报，1993（2）：60-64.

② 张瑞林. 体育管理学 [M]. 3 版. 北京：高等教育出版社，2015：97-98.

第三章 体育管理的组织理论

二、体育组织管理的产生与发展

（一）组织管理理论的发展历程

在人类历史上，自从有了有组织的活动，就有了管理活动。管理活动的出现促使人们对这种活动加以研究，逐渐形成一些零散的管理思想。随着社会的发展、科学技术的进步，人们对管理思想加以提炼与概括，找出内在规律并提炼出具有普遍性的管理理论[①]。这些管理理论常被应用于各项管理活动中。随着现代社会组织化的深入，管理渗透整个社会之中。从学科的角度对组织管理思想和理论发展历程进行梳理，能更好地把握组织管理现象的发展过程。组织管理理论大致可分为三个阶段，即早期组织管理思想萌芽时期、古典组织管理理论时期和现代组织管理理论时期。

1. 早期组织管理思想萌芽时期

古希腊、古罗马、古埃及、古巴比伦等国家在国家管理、生产管理、军事、法律等方面都有过许多实践。公元 3 世纪后，随着奴隶制的衰落和基督教的兴起，基督教文化逐渐取代先前的文化，圣经中包含的管理思想对西方封建社会的管理起到一定指导作用。随着资本主义的发展，经济与管理的问题备受人们关注。最早对经济管理思想进行系统论述的是亚当·斯密，他提出的劳动价值论和劳动分工理论揭示了资本主义经营管理的本质，也成为后期企业管理理论的重要原理；查尔斯·巴贝奇同样提出劳动分工和利润分配制度，但他并未忽视人在劳动分工中的重要作用，提倡按工人所做的贡献来分配利润，并主张实行建议制度，鼓励工人提出改进生产的建议。罗伯特·欧文提出在工厂生产中要重视人的因素，他的改革试验证实，重视人的作用和尊重人的地位可以使得工厂获得更多的利润，这也使欧文成为人事管理的创始人。

可以说，早期各种管理思想主要随着生产力的发展而产生，组织多用于生产管理，组织的形式多以工厂内部劳动分工的形式呈现，虽然早期的组织管理思想不够系统全面，未形成专门的理论和学派，但都为后期组织管理理论的产生与发展奠定了坚实基础。

2. 古典组织管理理论时期

组织管理理论的系统建立是在 19 世纪末 20 世纪初，这一阶段形成的组织管理理论被称为古典组织管理理论。早期管理阶段，管理者多为资本的所

---

① 周三多，陈传明，刘子馨，等. 管理学——原理与方法 [M]. 7 版. 上海：复旦大学出版社，2018：36-37.

有者。19 世纪末,由于生产技术日益复杂,生产规模和资本的日益扩大,企业管理职能逐渐与资本所有权分离,管理职能由资本家委托给以经理为首的各方面管理人员所组成的专门管理机构承担,管理也成为一门被专门研究的学问,由此产生了科学管理理论。

这一阶段的代表人物主要有泰勒、法约尔和韦伯等人。泰勒在组织管理方面指出,专业化分工、合理化的工艺流程和标准化的训练是提高组织效率、管理效能的根本保障,他提出了三个管理职能分工原则:一是对管理职能和执行职能进行明确合理的分工,设立专门的管理机构。二是对管理职能进行进一步细化,以职能式的组织形式代替军队式的直线组织形式。三是对管理职能中的常规事项和非常规事项进行区分,实行管理的例外原则。领导主要处理例外事项和重大事项,其余常规事项授权给下属管理人员处理。法约尔对泰勒在科学管理中的局限性加以补充,从宏观视角重点探讨了正式组织结构和一般管理过程的关系。他认为要经营好一个企业,不仅要改善生产现场的管理,还应注意改善企业经营职能和管理原则。法约尔的贡献主要是在管理范畴、管理的组织理论和管理的原则等方面提出了新的观点。在这之后,韦伯、厄威克也在组织体系即组织原则方面提出若干新的理论。韦伯主要在分析权威类型的基础上提出科层组织理论,这一理论对古典组织管理理论作出巨大贡献,韦伯也因此被誉为"组织理论之父"。韦伯提出一种"理想的"行政管理体制,即官僚体制也称为科层制,他认为官僚体制是一种严密的、合理的、形同机器的社会组织,具有熟练的专业活动、明确的责权划分、严格执行的规章制度以及金字塔式的等级服从关系。泰勒、法约尔和韦伯等人在这一阶段的研究为古典组织管理理论奠定了坚实基础。继泰勒之后所形成的组织管理理论研究的核心问题是组织结构和管理原则的合理化、管理人员职责分工的合理化等,主要反映了西方近代的主流思维方式以及西方工业化初期产生的组织现象。

3. 现代组织管理理论时期

20 世纪 30 年代后,现代组织管理理论在对古典组织管理理论的批判中形成。20 世纪 50—70 年代,受第二次世界大战的影响,世界的政治经济环境发生了极大变化,对组织管理提出了新的要求。这一阶段的组织管理思想非常活跃,研究的侧重点也互不相同,主要有行为科学学派、管理科学学派、决策理论学派、经验主义学派等。结合组织现象的发展过程,这一阶段的组织管理理论主要分为三方面,即自然系统组织管理理论、开放系统组织管理理论和社会系统组织管理理论。

(1) 自然系统组织管理理论

自然系统组织理论是在对古典组织管理理论的批判中形成的。这一时期,人们开始关注人的行为所发挥的作用,旨在研究人类行为的规律,找出对待工人、职员的新方法和提高工效的新途径,行为科学由此产生。自然系统组织理论的代表人物有梅奥、马斯洛、赫兹伯格和麦格雷戈等。行为科学的发展是从梅奥提出的人际关系学说开始的，梅奥的研究提出企业中存在非正式组织，与正式组织以效率和成本为主要标准不同，非正式组织是以感情为主要标准，要求成员遵守人际关系中形成的非正式的、不成文的行为准则。梅奥还进一步论证了组织非正式结构对工作效率的影响。马斯洛的需要层次理论和赫兹伯格的双因素理论则分别从不同的角度考察了人的需要、动机和激励等问题，赫兹伯格对需要层次理论作了补充，他划分了激励因素和保健因素的界限，分析出各种激励因素，为激励工作指明了方向。麦格雷戈则根据对人的行为看法划分出 X 理论和 Y 理论，主要探讨了人性及人的行为假设与组织管理模式的关系问题。

自然系统组织管理理论的主要特点是把组织现象看成一个自然发展的过程，并认为组织不是纯粹的理性工具，而是为了完成某种特定任务而建立起来的人际关系结构，组织管理受到建立在情感认同基础上的非正式关系以及这种关系表现出的各种动机、需求的影响。自然系统组织管理理论主要强调非正式关系及人的主观能动性，并提出组织及运作过程受到特定历史条件的制约。

（2）开放系统组织管理理论

开放系统组织管理理论产生于 20 世纪 70 年代至 90 年代初。这一阶段的研究主要围绕组织与环境的关系展开，较具影响力的理论学派有权变理论、制度学派和环境组织理论等。权变理论的代表人物有洛尔施和劳伦斯，该理论学派的基本观点是组织的最佳结构取决于它的环境条件、技术、目标和规模等因素，应根据具体情况对组织进行设计和管理[1]。制度学派包括旧制度主义学派和新制度主义学派，旧制度主义的基本观点认为组织是一个制度化的组织，组织的发展演变是一个自然过程，是周围环境相互作用的产物。新制度主义则认为以往的理论过于注重组织的技术环境，因而主张把研究的重心放在制度环境上。组织环境理论代表人物有汤普森和佩罗，该理论侧重研究组织变量与环境变量的关系，同时该理论还进一步分析了一般环境与具体工作环境的关系[2]。开放系统组织管理理论的特点是把组织看作一个开放、动态的系统，其对组织管理的研究则从内部转移到外部环境上。

（3）社会系统组织管理理论

20 世纪六七十年代以来，组织管理的研究一直非常活跃，社会系统组织管理理论和开放系统组织管理理论几乎产生于同一时期。但严格来说，社会系统组织管理理论是有别于开放系统组织管理理论的一种研究取向。社会系统组织管理理论重点探讨的是组织之间、个人与组织之间的互动关系及结果，

---

[1][2]　郑杭生. 社会学概论新修 [M]. 5 版. 北京：中国人民大学出版社，2019：238-240.

在此基础上形成了许多具有影响力的学术流派，如社会系统学派、决策理论学派、组织经济学理论学派。社会系统学派的主要代表人物为巴纳德，他将协调组织中个人与组织之间的关系作为其研究的主导方向，并提出将决策提升为管理的核心。西蒙、马奇、利克特等人都深受巴纳德的影响。决策理论学派的主要代表人物是西蒙，他认为管理就是决策，他的研究主要聚焦决策及其实施过程。组织经济学理论学派的代表人物是康芒斯、科斯和威廉姆森等，他们把交易作为基本分析单位，认为人与人的相互行为均可以理解为交易，但这种交易行为的发生是需要付出代价的，如何降低交易成本是组织管理的核心问题。

社会系统组织管理理论的特点是吸收了古典组织管理理论和早期现代组织管理理论的精华，并且在现代系统论的影响下有了新的发展。虽然各学派的分析视角不同，观点也有所不同，但都把组织看成一个复杂的系统，实现组织目标和提高组织效率的途径取决于组织系统内各子系统之间的有机联系。

（二）我国体育组织管理的发展历程

我国体育组织管理的发展历程可分为两个阶段，国家体育运动委员会时期和国家体育总局时期。1949 年中华人民共和国成立后，我国借鉴苏联的体育管理体制，组织管理上实行以国家垂直管理为主，经费来源上以国家拨款分配为主，行政手段上以文件计划等为主的体育管理模式。1998 年，国家体育运动委员会改组为国家体育总局，调整和转变了部分职能，但仍是政府专门的体育管理机构。

1. 国家体育运动委员会时期（1949—1997 年）

20 世纪 50 年代至 90 年代初，我国体育组织管理模式主要是按照计划经济体制的要求而形成的高度集中的管理体制。1952 年，我国组建了中央人民政府和地方政府体育运动委员会，作为政府专门的体育管理机构行使着管理体育的职权。体育的管理由国家统一领导，国家体育运动委员会施行监督、指导和协调的职能，由国家和社会力量共同办体育。但后来逐渐发展为国家体育运动委员会负责统一领导和监督全国体育事业，社会各群众体育组织并未在管理体育上发挥应有的职能作用。

这一时期的体育体制被称为"举国体制"，在当时的历史环境下，实行高度集权的体制可以集中力量办大事，为推动我国体育的发展发挥了积极作用。

2. 国家体育总局时期（1998 年至今）

随着我国经济体制由计划经济向市场经济转变，以计划经济为基础的举国体制不再满足我国体育发展的需要。1993 年，国家体育运动委员会制定了

《关于深化体育改革的意见》，旨在改革已有的体育体制和运行机制，向与社会主义市场经济体制相适应的体育体制转变，建立符合现代体育发展的体育体制和良性循环的运行机制。1998年，我国政府实行机构改革，撤销了国家体育运动委员会，设立了国家体育总局，调整了部分职能，但仍是政府专门的体育管理机构。这一阶段国家开始重点加强社会体育组织建设，如体育协会、体育俱乐部和体育中介机构等，鼓励和支持各系统、各行业和社会组织及个人组建各类体育俱乐部。

这一时期的体育组织管理主要由计划经济体制高度集中的管理向市场经济体制的分权管理转变，实现政事分开，管办分离，把部分职能转移给事业单位、社会团体和中介组织。同时，大力发展体育产业以适应社会市场经济体制的需求，改变单纯依靠国家财政拨款的状况，进一步推进我国体育改革和增强我国体育自我发展的能力。

三、体育组织的要素

体育组织的要素主要包括体育组织目标、体育组织结构、体育组织环境、体育组织文化等内容。

（一）体育组织目标

目标是指所期望的结果或者对象。目标也被描述为计划的根本要素，是管理学中重要的概念。而体育组织目标是指体育组织在一定时期内，其开展的活动或安排的工作计划所要达到的一种状态和结果，体育组织成员的行为始终是以目标实现为导向的。层次性、网络性、多样性等是设定体育组织目标时最主要的特点。

1. 层次性

体育组织目标的层次性体现在，由体育组织中的高层管理者设定一个总目标，逐级向下传递，分解为每个组织参与者的子目标，使目标实现得到层层保证，这在管理学中被称为传统的目标设定。

2. 网络性

体育组织设定的目标很少是线性的，并非一个目标完成后再实现另一个目标，各目标之间是相互关联、彼此连接形成的一个网络。因此，在制定目标时应注意目标与目标之间是相互支持、相互联系的关系。

3. 多样性

体育组织在设定目标时往往不是单一的，而是设置多个具有挑战性并且可以实现的目标。例如，体育组织举办体育赛事不仅仅为了获得一定的利润，而且希望通过体育赛事的影响力和号召力提高国民对于体育运动的兴趣，使更多的人参与到体育运动中来，在强健体魄、增强体质的同时弘扬中华体育精神。

（二）体育组织结构

合理的体育组织结构能够促进体育组织目标的实现。弗里蒙特·卡斯特指出，组织是一个开放系统，组织结构是组织内各构成部分和各部分之间所确定的关系形式。罗宾斯对组织结构的定义为组织内的工作安排，即通过布置工作和任务确保组织目标得以实现。我国学者认为，组织结构是一个组织内构成要素之间确定的关系形式，或者说是一个组织内各要素的排列组合方式[1]。而体育组织结构是指体现体育组织各部分排列顺序、空间位置、聚集状态、联系方式以及各要素之间相互关系的一种模式，是整个管理系统的"框架"。常见的体育组织结构形式有直线式、职能式、直线职能式、矩阵式和委员会等。不同的体育组织结构有着不同的特点，适用的体育组织类型也不同，但均以确保组织中各部分能得到相互协调和有机整合，以实现组织的整体目标为核心要义。

（三）体育组织环境

体育组织环境是指影响体育组织存在与发展的各种因素或力量，是体育组织管理活动内在与外在的客观条件，体育组织环境对体育组织的形成、发展有着重要的影响，既有积极的一面又有消极的一面。一方面，体育组织环境的变化为体育组织的发展提供了充分的有利条件。例如，党的二十大报告中指出，要广泛开展全民健身活动，加强青少年体育工作，促进群众体育和竞技体育全面发展。《"健康中国2030"规划纲要》指出，加强全民健身组织网络建设，扶持和引导基层体育社会组织发展。这对于激发体育社会组织活力，壮大并建立新的体育组织起到了积极的促进作用。另一方面，由于体育组织环境的变化使得某些体育组织未能适应新的环境而出现消极的影响。例

---

① 徐向艺. 管理学 [M]. 3版. 济南：山东人民出版社，2014：183.

如，受到突发公共卫生事件的影响，体育赛事活动临时取消或暂停，给体育组织带来巨大的冲击。但多变的环境既是挑战，也会带来新的调整契机。因此，对于体育组织而言，其目标、结构和管理等要素应更加灵活，才能在多变的环境中生存和发展。

在体育组织环境和体育组织的关系上，并不仅仅是体育组织对体育组织环境作出的单方面适应，体育组织对体育组织环境也同时具有积极的反作用。具体表现在：体育组织可以主动地根据环境的变化，及时调整组织目标，以适应新的环境。体育组织也可以积极地创造新的环境，建立起组织与环境新的交互关系。此外，体育组织还可以利用自身的力量来改变体育组织环境，使之适应自身的发展需要。但体育组织对体育组织环境的反作用也有消极的方面，即对体育组织环境的破坏，这种破坏会给体育组织的正常发展带来一定的负面影响。

（四）体育组织文化

体育组织文化是体育组织成员之间普遍认同并且被广泛接受的价值观念、信仰、选择、行为规范的综合体。体育可以与哲学、艺术、文学等方面结合起来形成具有民族特色和精神价值的文化。通过体育组织文化将组织成员进行整合，使成员和组织之间形成互相依存和信赖的关系。体育组织文化一般是由精神文化、制度文化、物质文化三部分组成，其在体育组织内部一经形成，便能够通过渗透个人的价值观以及自我调节等方式，使组织成员共同为实现体育组织的目标而努力。

四、体育组织的分类

我国的体育组织主要由三个部分组成，即体育行政组织、体育营利组织和体育非营利组织[①]。

---

① 张瑞林. 体育管理学 [M]. 3 版. 北京：高等教育出版社，2015：108-110.

（一）体育行政组织

体育行政组织分为政府专门体育管理机构和政府非专门体育管理机构。政府专门体育管理机构主要是指体育事业的政府领导机构和管理机构。20 世纪 50 年代，我国设立了国家体育运动委员会对体育事业进行领导和管理，20 世纪 90 年代末我国进行机构改革调整，国家体育运动委员会改为国家体育总局，并对部分职能进行了调整，现如今，体育管理政府机构有国家体育总局、地方各级人民政府的体育局等。

除此之外，政府中的一些部门也设立了与体育有关的管理机构，如教育部设有体育卫生与艺术教育司，负责指导大中小学体育、卫生与健康教育、艺术教育、国防教育工作。

（二）体育营利组织

体育营利组织是指以营利为目的的体育组织，这些组织的目标是实现经济收益，并通过各种方式参与到体育产业的价值链中。体育营利组织涉及体育事业的多个领域，如体育健身娱乐业、体育竞赛表演业、体育用品制造业、体育中介业、体育旅游业、体育场馆服务业、体育培训业等。营利性体育组织的存在和发展对于推动体育市场化和商业化进程具有重要作用，它们不仅为投资者带来回报，还促进了体育人才的培养、运动项目的普及和社会体育文化的繁荣。值得注意的是，虽然营利性体育组织的主要目标是为了获取利润，但它们也会承担一定的社会责任，如支持体育教育事业、促进社区体育发展等。

（三）体育非营利组织

体育非营利组织也称为体育社会组织，主要是指以发展群众体育为目的的非营利体育社团、体育类民办非企业单位、体育基金会、自发性群众体育组织等。体育社团是以体育运动（活动）为目的，为实现成员共同意愿自愿组成，按照其章程自主管理的非营利性社会组织，是开展体育活动的一种重要的组织形式，如体育基金会、体育协会、体育总会等。我国的体育社团在计划经济时期发展较为缓慢，主要原因是我国实行体育行政管理体制，体育社团不具备实质的管理职能，因此在一定程度上抑制了体育社团的发展。20 世纪 80 年代以来，我国体育社团得到了快速发展，部分原有的单项运动协会转向实体化，如中国足球协会等。各行业体育协会和民间体育组织也开始逐步建立起来，如中国残疾人体育协会、中国大学生体育协会、中国农民体育协会等。

近年来，我国也出台了相关政策、文件促进体育社会组织的发展。《"十四五"体育发展规划》提出："进一步厘清体育行政机关、项目中心、项目协会在体育事业发展中的职责。加快政府职能转变，强化统筹管理和行业监管，重点做好运动项目发展规划和宏观指导。加快全国性单项体育协会实体化改革进程，强化党的领导，加快协会党建工作，推动会员组织建设和规范化管理，促进行业自律。"发展体育社会组织不仅能够满足组织成员的体育需求，也是国家发展体育事业的需要，是我国体育改革的重要部分。

第二节
体育组织设计与结构

一、体育组织设计的任务与原则

（一）体育组织设计的任务

体育组织设计是指体育组织管理者将组织内各要素进行合理分配、组合，建立一种特定组织结构的动态工作过程。体育组织设计的目的是规划体育组织中各部门的职能和确定组织中职权的活动范围。因此，体育组织设计涉及两方面的任务：搭建组织结构框架和编制职位说明书。

1. 搭建组织结构框架

组织结构是指组织的框架体系，是对完成组织目标的人员、工作、技术和信息所作出的制度性安排，这种结构可以通过组织结构图的形式直观展示（图3-1）。

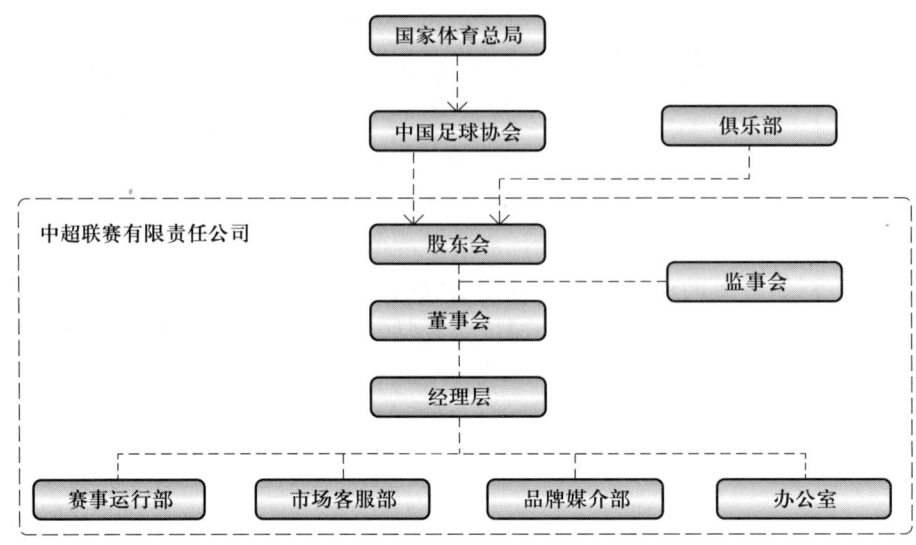

图 3-1　中超联赛有限责任公司的组织架构

2. 编制职位说明书

为了设计清晰的组织结构，体育组织管理者通常通过编制职位说明书来明确职位职责，以此提升组织的行动效率。编制职位说明书是根据职位分析的结果，将不同职位的要求规范化，制定书面文件的过程。职位说明书要能简明扼要地指出该管理职位的工作内容、职责与权利、与组织中其他部门或职位的关系以及工作应具备的条件等，以此作为配备人才、指导工作、考核成绩的标准。

（二）体育组织设计的原则

体育组织设计的原则是体育组织管理者在长期管理实践中积累的经验。科学地进行体育组织设计，才能取得良好的效果。体育组织设计应遵循的原则包括：

1. 因事设职与因人设职相结合的原则

体育组织设计的各项工作都是为了保证组织目标的实现，目标活动的每一项内容都应该落实到具体的岗位和部门，也就是"事事有人做"，而非"人人有事做"，但这并不意味着体育组织设计中可以忽视人的因素。任何组织首先是人的集合，而非事与物的集合，组织中的工作最终是要靠人来完成的，体育组织设计过程中必须重视人的因素。在现实工作中，我们遇到更多的是体育组织的再设计，而组织中现有成员的特点是开展组织再设计工作的重要考虑因素。同时，组织设计还要考虑人们参加组织的目标，不仅是满足某种客观的要求，也要通过工作来提高能力、实现人生价值。

2. 权责对等的原则

权责对等即职权和职责对等。体育组织中的每个部门和部门中的每位成员都有责任按照要求保质保量地完成工作任务，同时也必须拥有完成任务所必需的权力。第一，向管理者授权是为其履行职责所提供的必要条件。合理授权是贯彻权责对等原则的一个重要方面，必须根据管理者所承担的责任大小授予其相应权力。管理者完成任务的好坏，不仅取决于主观努力和其具有的素质，而且与上级的合理授权有密切的关系。第二，管理者拥有的权力与其承担的责任应该相互一致，不能拥有权力，而不履行其职责；也不能只要求管理者承担责任而不予授权。第三，正确地选人用人。上级必须委派恰当的人去担任某个职务和某项工作。人和职位一定要相称，应根据管理者的素质和过去的表现，尤其是责任感的强弱，授予员工适合的管理职位和权力。第四，严格监督检查。上级对管理者运用权力和履行职责的情况必须有严格的监督、检查，以便掌握管理者在任职期间的真实情况。管理者渎职，上级应当承担两方面的责任：一是选人用人不当；二是监督检查不力。监督、检查工作应该主要由授权者履行。

3. 命令统一的原则

命令统一的实质就是组织机构的设置应该保证命令的统一和指挥的统一，使组织真正成为贯通协调的统一整体。具体要做到：形成一条连续不断的层次链，明确职责、权力、沟通方式；下级只能接受上级组织的命令和指挥，防止多头领导的现象；不能越级请示工作；不能越级指挥下级；职能部门一般只能作为同级直线领导的"参谋"，无权对下级直线领导发号施令；统一指挥与分级管理相结合，集权与分权相结合。

4. 层幅适当的原则

层幅适当，即管理层次和管理幅度适当。管理层次是指组织中职位等级的数目，不同的管理层次决定了不同的职能分工、有效的管理幅度和组织效率。通常管理层次越多，信息沟通越困难，越容易受到干扰。而管理层次越少，管理幅度就会超出合理限度，使领导者不胜负荷。管理幅度又称管理跨度，是指一名管理者能直接、有效指挥的下级机构和人员的数量。任何体育管理人员会受自身精力、能力、知识等条件的限制，能有效领导下级的人数是有限的，超过一定限度，就不能做到具体、有效的管理。决定有效管理幅度的主要条件有：处理问题的复杂程度和工作量的大小；管理者及被管理者的素质水平；标准化水平和授权程度。

传统组织理论强调的管理幅度偏小，随着现代行政事务的日趋复杂，管理幅度过小势必使管理层次增多。现代管理理论主张适当扩大管理幅度从而控制管理层次的增加。判断管理幅度与管理层次合理与否，关键还在于这两者应与组织的具体环境和条件相适合。只要两者均衡协调，并与组织的整体管理相协调，具有良好的实践效果，就是合理的。一般而言，在管理幅度给定的条件下，管理层次与组织规模的大小成正比，即组织规模越大，包括的成员人数越多，所需要的管理层次就越多；在组织规模给定的条件下，管理层次与管理幅度成反比，即每名主管能直接控制的成员人数越多，所需要的管理层次就越少。

5. 稳定性与适应性相结合原则

稳定性和适应性相结合的原则要求体育组织设计既要保证组织的外部环境和组织任务发生变化时，能够有秩序的正常运转，又要保证组织在运转过程中能够根据变化的情况作出相应的改变，具备一定的弹性和适应性。为此，体育组织需要建立明确的指挥系统、权责关系、规章制度，要选择具有良好适应性的组织形式和方法，使组织在变动的环境中具有内在的自动调节机制。

二、体育组织环境

（一）体育组织环境的含义

体育组织环境是指所有影响体育组织运行和组织绩效的因素或力量，是体育组织管理活动内在与外在的客观条件，它调节着组织结构与组织绩效的关系，影响组织的有效性，对体育组织的运行发展起着重要作用。

（二）体育组织环境的类型

组织环境的类型，可以根据组织界线（系统边界）来进行划分，分为内部环境和外部环境或称为工作（具体）环境和社会（一般）环境。

1. 体育组织内部环境

体育组织内部环境指管理的具体工作环境，包括体育组织结构、心理环境和文化环境等。其中，体育组织结构是对完成体育组织目标的人员、工作、技术和信息所作的制度性安排。心理环境指的是体育组织内部的精神环境，包括体育组织内部和睦融洽的人际关系、人事关系，组织成员的责任心、归属感、合作精神和奉献精神等，对体育组织管理有着直接影响。文化环境则有两个层面的内容：一是体育组织制度文化，包括体育组织工作流程、规章制度、考核奖励制度等；二是体育组织精神文化，包括体育价值观念、组织信念、管理哲学以及精神风貌等。一个良好的组织文化是组织生存和发展的基础和动力。内部环境影响体育组织管理系统，对体育组织的影响是直接的。

2. 体育组织外部环境

体育组织外部环境是指组织所处的社会环境，包括政治／法律环境、经济环境、社会文化环境、人口环境和技术环境等。政治／法律环境包括政治局面是否安定、政治制度及经济管理体制状况、法律及政策状况。经济环境包括市场状况、经济状况以及市场竞争势态、可收入支配状况等，体育管理者必须对经济环境有清醒的认识才能为组织设计作出最佳决策。社会文化环境包括文化教育、价值观、道德、生活方式和行为模式等，它是影响体育组织系统各种文化条件的总体。人口环境与人口特征的趋势有关，如年龄、种族、性别、教育水平、地理位置、收入和家庭构成等，其中年龄是一项尤为重要的人口特征，因为体育组织内常会存在不同年龄的群体共同工作。技术环境与科学技术或组织创新有关，体育组织的改革与发展离不开组织创新和科学技术的支撑。这些外部环境都对体育管理者的决策和行为构成了潜在的限制，对体育组织的影响是间接的、长远的。

（三）体育组织与环境

1. 组织环境对体育组织的形成和发展具有重要影响

环境是组织生存的土壤，它既为组织活动提供条件，又对组织的活动起制约作用，因此组织环境的变化也为体育组织的发展带来新的机遇、提供有利的条件，相反体育组织若未能适应环境的变化，则会产生许多问题甚至面临解散。体育组织作为一个开放的系统，必须时刻与外界环境进行相对应的物质、能量、信息的交换，而体育组织的目标、结构及其管理只有变得更加灵活，才能适应时代、环境多变的要求。

2. 不同类型的体育组织对环境有着不同的敏感度

新制度学派的代表人物梅耶等人根据组织绩效与技术环境、制度环境的关联度将组织划分成四种类型：一是强技术弱制度型，如欧美职业体育俱乐部等商业性体育组织；二是强技术强制度型，如奥林匹克组织等国际性体育组织；三是弱技术弱制度型，如居民自行组织的晨练晚跑俱乐部、社区体育组织等民间体育组织；四是弱技术强制度型，如公共体育场馆等体育单位。

（四）体育组织环境的特点

体育组织环境是由各种各样的要素构成的。一方面，这些要素各有不同，具有自己的特殊性；另一方面，体育组织环境的各要素间又相互联系、相互依存，在功能与特性方面存在着许多相同与相似之处，具有环境因素的普遍性。概括起来，体育组织环境表现为以下三大特点：

1. 客观性

组织环境是客观存在的，作为组织环境基础的自然和社会的各种条件是组织赖以存在的物质条件，对组织来说是一种客观存在，他们不会随着组织中人们的主观意志为转移，而且他们的存在客观制约着组织的活动。同样，体育组织环境也是客观存在的，是体育组织赖以存在的物质条件，不以体育组织中人的主观意志为转移，但在一定程度上会制约体育组织的活动。

2. 动态性

组织环境的各种因素是不断变化的，各种组织环境因素又在不断地重新组合，形成新的环境。体育组织环境也处于动态变化之中，组织内部要素与各种环境因素的平衡时常被打破，使得组织结构不断发生变化。因此，体育组织必须及时调整自身的结构，以适应不断变化的环境，从而促使体育组织环境更加有序，朝着有利于组织系统生存和发展的方向运动。

3. 系统性

组织环境是一个系统，是由与组织相关的各种外部事物和条件相互联系所组成的整体。同理，体育组织环境也是一个系统，组成这个系统的各种要素，如自然条件、社会条件等都要遵循它所处的系统的运行规律，并不断进行协调和运转，形成一定的结构，从而表现出体育组织环境的整体性。体育组织管理就是在这种整体性的环境中进行的。

总的来说，体育组织环境的客观性、动态性、系统性等特点说明了体育组织环境本身就是一个有着复杂结构且动态变化的系统。正确分析体育组织所面临的环境中的各组成要素及其状况，是体育管理者在管理活动中不可缺少的前提条件，也是体育组织设计中不可忽视的问题。

三、体育组织结构

体育组织结构是为了实现组织战略目标而采取的一种分工协作体系，组织结构必须随着组织重大战略的调整而调整。从管理学的角度来看，主要是为了保证各部门有效的沟通和合作。

（一）体育组织结构选择权变因素

罗宾斯提出基本的组织设计主要围绕两种组织形式，分别是机械式组织和有机式组织[①]。机械式组织也可称为科层组织，是一种僵化和严密控制的组织设计，早期的组织设计推崇高水平的工作专门化，使工作变得简单、重复和标准化，更加需要多个管理层级来协调各个专门化的部门。有机式组织是一种具有高度适应性的组织形式，其松散和灵活程度等同于机械式组织僵硬和稳定的程度。有机式组织也有劳动分工，但并非标准化工作，员工往往是精通技术的专业人员，只需要很少的规章制度和监管就能够解决专业化问题，这种组织结构中不会期望高层管理者拥有制定正确决策所必需的专业技能。在体育组织结构中，体育管理者通常会努力寻求一种合适的组织结构设计，而这种合适的组织结构设计取决于四种权变因素：战略、规模、技术和环境不确定性。

1. 战略与结构

体育组织结构应该能够促进组织目标的实现。因为目标是组织战略的一个重要的组成部分，所以战略与结构密切相关。某些结构设计最适合某些特定的组织战略。例如，当一个组织追求有意义的创新时，有机式组织的灵活性和信息的自由流动性非常奏效。而当体育企业希望严格控制成本时，机械式组织的高效性、稳定性十分有效。

2. 规模与结构

彼得·布劳在分析总结组织规模对组织结构的影响时明确指出，规模是影响组织结构最重要的因素，在组织初期组织规模对组织结构的影响要大于当组织规模达到一定程度后再扩大时对组织结构的影响程度。体育组织的规模会影响它的结构，然而这种影响并不是线性关系，当组织达到一定程度后，随着组织的再扩大，规模对结构的影响就没那么重要。

3. 技术与结构

关于技术影响结构的研究最早可以追溯到琼·伍德沃德，她将组织按照生产的复杂程度和高级程度分为三种不同的技术类型：第一种类型是单件生产，描述的是单件或小批量的生产；第二种类型是批量生产，描述的是大量生产；第三种类型是连续生产，也是技术最复杂的，体现了连续的流程制造的生产方式。表3-1简要概述了伍德沃德的研究发现。

---

① [美]斯蒂芬·罗宾斯，蒂莫西·贾奇. 组织行为学 [M]. 孙健敏，王震，李原，译. 16 版. 北京：中国人民大学出版社，2016：271-273.

表 3-1　伍德沃德关于技术与结构的研究发现

	单件生产	批量生产	连续生产
结构特征	低度的纵向差异	中等程度的纵向差异	高度的纵向差异
	低度的横向差异	高度的横向差异	低度的横向差异
	低度的正规化	高度的正规化	低度的正规化
最有效的结构	有机式	机械式	有机式

资料来源：［美］斯蒂芬·罗宾斯，玛丽·库尔特. 管理学［M］. 刘刚，程熙镕，梁晗，等，译. 13 版. 北京：中国人民大学出版社，2017.

　　体育组织会通过调整结构以适应组织的技术。一般来说，采用的技术越常规化和固定化，组织结构会变得越机械化；如果组织采用更加灵活化的技术，则更有可能实行有机式结构。此种情况一般体现在体育用品制造行业。

　　4. 环境不确定性与结构

　　一些体育组织面临着不确定性程度很低的简单稳定环境，也有一些体育组织面临着不确定性程度很高的动态复杂环境。体育管理者通常会通过调整体育组织结构来降低环境对组织的影响。在简单稳定的环境中，机械式组织可能更加有效，而在复杂动态的环境中，组织更需要有机式设计所具备的灵活性。

　　环境不确定性与结构两者之间的关系有助于解释为什么当今许多体育管理者对组织进行重构，使之更加精干、快速和灵活。由于机械式组织不足以应对环境的快速变化和不确定性，因此组织正变得越来越有机化。

（二）体育组织结构的基本形式

　　体育组织结构的基本形式主要包括直线式组织结构、职能式组织结构、直线职能式组织结构、矩阵式组织结构、委员会等。

　　1. 直线式组织结构

　　直线式是最早出现也是最简单的一种组织形式。它的特点是组织各级行政单位自上而下实行垂直领导，下属部门只接受一个上级的指令，各级主管负责人对所属单位的一切问题负责。直线式组织结构的优点是结构比较简单，责任分明，命令统一。缺点是要求组织负责人具备多种知识和技能，能处理各种具体业务。因此，这种组织结构适合小型的体育企事业单位，在组织规模较大、任务繁杂时，常常难以应付。例如，根据公司体系、可设项目的差异，健身俱乐部内部的组织结构也有所不同，其中运营部、会籍部、团操部、教练部等都实行自上而下的管理方式，增加了管理层次，工作日益专门化，责任更加清晰明确（图 3-2）。

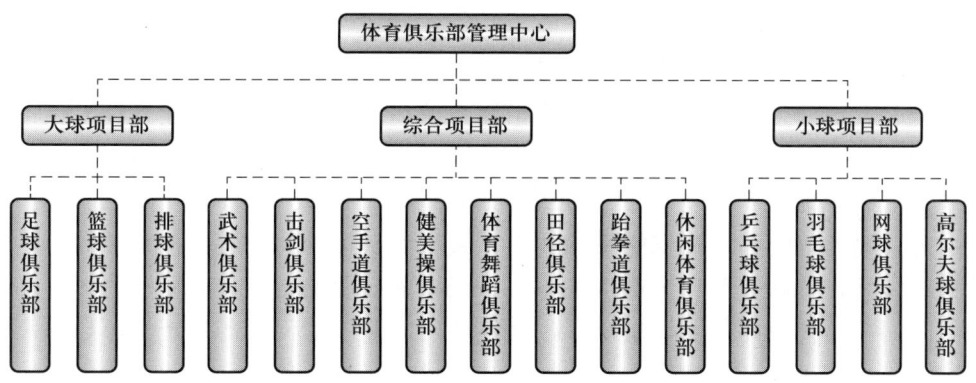

图 3-2 某体育俱乐部直线式结构示意图

2. 职能式组织结构

职能式组织结构是指各级行政单位除主管负责人外，还相应地设立一些职能机构。其要求行政主管把相应的管理职责和权力交给相关的职能机构，而各职能机构有权在自己的业务范围内向下级各单位下达指示和命令。职能式组织结构的优点是有助于发挥各职能机构的专业管理作用，减少主管领导的负担，使管理的业务联系更加直接和具体，这对管理工作效率的提高有一定的促进作用。这种组织结构的缺点是由于多头领导，命令不统一，容易造成各自为政，使下级单位无所适从。这种组织结构一般适用于管理工作复杂、面广且管理分工比较细的体育单位，如中华全国体育总会是我国全国性群众体育组织，是依法成立的非营利性社团法人，其中包括中国足球协会、中国篮球协会（图 3-3）、中国排球协会、中国网球协会等 60 多个体育协会。

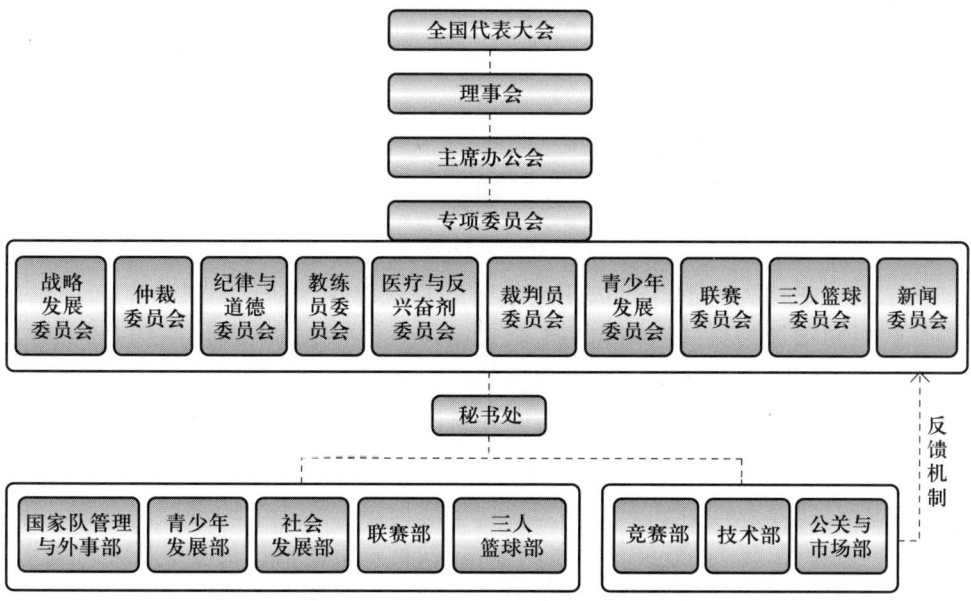

图 3-3 中国篮球协会组织架构图

3. 直线职能式组织结构

直线职能式组织结构是直线式与职能式结构结合的产物，它将组织中的机构和人员分为两套系统，即直线指挥系统和职能系统。但职能管理人员不再被赋予指挥权力，而是担任直线指挥人员的"参谋"，只对下级进行业务指导。直线职能式组织结构的优点是命令统一，指挥权集中，便于调配人力、财力、物力；能够发挥职能机构和参谋人员的决策功能，避免多头领导。这种组织结构的缺点是权力高度集中，下级缺乏必要的自主权，应变力弱；部门之间信息传递路线长、层次多，直线部门与职能部门易产生矛盾，导致高层领导协调工作量增大等。这种组织结构目前在我国各类企事业单位中使用较为广泛（图3-4）。

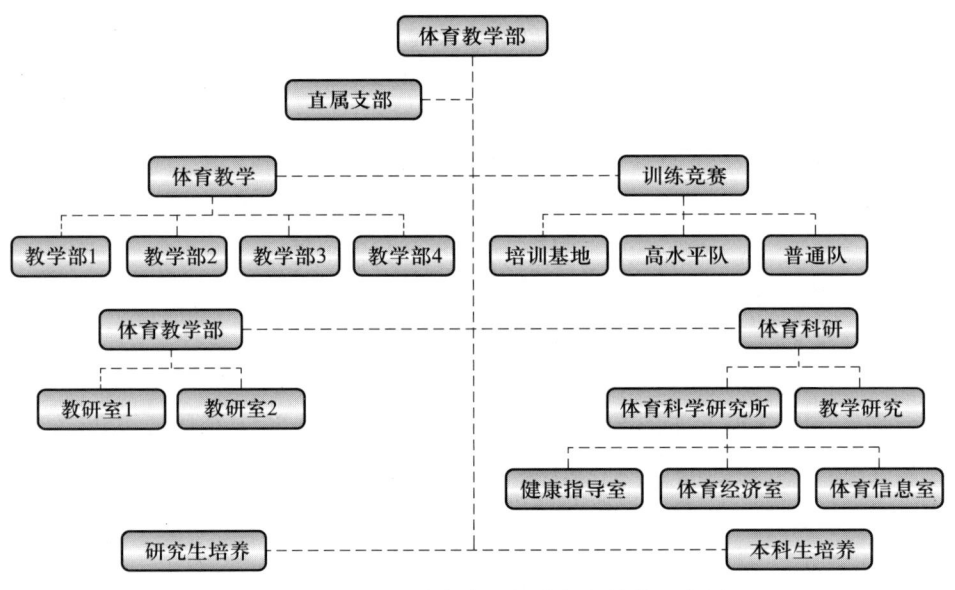

图3-4 某体育院校直线职能式组织结构示意图

4. 矩阵式组织结构

在组织结构上，把既有按职能划分的垂直领导系统又有按产品（项目）划分的横向领导关系的结构称为矩阵式组织结构。矩阵式组织结构是为了改进直线职能制横向联系差、缺乏弹性的缺点而形成的一种组织形式。矩阵式组织结构的优点是机动、灵活，可随项目的开始与结束进行组织或解散，而且这种结构是根据项目进行组织的，任务清楚、目的明确。这种组织结构的缺点是项目负责人的责任大于权力，项目成员都来自不同的部门，隶属关系仍在原单位，只是为特定项目而来，所以项目负责人对成员管理困难，没有足够的激励手段与惩治手段，这种人员上的双重管理是矩阵式结构的"先天缺陷"。矩阵式组织结构比较适用于一些创造性的工作，同时也适用于那些涉及面广、临时、复杂的项目，如有多个校区的体育运动学校。某体育学院矩阵式组织结构如图 3-5 所示。

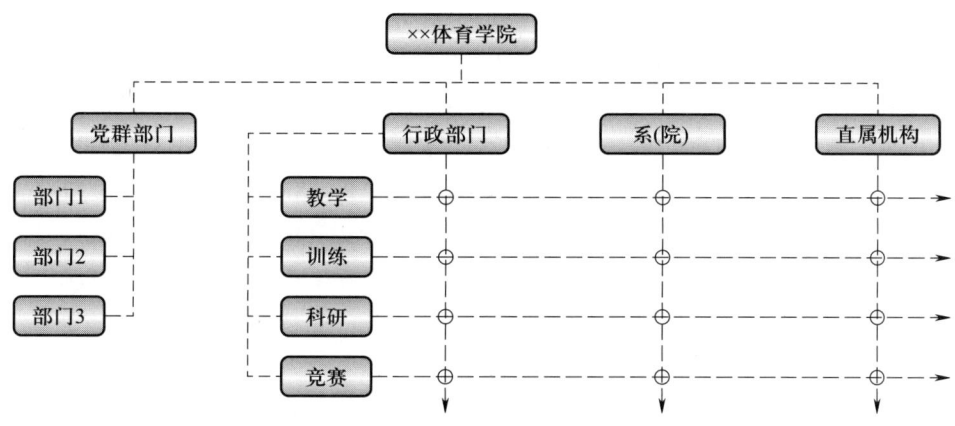

图 3-5　某体育学院矩阵式组织结构

5. 委员会

委员会是组织结构中的一种特殊类型，它是执行某方面管理职能并以集体活动为主要特征的组织形式。现实中的委员会通常会与上述其他组织结构类型结合使用，起到决策、咨询、合作和协调作用。委员会的优点是集思广益，有利于集体审议与判断；防止权力过分集中，利于沟通与协调；能够代表集体利益，容易获得群众信任；可促进相关管理人员成长等。这种组织结构的缺点是责任分散，议而不决，决策成本高，少数人专制等。在国际体育组织中，专业委员会是为了满足国际体育组织在赛事管理、技术运行、运动医学等不同领域的工作需要而建立起来的专门性工作部门。例如，2022 年北京冬奥会和冬残奥会组织委员会（简称北京冬奥组委）于 2015 年 12 月成立，它承担着北京冬奥会和北京冬残奥会各项筹办任务的组织工作。北京冬奥组委下设秘书行政部、总体策划部、对外联络部、新闻宣传部、规划建设部、市场开发部、人力资源部、财务部、技术部、法律事务部、运动会服务部、文化活动部、物流部、媒体运行部、场馆管理部、安保部等。2023 年 3 月，北京冬奥组委成立清算组并向国家事业单位登记管理局申请注销登记。

随着国际体育事务的复杂性、专业性和动态性越来越强，国际体育组织的实际工作和正常运转不得不依赖有专门技术和知识的专家成立的各种委员会，辅助行政机构及时有效地处理相关问题，维护不同群体的利益，建立完善的利益诉求机制。

代表大会、执行委员会、秘书处和专门委员会是国际体育组织组织结构中的四大职能机构[①]（图3-6）。代表大会由成员国或地区代表组成，是组织的最高权力机构，具有选举领导成员、修改组织章程和规则、审议工作报告和代表提案等职能。执行委员会由代表大会选举产生，负责领导国际体育组织，拥有对组织章程的解释权力，执行代表大会的决议。秘书处对外代表国际组织，具体管理国际体育组织的赛事和各项活动。各类专门委员会属于专家咨询机构，没有对组织的决策权，但在国际体育组织中承担大量技术性工作。在这些职能机构中，代表大会具有立法与审议权力，执行委员会行使领导与决策权力，秘书处具有实质的行政与管理权力。这种横向的职能分工，纵向的权力划分，形成国际体育组织特有的三权分立的组织结构。虽然一些专门委员会在一定程度上拥有司法裁定权、审计权和监督权，但这种权力多来自代表大会和执行委员会等机构，并不享有独立权力分配。

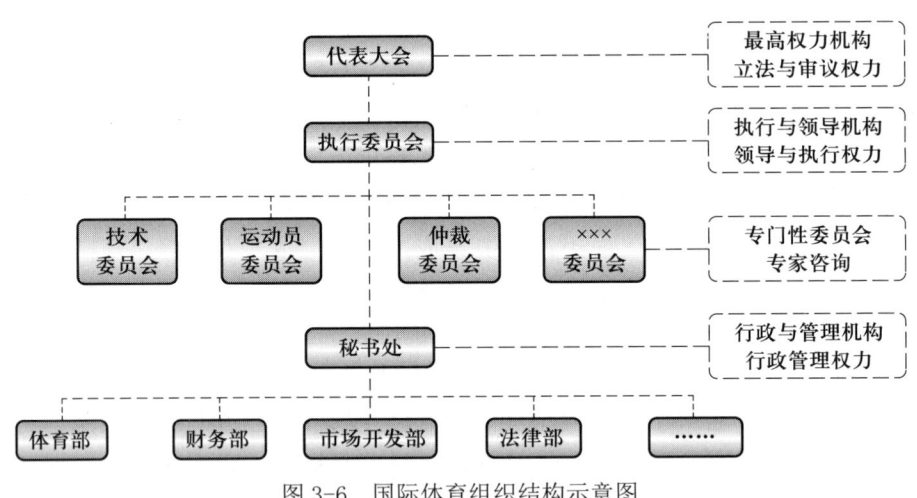

图 3-6 国际体育组织结构示意图

社区全民健身网络包括基本组织层次架构和沟通渠道（网络）两部分。三级组织架构是将社区体育组织分为街道、居委会、居委小组三个层次，按不同层次

[①] 沈宇鹏. 国际体育组织结构研究 [J]. 体育文化导刊，2011（8）：15-18，21.

第三章 体育管理的组织理论

的职责范围开展社区体育工作。四级组织系统包括：一是社区体育协会及其下属组织，以管理为主；二是单项类组织及其下属组织，以活动为主；三是体育指导组织及其下属组织，以指导培训为主；四是体育宣教组织及其下属组织，以信息咨询为主（图3-7）。

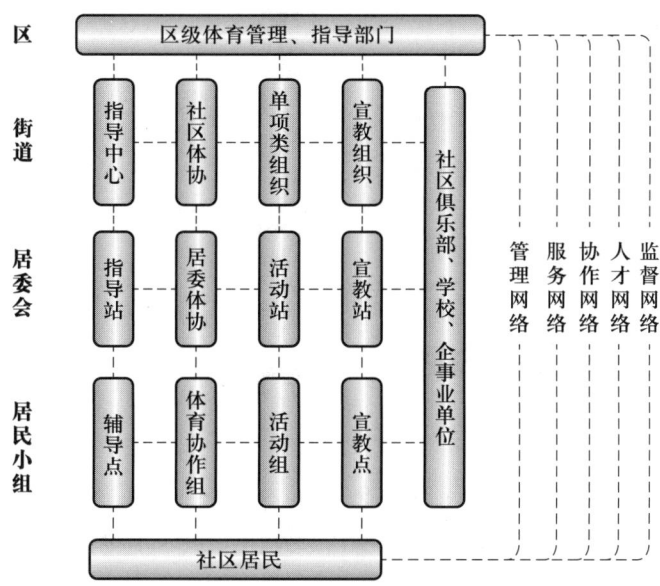

图 3-7　社区全民健身组织网络结构示意图

社区体育各系统之间、同一层次的各组织之间、不同层次的组织之间，都需要沟通渠道才能形成网络。沟通渠道主要有以下几种：一是管理网络，包括纵向管理渠道与横向管理渠道；二是服务网络，包括设施网、组织网、信息网、指导网等，对有限资源进行统筹安排；三是协作网络，是不同系统的社区体育组织间为制订计划、开展交流、利用信息等安排的渠道，保证社区体育的协调发展；四是人才网络，包括人才信息库和检索系统及人才流通渠道两方面；五是监督网络，包括情况反映渠道和反馈渠道，对各项社区体育工作进行及时反馈，发现问题由管理网络实施解决。此外，社区体育组织网络还须承上（与区有关体育管理指导部门建立联系）启下（与居民建立联系），兼顾其他组织（包括社区企事业单位、学校等），从而真正形成上下沟通、左右协调的整合模式，使社区体育工作健康发展[1]。

①　张铁玲. 21世纪初我国社区体育组织结构特征研究——兼论社区全民健身网络的构建［J］. 中国体育科技，2003（11）：49-50，53.

第三节
体育组织文化及发展

　　体育组织文化是体育组织成员普遍认同的价值观念、信仰、行为规范的综合体。体育组织可以通过宣传、培育、塑造体育组织文化，潜移默化地渗透到组织成员的行为选择中，以达到实现共同目标的目的。

一、体育组织文化的概念

　　20世纪初期，管理学中"科学管理理论"和"一般管理理论"的出现使得组织和工人提高了工作效率。到20世纪70年代中后期，日本企业快速崛起，其成功离不开理性的科学管理以及人本导向为主的企业文化。美国企业界和管理界也逐渐意识到"以人为本"管理方法中行为方法的重要性。随后，组织文化在全球掀起一波热潮，尤其在管理学界引起较大的轰动。20世纪80年代初，组织文化的概念传入中国。正处于改革开放初期的中国企业受到组织文化的启发，掀起了中国的组织文化热。
　　体育组织文化是文化的扩展、组织文化的延伸，是组织长久发展的关键，是体育组织持续发展的灵魂和动力。

（一）文化

　　"文化"一词在中国的出现可追溯至西汉末年，在《说苑·指武》中"文化"是指文治教化的意思。现在，文化广义上是指人类在社会实践过程中所获得的物质、精神的生产能力和创造的物质、精神财富的总和。狭义的文化是指精神生产能力和精神产品等。

（二）组织文化

组织是指为实现共同的目标，按照一定形式，互相协作结合而构成的团体。组织在长期的实践中所创造并遵循的目标、价值观、行为准则、道德规范等都称为组织文化。组织文化包括精神层面、制度层面以及物质层面（组织文化载体）三个层次。组织文化最开始用在企业领域，往往称为企业文化。随着社会发展，社会团体、管理机构和企业文化都归在组织文化中。

（三）体育组织文化

各组织因其自身所处的环境、传承的历史等条件的不同，形成了独具特色的意识形态、价值取向以及行事方法，最终建立了专属的组织文化。体育组织文化是组织文化的下位概念。

体育组织文化是由体育组织从创立之初不断发展形成，并被组织成员所接受和认同的组织价值观念、伦理规范、组织精神等方面的综合。体育组织文化由精神文化、制度文化、物质文化三部分组成（图3-8）。精神文化是体育组织文化的最深层次，一旦形成不易改变，是组织成员的价值观念。制度文化是体育组织文化的中间层次，一般也不会轻易改变，但可以根据组织需要进行调整。物质文化是体育组织文化中的表面层次，是体育组织文化的外在体现，是组织成员能直观感受到的最易进行调整的方面。体育组织价值观念源于组织内部，是由组织不断实践、创新并总结成功经验，共同凝结而成的普遍认同的观点。

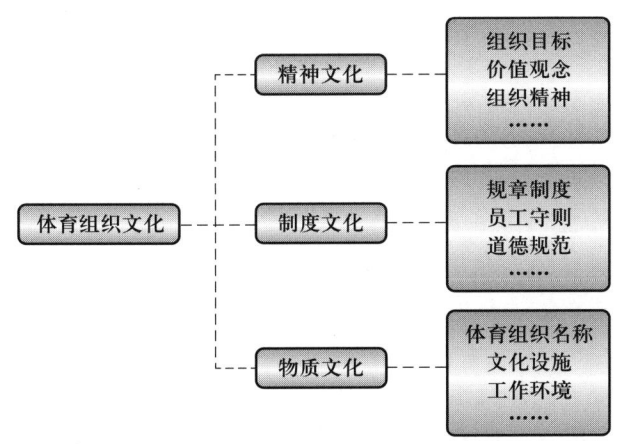

图3-8　体育组织文化要素图

二、体育组织文化的特点

体育组织文化从组织文化中衍生而来，是组织文化的扩展和延伸，具有组织文化普遍存在的特点和功能。体育组织文化从属于组织文化，但由于体育组织所处的特殊环境、特殊条件等，体育组织文化独具特色。体育组织文化中蕴含体育意识、体育精神、体育制度等，这些因素在体育组织文化的形成中起到了重要的作用，所以体育组织文化又区别于其他组织文化而自成体系。体育组织文化具有以下几个主要特点：

（一）继承性

每一个体育组织都是在各自独有的文化背景下形成的，拥有自身的文化传统和价值体系。体育组织文化在其发展过程中，不仅传承了优秀的传统文化，而且也具备时代性。体育组织文化的继承性包括历史继承性和时代继承性。

（二）差异性

体育组织文化的差异性包括民族差异性、地域差异性、性别差异性、阶级差异性等。每一个体育组织所处环境的体育发展水平、生产力水平以及当地的民族文化等都会体现在体育组织文化的差异上。

（三）发展性

体育组织文化是在文化和管理实践不断发展的过程中积累沉淀的，随着经济社会发展，体育事业的不断壮大，体育组织文化也将持续发展。

（四）世界性

信息化背景下，体育组织文化所蕴含的正向价值使得世界各个国家互相学习交流，体育组织吸收接纳各国先进的组织文化，赓续改善体育组织内部环境，促进世界文化的融合发展，具有世界性。

三、体育组织文化的功能

（一）整合功能

    体育组织文化主要通过建立成员与体育组织之间相互信任、相互依存的关系，使成员个人的行为方式、思想信念、感情习惯以及沟通方式等与组织有机结合起来，让组织成员形成强烈的认同感和归属感。体育可以调动组织文化建设的活力，激发组织成员的主观能动性，使人们更热衷于集体活动，形成高度的凝聚力，营造良好的体育组织文化氛围，为体育组织的共同目标而努力。

（二）适应功能

    体育组织文化能从根本上改变组织成员原有的价值观念，从而建立起一个符合时代要求、组织目标的价值体系，使之能够适应组织外部环境的变化。一旦体育组织文化所提倡的价值观念和行为规范被组织成员接受并认同，成员就会作出符合组织要求的行为和选择，一旦违背体育组织文化的要求，组织成员就会感到内疚、不安或自责，从而有意识地修正自身行为。体育组织文化在一定程度上具有约束性和改造性，通过指导和限制成员的日常行为，使其能够快速地适应组织外部环境的变化。

（三）导向功能

    体育组织文化是组织成员共同价值观的体现，与组织成员必须遵守的、以文字形式表述的明文规定不同，必然是符合社会发展总体方向，能为体育组织下一阶段的发展奠定基础，能够帮助组织作出正确的判断和价值选择。它是一种软性的行为约束，将体育组织的共同价值观念不断向个人进行渗透，将个人的价值观内化在体育组织价值体系中，使体育组织体系内形成一套自我调控机制，引导整个体育组织的行为和活动。体育组织文化有助于引导并抑制有悖常理的体育行为，影响着体育参与者的行为。有效的导向控制可以确保体育活动的正常开展并实现体育组织的目标。

（四）辐射功能

通过各项体育活动，体育组织文化能将体育精神层面的内容不断向社会大众呈现并被大众所接受，吸引更多社会个体和群体参与到体育组织这个环境中。受体育组织文化影响，人们有意识或无意识地接受并向更多社会其他人员传播优秀的价值观念，使他们认同体育组织文化，共同参与体育组织文化建设。

（五）激励功能

优秀文化需要长时间积淀，一经形成通常会保持良性发展。体育组织文化的激励功能不同于简单的物质激励，这种文化可以使体育组织内部成员产生强烈的社会责任感、荣誉感和进取心，激励组织成员更好地为组织服务。

四、体育组织文化的形成和塑造路径

（一）体育组织文化的形成

体育组织文化需要经过长期且艰难的过程形成，首先在体育组织的创立者或主要管理者的理念倡导下产生，但只有当创立者所提倡的价值观念、行为准则得到组织成员的广泛认可、自觉遵循并以此为自己行动选择的时候，才能形成体育组织文化。体育组织文化的传播主要依靠物质象征、举行交流会、宣讲杰出人物事迹等方式进行，使组织成员达成共识，传递体育组织的目标、价值观，促进体育组织文化的形成。

1. 体育组织管理者的价值提倡

体育组织管理者通过言传身教进行组织文化的传播，提出符合组织发展、成员认同并接受的价值观念和行为准则。体育组织文化不仅体现在口头上，在日常工作和生活中组织成员有意识地作出与组织价值观念相一致的行为选择，也能够潜移默化地影响组织其他成员，长此以往，不断渗透，以达成共识。

2. 体育组织文化的"社会化"与"预社会化"

社会化在社会学的相关研究中是指与一定文化相适应的价值观和行为准

则被组织成员接受的过程。体育组织文化的"社会化"是指体育组织运用一定方法，通过组织培训、墙报宣传等方式，不断地向组织成员传输体育组织的价值观念和行为准则，让组织成员能够逐渐接受并认同体育组织所提倡的价值观念和行为准则的过程。"预社会化"是指体育组织管理者在进行新成员招聘时，不仅应注重所应聘人员的职业技术素养，更要注意应聘者与组织所提倡的文化理念是否一致，从而确保新成员能够快速融入组织，接受该组织的文化。

（二）体育组织文化的塑造路径

体育组织文化的塑造是一个漫长的过程，在管理学中，一般采取导入企业形象识别系统来进行组织文化的塑造。

知识拓展

企业形象识别系统（corporate identity system，CIS）：也可称为企业形象设计，是指企业有意识、有计划地将自身各种特征向社会公众主动展示与传播，使公众对某一个特定的企业有一个标准化、差别化的印象和认识，以便更好地识别并给公众留下良好的印象。

体育组织文化的塑造路径主要包括确定体育组织价值观的标准、增强体育组织成员的认同感和归属感、提炼归纳形成体系、贯彻落实组织方案以及改革与完善5个阶段。体育组织成员参与塑造的全过程，确保体育组织文化得到认可，形成集体共识。

1. 确定体育组织价值观的标准

体育组织价值观是体育组织文化的核心，在体育组织文化的塑造过程中，确定体育组织价值观尤其是正确的价值观对于形成良好的体育组织文化起到重要作用。应从体育组织的组织特色、目标要求、所处的外部（经济、政治、生态等）环境要求等方面进行综合考量从而做出选择，提出适合组织发展的体育组织文化模式。选取的体育组织价值观要与体育组织文化各方面进行匹配，使二者之间相互协调，实现体育组织的整体优化。确定体育组织价值观的标准如下：

（1）体育组织价值观的标准要具有明确性、独特性、正向性、科学性。

（2）体育组织价值观和体育组织文化要体现本组织的成立宗旨、运营目的和发展战略方向等。

（3）体育组织价值观的选择要符合中华体育精神。

（4）体育组织价值观要符合和体现我国国情，要个性鲜明，与时俱进。

（5）体育组织价值观的选取要认真参考成员建议，经过多次筛选、慎重选择，并切实进行调查，了解成员对体育组织价值观和组织文化的认同感和接纳度，避免因为认同感和接纳度过低而导致的一系列问题。

2. 增强组织成员的认同感和归属感

选择并确立体育组织价值观和组织文化模式后，在实施阶段，体育组织应将经过组织成员一致通过的方案进行宣传推广，增强体育组织成员的认同感和归属感。具体实施方法如下：

（1）推广宣传

善用媒体，对体育组织文化的内容和精髓进行宣传，营造浓厚的体育组织文化氛围。

（2）树立典范

典范具有独特的感召力和影响力，能为组织成员提供良好范例，让体育组织成员能够以此为标杆进行模仿，增强体育组织成员的认同感。

（3）进行相关的培训工作

根据已经确定的方案进行针对性的培训，让体育组织成员系统地学习体育组织的价值观念，增强体育组织成员的归属感。

3. 提炼归纳形成体系

任何体育组织文化的形成都不是一蹴而就的，必须经过分析、归纳、提炼才能形成体系。

（1）细致精准分析

首先，组织者要先明确一个大致的方向，根据收集到的意见汇总成初步的方案，在整个体育组织中进行实践；其次，将经过初步实践的结果和成员反馈的意见归纳总结，并对初步方案进行整体评价；最后，详细分析和比较实践结果与计划目标的差值，找出问题。

（2）全面归纳

在进行细致、系统分析的基础上根据所反映的问题，可以邀请相关专家进行探讨，综合整理、及时反思和全面归纳总结。

（3）提炼精华，形成体系

把经过实践检验、科学论证的体育组织精神、价值观等内容进行提炼加工，精简成条理清晰、概括完善、有序规范的体系。

4. 贯彻落实组织方案

要全面贯彻落实体育组织文化方案，行之有效的办法就是建立规章制度，通过建立相关的奖罚措施和规章制度来约束每一位成员的行为。以组织成员工作的实际行动来维护体育组织文化价值体系，更有利于组织成员自觉维护所在组织的文化和精神，尤其是体育组织的管理者要起到模范带头作用，按照体育组织所提倡的价值观念和行为准则进行工作，引导体育组织其他成员认同该组织优秀的体育组织文化。

5. 改革与完善

任何一种组织文化都是特定的历史产物，体育组织文化也不例外。当体育组织的内、外部环境条件发生变化，管理者必须及时发现机遇与挑战，全面分析各种影响因素之后，积极主动创造条件，制定、调整并完善体育组织文化。体育组织文化的改革与完善不仅是一个新老交替的过程，也是一个认识与实践不断深化的过程。

案例 3-3
传统龙舟竞渡与现代龙舟运动的联系

传统龙舟竞渡的产生与当时的社会文化背景以及原始宗教氛围有密切联系。按民间传说，龙舟竞渡是由祭祀歌舞龙舟演变而来的。现代龙舟运动是在原有龙舟竞渡基础上逐步发展起来的。以 1984 年国家体委将龙舟列为全国正式比赛项目和 1985 年中国龙舟协会正式成立为标志性事件，我国龙舟运动从此结束了"群龙无首"的时代，开始进入到新的历史发展阶段。在弘扬中华优秀传统文化的背景下，现代龙舟竞渡已逐步成为一项在世界范围内深受人们喜爱的体现现代体育竞技价值的运动。

尽管传统龙舟竞渡与现代龙舟运动有着许多不同，但传统与现代有着必然的联系。这些联系主要体现在：一是传统龙舟竞渡是现代龙舟运动的基础，到今天仍然制约着现代龙舟运动的发展方向。二是不论各个民族赛龙舟时间、场所、风格的差异，但就赛龙舟这一基本竞技娱乐活动形式来看，都是相同的。三是在经历了各个历史阶段和复杂的演变过程后，几千年传承下来纪念先人的传统仍然有着较大的影响。四是由参与者配合协作形成的集体运动项目的文化特点产生的美学价值，为人们所喜爱、所接受，并强化为一种强大的民族凝聚力和向心力。五是传统龙舟竞渡的比赛形式、标准在一定意义上仍然规定着现代龙舟运动的标准和要求，配合协作的整体观念和群众意识在现代龙舟运动中仍然十分重要。

中国龙舟运动经过艰难曲折的发展过程已呈现出生机和活力，我们要力求在继承中华优秀传统文化的基础上来谈发展，把优秀的传统文化在实现现代化的过程中保留下来，选择一条适合自己的发展道路，结合中国龙舟运动传统与现实的状况，寻求中国龙舟运动现代化发展模式，并做到可持续发展，使民族传统体育真正具有生命力[1]。

---

[1] 倪依克. 当代中华民族传统体育发展的思考——论中国龙舟运动的现代化 [J]. 体育科学，2004（4）：73-76.

▍思考与探索 ▍

1. 何为体育组织，体育组织的任务是什么？
2. 体育组织的要素和职能有哪些？
3. 不同的体育组织结构有哪些不同，它们的适用范围和优缺点是什么？
4. 如何界定体育组织的边界，以无边界形式来运营组织是否现实？
5. 谈谈不同类型的体育组织如何进行更加协调的工作。
6. 如何理解体育组织文化的概念。
7. 体育组织者在体育组织文化的形成中有何作用？
8. 联系实际谈谈塑造体育组织文化的路径。

▍推荐阅读文献 ▍

第三章参考文献

1. 周三多，陈传明，刘于馨等. 管理学——原理与方法［M］. 7 版. 上海：复旦大学出版社，2018.
2. ［美］斯蒂芬·罗宾斯，玛丽·库尔特. 管理学［M］. 刘刚，程熙镕，梁晗，等，译. 13 版. 北京：中国人民大学出版社，2017.
3. ［美］斯蒂芬·罗宾斯，蒂莫西·贾奇. 组织行为学［M］. 孙健敏，王震，李原，译. 16 版. 北京：中国人民大学出版社，2016.
4. 张瑞林. 体育管理学［M］. 3 版. 北京：高等教育出版社，2015.
5. 王玉珠. 体育组织文化研究［M］. 北京：中国社会科学出版社，2005.

第四章

体育管理的领导理论

本章导语

领导是管理的一项重要职能，领导水平的高低常常决定组织的生死存亡。按照管理学有关领导职能的内容结构，本章分为三节，分别介绍了领导、激励和沟通在体育管理中的运用。在每一节中，首先介绍管理学中的基本理论知识，如领导的一般理论、激励的相关理论、沟通的相关理论，然后将这些理论知识应用于体育管理实践中，特别是在教练员对运动员的运动训练管理实践中，并进行具体深入的分析。通过本章的学习，了解并掌握在体育运动中，如何成为一名有影响力的领导者，如何激励自己的管理对象，如何进行有效的沟通。

学习重点和难点

学习重点：主要的领导行为方式理论、激励理论和沟通的相关知识，并能够应用于体育运动管理中。

学习难点：领导的内涵，领导者与管理者的不同；相关的领导行为方式理论、激励理论和沟通知识，能够理论联系实际，并在体育管理实践中很好地运用。

第一节
体育管理中的领导

管理的对象包括人力、财力、物力、时间、信息等，而领导的对象只有人，这就决定了领导具有不同于其他管理职能的特征，领导者具有不同于一般管理者的行为方式。

一、领导的内涵

领导是管理的职能之一，在管理学理论中，领导与管理、领导者与管理者是有区别的。

（一）领导与管理的区别

领导是指指挥或带领、引导或鼓励部下为实现目标而努力的过程。领导的本质体现为被领导者的追随和服从，它更多的是建立在个人影响力和专长权以及模范作用的基础上。它不是由组织赋予的职位和权力所决定的，而是取决于追随者的意愿。领导包含三个要素：一是领导者必须有下属或追随者。二是领导者拥有影响追随者的能力或力量。这些能力或力量包括由组织赋予领导者的职位或权力，也包括领导者个人所具有的影响力。三是领导的目的是通过影响下属来实现组织的目标。在带领、引导和鼓舞部下为实现组织目标而努力的过程中，领导者要具体发挥指挥、协调和激励三方面的作用。

而管理更多的是建立在合法的、有报酬的和强制性权力基础上对下属命令的行为，所以，管理者和领导者可能是分离的。一个正式组织中的管理者并不一定是一名领导者，同样，一个非正式组织中没有明确职位和权力的领导者也不是真正意义上的管理者。

那么如何区分领导与管理？通常认为领导与管理主要存在以下差异：

1. 两者的职能范围不同

从管理过程理论来说，领导是管理的一个部分，管理除了领导职能，还包含计划、组织和控制等。

2. 两者的权力来源不同

管理的权力来自组织结构，建立在合法的和强制性的权力基础之上；领导的权力可以来源于其所在职位，即组织结构的权力，也可以来源于个人，如教练员的权威性或个人的魅力等。

3. 两者的主要功能不同

管理是为了维持秩序，在一定程度上实现预期的计划，使事物能够高效地运转，所以需要理性和结构化思维、分析解决问题的能力。领导靠个人影响力和魅力把组织成员凝聚在周围，让大家全力以赴地为实现组织愿景而努力，所以需要有创设愿景、激发热情、通过创新带来变革的能力。

领导和管理的区别使得领导者和管理者的特征也存在差异，如图4-1所示，管理者更加理性和善于结构化地解决问题，领导者以愿景和个人魅力激励组织成员带动变革。

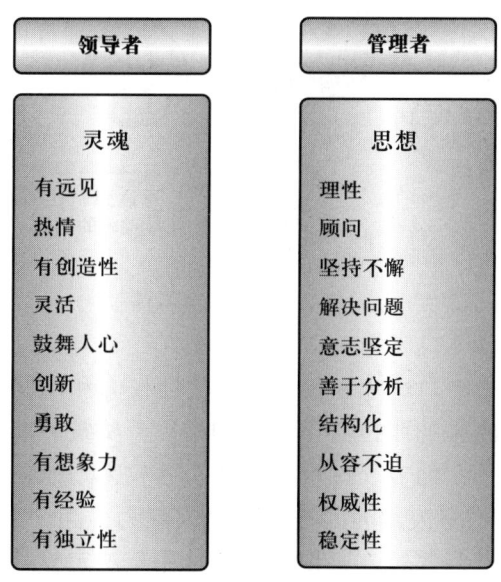

图 4-1　领导者和管理者的特征

（二）领导权力的来源

领导权力的来源也就是领导者影响力的来源，总体而言，领导者的影响力主要来自两方面：

一是职位权力，即领导者所处职位所赋予其的法定权力。任何人只要处在某一职位上，就自然地获得了这种权力，如惩罚权、奖赏权等。这种权力，下级是不得不服从的，即这种权力带有很大的强制性。正因如此，它所产生的服从往往具有表面性、暂时性的特点。

二是个人权力，也可以说是非职位权力，这种权力与领导者所处的职位无关，它是因领导者自身的某些特殊条件才具有的，如高尚的品德、丰富的经验、卓越的工作能力、良好的人际关系等，这种权力不具有强制性，但它对人的影响是发自内心的、长远的，下属会因此而心甘情愿地追随、服从领导者。

根据约翰·弗兰奇和伯特伦·瑞文等人的研究，领导权力有5种来源：法定性权力、奖赏性权力、惩罚性权力、感召性权力、专长性权力（图4-2）。

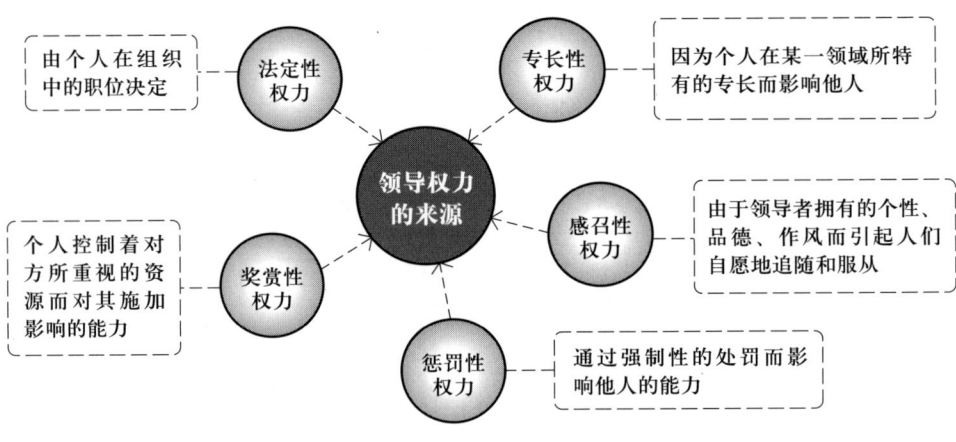

图4-2　领导权力的来源

在上述5种权力中，法定性权力、奖赏性权力和惩罚性权力与领导者的职位相关，其在组织中的职位赋予了他们指挥、奖赏和惩罚下属的权力，因此被统称为职位权力；而专长性权力和感召性权力与职位无关，与领导者个人的魅力或专业知识有关，因此被称为个人权力。当个人权力发挥影响时，下属不是因为希望获得奖赏、害怕惩罚或是屈从法定权威而不得不服从，而是出于发自内心的尊重与认同，产生归属感，自愿与领导者一起为组织工作，在面对风险和变革时，更能团结一心。因此，领导者不仅要依靠职位权力，而且要具有一定的个人权力。

（三）领导者的特质

人们心目中的领导者具有一系列的品质特征，如智慧、领袖魅力、决策

　　　　　　　　　　　　　　　　　　　第四章　体育管理的领导理论

力、热情、实力、勇气、正直和自信等，这正反映出领导者特质理论的本质。在早期有关领导理论的研究中，领导者特质理论是一个热点，在众多研究成果中比较经典的有：领导者区别于非领导者的 6 项特质包括进取心、领导愿望、诚实与正直、自信、智慧、工作相关知识。有领袖魅力的领导者特质包括自信、远见、清楚表达目标的能力、对目标的坚定信念、不循规蹈矩的行为、作为变革的代言人出现、环境敏感性。

如同人的气质、性格一样，领导者特质有先天的因素，但大多数专家倾向于个体可以经过培训而具有领袖魅力。这使我们能够把更多的具有领袖魅力的人选拔到管理岗位上，同时也可以使管理者经过培训和学习而产生领袖的魅力。

然而，单纯的特质对解释领导的有效性来说并不充分，完全以特质为基础的解释忽视了情境因素。具备恰当的特质只能使个体更有可能成为有效的领导者，但他还需要采取正确的行为。所以在后期的领导理论中，领导者特质理论已不再处于主导地位，人们开始把注意力放在研究领导者的行为上，希望了解有效领导者的行为是否有独特之处。

二、领导行为方式理论

从 20 世纪中期开始，对于领导的研究集中在对于有效领导行为的探讨上。其中，最具代表性的领导行为方式理论有以下几种：

（一）勒温的三种领导方式

心理学家勒温根据领导者如何运用职权，把领导者在领导中表现出来的极端的工作作风分为三种类型。

1. 专制型领导

领导者个人决定一切，布置下属执行。这种领导者要求下属绝对服从，并认为决策是自己一个人的事情。

2. 民主型领导

领导者发动下属讨论，共同商量，集思广益，然后决策，要求上下融洽，合作一致地工作。

3. 放任型领导

领导者把权力完全给予下属，自己对工作尽量不参与，也不主动干涉，毫无规章制度，工作进行几乎完全依赖下属。

虽然勒温根据实验认为，民主型工作效率最高，不但完成工作目标，而且组织成员关系融洽，下属工作积极主动、有创造性。但实际上考虑情境因素，三种领导方式各具特色，也适用于不同的环境。领导者要根据所处的管理层次，所担负的工作性质以及下属的特点，在不同时空处理不同问题时，针对不同下属选择合适的领导方式。

（二）坦南鲍姆的领导行为连续统一体理论

坦南鲍姆和施密特提出的领导行为连续统一体理论，很好地说明了领导风格的多样性和领导行为方式因情况而异、随机制宜的性质，如图 4-3 所示。

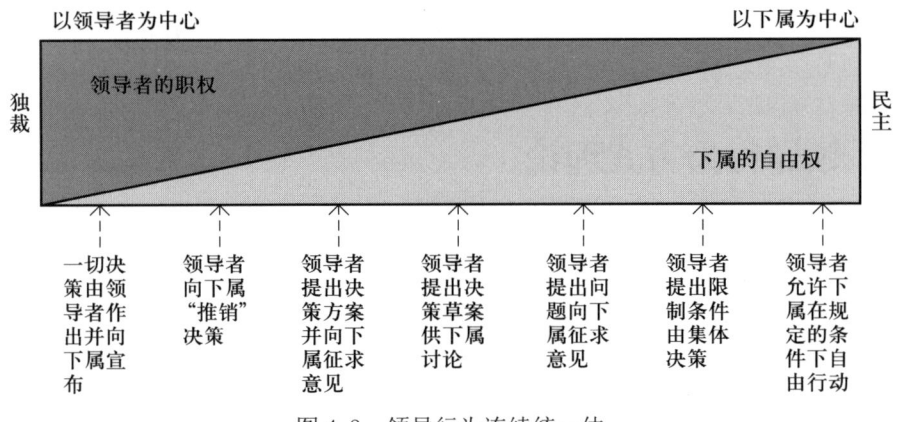

图 4-3　领导行为连续统一体

坦南鲍姆和施密特以决策为例，由于领导者授权程度以及决策方式的不同，就形成了一系列的领导方式。他们认为，上述领导方式孰优孰劣没有绝对的标准，应当根据具体情况考虑各种因素，选择适当的领导方式。在这个意义上，领导行为连续统一体也是一种情境理论。

（三）领导行为的二维模型（领导行为四分图）

美国俄亥俄州立大学和密歇根大学的研究者在同一时间的两项独立研究确定了两个重要的领导行为的维度：定规维度和关怀维度。这两个维度本质的区别是：前者以工作为中心，更关心任务的完成；后者以人为中心，更关心下属的满意度。这两个维度形成的二维矩阵包含四种可能的领导行为组合：高定规–高关怀、高定规–低关怀、低定规–低关怀、低定规–高关怀，如图4-4所示。

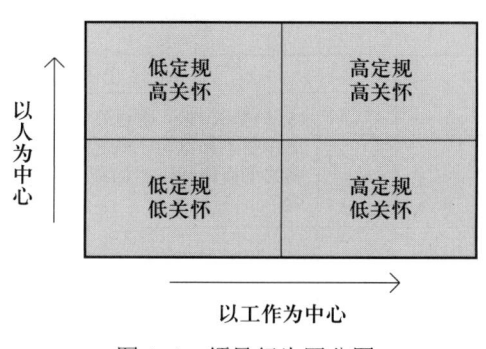

图 4-4　领导行为四分图

一般认为，高定规–高关怀模式最有效率，因为这种模式既关心生产又关心员工，可以带来高绩效和高满意度。但越来越多的研究发现只考虑定规或只考虑关怀的一维简单模式在管理中更为有效，因此双高模式不一定总是最有效的，在一些情境中可能高定规–低关怀或低定规–高关怀的模式更好。

（四）布莱克的管理方格理论

在领导行为的二维模型基础之上，美国管理学家布莱克和穆顿于1964年提出了"管理方格理论"。如图4-5所示，图中两个坐标分别是领导者对工作和对人的关心程度，每个方格就表示"关心工作"和"关心人"这两个基本因素以不同程度相结合而形成的一种领导方式。在图中的81种领导方式中，典型的有五种：贫乏型管理（1，1方格）、任务型管理（9，1方格）、乡村俱乐部型管理（1，9方格）、团队型管理（9，9方格）、中庸之道型管理（5，5方格）。

上述五种典型的领导行为，都仅仅是理论上的描述，也是极端的情况，一般都认为最有效的领导行为是团队型管理（9，9方格），如同领导行为二维模型中的双高模式一样，人们不仅要问：这种领导方式在实际工作中能够实现吗？如果能实现对领导者有着什么要求？如何解释管理者的领导方式处于其他方格之上？在实际工作中，到底哪种方式更有效，要看实际工作效果，要依情况而定。

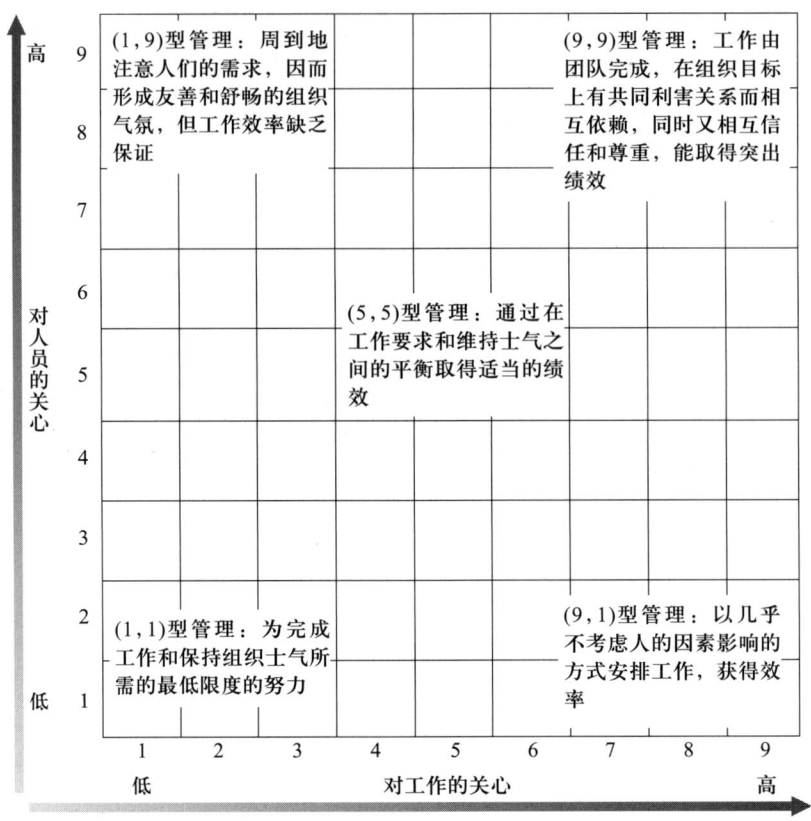

图 4-5　管理方格图

上面阐述了四种流行的领导行为方式理论，这些理论欠缺的是对影响成功与失败的情境因素（权变因素）的考虑，所以在确定领导行为类型与成功绩效之间的一致性关系上并不成功。对于如何加入具体的情境因素（权变因素）进行分析，就此产生了领导行为权变理论。

（五）领导行为权变理论

领导行为权变理论关注的是领导者和被领导者的行为与环境的相互影响。该理论认为，一种具体的领导方式不会何时何地都适用，有效的领导行为应随着被领导者的特点和环境的变化而变化，这种关系可以用下式来表示：

$$E = f(L, F, S)$$

其中：E——领导的有效性；L——领导者；F——被领导者；
S——环境；f——函数关系

下面介绍两种有代表性的领导行为权变理论。

1. 菲德勒的权变理论

菲德勒在大量实证研究的基础上提出了有效领导的权变理论模型，他主要研究的是环境因素（自变量）与有效领导方式（因变量）之间的对应关系。该模型中环境因素主要有三个维度：上下级关系、任务结构、职位权力。借鉴领导行为二维模型的研究成果，菲德勒将领导方式分为任务导向、关系导向两种。

菲德勒将环境因素的三个维度组合成 8 种情境类型，情境 1、情境 2、情境 3 是有利的环境，情境 4、情境 5、情境 6 是一般的环境，情境 7、情境 8 是不利的环境，他实证研究了 1 200 个工作群体，最后得出结论：在有利和不利两种情境下，采用"任务导向型"的领导方式效果较好；在中间的一般情境下，采用"关系导向型"的领导方式效果较好，如表 4-1 所示。

表 4-1　菲德勒权变理论模型

上下级关系	好	好	好	好	差	差	差	差
任务结构	高	高	低	低	高	高	低	低
职位权力	强	弱	强	弱	强	弱	强	弱
情境类型	1	2	3	4	5	6	7	8
领导所处情境	有利			一般			不利	
有效领导方式	任务导向			关系导向			任务导向	

值得注意的是，菲德勒认为，个体的领导风格是稳定不变的，要提高领导的有效性只有两条路：换领导者或改变情境。

2. 领导生命周期理论

该理论是由美国俄亥俄州立大学的卡曼于 1966 年首先提出的。他主要研究的是被领导者（自变量）与有效领导方式（因变量）之间的对应关系，认为领导效果取决于领导者依据被领导者（下属）的成熟度水平选择正确的领导方式。他仍然将领导方式分为任务导向、关系导向两个维度，形成了四种领导方式。下属成熟度是指被领导者的成就动机、负责任的意愿和能力、与工作相关的受教育水平和经验，被分为高、中、低三类不同成熟度。成熟与不成熟，就一件工作而言，因人而异，就一个人而言，因工作而异。

根据图 4-6 所示，随着下属由不成熟走向成熟，领导行为也应按照下列顺序逐渐推移：命令（高任务低关系）→说服（高任务高关系）→参与（高关系低任务）→授权（低任务低关系）。

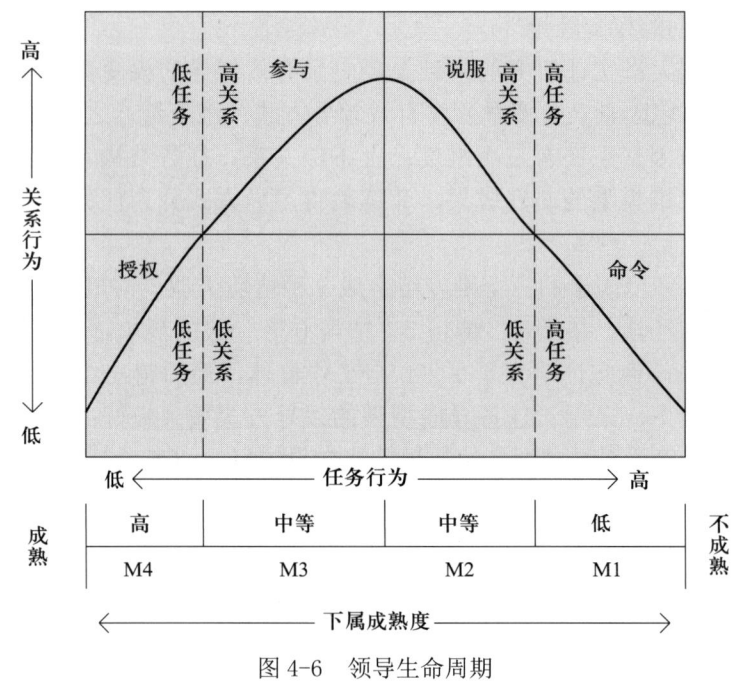

图 4-6　领导生命周期

三、领导在体育管理中的运用

体育运动需要领导者，他们的领导行为既与其他领域领导者有共性，也有自己的独特之处。

（一）体育管理中的领导者

体育运动中不乏有领袖魅力的领导者，如前国际奥委会主席萨马兰奇、前国际足联主席阿维兰热，他们在国际大型体育组织中依靠领导力将奥运会、足球世界杯推向新的高度；一些体育运动员依靠他们自身的领导力，不仅带领自己的球队取得优异成绩，而且成为所从事运动项目的代表性人物，极大地推动了项目的传播和发展；还有一些著名的教练员依靠自身的领导力，其执教理念、执教风格被人们津津乐道，传为经典。

从管理的角度来看，更需要研究的是那些能够影响他人并拥有管理权力的领导者，也就是他们在拥有职位权力后如何获得个人权力，体育组织中的管理者和运动队的教练员就是属于这类领导者，他们应该是体育运动领导理论的研究重点。从研究的角度来看，运动队的教练员比体育组织的管理者更具有体育运动的独特性，更能体现体育特色，所以在目前有关体育运动中领导者和领导行为的理论研究中，主要以教练员群体为研究对象。

（二）教练员是体育运动中典型的领导者

教练员的执教过程就是教练员与运动员之间领导与被领导的过程。运动队是一个由教练员和运动员在同一行为规范和目标的指引下所组成的正式社会组织。教练员就是这个组织中最具影响力的权威人物，是指导和带领运动队实现奋斗目标的领导者。作为运动队的领导者，教练员是组织调动运动员从事运动训练、在体育比赛中争取优异成绩、实现成功目标的决策者和实施者。教练员在运动队中对运动员的影响力和实现团队目标过程中所发挥的重要作用是作为运动队领导者的基本特征。

根据领导权力的 5 种来源，从被任命起，教练员就具有了发出指令和指挥的权力，有了奖赏和惩罚运动员的权力，但这并不能使教练员成为好的领导者，因为当教练员使用职位权力时，带给运动员的都是一些短期性的变化。运动员可能会因为教练员对他们进行的奖赏或威胁，而尽力克服困难去完成训练和比赛任务，但这样的力量是短暂的。一位优秀的教练员、好的领导者，其领导力应是一种感召性和专长性的影响力。只有当运动员和团队其他成员认可你的授权时，你才能成为团队真正的领导者；只有赢得团队的尊重，才能拥有达到卓越所需的权力。这就是榜样和专长的力量，这是一种长期性的变化。运动员因为信任教练员，愿意服从其领导，这样的认可意味着产生了某种长期的内在变化，其效果也将更加深远。

（三）教练员的三种领导行为方式

执教风格是在对教练员管理和分析时经常用到的一个特殊概念，它指的是教练员面对执教对象时所呈现出的特点，包括如何处理执教关系并以何种方式实现执教目标。在前文中，勒温根据领导者如何运用职权，把领导者的领导方式分为三种类型：专制型领导、民主型领导和放任型领导，将该理论应用于教练员身上，我们可以把教练员的执教风格也分为三种类型，即专制型、民主型和放任型，见表 4-2。

表 4-2　专制型、民主型和放任型教练员领导方式的比较

专制型	民主型	放任型
以取胜为中心	以运动员为中心	无中心
发号施令	合作态度的	不参与、不过问
定向于任务的	定向于运动员的	听之任之、无所谓
作指示	询问、听意见、作指示	只听不说
对运动员不太信任	对运动员表示信任	不明确
从属于教练员	独立于教练员	不明确
训练组织呆板	训练组织灵活	没有组织

从表 4-2 可见，不同类型执教风格的教练员在理论、目标、决策、与运动员的关系、训练组织等方面的处理是不同的。

1. 专制型教练员

运动心理学的许多研究表明，专制型的教练员有助于运动队或运动员的成功，只要获胜是教练员的主要目标或主要动机，那么，专制型执教风格会很有效。但随着运动员的成长，运动员越来越要求参与决策，要求与教练员共同讨论问题，不再只是单纯地比赛，而是需要享受体育。此时，专制型执教风格可能会压制运动员的动机，阻碍运动员的成长，降低与运动员发展有关的自我满足，难以使运动员产生最佳表现，最终将疏远极富天赋的运动员。

2. 民主型教练员

民主型教练员的执教风格可视为"春风化雨"型。原国家体育总局局长袁伟民就被人们誉为民主型教练员的典范。民主型教练员的挑战在于，在"集中"与"民主"之间、在指导运动员和让运动员自己指导自己之间，如何取得恰当的平衡？需要多少规范才能为运动员创造最佳的发展氛围？这些选择很少会绝对正确或绝对错误，因此这种执教风格要求教练员具有更多的技巧。

案例 4-1
希斯菲尔德的黄金教练法则

德国著名足球教练员希斯菲尔德先后统率拜仁慕尼黑队和多特蒙德队，多次赢得德国联赛冠军、德国杯、欧洲冠军杯，从他获得成功背后的黄金教练法则，可以加深对民主型执教风格的理解。

（1）表达尊重

（2）信任你的队员

（3）注重性格

（4）保持距离

（5）从错误中学习

（6）保护你的球星

（7）不要说谎

（8）相信你的感觉

（9）决不能表现出软弱

（10）智胜压力

（11）避免让球员相互嫉妒

（12）挑选一名优秀的助理教练

（13）不要和妻子谈论足球

3. 放任型教练员

放任型教练员的执教风格可视为"和风细雨"型。这种教练员往往缺乏提供指导的能力；或是过于懒惰，不能满足执教责任的要求；又或是没有树立正确的执教理念。运动训练严格、坚持、拼搏的特点，决定了这种执教风格一般难以取得成功。

事实上，不同的项目、不同的运动员、不同的目标对教练员的领导行为方式都会提出不同的要求，教练员应该根据具体情况，在保持一定执教风格的基础上，结合实际调控自己的教练行为，创造性地开展工作，这就是教练员执教中的情境领导。

（四）教练员的情境领导

按照前文领导行为权变理论的观点，领导行为要能够灵活地权宜应变，作为领导者的教练员，其执教行为要与所处的情境因素相匹配，情境因素主要包含作为被领导者的运动员和所处的管理环境。事实上，一名优秀的教练员应通过合作、民主，实现执教目标；也应知道何时对执教对象下达命令，实现家长式的管理以及能恰到好处地让运动员放松，这一切取决于身处何种情景，这些是教练员执教中情境领导所要表达的重点。本部分主要运用领导生命周期理论，以运动员作为情境因素，探讨教练员的领导行为如何与运动员的成长阶段相一致。

例如，袁伟民根据自己的实践体会曾形象生动地描述了教练员领导行为随运动员的变化而发生的变化，这种体会背后蕴含的就是领导生命周期理论中领导方式与下属成熟度之间的对应关系。

案例 4-2
袁伟民的教学关系"三部曲"

教学关系的第一阶段：刚开始带女排队伍时，我们觉得自己是教练，似乎又是个"保姆"。运动员们年轻、活泼，求知欲旺，上进心强，但性格单纯，除了打球，别的事懂得甚少。我们要教技术、带作风、管生活，还要教她们怎么做人。这个时候，教与学之间的关系是运动员依赖性比较大，我们说得多，她们听得多。我们怎么教，她们就怎么做。有点类似师生关系。这个时期，关系倒也好相处，能要求得下去。一开始搞严了，后来才能严得下去。

教学关系的第二阶段：随着运动员渐渐长大，有了一定的本事，技术掌握了，思想得到了锤炼，各方面都得到进步，基本上已能管住自己。成绩的取得，使教与学之间信赖感增强，友谊加深，平等色彩增浓。这时候的教学关系，就如同大学里的师生关系，处理好这一阶段的关系不容易，因为运动员看似好管又不好管。如果这一阶段的关系处理好，下一阶段就好带了。

教学关系的第三阶段：随着运动员技术、思想的日趋成熟，取得了显著成绩。她们在胜负的考验中，积累了经验，形成了自己独立的思考和见解。这时候，教练员带她们训练，可以更多采取"点一点"、加强辅导的办法，重视教学相长，发扬民主，帮助老运动员把自己在实践中积累的经验运用到提高成绩上来。这时的教学关系，仿佛教授带研究生的关系。

当运动员进入成熟期后，教练员应该当一个高级指导，采取以辅导为主的教学方法。要尽量多地发挥运动员的主观能动性，培养她们的独立作战能力，而这种能力正是创造好成绩所必不可少的。多听取运动员的意见，帮助她们总结实践中的体会，研究她们的见解，鼓励她们自己拿出作战方案，采纳她们的建议。

从上述案例可见，今天的教练员不仅是竞技场上的严师，而且应根据运动员不同的发展阶段处理好与运动员的关系，成为运动员的良师益友。那种普遍适用、一成不变、最佳的教练员领导行为方式是不存在的；同一领导行为方式适用于各种情况的普遍适应观点，必须让位于随机制宜、权宜应变的领导行为方式。

从非运动员到运动员，从普通运动员到优秀运动员，从运动员退役再就业到新的工作岗位，运动员会经历由依赖到独立的过程。在这个过程中，教练员的角色不断发生变化，从最初的是一束光，到献出一束光，再到反射一束光，最后到站在光圈之外，这就是教练员角色变化的"光理论"，如图 4-7 所示。只有理解这种角色变化，教练员才能更好地把握自己在运动员成长中可能发挥的作用，并根据运动员的成长调整自己的心态。

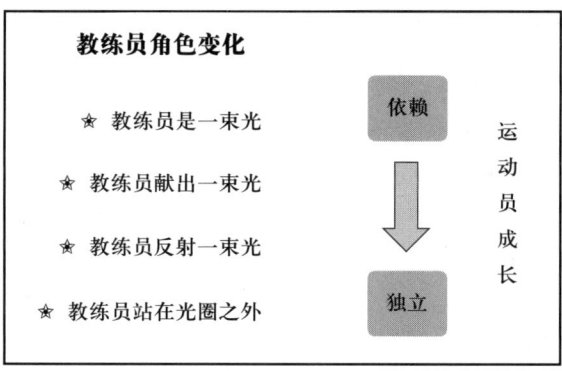

图 4-7　教练员角色变化的"光理论"

第二节
体育管理中的激励

任何社会组织首先是人的集合体，组织的一切活动都要靠人来进行，只有使参与组织活动的人始终保持旺盛的士气、高昂的热情，组织才能实现较好的绩效，体育组织也不例外。管理的激励理论就是要研究如何在掌握人的行为规律的基础上影响和引导人的行为选择。运动训练中如何激励运动员、调动运动员的积极性，是一名优秀教练员必须认真思考和努力实现的。

一、激励概述

理解激励的含义，明晰激励的机理，掌握激励的类型、方法，既是探索如何调动人的积极性的必经之路，也是激励理论的基础。

（一）激励的含义

管理学中的激励是指创设满足被管理者各种需要的条件，激发他的动机，使之产生实现组织目标的特定行为的过程。它包含满足需要、激发动机、引导行为的意义。

（二）激励的机理

如图 4-8 所示，当人们产生了某种需要，一时又不能得到满足时，心理上会产生一种不安和紧张状态，并成为一种内在的驱动力，促使个体采取某种行动，心理学上把这种内在的驱动力称为动机。所以，人的行为是由动机支配的，动机又是由人的需要而引起的，需要产生动机，动机驱使人们去寻找目标、实施行为，以满足需要。当需要满足后，紧张和不安会消除，但接着又会产生新的需要，并引发新的动机和行为，如此反复进行下去。激励所利用的正是这一过程，它在分析人们需要的基础上，不断激发、引导人们沿着组织所希望的方向去行动，以取得预期的效果。从这个意义上说，激励也就是对需求与动机的诱导。

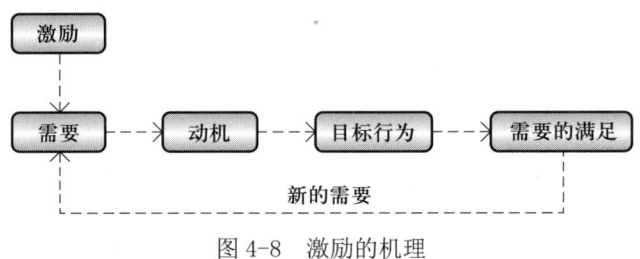

图 4-8　激励的机理

（三）激励的类型

激励可按不同的方法进行分类，主要有以下几方面：

1. 物质激励与精神激励

物质激励作用于人的生理方面，着眼于满足人们的物质需要。精神激励作用于人的心理方面，着眼于满足精神需要。物质激励的形式主要是颁发奖金和实物，精神激励有授予荣誉称号、颁发奖状奖章、记功、公开表扬、宣传事迹等具体形式。

2. 正激励与负激励

正激励就是当一个人的行为表现符合组织目标时，通过表彰和奖励来保

　　◆◇◆

持和巩固这种行为，以更加充分地调动成员的积极性。负激励就是当一个人的行为不符合组织目标时，通过批评和惩罚来抑制这种行为以使其不再发生，同时引导其行为向符合组织目标的方向转移。正激励和负激励都是对人的行为进行强化，所不同的是取向相反，正激励起正强化的作用，是对行为的肯定；负激励起负强化的作用，是对行为的否定。

3. 内激励与外激励

内激励是工作任务本身带给一个人的激励，在工作进行中获得需要的满足，与工作任务同步，如"乐在其中"地工作。外激励是工作任务完成之后，或在工作场所以外获得的满足感，与工作任务不同步，如完成工作后的绩效奖励。一般内激励更持久，外激励较短暂。

（四）激励的方式方法

在管理实践中，人们创造了许多行之有效的、具体的激励方式方法，主要有目标激励、民主参与管理、奖惩激励、榜样激励、领导行为激励、竞赛激励、感情激励、反馈激励、赏识激励等。

二、激励理论

有关激励的理论比较多，按照研究侧重不同，可分为不同类型，如行为基础类理论、过程激励类理论等，其中，最具代表性的激励理论有以下几种。

（一）马斯洛的需要层次理论

需要层次理论是马斯洛于 1943 年提出来的，它是迄今为止在行为科学理论和激励理论中被人们讨论和运用最多的理论，由于其广泛传播，本书在此只作简要介绍。

该理论的主要内容包含两个要点：

一是人类的需要从低到高可分为 5 个层次，分别是生理需要、安全需要、社交需要、尊重需要和自我实现需要，如图 4-9 所示。

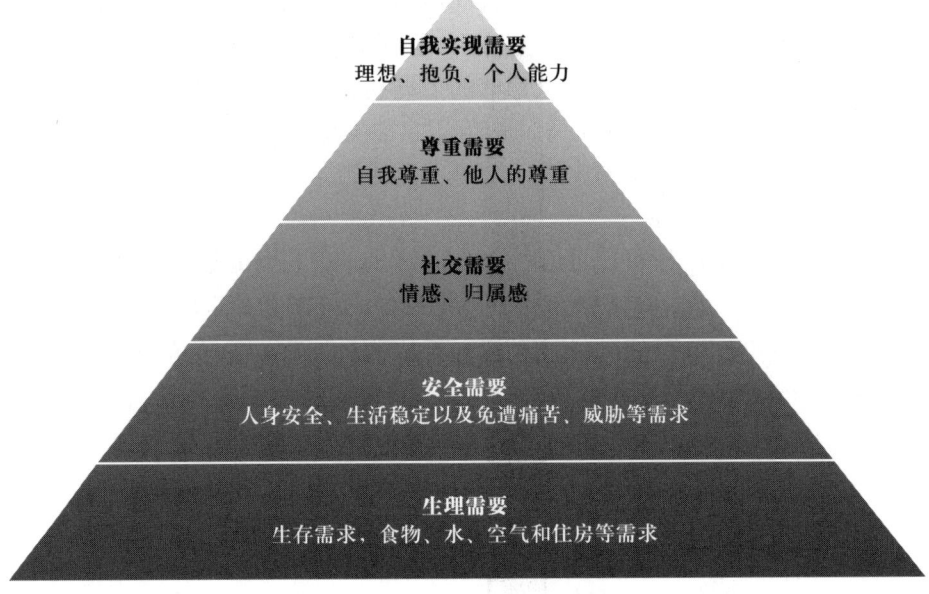

図 4-9　马斯洛的 5 种需要层次

二是这 5 种需要存在递进关系。马斯洛认为，对一般人来说，这 5 种需要由低到高依次呈阶梯状排列，当低层次的需要获得满足后，下一个较高层次的需要才能占据主导地位，成了驱动行为的主要动力。也就是说，任何一个人在某个时候不一定都有这 5 种需要，已有的需要也不是占据同等比重的，但是总有一个决定他们行为方向的主导需要。

需要层次理论的主要贡献是对人类的基本需要层次进行了分类，并对各种需要之间的关系作了表述，这对管理者进行激励是有启发意义的。管理者如果能够根据下属各自的需要层次，用下属正在追求的那一层次主导需要来激励他们，就会取得较好的激励效果。但这一理论过于机械和简单，对人的信仰和精神的作用估计不足。另外，认为只有低层次需要基本满足后，高层次需要才会显现，这种需要发展观带有明显的机械论色彩。

（二）赫茨伯格的双因素理论

双因素理论是赫茨伯格根据他在匹兹堡地区对 200 多名工程技术人员和会计人员的访问调查，于 20 世纪 50 年代末提出来的。赫茨伯格要求他们回答"什么时候你对工作特别满意""什么时候你对工作特别不满意""满意和不满意的原因是什么"，根据调查结果，他提出了双因素理论，如图 4-10 所示。

　　　　　　　　　　　　　　　　　　　第四章　体育管理的领导理论

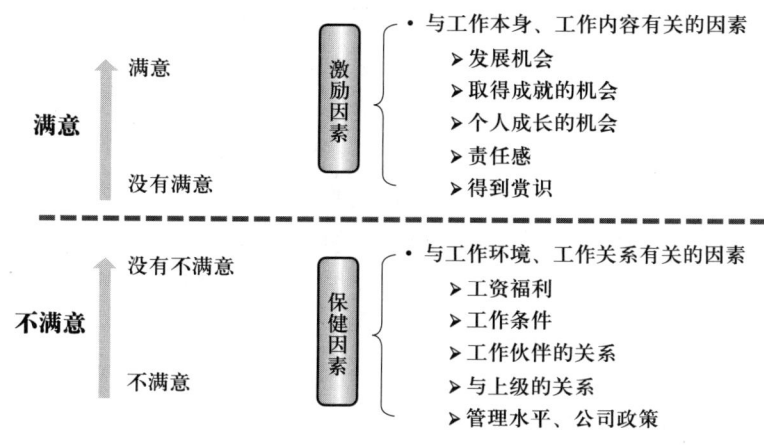

图 4-10　双因素理论

　　赫茨伯格认为，一般把"不满意"作为"满意"的对立面的看法是不正确的，"满意"的对立面应当是"没有满意"，"不满意"的对立面应当是"没有不满意"。赫茨伯格通过调查发现，使职工感到满意的因素都是属于工作本身或工作内容方面的，他把它们称为激励因素；使职工感到不满意的因素都是属于工作环境或工作关系方面的，他把它们称为保健因素。保健因素不能直接起到激励职工的作用，但能防止职工产生不满情绪；只有激励因素才能产生使职工满意的积极效果，进而激励职工的工作热情。从图 4-10 可以看出，赫茨伯格认为哪些是具体的保健因素，哪些是具体的激励因素。

　　赫茨伯格的双因素理论与马斯洛的需要层次理论有相似之处。他提出的保健因素相当于马斯洛提出的生理需要、安全需要和社交需要等较低层次需要；激励因素则相当于尊重需要、自我实现需要等较高层次需要。双因素理论对于实际工作有一定的指导意义，它为我们认识不同因素对人的作用提供了一个新的视角，提醒我们要注意运用激励因素以达到激励的效果。当然，赫茨伯格将保健因素和激励因素截然分开，实际上两类因素不是绝对的，而是相互联系并可以相互转化的。

（三）弗鲁姆的期望理论

　　1964 年，弗鲁姆在他的著作《工作与激励》一书中首先提出了期望理论。

　　期望理论的基础是，人之所以愿意从事某项工作并达成组织目标，是因为这些工作和组织目标会帮助他们达成自己的目标、满足自己的某些需要。该理论认为：某一活动对某人的激励程度取决于他所能得到成果的全部预期价值和他认为达到该成果的期望概率。用公式表示就是：

$$M = V \times E$$

其中：M（motivation）——激励程度

V（value）——预期价值

E（expectancy）——期望值（期望概率）

期望理论在理论界被认为是激励理论的重要发展，这个公式不仅简单明了地表达了激励的某种机制，而且在前人探讨什么能够激励的基础上，进一步分析了激励程度（大小）是由什么决定的。

（四）斯金纳的强化理论

强化理论是由斯金纳首先提出的。该理论认为：人的行为是其所获刺激的函数，如果这种刺激对他有利，这种行为会重复出现；若对他不利，这种行为会减弱直至消失。因此，管理者要采取各种强化方式，以使人们的行为符合组织的目标。控制行为的刺激因素称为强化物，可以分为正强化和负强化两种类型。正强化就是奖励那些组织上需要的行为，从而加强这种行为；负强化就是惩罚那些与组织不相容的行为，从而削弱这种行为。正强化与负强化实际上就是我们前文所讲的正激励和负激励。

（五）洛克的目标设置理论

目标设置理论是由爱德华·洛克于 1968 年提出的。目标设置理论认为人的行为是由内部因素控制的。该理论主要研究目标本身的特性对人们行为的激励效用。洛克认为目标本身就具有激励作用，目标能把人的需要转变为动机，使人们的行为朝着一定的方向努力，并把自己的行为结果与既定的目标相对照，及时进行调整和修正，从而实现目标。该理论更适用于成就、动机强的人，即内控强的人。管理学中非常有名的目标管理正是基于目标设置理论而设计的，实践证明具有很高的应用价值。

（六）亚当斯的公平理论

公平理论是亚当斯于 20 世纪 60 年代首先提出的，也被称为社会比较理论。该理论主要讨论报酬的公平性对人们工作积极性的影响，人们将通过比较来判断其所获报酬的公平性，比较的结果将直接影响今后工作的积极性。

公平理论可用下列公式表示：

$$\frac{所得\,A}{付出\,A} = \frac{所得\,B}{付出\,B}$$

其中，A——自己目前的情况；B——他人、自己的过去、制度的平均数。

也就是说，人们所选择的与自己进行比较的参照系可能是他人、自己的过去和制度的平均数。如果这种比较相等，即上述等式成立，他便会感到自己受到了公平的待遇，因而心情舒畅，努力工作；如果左式小于右式，则会感到不公平，因而工作积极性降低，消极工作；如果左式大于右式，则会最终高估自己的付出，达到心理满足。

公平理论提出了相对报酬的概念，对组织管理有较大的启示意义。该理论使管理者认识到社会比较是人们普遍存在的心理现象，利用公平感来调动员工的积极性是一种重要的激励手段。该理论强调了管理者的管理行为必须遵循公正原则，以积极引导员工产生公平感。不过，公平也是相对的、主观的，在客观上只能做到让多数人认为公平。

（七）波特和劳勒的综合激励模式

前文分别列出了若干激励理论，不能孤立地看待各个理论，因为这些理论观点都是相互补充的，在实践中也是综合运用的。波特和劳勒的综合激励模式比较全面地说明了各种激励理论的内容，如图 4-11 所示。

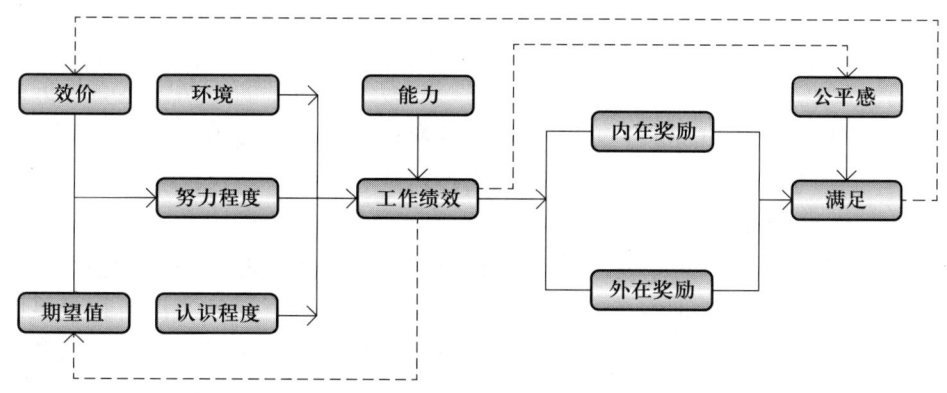

图 4-11　波特和劳勒的综合激励模式

不难看出，在这个综合激励模式中，从左到右包括了期望理论、强化理论、目标设置理论和公平理论，只有将各种激励理论融会贯通，才会加深对如何激励个体的理解。

三、激励在体育管理中的运用

激励被广泛地运用于体育管理中，这是由体育运动的竞争性、对抗性等特点所决定的。

（一）激励运动员是伟大教练员的特质

长期的运动训练是一个非常枯燥艰辛的过程，运动员还要时常面对失败、伤病的困扰，所以即使是一名乐观的运动员，也很难一直保持高昂的训练热情和斗志，负面消极的情绪会经常出现，从而严重影响正常的训练，大大降低训练质量。所以，优秀教练员往往更懂得如何灵活运用各种激励方法，在恰当的时间、用恰当的方式调动运动员训练的积极性，这也是优秀教练员与普通教练员的重要区别。

2000 年，国际田径联合会发布了一个有关田径教练员的调查研究报告。在这份报告中，他们把田径教练员分成了四类，每一类都用一个或几个简洁的词语总结其最主要的执教风格和特点。

1. 一般教练员："练什么、怎么练"

一般教练员在训练中能够告诉运动员练什么，动作如何做，这是教练员最基本的职责。

2. 较好教练员："动作要领、技术细节"

较好教练员在训练中除了能够做到一般教练员所做的一切，还会告诉运动员动作技术哪里有问题，耐心细致地讲解动作要领和技术细节等，使运动员能够更好地完成训练，提高成绩。

3. 优秀教练员："解释"

优秀教练员在训练中除了能够做到较好教练员所做的一切，还会给运动员解释为什么要这样训练、动作为什么要这样做、每个练习的作用和效果以及相应的依据和道理等。解释能让运动员对训练有更好的认知，而认知是接下来的态度、意志、动机、行为等一切的基础。

4. 伟大教练员："激励、反馈"

伟大教练员在训练中除了能够做到优秀教练员所做的一切，还会持续不断地对运动员进行激励，并及时收集运动员对训练的反馈信息以作出调整。激励运动员是伟大教练员最主要的特质。

上述虽然只是针对田径教练员的分类，但对其他项目的教练员也同样适用并具有启发意义。

（二）目标设置激励：用清晰的愿景激励运动员

愿景就是教练员对运动队和运动员长远发展和终极目标的规划和描述。拳王阿里曾说："冠军不是在体育馆里造出来的，冠军来自他们深层的东西——希望、梦想和愿景。"缺乏愿景指引的团队会在风险和挑战面前畏缩不前，他们对自己所从事的事业不可能拥有坚定的、持久的信心，也不可能在复杂的情况下，从大局、长远出发果断决策、从容应对。为运动队和运动员制定明确、振奋人心、可实现的愿景，设定清晰明确的目的、目标，对于他们的长远发展十分重要。为了实现目标而奋斗，可以一直持续激励他们努力训练，克服各种困难。处于成长和发展阶段的青少年运动员，可能会将更多精力放在训练、比赛、出成绩等方面，但教练员不能轻视愿景对于凝聚人心和指引方向的重要性；对于已经取得一定成绩的优秀运动员，是否拥有一个美好、成功的愿景，是该运动员能否从优秀迈向卓越的重要武器。

案例 4-3
苏炳添的"梦想"

2021 年 8 月 1 日，在 2020 年东京奥运会男子 100 米决赛中，中国选手苏炳添以 9 秒 98 的成绩排名第六，创造历史。在当天下午的半决赛中，苏炳添跑出个人历史最好成绩 9 秒 83，打破亚洲纪录，他也成为历史上首位闯进奥运会男子 100 米决赛的中国人。在赛后采访中，苏炳添说："我完成了自己的梦想，也完成了中国短跑历代前辈们给予我们年轻一辈的嘱托，所有的不可能就是用来打破的，我今天做到了！"此前，苏炳添两次参加奥运会，都遗憾地无缘男子 100 米决赛，但他的目标一直没有改变过，就是想要成为中国首位进入奥运会男子 100 米决赛的运动员。

2019 年，苏炳添因腰伤遭遇"低谷"，并因为伤病告别赛场一年多，当时外界对他的状态充满质疑，直到 2021 年 3 月，苏炳添才重返赛场，几个月里多次在 100 米赛场跑进 10 秒，当时他已 32 岁。因为年龄增长带来的身体机能下滑，很多人到 28 岁就会选择退役，苏炳添也曾有这个计划，但他依然咬牙坚持，凭借坚定的信念和跑进奥运会男子 100 米决赛的目标，以极强的意志力坚持下来，终于在 2020 年东京奥运会赛场上圆梦。

（三）需要层次理论：敏锐感知运动员的需要

按照前文需要层次理论的观点，人的需要是多样的，是有规律可循的，不同的人需要不一样，同一个人在不同阶段的需要也会发生变化，只有满足当前的主导需要，才能达到激励效果，富有成效地工作。所以，教练员在运动训练管理中，首先要敏锐感知运动员的需要，分析和掌握当前运动员的主导需要是什么。不同年龄、不同训练阶段的运动员，需要会不一样；即使在同一批运动员中，不同家庭背景、不同运动成绩、不同性别、不同成长经历的运动员，需要可能也不一样，这就要求教练员多站在运动员的立场去想，多关心运动训练之外的事，多观察运动员，多与运动员沟通。其次要尽可能地满足运动员的主导需要，以达到激励其训练的效果，并引导运动员逐步树立更高层次的需要——实现个人价值、理想和抱负的自我实现需要，这样的需要将更持久强烈地激励着运动员为事业奋斗。

（四）综合激励模式：巧妙运用多种激励方法

应用前文的综合激励模式，教练员可以以各种激励理论为依据，综合运用多种激励方法，努力在运动队中建立激励机制，强化运动员的成就动机，使运动员有满足感和成就感，进一步激励运动员向新的目标奋进，最终实现理想目标。比如，可以将物质激励与精神激励、正激励与负激励、内激励与外激励相结合；可以运用期望理论，通过设置恰当的目标，最大限度地激发运动员的努力程度；可以运用强化理论，建立合适的奖惩制度，引导运动员的行为；也可以运用公平理论，在运动队中建立公平竞争、团结进取的良好气氛。当然，作为一名领导者的教练员，任何时候都不要忘记榜样激励、领导行为激励。在巧妙运用多种激励方法上，很多优秀运动队、优秀教练员已经在实践中做得非常成功，有很多成功的经验。

案例4-4
中国女子篮球队的赛前动员视频鼓舞人心

2020年2月，新冠疫情肆虐全球，远在塞尔维亚的中国女子篮球队（以下简称"中国女篮"）在奥运会资格赛的比赛中逆转击败英国，爆冷击败西班牙，两连胜提前出线。在场上，姑娘们展现出很强的斗志，防守到位，进攻积极，她们真的是遇强则强，展现出中华体育精神。赛前，心理教练黄菁、助理教练贾楠的讲话更是让人热血沸腾，视频瞬间引发热议。

一段不长的视频拍摄于赛前中国女篮的更衣室，大家站着围成一个圈，首先是心理教练黄菁说道："当需要一个人站出来时，那叫勇敢；当一个团队挺身而出时，那叫担当；当一个国家身处逆境、呼唤一种精神时，那就是使命，就是信念，就是一往无前！这不仅是一场比赛，这是一场穿越时空的能量传递，我们要打出中国女篮的精气神，敢打硬仗，遇强则更强。"紧接着中国女篮助理教练贾楠的激励动员讲话将气氛推向高潮，只见贾教练挥舞着拳头，用他那嘶哑但却坚定的声音说道：

"球场如战场，上场就得拼和抢，准备好了吗？"

"准备好了！"（众人）

"拼是什么？"

"防守，防守！"（众人）

"抢是什么？"

"篮板，篮板！"（众人）

"我们是谁？"

"中国女篮！"（众人）

"为了谁？"

"祖国！"（众人）

"祖国，加油！"

"祖国，加油！"（众人）

"战斗，战斗！"

"战斗，战斗！"（众人）

这段讲话不仅感染激励着在场的女篮姑娘，在那个时间节点上，也激励着每一位中华儿女团结起来、众志成城、夺取胜利。

第三节
体育管理中的沟通

在现代管理中，有效的沟通是协调和指挥的重要手段之一，事实上，领导者或管理者日常工作中的大部分内容都与沟通联络有关。要保持成员间协调一致，顺利实现组织目标，就必须消除个体和组织的信息传递障碍，化解因沟通不足而引发的管理冲突。在体育组织中，教练员与运动员的良好沟通也尤为重要。

一、沟通概述

要想实现良好的沟通，需要对沟通的概念有一个清晰的理解，并了解沟通的基本过程和类别。

（一）沟通的含义及功能

沟通是指可理解的信息或思想在两个或两个以上人群中的传递和交换的过程。完美的沟通，使接收者感知到的信息与发送者发出的信息完全一样。

沟通的功能主要体现在以下方面：

（1）沟通可提供充分而确定的信息，是正确决策的前提和基础。

（2）沟通是组织内部交换意见、统一思想、行动一致的工具，没有沟通就不可能有协调一致的行动，也不可能达成组织目标。

（3）沟通是在组织成员之间，特别是领导者与被领导者之间建立良好的人际关系的关键。

（4）沟通是组织成员参与管理的手段，下属通过沟通发表自己的意见，又通过沟通获得对这些意见的反馈信息。

（5）沟通是组织与外部环境之间建立联系、树立组织形象、发展公共关系的桥梁。

（二）沟通的要素及过程

简单地说沟通就是传递信息的过程，从传播学的角度，沟通必须具备 4 个基本要素：发送者、接收者、传递渠道、所传递的信息。在此基础上，沟通的过程如图 4-12 所示。

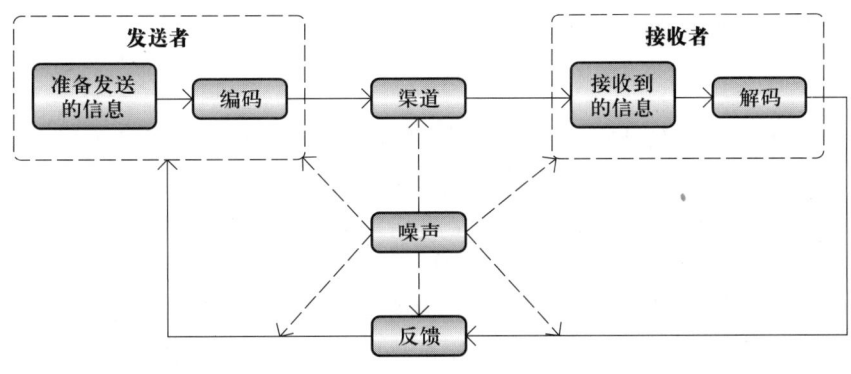

图 4-12　沟通过程

1．信息发送者

信息发送者即沟通的发起者，出于某种原因产生需要与他人沟通的想法，将需要沟通的内容进行编码以传递给他所要沟通的对象。

2．编码

编码是信息发送者将信息转换成传输的信号或符号的过程，如文字、数字、图画、声音或身体语言等。如果编码的信号不清楚，将会影响信息接收者对信息的理解。

3．信息传递

通过某种渠道将信息传递给信息接收者，传递方式可以是书面的、口头的，也可以是形体动作。

4．信息接收者

信息接收者即信息发送者传递信息的对象，他接收信息发送者的信息，并将其解码、理解后形成自己的想法。

5．解码

解码是信息接收者将传递渠道中加载的信息翻译成他能够理解的形式。如果解码错误，信息将被误解或曲解。

6．反馈

反馈是信息接收者将其理解的信息再返回给信息发送者。反馈构成了信息的双向沟通，当然，也可以不反馈。

7．噪声

噪声指沟通过程中对信息传递和理解产生干扰的一切因素。噪声可能存在于沟通过程的各个环节，如编码时难以辨认的字迹、声音信息传递时环境的嘈杂、信息发送者与信息接收者相互反感等。

（三）沟通的类别

按沟通方法，沟通可以分为口头沟通、书面沟通、非言语（身体语言、面部表情、语调）沟通、电子媒介沟通。口头沟通和书面沟通都属于言语沟通，虽然我们一般会认为沟通主要是言语沟通，但有研究表明，在面对面的交谈中，信息的93%来自非言语沟通（其中，55%来自身体语言，38%来自语调），只有7%真正来自词汇，它提醒我们要重视非言语沟通，恰当地使用非言语沟通形式可以提高沟通的效果，也许"重要的不是说什么而是怎么说"。电子媒介沟通是基于互联网的现代沟通方式，如电子邮件、社交应用软件等，它在现代人的沟通中占据越来越重要的地位。

按沟通的组织系统，沟通可以分为正式沟通和非正式沟通。正式沟通是按照组织正式规定的线路，明文规定的渠道，即正式的组织系统与层次来进行的沟通，一般重要的信息会采用这种沟通方式。非正式沟通是指正式沟通渠道以外进行的信息传递和交流，它主要是通过个人之间的接触来进行的。非正式沟通隐藏在正式沟通背后，往往是看不见的，领导者需要重视非正式沟通的存在，可以充分利用非正式沟通为组织服务。

按沟通的功能，沟通可以分为工具式沟通和感情式沟通。工具式沟通的目的往往是工作需要，为了更好地完成工作任务，实现组织目标；感情式沟通的目的是表达情感，获得对方精神上的认同，最终改善相互间的关系。

按沟通的方向，沟通可以分为上行沟通、下行沟通、平行沟通。上行沟通指下级将信息传达给上级，是由下而上的沟通；下行沟通指上级将信息传达给下级，是由上而下的沟通；平行沟通指同级之间横向的信息传递，也称为横向沟通。

按沟通是否有反馈，沟通可以分为单向沟通、双向沟通。如图4-12所示，单向沟通没有反馈的信息传递；双向沟通有反馈的信息传递，是信息发送者和信息接收者相互之间进行信息交流的沟通。它们各有优缺点，分别适合不同的情境。

二、沟通障碍及克服方法

在不同情境下，有效沟通存在着一些天然的障碍，管理者需要识别这些沟通障碍，并尽可能地运用沟通技巧去克服它们。

（一）有效沟通的障碍

在沟通过程中，由于各种因素的影响，经常发生信息失真或被曲解的现象，致使信息传递不能正常发挥作用。有效沟通是指组织能够克服各种因素的干扰，保证信息交流的可靠性和准确性。有效沟通的最高境界是完美沟通，即被接收者感知到的信息与发送者发出的信息完全一样。

有效沟通的障碍通常包括以下几种：

1. 人际障碍

人际障碍可能来源于信息发送者，也可能来源于信息接收者，通常是由个体认知、能力、性格等方面的差异所造成的。人际障碍主要表现为以下几方面：

（1）表达能力

如果信息发送者的表达能力欠佳，将使信息接收者难以准确理解其真实意图。

（2）知识和经验差异

信息发送者的编码和信息接收者的解码，都受到他们自己的知识和经验的影响，双方共有的知识和经验越多，沟通越顺利，反之，容易导致沟通失败。

（3）选择性知觉

这是针对信息接收者的。在沟通过程中，信息接收者会根据自己的需要、动机、经验、背景及其他个性特征有选择地去看或去听信息；解码的时候，也会把自己的兴趣和期望带到所接收信息中，符合自己观点和需要的，就容易听进去，不符合的就不容易听进去。

（4）信息过滤

这是针对信息发送者的。在沟通过程中，信息发送者为了投信息接收者所好或为了其他目的，故意操纵信息传递，造成信息歪曲。比如，下级在对上级汇报工作时的"报喜不报忧"。

2. 组织障碍

组织障碍的根源存在于组织的结构设计中。在正式组织结构中，往往都会在横向上按照分工设计成不同的职能部门、在纵向上按照职权设计成不同的管理层级，这种纵向和横向的组织结构为沟通困难的产生提供了土壤。组织障碍主要表现为以下两方面：

（1）组织结构不合理

如果管理层级过多，信息在层层传递的过程中不仅容易失真，而且会浪费大量时间，影响沟通的效果与效率。有研究表明，从企业董事会到一线职工，信息在等级链中传递的失真情况非常严重，如图 4-13 所示。另外，如果组织结构臃肿，横向各部门之间分工不明，机构重叠或条块分割，无疑也会降低信息沟通的有效性。

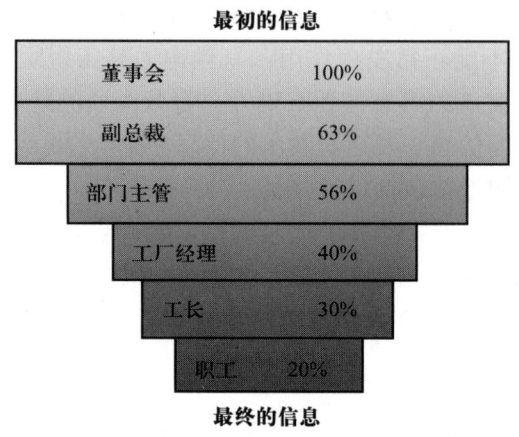

图 4-13　信息传递链现象

（2）组织氛围不和谐

组织氛围也会对信息接受的程度产生影响。信息来自一个成员相互高度信赖和开诚布公的组织，它被接受的可能性要比来自那些气氛不正、成员相互猜忌和提防的组织大得多。

3. 文化障碍

人类的沟通要在一定的文化背景下发生，文化会促进或阻碍沟通。信息发送者和接收者之间的文化相似性有助于沟通的成功，反之，文化的差异性会造成人际沟通的障碍。不同文化差异的外在表现形式有自我意识、语言、穿着、饮食、时间意识、价值观、信仰、思维方式等。比如，中西方文化差异会影响中国人与外国人的沟通，上一代和下一代的文化差异会影响代际沟通。

（二）克服沟通障碍

为了克服人际障碍、组织障碍和文化障碍，管理者必须掌握或培养一定的沟通技巧，有些沟通技巧对于管理者发送信息特别重要，另一些则对管理者接收信息至关重要，这些技巧能帮助管理者获得决策和行动所需的信息以及与组织成员达成共识。

1. 从思想上重视沟通

认知决定行为，所以管理者首先要从思想上真正认识到沟通的重要性，特别是要主动与下属进行沟通。无论作为信息发送者还是接收者，只要能积极、有意识、真诚地去沟通，都能提高管理效率，有助于达成组织目标。从这个角度来讲，是否沟通比如何沟通更重要。

2. 积极倾听

听与倾听两者是有区别的。听只是一个生理过程，是一个无意识的行为，只要耳朵能够听到别人说话，就表明在听，单纯的听是被动的；而倾听是对信息进行积极主动的搜寻，不仅要接收别人的信息，还要对信息进行解码，准确理解发送者的思想和情感。有效的积极倾听还会通过言语或非言语信号反馈，对所听到的信息表现出兴趣。有研究表明，尽管有效沟通大约75%取决于倾听，但大多数人却仅花30%~40%的时间去倾听他人的陈述，就造成了很多沟通错误。

3. 运用反馈

很多沟通问题是由于误解或传递不准确造成的，如果管理者在沟通过程中使用反馈回路，则会减少这些问题的发生。反馈可以是言语的，也可以是非言语的，管理者不仅要注意运用言语反馈，还要善于观察、读懂下属接受者的非言语反馈。

4. 简化语言，强调重点

有效的沟通不仅需要信息被接收，而且需要信息被理解。由于语言可能成为沟通障碍，因此管理者在作为信息发送者时，要使信息清楚明确，易于理解，这时简化语言、强调重点就非常重要。

5. 缩短信息传递链

信息传递链过长，减慢了流通速度并造成信息失真，出路在于精简机构，采用扁平化结构设计，减少管理层次。另外，也可以开辟高层管理人员到基层工作人员的非正式直接沟通渠道，以便于信息传递。

6. 注意非言语沟通

前文提到了非言语信息在沟通中占据很大比重，因此，管理者应该注意自己的非言语提示，保证它们也同样传达了所期望的信息。

7. 形成良好的组织沟通氛围

前文提到组织氛围不和谐是影响组织有效沟通的障碍，所以，管理者要努力在组织内部创造一个相互信任、平等相待、畅所欲言、有利于沟通的组织环境，管理者不仅要获得下属的信任，而且要得到上级和同僚们的信任。

三、沟通在体育管理中的运用

很多体育项目的集体性、教练员的工作性质和工作特点等，都决定了沟通在体育运动管理中的重要性。

（一）沟通行为是教练员执教工作的重点

团队成员往往通过教练员的外貌、言语、行为，或仅通过一些不起眼的小事，来对其进行判断。因此，教练员必须通过沟通，让团队成员更好地了解其想法，了解该想法的目的以及该想法对训练比赛的积极作用，让团队成员按照对应的思路去做事。教练员应多站在团队成员的立场去想，多关心团队成员训练之外的事，通过心与心之间的沟通，拉近与团队成员之间的距离，化解一些尴尬或矛盾，更好地协调处理训练中遇到的问题，避免教练员未能敏感地注意到运动员的需求而造成的问题。

运动训练是教、学、训、练的艺术结合，教练员在训练过程中，通过有效的沟通艺术，完成训练目标、实现教育目的。前美国国家足球队教练比尔认为：执教是一种交流行为，用于解释你希望人们在允许的范围内完成什么工作，交流沟通行为是执教工作的重点。教练员如何克服沟通障碍，如何选择沟通方式，采用何种沟通策略，能否对运动员进行有效指导与沟通，是运动员成长及团队成功的关键因素。

（二）教练员有效沟通的障碍

前文提到有效沟通的障碍可能来自三方面：人际障碍、组织障碍和文化障碍，在教练员与运动员的沟通中它们也都具体存在。

1. 人际障碍

首先，教练员和运动员会受到自身表达能力的制约，不能准确地发送编码信息和接收解码信息，造成信息接收者感知到的信息与信息发送者发出的信息不一样，不能完成有效沟通。

其次，教练员和运动员在年龄上一般存在较大差异，特别是在青少年运动训练中，年龄差异造成他们在知识和经验上的差异，差异越大，越容易导致沟通失败。运动员在不同成长阶段的差异性特点给教练员沟通带来挑战，对待不同年龄、不同能力的运动员，教练员的言语沟通需要有针对性。

2. 组织障碍

有些运动队中组织氛围不和谐，没有形成一个相互信任、平等相待、畅所欲言、有利于沟通的组织小环境。比如，教练员建立以队长为中心的沟通，通过队长与团队进行沟通或下达指令，教练员与其他队员沟通较少，如图4-14中的 A 型沟通；或者教练员虽注重和每一个队员进行沟通，却忽视引导队员之间进行沟通，如图 4-14 中的 B 型沟通，全队无法形成一个顺畅、全方位的沟通系统，影响队员之间友谊的建立、情感的交流和对团队的认同，当运动员之间发生矛盾时，他们不能通过相互沟通解决问题，只能爆发冲突或得到教练员的判罚。

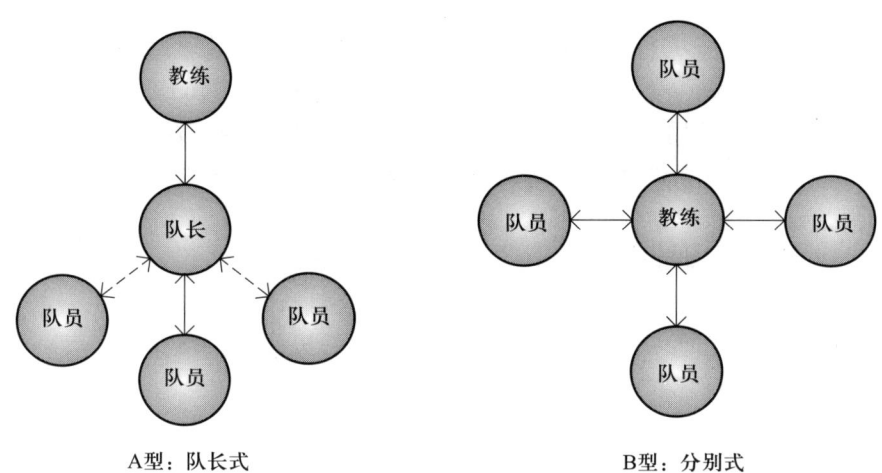

A型：队长式   B型：分别式

图 4-14　运动队的不同沟通渠道

3. 文化障碍

受到儒家文化的影响，我国大多数教练员与运动员仍延续着传统的师徒关系，教练员以扮演家长角色为主，并带有权威性和主要话语权。于是，在我国教练员的传统意识中，教练员始终是训练过程的主裁者，他们与运动员保持着微妙的关系，无论在训练场下如何亲近，在训练场上，他们的权威不容挑战，所以有的教练员不愿平等地与自己的队员进行交流和沟通。运动员在训练中不能获得更多的鼓励，并非运动员做得不够好，而是教练员不愿放下威严去肯定队员的努力。

（三）教练员有效沟通的策略

为了克服沟通障碍，根据运动训练的特点和对教练员有效沟通障碍的具体分析，在此有针对性地提出以下策略：

1. 理解与尊重

理解与尊重是有效沟通的基础。只有理解对方，才能有的放矢、宽容有度。教练员一方面通过了解运动员的心理，懂得从运动员的角度换位思考，理解他们的特点与需求，才能进行有效的沟通；另一方面，尊重是相互存在的，教练员的沟通从尊重运动员的角度出发，不但能够获得运动员的尊重，还能提升运动员的尊严，增强他们的自信心。

2. 灵活运用多种沟通方式

有效沟通往往是多种沟通方式相互补充，提供视觉、听觉、触觉等多种感官刺激的输入，以有效应对多样化的沟通目的。比如，在足球比赛中，教练员要求后卫线前提，可用"压上"的语言，并结合单手臂向另一侧挥动的动作，指挥后卫线的行动，这样的言语沟通与非言语沟通的结合效果更佳。也可以将正式沟通与非正式沟通相结合，在训练上多采用正式沟通，而训练之外的生活中多采用非正式沟通。根据沟通目的的不同，教练员除了采用工具式沟通，还可适当地补充感情式沟通。为了使运动员感知到的信息与自己发出的信息一致，教练员也可以有意识地增加带反馈的双向沟通。

3. 促成全队沟通网络

增强集体凝聚力，形成团队意识和团队归属感，是运动队的一个重要目标。如前文所述，在运动队中，教练员的沟通行为容易形成队长式或分别式的沟通渠道（图4-14），这种单向沟通不利于产生团队的群体动力。教练员应该努力培养全队形成一种全方位式的沟通，如图4-15所示，促成全队的网络沟通，从而增强团队意识。

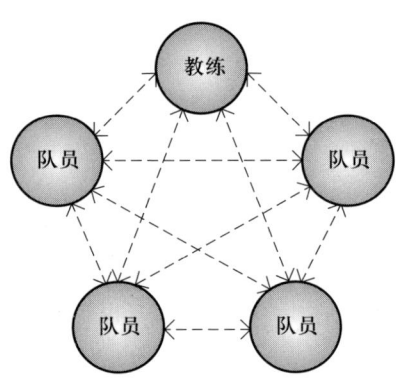

图4-15　运动队的全方位式沟通

4. 重视倾听和反馈

有效沟通是一个信息传递的回路，包括信息发送与接收。一方面，教练员要尽量用清晰、简洁、明确的言语及非言语信息表达自己的观点；另一方面，倾听队员的反馈是了解并取得第一手信息的重要途径，要善于倾听和理解对方反馈的信息，从而指导自己再次进行信息发送，以达到有效沟通。倾听时，要求教练员眼睛看着对方，身体呈开放的姿势，不随意打断对方，适时提供积极的反馈，如使用"对""不错"或点头等信号，鼓励运动员积极表达，同时体现对对方的重视和尊重。

思考与探索

1. 什么是领导？领导与管理的区别何在？
2. 领导权力来源于哪些方面？
3. 如何将领导行为权变理论应用于教练员对运动员的管理中？
4. 请列举体育领域中著名的领导者，并谈谈他们的特点和事迹。
5. 什么是激励？激励是如何分类的？
6. 常用的激励理论有哪些？谈谈如何将它们应用于运动训练管理中。
7. 什么是沟通？沟通有哪些要素？沟通过程是怎样的？
8. 以教练员与运动员的沟通为例，谈谈有效沟通的障碍及如何克服。

推荐阅读文献

1. 周三多，陈传明，刘于馨，等. 管理学——原理与方法［M］. 7 版. 上海：复旦大学出版社，2018.

2. 国家体育总局科教司. 现代教练员科学训练理论与实践［M］. 北京：人民体育出版社，2015.

3.［美］劳伦斯·S.莱昂斯. 领导力教练（实践篇）［M］. 戴钊，译. 北京：机械工业出版社，2013.

4. 日本顾彼思商学院（GLOBIS）. 领导力［M］. 邓伟权，译. 北京：北京时代华文书局，2020.

第四章参考文献

体育管理的创新理论

本章导语

彼得·德鲁克认为，每个组织，不仅仅是企业，都需要一种核心能力：创新。创新是体育组织的必备能力，是体育管理的基本职能。计划、组织、领导、控制等是体育管理的维持性职能，而创新则是体育管理的发展性职能，两类职能的相互融合确保了体育管理系统的动态稳定性。本章首先介绍了管理创新的基本内涵，然后介绍体育管理创新的概念、作用、特点，接着从创新的过程、组织、方法分析体育管理创新的内容，最后从组织创新、科技创新、文化创新等方面探讨创新在体育管理中的具体运用。

学习重点和难点

学习重点：管理创新与体育管理创新的关系，体育管理创新寻求目标、确定事实、识别问题、寻找创意、创意评估、创意实现的过程，如何系统组织体育管理创新活动，运用体育管理创新方法分析体育管理创新案例。

学习难点：在掌握体育管理创新内涵、内容与分类的基础上，区分不同类别的体育管理创新；结合现实体育管理创新活动思考创新实践活动的内在理论逻辑。

第一节
体育管理创新概述

随着体育事业的发展，传统的管理模式和方法已经不能适应现代体育发展需要。体育管理创新不仅能够推动体育事业的持续发展，更能够提升体育组织的竞争力和软实力。体育管理创新理论源于实践，又高于实践，是指导体育管理创新实践的重要依据。

一、管理创新

体育管理学中的创新是管理学中创新的下位概念，要把握体育管理创新的内涵，应从管理创新的内涵中探寻。

（一）管理创新的定义

国内学者主要从两方面对管理创新概念进行界定，一方面是资源整合界定，另一方面是交易成本界定。根据资源整合的方式，芮明杰等将管理创新定义为：管理者创造一种更有效的资源整合范式，该范式既可以是新的有效整合资源以达到企业目标和责任的全过程式管理，也可以是新的具体资源整合及目标制定等方面的细节管理[①]。他认为管理创新包括 5 种形式：一是提出一种新经营思路并加以有效实施；二是创设一个新的组织机构并使之有效运转；三是提出一个新的管理方式方法并得以实施；四是设计一种新的管理模式并有效实施；五是进行一项制度的创新并贯彻落实。根据交易成本的控制，常修泽等则将管理创新视为组织创新在经营管理层次上的辐射，认为创新是

[①] 芮明杰. 知行合一：我的学术经历 [J]. 广西经济管理干部学院学报，2015，27（2）：101-104.

组织对新的管理方式方法的引入，创新的目标在于降低交易费用 [①]。

国外学者从创新的方法和创新的目标等不同角度对管理创新的概念进行了界定。哈梅尔（2006）将管理创新定义为：企业能够实质地改变既有的管理原则、流程、实务以及组织形式的方法，它能同时改变管理人员的做事方式。伯金肖（2008）认为，管理创新是企业的管理的实务、流程、架构及技术与当前的基准相较之下有明显的变革，实现该类创新的目的是提高公司绩效、更高效地达成组织目标。安德里奥普洛斯等学者（2009）将管理创新界定为，企业为了降低成本、改善质量以及提高生产力，进而向其他企业学习新的管理类型。

由此可知，管理创新是指管理方法上的改变，如企业体制从中央集权转变成地方分权。广泛地说，能将"做事方法"加以改变的任何一种东西，都可称为管理创新（Hamel & Breen，2007）。综合以上国内外学者的观点，管理创新的定义可归纳为三大要点：一是创新的对象是管理的方法；二是这套管理方法对单一企业来说是全新的管理革命；三是创新的目的是帮助组织达成未来目标。管理创新有许多不同的样貌，伯金肖（2008）的研究列举了各种管理创新的典型范例，并进一步将其分为三方面：管理实务及流程、组织结构、技术（表 5-1）。

表 5-1　管理创新的典型范例

创新方向	范例
管理实务及流程	装配线；工作生活质量；平衡计分卡；单元制造；全面质量管理；意大利面条式组织；丰田式制造系统；NASA 式团队组织
组织结构	多事业部门；实验室；NASA 式团队组织
技术	现金流量折现；平衡计分卡

（二）管理创新的分类

随着近代产业范围越来越广，信息技术的应用更加普及，企业可使用的管理方法也越多样。伯金肖（2007）根据企业管理人、事、物等采用不同的方式，明确地将管理创新分成 7 个类型：流程、财务、人力、内部结构、顾客与伙伴关系、创新管理及策略管理、信息效率，并针对每种类型举出相应的实务案例（表 5-2）。

---

① 　常修泽. 21 世纪初期中国企业创新探讨［J］. 宁波经济，1998（11）：12-17.

此外，管理学对管理创新还进行了其他不同的分类，按功能将管理创新分为目标、计划、实行、反馈、控制、调整、领导、组织、人力九项管理职能的创新；按业务组织的系统，将管理创新分为战略创新、模式创新、流程创新、标准创新、观念创新、氛围创新、结构创新、制度创新。对于企业职能部门的管理而言，企业管理创新包括研发管理创新、生产管理创新、市场营销和销售管理创新、采购和供应链管理创新、人力资源管理创新、财务管理创新、信息管理创新等。

学者们对管理创新的认识存在视角的差异，进而形成了创新目标、创新方法、资源整合、交易费用等不同论说，反映了管理学中创新的多元性。

表 5-2　管理创新类型

类型	实务范例
流程	科学管理；移动式装配线；线性生产；大量客制化；全面质量管理；单元制造；企业流程再造；供应链管理；质量管理
财务	成本会计；投资报酬率；现金流量折现；作业基础成本；超越预算；平衡计分卡；经济附加价值
人力	专业经理人；公司福利；企业教育训练；评估中心；360 度绩效评估；绩效薪资；训练团体；工作生活质量；辅导与行政训练
内部结构	事业部结构；矩阵式组织；工作小组；实践小区；策略性事业单位
顾客与伙伴关系	连锁加盟；垂直整合；市场区隔；直销；策略联盟；顾客关系管理；品牌管理；外包
创新管理及策略管理	工业研究实验室；目标管理；研发重地；情境规划；开放式创新；企业创投；策略规划；设立标杆
信息效率	作业研究；MRP、MRPII；收益管理；企业资源规划

二、体育管理创新的概念

管理学中创新的概念主要起源于企业经营管理，然后扩展到经济社会发展的不同领域。体育管理既包括体育事业（如全民健身）管理，又包括体育产业管理，体育管理的对象具有复杂属性。因此，本书体育管理创新的概念，基于体育管理的对象、特征和目标，结合体育管理创新的本质进行界定：体育管理创新是指在特定的环境中，为了创造性地实现体育管理的目的，创新主体（包括组织或个人）通过改变管理方法、制度、模式、路径等对各种资源要素进行优化配置，以改进和提升体育管理效率和效益的过程。体育管理创新的本质是运用各种创新方式优化资源整合配置以提升体育管理效率和效果。例如，在财务资源方面，体育组织可以采用数字化财务管理系统来实现财务管理的自动化和标准化，提高财务管理的效率和准确性；在人力资源方面，体育组织可以采用先进的人才管理理念和制度，吸引和留住高素质人才，提高组织的创新力和竞争力；在物资资源方面，体育组织可以采用智能化仓储管理系统，实现物资库存和使用的精准管理，降低物资浪费和管理成本等。

当前，我国单项体育协会与行政机关脱钩改革以重构体育管理体制就是体育管理创新的典型案例。过去，我国单项体育协会大多属于政府机构的一部分，行政管理和组织管理交叉进行，导致管理体制不够灵活、效率低下。随着改革的推进，单项体育协会将独立成为社会团体，自主管理、自负盈亏，与政府机关的行政管理逐步分离。这样可以有效减少政府干预，提高协会的自主权和专业性，推动运动项目的专业化、社会化、市场化发展。同时，改革还加强了各级体育组织之间的协调合作，建立了跨部门、跨地区、跨行业的合作机制，为各级体育组织提供了更加开阔的发展空间，提高了我国体育竞技水平。

中国足球协会调整改革方案

三、体育管理创新的作用

在文化、经济和科学技术迅速变化的环境中，体育发展将面临很多不确定性因素，迫使体育组织通过管理创新来应对这些不确定性因素。体育管理创新的具体作用体现在以下三方面：

（一）降低交易成本，提高体育管理效益

创新的目标在于通过变革提升效率，减少不必要的环节和程序，降低成本的同时提升管理效益。以体育管理中的沟通为例，由于体育组织内部成员

之间、部门之间、上下级之间每时每刻都存在直接式、间接式、交叉式和网络式的信息沟通，体育组织与外部环境中的其他利益相关者之间也存在大量的信息沟通，如果这些信息沟通受阻，将导致体育组织承担巨大的交易成本，体育组织的经济效益或社会效益受损。对此，管理者可以通过减少体育组织层级、转变管理职能、及时处理反馈信息、多元协同等管理创新降低交易成本，以此提高体育组织的经济效益或社会效益。另外，管理者还可以运用数字化技术提高信息的透明度和可信度，加速信息的流通和交流；通过建立市场化运作机制，实现资源更有效的配置和利用，从而降低成本并提高效率。

（二）培育核心能力，提升体育组织竞争优势

体育组织之间竞争的本质在于核心竞争能力，一方面体育组织要具有竞争力，另一方面体育组织要通过创新持续巩固和提升竞争能力。具体方式为有以下三种。其一，体育组织通过创新改革组织体系，建立岗位合理、权责对等、职责分明的新型分工协作体系，能显著提高体育组织的生产力水平。具体措施包括：一是建立科学合理的岗位体系，明确各个岗位的职责、权限和责任，使得各个岗位之间的分工更加明确，协同配合更加紧密，从而提高整个体育组织的工作效率。二是优化人才配置，通过科学的人才梯队建设和培养机制，使得体育组织内部拥有更加专业化和高素质的人才队伍，提高组织的管理水平和核心竞争力。三是加强信息化建设，通过信息化技术手段，实现信息共享、协同办公、业务流程优化等功能，提高体育组织内部的沟通和协作效率，进一步提高体育组织的生产力水平。其二，体育组织通过创新可以完善体育组织内外部联系，实现资源整合、优势互补，形成新的强大竞争力。管理创新可以让体育组织与外界联系更加紧密，从而更好地利用内外部资源。具体途径包括：一是体育组织可以通过创新实现内外部资源的整合。传统的体育组织内部资源分散、信息不对称等问题导致了资源浪费和效率低下，而创新可以建立协作机制，让体育组织与其他组织建立起合作关系，从而实现资源共享、信息交流、技术合作，优化资源配置，提高效率和效益。此外，通过开展国际交流，体育组织可以引进先进的管理理念、技术和经验，从而提高组织的管理水平和竞争力。二是管理创新可以让体育组织实现优势互补。体育组织可以通过社会力量的支持，引入社会资本和专业力量，提高组织的管理水平和服务水平，增强组织的竞争力。此外，体育组织可以利用现代信息技术，建立信息共享平台、数据管理系统等，实现信息的共享和流通，从而提高组织的管理效率和竞争力。其三，体育组织通过管理创新，能够促进结构适应不断变

化的内、外部环境与条件，为组织发展战略提供有力的保障。管理创新能够为体育组织提供强有力的支持，使其能够更加灵活地应对各种挑战和机遇。管理创新可以从组织结构、人员管理、信息技术等方面入手，通过重新设计和优化体育组织的各方面，实现适应性的提升。例如，在组织结构方面，体育组织可以通过重新分配职责、优化业务流程等方式，使组织结构更加适应当前的市场需求和发展趋势，提高组织的灵活性和适应性。在人员管理方面，体育组织可以通过建立更加科学、合理的人力资源管理制度，为组织引入更加优秀的人才，提升组织的管理水平和执行力。在信息技术方面，体育组织可以利用互联网和新兴技术，提高组织内部信息流通和管理效率，同时也能更好地满足广大用户的需求，增强组织的竞争力和品牌价值。

（三）塑造组织文化，提升体育组织软实力

创新是体育组织文化培育和发展的重要途径。组织文化具有特殊性，没有创新就没有个性化组织文化的形成，离开创新体育组织文化的发展就会受限。当今世界各国对体育组织文化日益重视，管理者通过打破传统观念和思想，摒弃陈旧落后的组织文化，积极对外交流与学习借鉴其他组织的优秀文化等途径创新组织文化，将管理创新过程融入体育组织文化，通过体育组织文化的导向功能、凝聚功能、激励功能、协调功能、约束功能和辐射功能来推动组织管理创新过程与创新行为，以不断提高体育组织软实力。具体而言，体育管理创新可以通过以下方式塑造组织文化、提升体育组织软实力：一是建立和完善组织价值观念。体育管理创新可以为组织建立或完善价值观念，如"以人为本""团结协作"等，让成员共同遵守和践行，形成共同的组织文化。二是创新管理模式。体育管理创新可以通过创新管理模式来塑造组织文化，如引进先进的管理模式（全面质量管理、六西格玛管理、精益化生产等），组织成员学习和践行先进的管理理念，提高管理水平，从而形成以创新为主导的组织文化。三是建立学习型组织。体育管理创新可以促进组织建立学习型组织的文化氛围，鼓励成员不断学习、创新，开展各种学习和培训活动，使成员不断提高自身素质和能力，推动组织的创新发展，提升组织的软实力。四是提高成员满意度。体育管理创新可以通过优化组织结构、建立合理的激励机制、提高成员薪酬待遇、改善工作环境等方式，提高成员的满意度，使成员对组织更加忠诚，增强组织凝聚力和向心力，进一步提升组织的软实力。

四、体育管理创新的特点

体育管理创新是一个复杂的系统，体现出创新过程的复杂性、创新周期的长期性、创新结果的不确定性以及对环境的依赖性等特点。

（一）体育管理创新过程的复杂性

创新能够推动体育组织形成和保持竞争优势，但并不是所有的创新都能达到理想的效果，因为创新过程极其复杂。过程的复杂性主要是由以下几方面决定的：

第一，体育管理对象、管理主体、管理方式、管理环境和管理目标等因素的复杂性。一是管理对象的复杂性。体育是一个广泛而复杂的领域，不同的体育项目有不同的管理对象。例如，足球、篮球、乒乓球等体育项目都需要按照不同的管理方式管理。因此，在管理创新过程中，需要针对不同的管理对象采取不同的管理策略。二是管理主体的复杂性。体育管理主体包括政府、协会、俱乐部、教练员、运动员等各种利益相关方，每个管理主体都有不同的利益诉求和管理要求，需要采取不同的管理方式和策略。三是管理方式的复杂性。管理方式包括管理方法、管理流程、管理手段等方面，不同的管理方式会影响体育管理创新的效果，需要根据不同的管理对象和管理主体采取不同的管理方式。四是管理环境的复杂性。管理环境包括政治、经济、社会等方面，各种因素的交互作用会影响体育管理创新的过程和效果。五是管理目标的复杂性。管理目标包括提高管理效率、提升管理水平、增强管理竞争力等方面，不同的管理目标需要采取不同的管理策略和手段。总之，体育管理创新的复杂性是由多种因素的交互作用所决定的，体育管理者需要全面考虑这些因素，制定合理的管理策略和手段，才能取得良好的管理效果。

第二，管理系统中管理的构成要素与子系统存在非线性的相互作用。体育管理是一个开放的系统，包括各种相互关联的子系统，如组织结构、人员配备、管理流程等。这些子系统之间的相互作用是非线性的，这意味着当某个子系统发生变化时，可能会对其他子系统产生意想不到的影响，导致整个系统的行为变得不可预测。例如，当体育管理组织决定引进新的技术或管理方法时，这种变化可能会对人员的工作习惯、组织结构、流程和文化等方面产生影响。这些影响可能是直接的，也可能是间接的、长期的、难以察觉的。因此，管理者在进行体育管理创新时，需要考虑系统中各个子系统之间的相互作用以及可能出现的非线性效应，作好充分的风险评估和管理。

第三，管理和管理创新组织系统之间复杂的关系。管理创新不是单一的、孤立的过程，而是一个整体性、系统性、动态性和复杂性的过程。体育管理创新涉及多个管理要素之间的相互作用和协同作用，管理创新的组织系统包括各级管理机构、管理人员、管理制度、管理工具、管理流程和管理文化等方面。这些要素之间的相互关系和相互作用非常复杂，管理创新过程中一个小的变化可能会引起整个组织系统的变化。因此，体育管理创新需要综合考虑各种因素的相互作用，通过不断的调整和改进，逐步实现管理创新的目标。

总之，体育管理创新面临非线性、协同竞争、动态进化和社会合作等复杂性难题。体育管理创新过程正向一体化、复杂的过程不断进化，这就要求创新主体在创新环境中整合相关利益主体，在创新的目标下实现合作和资源整合。

（二）体育管理创新周期的长期性

创新从理念的提出、实施推广，再到完善需要经历较长的时间，这是因为体育管理创新是一项从理论设计到实施再回到模式修改的循环往复过程。

首先，创新意味着改变僵化的管理模式，建立一整套充满活力的新模式，这一环节难以借鉴前人的经验，往往是摸着石头过河，面临不确定的结果与路径，管理创新过程经常会出现曲折和倒退，这必然导致体育管理创新过程时间跨度较长。创新是一项涉及组织文化、人员管理、市场营销等方面的复杂过程，很少有一种通用的解决方案，因此需要经过一系列的试错和调整过程。这样的过程往往需要耗费大量的时间和精力，特别是在体育行业，由于竞争激烈，管理模式的改变需要得到各方面的认可和支持，更需要进行长期的实践和验证，这样才能确保新的管理模式在实践中具有可行性和有效性。因此，体育管理创新过程的时间跨度较长，需要持久地投入和坚定的决心才能推动创新的实施和发展

其次，由于体育组织的复杂性，体育管理创新的实施往往需要涉及多方面，如管理模式、组织结构、人员配置、资源调配等，因此需要逐步推进、不断完善，这就需要较长的时间跨度。由于体育组织的复杂性，这些因素之间存在相互作用的关系，而且影响体育组织的方方面面。因此，在实施体育管理创新时，需要考虑这些因素之间的协调和配合，逐步推进和不断完善。此外，由于体育组织往往具有较为稳定的体系和组织结构，想要改变体育组织的管理模式并不容易。这需要从组织内部寻找切入点，逐步推进创新。在推进创新的过程中，需要遵循一定的规律和原则，把握好机遇和节奏，逐步打破旧有的管理模式和思维模式，逐步形成新的管理模式。

最后，体育管理创新的成功往往需要多方的支持，这也会影响创新的时间跨度。体育组织作为社会的重要组成部分，其改革和创新涉及的利益方往往较为广泛，因此需要得到社会各界的积极配合和支持，尤其是政府的大力支持和领导。政府在体育管理创新中扮演着重要的角色，它可以提供必要的政策和经费支持，推动体育管理的创新和改革。此外，社会各界也需要积极参与体育管理创新的过程，为创新提供必要的资源和支持。例如，企业可以提供赞助和资金支持，媒体可以提供宣传和推广渠道，学术机构可以提供专业知识和研究支持，这些资源的整合和利用可以促进体育管理创新的顺利实施。另外，相关机构的支持也是体育管理创新的关键因素。例如，体育协会、运动队、场馆、教育机构等都需要在管理创新中扮演重要的角色。体育协会可以制定相关的规章制度和管理办法，为体育管理创新提供必要的法律支持和指导；运动队可以提供实际的运营经验和管理模式，为管理创新提供借鉴和参考；场馆可以提供实际的场地和设备支持，为管理创新提供必要的物质基础；教育机构可以提供专业的教育和培训支持，为管理创新提供必要的人才基础。这些机构的支持和协作可以形成一个有机的体系，为体育管理创新提供必要的保障和支持。

（三）体育管理创新结果的不确定性

创新具有明确的目标指向，但创新结果难以预料，创新目标的达成存在不确定性。第一，创新过程的复杂性决定了创新结果的不确定性，创新过程涉及多重因素影响和作用，不同因素的变化或调整会影响创新结果，难以准确预测创新结果的实现情况。具体而言，创新过程通常涉及许多不同的因素，包括技术、市场、竞争环境、政策等，这些因素相互作用和影响，决定了创新的成功或失败。在创新过程中，任何一个因素的变化或调整都可能对创新结果产生重要的影响，这使得创新结果难以准确预测和预测。因此，创新者必须具备高度的适应性和灵活性，以便及时应对变化和调整，并在不确定的环境中实现创新目标。第二，创新的难易程度影响创新结果的实现，创新难度小则创新目标易，创新难度大则创新目标实现的不确定性高，体育管理中，从易到难、从简单到复杂是实现创新的重要策略。这是因为在体育管理中，各项任务的难度和复杂程度是不同的，需要采取不同的策略来应对。如果一开始就追求过于复杂的创新目标，可能会导致创新失败，从而产生不必要的损失。因此，从简单的任务开始，逐步提高任务的难度和复杂程度，可以在创新过程中逐步积累经验和能力，为后续更复杂的创新目标做好准备。第三，创新具有适用性，体育创新会借鉴创新标杆组织的做法，无论管理制度还是体育领域关键核心技术 [1]，即使能够实现创新目标，但是仍然存在创新成果应用不理想的问题，因为创新成果应用是否适用于本组织和本区域存在模糊性。对于体育领域来说，体育创新的应用也需要考虑运动员、教练员、裁判员、赛事组织者等多方面的因素。一些创新可能适用于某些领域或者某些组织，但并不一定适用于其他领域或组织，所以在进行体育创新时，需要深入了解本组织和本区域的实际情况，结合实际需求和情况进行创新，确保创新成果能够真正地应用和推广。此外，创新需要经过实践检验和不断完善，只有经过实际应用并且不断改进，才能真正发挥创新的效果。因此，组织应该鼓励员工在实践中尝试新的创新成果，并及时收集反馈信息，不断完善和改进，以提高创新的实际应用效果。第四，创新历经一个特定的时间过程，随着时间的推移、环境的变化，创新目标以及创新成果应用的环境都存在不确定性，这导致创新的结果会产生不确定性变化。此外，部分创新的结果不明确、难以量化评估，不能通过直观的形式表现出来，使得体育管理创新的价值或效力不能够明确或具体化。因此，如何评价创新结果以及创新结果的价值体现存在难以明确的可能性。体育管理创新结果的不确定性，使得体育组织决策者在决策时要精准预测，以免在竞争激烈的环境中决策失误造成体育组织不可挽回的损失。

（四）体育管理创新对环境的依赖性

创新源于环境变化，创新依赖环境支撑。内、外部环境的变化是驱动体育管理创新的重要力量，内部变革要求、外部环境变化以及内、外部环境一致性要求等均成为重要的创新驱动力。同时，创新并非无源之水、无本之木，创新依赖体育组织内、外部环境的支撑。对于内部环境而言，体育管理创新需要依赖组织内部的文化、价值观念、人才队伍、资源配置等方面。例如，在推动体育场馆数字化管理的过程中，需要组织内部有足够的技术人才、管理人才以及具有数字化视野的领导，才能够有效实现数字化管理的目标。此外，组织内部的文化和价值观念也会影响到体育管理创新的实施效果。例如，在推动体育运动员个人品牌的发展时，需要组织内部有着支持运动员创新和发展的文化氛围，才能够促进体育管理创新的落地实施。对于外部环境而言，体育管理创新同样需要依赖外部环境的政策法规、市场需求、技术发展等因素。例如，在推动体育场馆数字化管理的过程中，需要依靠政府的政策支持和市场的需求推动数字化管理的落地实施。此外，外部环境的技术发展也会

---

① 王先亮. 体育用品共性技术创新与应用研究 [M]. 北京：人民体育出版社，2020：6-11.

影响到体育管理创新的发展方向和应用场景。例如，随着智能穿戴设备、大数据等技术的发展，可以推动体育管理创新在训练科学、比赛管理、观众互动等方面的应用。总之，内部环境提供了创新所需的人力、财力、物力等保障条件，外部环境提供了政策、信息、市场等外部条件。为此，在体育管理创新活动中，需要对体育组织内、外部环境进行适配性检验。适配性检验内容包括组织结构、组织文化、组织成员、组织资源、组织知识体系等组织内部环境，以及市场、政府、社会与其他利益相关者等组织外部环境。以上内、外部环境中的任何一个要素对体育管理创新都有可能产生直接影响，特别是体育组织的环境变化对体育管理创新的影响较大。

第二节
体育管理创新的内容

体育管理创新具有基本的范式，同时创新又没有固定的模板，掌握创新的内容是学习和研究创新的基础，学习和运用创新理论应做到创造性转换。体育管理创新的内容主要包括创新的过程、组织和方法[①]。

一、体育管理创新的过程

按照创新的程序步骤，体育管理创新的过程一般可分为 6 个阶段，即：寻求目标、确定事实、识别问题、寻求创意、创意评估、创意实现，如图 5-1 所示。然而，体育管理创新的具体实施并非完全机械地照搬该流程展开，可能合并部分具体阶段，也可能从中间某个阶段开始。例如，有时可从寻找创意开始，从哪个阶段开始，取决于所占有的信息、时间以及周围的环

---

① 张瑞林. 体育管理学 [M]. 3 版. 北京：高等教育出版社，2015：38-61.

境条件。

图 5-1　体育管理创新过程

（一）寻求目标

寻求目标为体育管理创新确立发展方向。在该阶段，管理者需要确定一个问题域，因为不同的目标往往反映出人们对问题的不同理解。开始时，通过发散思维尽力想象出所面临的一系列问题，接下来开始聚合性思考，对进一步探索而言，哪些问题是最妥当的？在转向下一阶段之前，必须确定关键问题（焦点）以及关键问题域（热点）。思考的主要内容为：

（1）所有权——你有动力去解决它吗？

（2）优先权——这个问题的重要性如何？

（3）紧迫性——解决这个问题的急迫程度如何？

（二）确定事实

确定事实这一阶段是对体育组织现状进行全面了解，这将增加对管理问题与创新目标的深入理解。在这一阶段中，焦点和热点的方法仍可用来促进聚合思维。确定事实，有助于收集恰当的资料，促使管理者以新的视角来看待先前确定的问题，以激发独特的想法。

（三）识别问题

识别问题是对现有问题进行具体把握的阶段，是管理创新活动要解决的问题。该阶段在确定事实的基础上具体探究事实中的焦点问题，对体育管理问题进行最富有建设性的界定，其目的是为焦点问题提供一种新的考察视角。一般有两种专门技术可以利用，即再定义技术和分析技术。

1. 再定义技术

在这里，主要介绍两种方法，即边界检验法和目标定向法。

（1）边界检验法

边界检验法是由艾德华·迪·玻诺于 1970 年提出的。使用这种技术的目的在于重构对问题的假设，以打开新的审视角度。其主要包括 4 个步骤，如

图 5-2 所示。

图 5-2　边界检验法

（引自：T·普罗克特. 管理创新 [M]. 周作宇，张晓霞，译. 北京：中信出版社，1999：75）

（2）目标定向法

目标定向法是由图德·里卡兹于 1974 年提出的。这种技术能提供一种思考问题的方法，主要包括以下内容（图 5-3）：第一，对问题进行一般性描述，确保其涵盖所有相关信息；第二，确认要实现的目标（要求）以及实现这样的目标可能会遇到的障碍（阻力），阐明受到的限制条件；第三，根据以上所获得的信息，对原始的问题陈述进行重新定义，并将各种可能的新定义记下来。

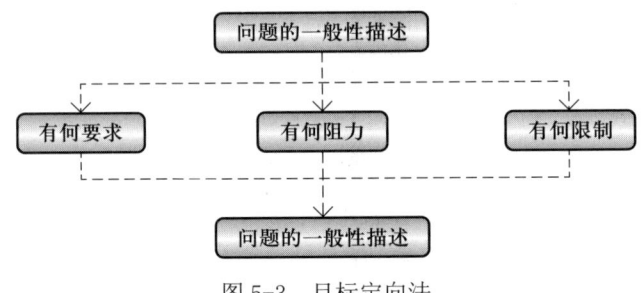

图 5-3　目标定向法

2. 分析技术

常用的分析技术包括可分解矩阵法和维度分析法。

（1）可分解矩阵法

可分解矩阵法由赫伯特·西蒙于 1969 年提出。有些问题可被视为复杂的、层次化的系统，对这样的问题可以将其分解为各种亚系统，然后加以分析，该过程主要包括以下 5 个步骤（图 5-4）：

第一步，确定问题是否可由亚系统来进行分析。

第二步，列举出主要的亚系统及其组成要素。

图 5-4　可分解矩阵法

　　　　　　　　　　　　　第五章　体育管理的创新理论

第三步，建立由亚系统及其组成要素所构成的矩阵。

第四步，对亚系统内每两个亚系统之间相互影响的关联性程度进行估计，估计时一般采用 5 分制标准。

第五步，选择相互影响的权重最高者，作为进一步分析或刺激创新的基础。

（2）维度分析法

维度分析法由詹森于 1978 年提出。这种方法的用途是解释及探究问题的维度和限度。它着重研究问题的 5 项要素：实在性、空间性、时间性、数量性以及质量性。其基本过程有 5 个步骤（图 5-5）：

第一步，陈述问题。

第二步，以"为什么""何处""何时""多少""多么严重"等形式的问句对问题进行描述，并记录该描述。

第三步，运用描述寻找每一维度上的问题答案。

第四步，对问题的回答进行评价，评价的依据是该回答在问题解决中的重要性。

第五步，选择与问题最为贴切的部分作为进一步分析的对象。

图 5-5　维度矩阵

（四）寻求创意

寻求创意阶段是结构化的，通过结构化来寻求解决问题的潜在路径。在这一过程中，发散思维活动将借助各种创意激发技术来引出更多的想法、主意及观点。此阶段的技术主要有头脑风暴法、集体研讨法、画脑图法，意在激发集体性智慧，获取创新思路。

（五）创意评估

创意评估是选择与衡量创意可行性的关键。有的创意比其他的更为突出，更适合要解决的问题，因此这些创意是相当容易被评价的，但有时会产生几个或许多创意，并且难以确定究竟哪个创意比别的创意更好；或者是当实现创意的资源不足，仅想使部分创意付诸实施时，这时就必须对获得的创意进行分级评价，以确定最终的创意。主要的创意评估方法有城堡法、权重法。

1. 城堡法

城堡法分为5个步骤：第一，确定时限；第二，参加评价的人员从可接受性（满足既定目标的程度）、实用性（满足资金和时间条件的程度）、首创性（对原有的内容做出了多大程度的改进）三个标准来对每一种创意作出评价；第三，统计创意的个数，根据创意总数制作选票，并发给每个参与人员，投票时以"是"或"否"进行表决；第四，进行投票；第五，将获得积极性票数（"是"的选票）最多的两个创意结合起来，组成一个新创意或新想法。

2. 权重法

权重法又称加权算数平均法，即将各数值乘以相应的权重，然后加总求和得到总体值，再除以总的单位数。权重法的常规步骤分为三步：首先，制作一个评价标准表，为每种标准分配一定的权重；其次，根据标准对各个备选方案打分定级（分数最大为9）；最后，用所打的分数乘以标准的权重，并把各项标准的乘积相加得到一个总分值，总分值高者为最终选定创意。

（六）创意实现

创意实现是管理创新的终点环节，需要根据问题界定内容、获取灵感、评估创意结果，再进行创意的具体操作与实施。因为创意代表着新的思想或想法，在实施过程中肯定会与旧的观念发生碰撞、摩擦，产生阻力。这就意味着克服这些阻力和障碍将是解决问题的最后任务。

创意实现障碍主要表现为缺乏实现创意的足够资源、缺乏对创意实现的赞同与动力、拒绝变革、程序性障碍、设想与实施创意的风险、潜在的政治势力、缺乏组织内的合作意识或信任感等。因此，在确定创意的价值后，组织管理者有责任扫清障碍，保证创意最终实现。

二、体育管理创新的组织

创新活动不仅是管理者或领导者的创新，更主要的是组织成员参与并实施创新。创新活动的组织，不仅是计划和安排某个成员在某个时间去从事某种创新活动，更是要为下属创新提供条件、创造环境，有效地组织系统创新。

（一）让组织接受变革

"让组织接受变革"是组织管理者实施管理创新前的必要基础，需让成员相信，无论组织还是个体都可以从变革中受益，如让成员参与变革决策，在变革计划和实施中处理好个人利益与集体利益、短期利益和长远利益等问题，组织成员会对变革更有信心。

根据《关于全面推开行业协会商会与行政机关脱钩改革的实施意见》，我国各单项协会都要逐步完成行政脱钩。行政脱钩后的协会将面临诸多挑战，如与行政部门脱钩意味着资金来源不再有保障，人员编制无法解决，过去的治理模式不再适应新的形势。由于我国单项协会与政府过去的强依附关系，应构建单项协会脱钩的政府扶持机制：以多种方式补偿脱钩改革的利益受损者，实现协会人员的平稳过渡；政府以职能转移为抓手，予以单项协会更丰富的公共资源；在资金、人事等方面加强对单项协会的扶持[①]。

（二）营造管理创新氛围

创新氛围是体育组织成员对体育管理中的创新政策、措施和程序的共同感知，以及对哪些创新行为会受到鼓励、支持和希望的共同认识。营造管理创新氛围的具体措施如下：

第一，积极鼓励提出新的思想。管理者往往是保守的，他们认为"系统的活动不偏离计划的要求"便是优秀管理的象征。管理者须自觉地带头创新，并努力为组织成员提供和创造有利于创新的环境，积极鼓励、支持、引导组织成员进行创新，形成从上到下、从语言到行动上积极欢迎新的方法和思路的氛围。为鼓励创新精神，管理者须倾听下属的建议和意见，并汇总形成实施方案，向上级汇报。

第二，让每个成员树立"无功便是有过"的新观念，认识到创新的重要性，不能简单地重复工作。体育行业是一个快速发展的行业，随着竞争的加剧和科技的不断进步，各个组织需要不断创新和改进，才能保持自己的竞争力和发展潜力。然而，在工作中，很多成员习惯于以前的工作方式，缺乏创新意识和创新思维，这不仅会导致工作效率低下，还会导致组织的发展停滞不前。因此，让每个成员树立"无功便是有过"的新观念就显得尤为重要。只有每个成员都能认识到创新的重要性，不能简单地重复工作，才能推动体育管理的创新和发展。每个成员应该时刻寻求改进和创新的机会，探索新的

---

① 王志文，张瑞林，沈克印. 全国性单项体育协会与政府脱钩的逻辑、难点与对策 [J]. 体育学刊，2020，27（5）：45-52.

管理方式和方法，发掘新的商业机会，以提高组织的整体创新能力。同时，组织也应该创造一个积极支持创新和鼓励尝试的文化氛围。组织可以通过建立创新奖励机制、组织创新培训和分享交流等方式，激发成员的创新潜力，提高组织的整体创新能力。

第三，为组织成员提供与本部门成员、其他部门成员交流的机会，营造宽松、富有创造力的组织氛围。同时，在体育决策过程中，予以成员一定程度的自主独立性，激发创造性思想。首先，为组织成员提供交流的机会是非常重要的。在体育管理领域，一个组织的成功往往依赖组织成员之间的合作与交流。通过交流，组织成员可以分享经验和想法，相互学习和借鉴，从而促进团队的创新和进步。组织机构可以通过组织工作坊、研讨会等形式提供交流机会，鼓励成员分享观点和建议。其次，营造创新氛围也非常关键，创新需要一个宽松、富有创造力的环境。组织可以通过不断推动变革和创新，支持成员提出新想法和尝试新方法，培养创新意识和能力，从而形成一种支持创新的文化和氛围。最后，予以成员一定程度的自主独立性以激发其创造性思想。在体育决策过程中，成员需要有一定程度的自主决策权，以使其发挥自己的专业技能和经验，提出更好的方案和建议。这不仅可以提高组织的创新能力，还可以提高成员的自信心和工作积极性。

第四，管理者尤其是领导者应该鼓励成员在体育管理工作中适度冒险，宽容暂时创新失败的冒险者。创新是一个充满着不确定性和失败的过程，许多新思路最后被证实无法运用到实际工作中去。领导者应鼓励成员探索新的方法，找出新的程序，不断地去探索、去尝试。领导者还应该充分了解体育管理发展的现状和趋势，关注行业内的新技术和新思想，及时进行战略调整和人员培养。另外，领导者应该营造一种鼓励团队合作和知识共享的文化氛围，让成员之间能够积极交流、互相学习，从而形成更加富有创造力的团队。领导者也应该关注每个成员的个性和能力特点，给予他们适当的自主权和决策权，以激发他们的创造性思维和想象力，推动体育管理创新的不断发展。

第五，为创新行为提供充足的资源保障，特别是在资金方面，及时补偿、奖励创新者。在体育管理中，创新往往需要投入大量的资源和资金，而这些投入可能并不能立刻获得明显的收益，需要经过一定的时间和过程才能见到成果。因此，为创新行为提供充足的资源保障，特别是在资金方面，是非常重要的。首先，充足的资源保障可以有效地促进创新活动的开展。创新需要支持和保障，否则可能会面临各种困难和挑战，从而导致创新行为的放缓甚至停滞。为创新行为提供充足的资源保障，可以为创新者提供更多的资源支持，使他们能够更加专注于创新的实践和研究，提高创新的效率和质量。其次，在创新行为取得成功后，及时补偿、奖励创新者也是必要的。创新行为的成果往往需要长时间的孵化和实践，对于创新者来说，需要耗费大量的时间、精力和资源。如果创新行为最终获得成功，及时对创新者进行资金上的补偿和奖励，可以更好地激发创新者的积极性和创造性思维，为体育管理的创新提供更大的动力和支持。

（三）制订有弹性的计划

传统的管理思维常常侧重于制订刚性计划，但在创新领域，刚性计划往往会限制创新的发展。因为创新的本质就是不确定性和风险，需要在不断试错中进行调整。因此，制订有弹性的计划可以使管理者能够根据实际情况及时调整计划，更好地应对变化。具体来说，有弹性的计划应该考虑以下因素：

1. 灵活的时间安排

创新需要时间，因此必须在时间安排上有弹性，以便充分发挥创新的潜力。如果计划过于紧凑，可能会削弱团队的创造力，甚至导致创新项目的失败。

2. 多样的资源配置

创新需要各种资源的支持，如资金、人力、技术等。在制订计划时，应该考虑这些资源的需求和可获得性，并做好适当的调整。

3. 可扩展的目标

在创新领域，目标通常是相对模糊和不确定的。因此，目标应该具有一定的可扩展性，以便在创新过程中根据实际情况进行调整。

4. 成员的自主性

创新需要成员具有自主性和创造性思维。因此，有弹性的计划应该充分考虑成员的自主性，让他们有更多的自由度去探索、尝试和创新。

总之，有弹性的计划可以帮助管理者更好地适应变化和挑战，在创新过程中不断调整和改进，以达到最终的成功。

案例 5-1

阅读文章：姜桂萍. 对高校课外体育锻炼弹性管理之研究 [J]. 北京体育大学学报，2005（9）：1241-1243.

回答问题：思考高校体育锻炼活动中，制订弹性计划如何促进体育管理创新，进而促进体育锻炼管理时效性提升。

（四）明确创新目的，同时给予充分自由

在体育管理创新过程中，明确创新目的是至关重要的。明确创新目的可以帮助管理者集中注意力，了解自己要解决的问题或实现的目标。同时，明确创新目的也可以帮助管理者制订适当的创新策略和计划，以便更好地实现目标。然而，仅有明确的创新目的并不足以确保创新的成功。为了在体育管理创新中获得成功，管理者还需要给予成员充分的自由去达成目标。这意味着管理者需要提供足够的资源和支持，以促使成员能够实现创新目的。同时，管理者还需要允许成员发挥他们的专业知识和创造力，而不是强制要求他们按照特定的规则或方法进行工作。在给予充分自由的同时，管理者还需要确保成员在创新中遵循必要的规定和程序。例如，管理者可以制订一些创新指导原则或框架，以确保成员在创新中遵循基本原则和价值观。此外，管理者也应当鼓励成员进行实验，以便在创新过程中发现和纠正错误。

三、体育管理创新的方法

体育管理创新方法是创造原理具体运用的结果，它是从创造原理中派生出来并与实践密切结合的可操作性的具体程序或步骤。体育管理创新方法主要包括智力激励型创新方法、设问型创新方法、列举型创新方法、类比型创新方法和组合型创新方法。

（一）智力激励创新方法

智力激励型创新方法中最为典型的一种方法是头脑风暴法，也称为智力激励法、自由思考法、诸葛亮会议法，它是指一组人员通过召开特殊的专题会议形式，对某一特定问题，与会成员之间互相交流、互相启迪、互相激励、互相修正、互相补充、集思广益，从而达到产生大量新设想的集体性发散技法。头脑风暴法由亚历克斯·奥斯本于1939年首次提出，是一种无限制的自由联想和讨论，目的在于产生新观念或激发创造性设想[①]。头脑风暴法要求参

---

① 陈渊. 新产品构思中的群体创造力（二）[J]. 企业研究，2012(17)：45-47.

加头脑风暴的人员坚持以下原则：自由思考；延迟评判；以量求质；相互启发；不作任何有关缺点的评价；鼓励各种离奇的设想；追求设想的数量；鼓励利用并改善他人的设想。

（二）设问型创新方法

问题是创新的源泉和起点，它是激发创新的导火线，从根本上来讲，要创新首先需要学会设问，要善于设问。设问法主要是围绕现有事物，以书面或口头的形式提出各种问题，通过提问发现现有事物存在的问题和不足，从而找到创新的方向，创造出新的事物来。设问法中典型的方法是奥斯本检核表法。此外，和田十二法、5W1H 分析法、系统提问法也是常见的设问型创新方法。

1. 奥斯本检核表法

奥斯本检核表法是根据需要解决的问题或者进行创造发明的对象列出有关问题，逐个对它们进行分析，从中获得解决问题的方法和创新的设想。奥斯本检核表中有 9 个检核项目，可以从这 9 个方法提出设想，即有无其他用途；能否借用；能否改变；能否扩大；能否简化；能否代用；能否调整；能否颠倒；能否组合。

2. 和田十二法

和田十二法是我国创造教育工作者许立言、张福奎提炼出来的创新方法，也称为"动词提示检核表法"，它借鉴奥斯本检核表法的原理，是一种有效的检核表法，给创新提供了若干种思考的方向[1]。其中的动词包括"加一加""减一减""扩一扩""缩一缩""改一改""变一变""学一学""搬一搬""代一代""联一联""反一反""定一定"。

3. 5W1H 分析法

5W1H 分析法也称"六何分析法"，它源于美国陆军用英语中的 6 个疑问词进行设问，这 6 个英语单词第一个字母正好是 5 个"W"和 1 个"H"，其中"5W"是指原因（why）、对象（what）、人员（who）、时间（when）和地点（where），"1H"是指方法（how）[2]。5W1H 分析法意味着对选定的项目、工序或者操作，可以从原因、对象、人员、时间、地点和方法等六方面提出问题进行思考。

---

[1] 李继香，陈前程. 和田创新十二法在创意新产品上的应用 [J]. 安徽科技，2016（2）：30-33.

[2] 丁依霞，郭俊华. 中国电子政务服务创新研究 20 年：一个系统性分析 [J]. 中国科技论坛，2021（1）：44-54.

4. 系统提问法

系统提问法是一种以系统发问为先导的创新方法[1]。系统提问法的实施程序包括六个步骤：第一步，列出观察对象的主要特征属性；第二步，将这些属性上升到一般属性；第三步，将这些属性列出一系列具体属性；第四步，对属性进行"为什么"的提问；第五步，将最佳属性做出记号；第六步，将所有最佳属性进行组合。表5-3为运用系统提问法进行的运动鞋创新步骤。

表5-3　运动鞋创新步骤

1. 已知具体属性	2. 上升到一般属性	3. 一般属性概念的外延列举	4. 发问	5. 回答提问	6. 组合
黑色	颜色	白色、红色、黄色、棕色	1. 对第一列已知的具体属性问"为什么"，如为什么是白色？ 2. 对第三列未知的具体属性问"为什么不"，如为什么不是白色？	判断属性	1. 白色方头、鞋垫性能为稳定性； 2. 棕色尖头、鞋垫性能为保护性
圆头	形状	尖头、方头			
牛皮	材质	羊皮、人造革、布料			
鞋底弹性	性能	稳定性、保护性			

（三）列举型创新方法

列举型创新方法是将研究对象的特点、缺点、希望点罗列出来，并提出改进措施，形成独创性的设想。典型的列举型创新方法是属性列举法，除此之外，还有问题列举法、希望点列举法、成对列举法、综合列举法。

1. 属性列举法

属性列举法的要点是首先针对某一事物列举出其重要部分或零件及属性等，然后就所列各项逐一思索是否有改进的必要性或可能性，促使创新产生。属性列举法的步骤如下：第一步，确定研究对象；第二步，找出名词、形容词、动词、量词属性；第三步，对原属性进行改造；第四步，提出新设想。

---

[1] 庄寿强. 创造学基础 [M]. 北京：中国矿业大学出版社，1990：16-25.

2. 问题列举法

问题列举法，顾名思义，就是通过发现事物的缺点、问题，并将这些问题一一列举出来，然后再针对问题进行改进的方法。问题列举法的流程如图 5-6 所示。

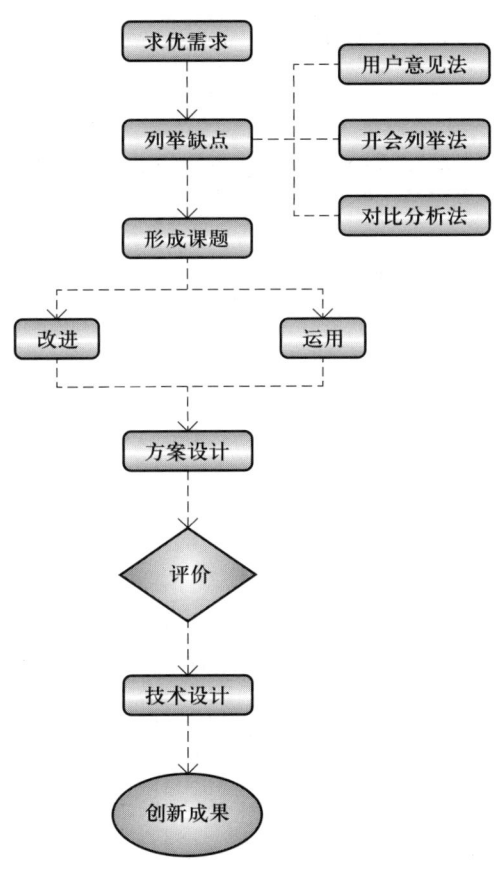

图 5-6　问题列举法流程图

3. 希望点列举法

希望点列举法是指创新者可以根据人们提出来的种种希望，然后经过系统归纳，沿着所提出的希望达到目的的创新方法。希望点列举法的流程如图 5-7 所示。

4. 成对列举法

成对列举法是通过列举两种不同事物的属性，并对这些属性进行组合，通过相互启发而创新的方法。该方法操作步骤如下：第一步，确定两个事物为研究对象；第二步，分别列出两个事物的属性；第三步，将两个事物的属性进行强制组合；第四步，筛选可行组合，形成新的设想。

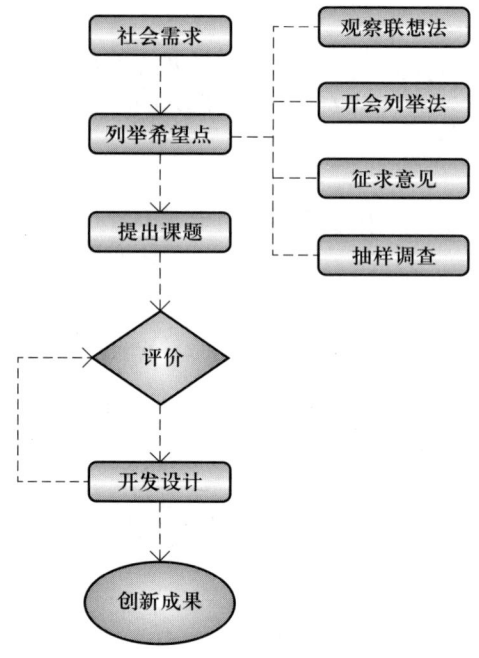

图 5-7　希望点列举法流程图

5. 综合列举法

综合列举法是针对所确定的研究对象，从事物的属性、缺点、希望点或其他任意创新思路出发，列举出尽可能多的思路和方向，对每一个思路方向开展充分的发散思维，最后进行分析筛选，寻找最佳的创新思路和创新方法。综合列举方法的操作步骤如下：第一步，确定研究对象；第二步，列举各项属性；第三，逐项对属性进行分析；第四步，提出创造性设想。

（四）类比型创新方法

类比型创新方法是根据两个或两类对象之间在某些方面的相同或相似而推出它们在其他方面也可能相同的一种思维形式和逻辑方法。类比的思维过程可以分为两个阶段：第一阶段是将两个事物进行比较；第二阶段是在比较的基础上进一步推理，将其中某个对象有关的知识或者结论推移到另一个对象之中。戈登将创新过程中的类比分为 6 类：直接类比、拟人类比、幻想类比、对称类比、因果类比、综合类比[1]（表 5-4）。

---

①　李存金. 创新方法应用系统集成三维度模型［J］. 技术经济，2011，30（9）：1-6，63.

表 5-4　类比创新的方法

名称	内容
直接类比	寻找与创新对象相类似的一些事物，通过比较和启发，形成创新性的设想
拟人类比	将创新对象人格化，如模拟人的动作设计机器人
幻想类比	将幻想中的事物和要解决的问题进行类比，由此产生新的思考角度
对称类比	在创新的过程中，将存在对称关系的事物进行比较，最终得出有关创新成果
因果类比	在创新过程之中，掌握了某种因果关系进行触类旁通，有可能获得新的启发，产生新的创意
综合类比	根据一个对象要素间的多种关系，与另一对象综合相似而进行类比推理

在类比创新方法中，最为典型的方法是综摄法，除此之外，类比创新方法的引申方法还有原型启发创新方法、移植创新方法、仿生创新方法。

1. 综摄法

综摄法是由威廉·戈登提出的，它是一种利用外部事物或已有的创新成果为媒介，将它们分为若干要素，并对这些要素进行讨论研究，综合利用激发出来的灵感来启发思考，开发创新潜力的方法[1]。综摄法的基本原理包括两方面：变陌生为熟悉和变熟悉为陌生。变陌生为熟悉是设法将陌生事物进行分解，尽可能地将其变为以前熟悉的事物。变熟悉为陌生就是对已知的熟悉事物运用全新的方式，从新的角度进行观察分析，这就需要打破常规，将思维跳出已有的习惯。

2. 原型启发创新方法

原型启发创新方法是根据人们的创新思维和运行方式，将偶然遇到的某些事物经过观察与分析，从而启发创新灵感。

3. 移植创新方法

移植创新方法就是将某个领域的原理、方法等引用和渗透到其他领域，用以改造旧事物或创造新事物，又称"渗透法"。移植法可以分为原理移植、结构移植、材料移植和方法移植。

---

① 张爱琴，侯光明. 创新方法研究的比较分析与发展趋势——基于多学科视角 [J]. 北京理工大学学报（社会科学版），2014，16（2）：59-63.

4. 仿生创新方法

仿生创新方法是指通过模拟生物的结构、功能或原理等而进行创新的方法。

（五）组合型创新方法

组合型创新方法是一种以综合分析为基础，并按照一定的原理或规则对现有的体育事物或系统进行有效地综合，从而获得新事物、新系统的创新方法。典型的组合型创新方法是形态分析法，还包括信息交合法、焦点法、主体附加法、分解法。

1. 形态分析法

形态分析法是以系统分析与综合为基础，用集合理论对研究对象相关要素的分解排列和重新组合，得出所有可能的总体方案，最后进行选择。形态分析法的实施步骤如下：第一步，选择和确定创新对象；第二步，要素分析；第三步，确定形态；第四步，形态组合；第五步，形成方案。

2. 信息交合法

信息交合法是利用不同信息进行交合而获得新设想的一种创新方法，它由我国学者许国泰提出，也称"魔球法"。信息交合法可以分为 5 个步骤：第一步，定中心；第二步，画标线 X 轴和 Y 轴，其中 X 轴为创新对象的属性轴，Y 轴为创新对象无关的信息轴；第三步，标注点；第四步，相交合；第五步，筛选寻找最优方案。

3. 焦点法

焦点法是指以一个事物为中心（焦点），依次与罗列的各元素一一组合，即就特定的问题而寻求各种构思的方案。焦点法的实施步骤如下：第一步，选择焦点；第二步，列举与焦点相关的事物；第三步，得到多种组合方案；第四步，对每种组合提出创新性的设想；第五步，筛选出新颖实用的最优方案。

4. 主体附加法

主体附加法是以某一特定对象为主体，通过置换或插入其他事物或技术，从而导致发明或创新的方法。

5. 分解法

分解法是指将一个整体事物进行分解，使分解出来的那部分经过改进完善，成为单独的整体，形成一个新产品或新事物。

第三节
体育管理创新的分类

　　基于体育管理创新内容、组织和方法的不同，形成了不同的创新分类。根据创新的主体内容，一般将体育管理创新划分为体育组织创新、体育科技创新、体育文化创新、其他创新等类别。

一、体育组织创新

　　体育组织创新是指组织结构的调整和优化，是组织成员责、权、利关系的重构。体育组织创新是管理创新的重要内容之一。体育组织创新是组织创新发展的产物，组织理论经过一百多年的发展，已经形成了较为完整的体系，并且在体育组织创新中得到了广泛的应用。组织创新理论与体育组织创新的有机结合，形成了体育组织创新体系。从组织内容上，分为体育组织目标创新、体育组织结构创新、体育组织职能创新、体育组织文化创新、体育组织环境创新；从组织业务上，分为体育行政组织创新、体育营利性组织创新和体育非营利性组织创新。下面主要介绍体育组织目标创新、体育组织结构创新、体育组织职能创新。

（一）体育组织目标创新

　　体育组织目标创新是指提出其他组织没有的或者无法达到的目标，并用创新的方法实现它。组织目标是组织的工作计划所要达到的一种状态或结果，它是组织活动的出发点和最终归宿，为体育组织活动的开展提供标准、动力和方向。因此，组织目标的创新与否对组织的发展至关重要。组织的性质决定了组织目标，不同性质的组织有着不同的组织目标。我国体育组织包括体育行政组织、体育非营利性组织和体育营利性组织。体育行政组织的目标创新主要通过行政效率与公共利益表现出来，体育非营利性组织的目标创新主要通过社会效益体现出来，体育营利性组织的目标创新主要通过经济效益体现出来。

（二）体育组织结构创新

体育组织结构是指表现体育组织各部分排列顺序、空间位置、聚集状态、联系方式以及各要素之间相互关系的一种模式，是执行体育管理目标及实施计划的体制。常见的体育组织结构有直线型组织结构、矩阵型组织结构和事业部制组织结构。从系统论来看，体育组织就是一个系统，该系统的结构决定了系统的功能。因此，在体育组织的功能不能适应组织战略发展时，体育组织通常会通过组织结构调整，即组织结构创新来完善组织功能。体育组织结构创新可以是组织层级的改变，也可以是组织跨度的改变。例如，在20世纪90年代我国体育社会力量薄弱的情况下，"运动项目管理中心 + 单项体育协会"的组织结构形成就是我国体育行政组织在组织结构创新方面的一种实践，它是我国运动项目管理一种过渡性的组织结构。在特殊历史背景下，该组织结构一方面可以为我国竞技体育发展提供有力保障，另一方面也可以为力量薄弱的体育社会组织的成长发育提供帮扶。当前，体育组织结构创新呈现出专业化、扁平化和网络化的特征。

（三）体育组织职能创新

体育组织职能是指体育组织具备的功效与作用。体育组织的职能包括提供公共体育产品和服务、制定体育政策法规、解决体育领域的争端、对外交往、参加社会公益、健身指导等。下文将通过组织职能的理念创新、内容创新、创新实现路径阐述体育组织职能创新。

1. 体育组织职能的理念创新

理念的转变是体育组织职能转变的基础，只有在充分理解理念转变的必然性后才能从内容和方式上实现体育组织职能转变。中华人民共和国成立以来，举国体制下的体育事业主要围绕竞技体育发展，群众体育以及体育产业长期边缘化，"金牌主义""锦标主义"是影响这一时期体育组织特别是体育行政组织职能的主流理念。随着国家治理体系与治理能力现代化进程加快，社会主要矛盾深刻转变，体育强国建设进入攻坚阶段，体育体制改革深入实施，竞技体育、群众体育、体育产业、体育文化协同发展理念逐步形成，以人民为中心、满足人民群众对美好生活的需要成为体育组织发展的第一理念。

2. 体育组织职能的内容创新

体育组织职能的内容创新在于建立一个完整的体育政策与制度框架。在这一完整框架下，体育组织职能的内容创新体现在职能重心的转移上。体育行政组织职能的内容创新就是要将职能重心转移到提供体育公共产品和公共服务上来，通过政策、制度在宏观上履行政府体育管理与监督职能，并且在公共体育服务供给过程中，逐渐形成政府主导、社会参与的多元化公共服务体系，政府发挥公共服务供给的"掌舵"功能，激发社会力量积极性发挥好"划船"的功能。对于体育企业等营利性组织，在强化体育产业发展和经济效益创造职能的基础上，逐渐拓展体育市场环境营造、体育消费促进、社会公益参与等职能。对于体育社团等非营利性体育组织，巩固会员服务、沟通交流、社会服务等功能，创新发展健康知识普及、科学健身指导、公共服务事项承担、线上服务等职能。

3. 体育组织职能创新的实现路径

创新实现的关键在于科学的路径选择，针对体育组织职能发挥不均衡的现实问题，体育组织职能创新应实现以下转变：第一，构建规范的体育组织制度法律框架。制度经济学派认为，制度创新是经济增长、社会发展的决定因素。实现体育组织职能、发展体育产业、提高竞技运动水平、扩大体育人口、提高国民体质健康水平等一系列目标都依赖制度创新，用制度创新保障组织职能创新的实现。第二，建立供需两侧同频共振的体育产品和服务供给机制。强化体育供给侧结构性改革，加强政府公共体育服务供给改革，提升公共体育服务供给规模与质量；推进体育社会组织的服务供给，发挥社会力量的积极性；促进体育产业高质量发展，提供优质多元的体育产品和体育服务。关注社会公众体育需求，引导体育需求侧升级，以满足人民群众美好生活需要为目标，引导人们选择健康的生活方式，采用科学健身行动，合理消费体育产品和体育服务，以需求为导向促进体育产品供给侧优化改革。第三，形成多元的供给方式。传统的体育发展模式下，从体育发展的组织体系所承担的角色与功能来看，体育行政组织体系处于主体地位。这种单一的体育服务和体育产品供给方式，难以适应目前日益复杂化的社会分层、日益多元化的社会群体、日益多元化个性化的社会需求。因此，改变单一的供给方式，在政府主导下社会力量广泛参与到体育服务和产品供给中，形成多元化的供给方式是未来体育产品供给的发展趋势。

二、体育科技创新

（一）科技创新在体育管理中的意义

1. 提高体育管理水平

体育管理环境、管理对象日益复杂、千变万化，对体育管理者提出了严峻挑战。传统的体育管理理念和方式显然已经不能适应现代体育发展需要，这就要求体育管理者将科技创新融入体育管理当中，通过先进的科学技术，从本质上、根源上剖析体育管理现象和问题。科学技术不仅可以消除传统体育管理模式的弊端，而且还会为体育组织营造良好的发展环境，借助技术手段增强体育组织整体实力。科学技术是第一生产力，科学技术的应用可以使体育组织实现高效、有序管理，形成规范化和系统化管理网络，提高体育管理效率进而提升体育管理水平。

2. 提高体育组织效益

体育企业管理的直接目的是获得经济效益，经济效益以企业稳定向前发展为基石。而体育企业内部合理有效管理才能让体育企业获得更高的经济效益，实现科技创新就可以有效提高体育企业管理水平。在信息全球化背景下，技术高速发展，信息传播速度惊人，这对体育企业管理工作提出更高要求，如何快速有效地整理有用信息、及时调整策略作出决策，如何把握市场动向，要解决这些问题，体育企业就不得不进行技术创新，在科技创新中不断提高自身管理能力。体育行政组织和体育非营利性组织也不例外，它们通过人工智能、大数据、5G 通信技术等科技创新手段精准施策，获得了广泛巨大的社会效益。

3. 提高体育组织核心竞争力

社会竞争的核心在于科学技术水平的领先，体育科技创新是培育体育核心竞争力的关键基础。在建设体育强国的征程中，我国体育组织所面临的竞争压力不断增大。提高体育组织核心竞争力是向前发展的关键，将科技创新融入体育管理当中去可以有效提高体育组织竞争力。发挥科学技术的优势，实现体育管理质量和效率相统一，从而为体育组织发展营造良好的内部环境。强化体育科技创新，推进竞技体育科学训练，加强全民健身中科学健身指导，补齐体育产业发展中的技术短板，是提升体育事业和体育产业发展科技含量、提高体育发展质量的根本路径。

（二）体育科技创新的应用

人工智能、物联网、互联网、大数据、区块链等科技创新不断涌现，科技创新在全民健身、竞技体育、体育产业发展等领域相继应用，为提高管理效益提供了科技保障，同时，体育科技创新也丰富了创新的领域与成果[①]。

1. 体育科技创新在全民健身中的应用

在健康管理方面，管理者通过分析健身人群的运动健康大数据，建立运动数据与慢病主要相关指标的趋势关联，提供健康促进、慢病预防、慢病治疗、慢病康复的精准化科学健身方案。在智慧健身方面，城市体育基础设施智能化改造升级是智慧城市建设的一部分。以体育为载体，运用智能化、信息化的技术，将健身场馆运营与健身服务应用相结合的智慧场馆，成为现代群众体育发展的新方向。利用虚拟现实（VR）技术、快速反馈与评价技术等高科技手段提高大众科学健身兴趣和参与度，让百姓在娱乐中健身，进而树立与培养健康生活方式的新理念。

2. 体育科技创新在竞技体育中的应用

从"功率自行车"到"鲨鱼皮泳装"，再到2008年英国碳合金自行车和"人皮战袍"比赛服的研制，一系列科技成果对竞技运动训练产生了颠覆性影响，促进了运动训练水平的快速提高。近年来，世界竞技运动出现训练、科研与保障"三位一体"的新型训练模式，引领了当代竞技训练发展的新潮流。该模式将当下迅猛发展的大数据、云计算和智能化融入其中，在数据库和各类模型的支持下，将传统的经验式训练变为可设计、可预期和可控制的训练，"剂量负荷""精准营养"和"智能诊断"已经从概念成为现实。

3. 体育科技创新在体育产业中的应用

科技创新深入体育全产业链条，打造现代化体育产业科技支撑体系。一方面，通过智能体育、体育用品制造的科技创新，不断提高体育产业的科技含量；另一方面，加快推动物联网、大数据、人工智能与体育实体经济深度融合，不断丰富体育产业的科技元素。计算机技术、云计算、人工智能等培育了体育新业态。物联网技术的发展为"智慧体育"战略提供了新一代信息基础设施。已出现的"智慧城市"应用案例，如"智慧交通"领域的"自动收费"，"智慧医疗"领域的"个人保健""医疗监护"等，这些都为实现"智慧体育"积累了经验和技术。科技创新提高了体育健身产品的娱乐性、趣味性、个体对抗性，加快了体育产品与个体运动模式相适应，提高运动过程和效果的可量化性，逐渐实现反馈指导功能或远程指导功能。科技创新改善了体育健身器械的多功能性，将体育健身器械与办公设备、家具等有机结合，

---

① 冯连世. 改革开放40年中国体育科技发展与思考 [J]. 体育文化导刊，2019（3）：6-10.

增加人们在个性化时间、空间进行健身锻炼的机会。特别是应对老龄化社会，通过研发适合老年人的虚拟运动场景、健身器材和"智慧系统"，进行防摔倒穿戴式运动装备的技术研发与应用，提升老年人群健身环境的安全性，进而提高老年人的健康水平和生活质量。

三、体育文化创新

20 世纪 80 年代，美国学者在总结比较日、美企业管理差异的基础上提出了组织文化理论。组织文化存在于不同的组织中，体育组织文化是体育组织内部形成的，并被组织成员所认同的组织价值观、组织发展理念、组织行为准则、组织道德规范和组织精神的统一体。体育组织文化具有历史继承性、时代性、民族地域性、阶层性、性别差异性等特点，它由体育组织精神文化、制度文化、行为文化和物质文化等构成，组织文化是体育组织的灵魂。体育组织文化创新是指为了使体育组织的发展与环境相匹配，根据本身的性质和特点形成体现体育组织共同价值观的组织文化，并不断创新和发展的活动过程。我国体育组织文化深刻嵌入社会文化之中，基础较为薄弱，行政色彩浓厚。

不同性质的体育组织有着不同的组织文化，创新体育组织文化，应做到以下几点：第一，打破传统观念和思想，剔除陈旧落后的组织文化，顺应社会总体文化创新进程。例如，体育行政组织要转变传统思想，根除"官本位"意识，克服官僚主义之风，变管理为服务，变被动为主动，以"人民群众的根本利益"为中心，形成风清气正、全心全意为人民服务的体育行政组织文化。第二，加强对外交流与学习，认真学习借鉴其他组织的优秀文化。例如，体育营利性组织文化创新要以对传统组织文化的批判为基础，对其他组织优秀文化的学习借鉴为前提，对构成组织文化诸要素包括经营理念、企业宗旨、管理制度、经营流程、仪式、语言等进行全方位系统性地弘扬、重建或重新表述，使之与组织的生产力发展步伐和外部环境变化相适应。第三，招纳杰出新成员，创新组织文化。体育组织现有文化是组织现有成员在一定时期内共同作用的结果，没有外界因素影响的情况下一般不会出现改变。因此，在创新组织文化时，体育组织可以加大对组织外界成员的吸纳力度，通过新成员所蕴含的文化资源充实与创新体育组织文化。

四、体育管理创新的其他分类

创新分类的方法较多，本部分不再一一赘述。以体育管理创新的程度和过程划分标准为例，还可以将创新划分为渐进性创新和突变性创新两种类型。渐进性体育管理创新，即体育组织通过创新来培育竞争优势的过程不是一朝一夕的，而是通过一个漫长的过程，由量变到质变逐渐完成的，这一过程可以通过单环学习实现。突变性体育管理创新是对体育组织现有模式或方式的彻底性改变，体育组织利用良好的学习能力，强化创新的"创造性破坏"作用，这一过程具有激进性和彻底性，仅靠单环学习难以完成，因而体育组织需要启用双循环学习模式。

在体育管理创新的过程中，渐进性创新重点强调在原有的基础上将工作做得更好，单系统本身及其整体架构则保持相对不变，属于一阶变异性变化；而突变性创新正好相反，它更强调"新"，通常会导致体育组织系统本身及其架构发生根本性变化，这不仅体现在体育组织架构、管理模式等的变化上，还表现在组织战略、基础性或核心业务、社会网络关系等方面的变革上，属于二阶革命性变化。

思考与探索

1. 体育管理创新有哪些作用？
2. 体育管理创新的特点有哪些？
3. 思考体育课程的相关教育管理创新过程应包括哪几个环节。
4. 结合体育管理创新方法，思考如何完成体育课程的教育管理创新。
5. 科技创新在体育管理中的意义有哪些？

推荐阅读文献

1. 杨加陆，方青云，张颖华. 管理创新［M］. 2 版. 上海：复旦大学出版社，2015.

2.［美］约瑟夫·熊彼特. 经济发展理论［M］. 何畏，易家祥，译. 北京：商务印书馆，1990.

3. 苏敬勤，林海芬. 中国企业管理创新研究［M］. 北京：科学出版社，2013.

第五章参考文献

第六章

公共体育管理

本章导语

    本章从公共管理理论出发，界定公共体育管理的概念、特征，梳理我国公共体育管理历史沿革，使学生正确认识和理解我国公共体育管理的理论与实践。政府是公共体育管理的关键主体，以其为主导的管理体制对公共体育管理活动具有重要影响。基本公共体育服务供给是政府体育管理的重要职责，也是公共体育管理的重要客体。通过本章学习，学生应熟悉公共体育管理的主要内容，学会分析我国公共体育管理的基本问题。

学习重点和难点

    学习重点：公共体育管理的特点，政府体育管理体制的类型，我国政府体育组织，基本公共体育服务供给的内容。

    学习难点：公共体育管理与政府体育管理的区别与联系，我国基本公共体育服务供给存在的主要问题。

第一节
公共体育管理概述

一、公共管理与公共体育管理

（一）公共管理

1. 公共管理的内涵

公共管理是公共体育管理的上位概念。理解公共管理的内涵，有助于准确界定公共体育管理的概念范畴。公共管理（public management）概念出现于 20 世纪 80 年代以来在全球范围内发生的公共部门变革运动。公共管理是指以政府为核心的公共部门，整合社会各种力量，广泛运用各种方法，提升政府绩效和公共服务品质，从而实现公共福祉和公共利益的过程[①]。

国外学者从不同路径对公共管理进行了研究。波兹曼（Bozeman）等人的研究表明，针对公共管理的研究存在路径分歧。一部分学者将公共管理视为政策管理，从公共政策途径研究公共管理；另一部分学者则认为可以从企业管理的路径探讨公共管理问题[②]。罗森·布罗姆认为公共管理的研究途径分为管理途径、政治途径、法律途径[③]。恩格则认为，公共管理是介于企业管理与公共行政之间的"第三条道路"，也可以理解为将私人部门的管理手段和管理理念运用到公共部门，以解决公共问题，满足公众需求[④]。

我国学者从 20 世纪 90 年代开始译介西方公共管理理论，在此基础上提出公共管理的不同定义。陈振明认为，公共管理是公共组织提供公共物品和服务的活动[⑤]。汪玉凯认为，公共管理是指政府及其他公共机构，为了适应社

---

① 张成福，党秀云. 公共管理学 [M]. 3 版. 北京：中国人民大学出版社，2020：2.

② BOZEMAN, B. Two Concepts of Public Management[J]. Public Managment the Stateoftheart, 1993: 1-5.

③ [美] 戴维·罗森布罗姆，罗伯特·克拉夫丘克. 公共行政学：管理、政治和法律的途径 [M]. 张成福，等，译. 5 版. 北京：中国人民大学出版社，2002：16-41.

④ 张成福，党秀云. 公共管理学 [M]. 3 版. 北京：中国人民大学出版社，2020：11.

⑤ 陈振明. 公共管理学——一种不同于传统行政学的研究途径 [M]. 2 版. 北京：中国人民大学出版社，2003：4.

会经济的发展和满足公众的要求，对涉及公众利益的各种事务所实施的有效管理[①]。徐双敏认为，所谓公共管理，是社会公共组织通过观念和手段的不断创新，为增进公共利益及社会协调发展，对日益多样复杂的公共事务及公共组织自身进行调节和控制的活动[②]。

国内外学者对于"公共管理"概念的界定主要集中在"公共性"问题上，国外学者的观点分歧主要聚焦学科定位、管理手段、过程途径等方面。相较而言，国内学者研究分歧较小，在管理主体和客体方面已形成基本共识。这些成果与观点为界定公共体育管理概念提供了重要的理论支撑和研究启示。

2. 公共管理的特征

作为一种综合性的社会活动，学者们普遍认同公共管理具有如下基本特征：

（1）公共管理的目的主要是实现社会公共利益，即社会成员在共同使用基础上共享的利益。这既是公共管理的根本目的，也是公共管理的本质要求。

（2）公共管理的主体主要是政府和非政府组织。政府是公共管理活动的核心主体。一般来说，政府承担着宏观管理的主要职能和全局性的重要事项，非政府组织等其他主体承担着社会服务与保障等方面的具体事项。

（3）公共管理的客体是社会公共事务，包括社会问题、公共项目和资源。

（4）公共管理的主要职能是管理、服务和保障。公共管理的公共性与政治性特点决定了它在这些职能方面的重要性。

（二）公共体育管理

1. 公共体育管理的概念

目前国内关于公共体育管理概念的研究成果较少，主要集中在公共体育教学管理、公共体育场馆管理、公共体育服务管理、体育行政管理以及公共体育管理专业建设等应用研究领域。成都体育学院闵健教授等人主编的《公共体育管理概论》较为系统地构建了公共体育管理理论体系，明确了公共体育管理的概念，从社会共同需要和公共体育事务的角度界定了公共体育管理的内涵，认为公共体育管理是指在不断变化的环境条件下，以政府组织为核心的公共组织对关系社会共同需要和公共利益的体育事务，依法运用管理的各项职能，协调组织内外关系和配置体育资源，以实现既定体育目标的全部

---

① 汪玉凯. 公共管理（修订本）[M]. 北京：中共中央党校出版社，2006：2.
② 徐双敏. 公共管理学 [M]. 武汉：武汉大学出版社，2007：9.

过程[1]。

结合当前我国的公共管理改革和体育发展定位，本书认为公共体育管理是指政府、非政府的各类公共体育组织，基于公共体育需求，共同管理公共体育事务，实现公共体育利益目标的活动过程。

公共体育管理的内涵包括：

第一，公共体育管理的主体是包括政府体育行政部门、非政府公共体育组织、体育企事业单位，村委会、社区等居民自治组织，以及群众自发健身组织等在内的各种公共体育组织。

第二，公共体育管理的客体是公共体育事务。公共体育事务通常具有较为明显的公共性、政治性、非营利性、区域性和时代性，既包括体现和影响国家体育事业发展的重大战略、政策、法规的制定实施，也包括大型公共体育场馆设施建设、全民健身公共体育服务体系建设、竞技体育训练与赛事组织、公共体育服务提供与服务监督等在内的政府公共体育事务，还包括群众性体育活动组织实施等社会公共体育事务。

第三，公共体育管理的目标是公共体育利益，如提高全民族身体素质和健康水平、建立公共体育服务体系、增强国家或地方竞技体育综合实力，实现体育高质量发展等涉及社会共同需要的公共体育目标。

2. 公共体育管理的特征

（1）强制性

公共体育管理的核心主体是政府及相关机构，其管理具有行政管理的典型特征，表现为依靠行政组织权威、运用行政手段、按照行政系统与行政层次的划分进行管理的特点。其管理公共体育事务使用的公共权利受法律保障，具有强制性。公共体育管理的一切活动和由此产生的后果也必须符合法律法规。

（2）民主性

公共体育管理的客体是公共体育事物，涉及广大社会群体，其民主性要求是必然的。公共体育管理的民主性主要表现为：管理决策的民主性，即要符合民主集中制的基本要求；管理过程的民主性，即要体现社会大多数人的意志和人民群众的根本利益；管理结果的民主性，即要满足社会共同利益和要求。

（3）公平性

公共体育管理需要解决效率和公平的协调与配合问题。公共体育管理的公平性主要表现在三方面：公共体育活动中社会成员地位的平等性；社会成员享有公共体育产品与服务的同等性；区域间公共体育事业发展的均衡性。

---

[1]　闵健，李万来，刘青. 公共体育管理概论 [M]. 北京：北京体育大学出版社，2005：9.

（4）服务性

公共体育管理不单要靠政府把关掌舵，还需要提供满足社会发展需求且符合现代社会管理基本要求和属性的服务。包括公共体育资源的合理配置、公共体育产品的有效提供，公共体育活动的组织引导等。在管理过程中要处理好监管、控制和服务之间的关系，特别是管理部门及其工作人员应正确把握公共体育管理的性质，明确其使命，切实转变工作作风，提高服务质量。

（5）周期性

公共体育管理最终解决的是公共体育需求满足问题。公共体育需求的满足往往具有自身的时间规律，如公民健身需求、公众从国家或地区体育竞赛获胜中体验荣誉感的需求，需求的满足在时间安排上都有一定的周期性特点。大众健身的需求总是与社会发展及个体发展对健身的要求相适应，呈现阶段性动态变化。竞技体育一般以重大赛事和训练规律为时间坐标确定工作目标，并具有周期循环的特点。我国一般以奥运会、全运会为周期安排竞技体育工作，包括规划竞技体育发展战略及其目标，设定和调整运动项目布局，实施运动员、教练员培养及场馆建设等相关保障性工作[①]。

二、我国公共体育管理的主要领域

公共体育管理是以实现公共利益为目标，由政府、社会组织、企事业单位、公众等多元主体共同构成的综合性管理系统。我国公共体育管理主要涉及社会体育、学校体育、竞技体育等领域。

（一）社会体育领域

社会体育领域是我国公共体育管理的主要领域，包括政府及非政府的各类体育组织，聚焦不同区域各类人群基本公共体育服务供给和公共体育利益实现，通过一定方式整合各类公共体育资源，为实现公共体育发展目标所进

---

① 闵健，李万来，刘青. 公共体育管理概论 [M]. 北京：北京体育大学出版社，2005：11-12.

行的计划、组织、协调、控制和创新等一系列管理服务工作。例如，政府为保障公共体育设施开放、全民健身运动推广发布的《全民健身基本公共服务标准（2021 年版）》，从公共体育设施开放时间、收费标准、社会体育指导员配备、群众健身活动或比赛等方面进行具体的规范，是国家基本公共服务标准体系建设的重要组成部分。社会体育领域公共体育管理主要涉及不同区域政府及非政府的各类体育组织，针对不同社会群体公共体育需求，在基础性公共体育空间、场馆、设施建设，全民健身活动的规划与锻炼方式的推广，群众性体育赛事活动等方面进行规划、建设、管理与服务。

（二）学校体育领域

学校体育是落实立德树人根本任务、提升学生综合素质的基础性工程，是加快推进教育现代化、建设教育强国和体育强国的重要工作，是我国体育事业的重要组成部分。基于社会契约理论，公共体育管理的目标应以公共意志和公民体育权利的实现为基础。学校体育在实现公民体育权利方面的作用，特别是实现参与体育、接受体育教育方面基本权利的作用，决定了学校体育领域是我国公共体育管理的主要领域之一。我国学校体育的目标是以习近平新时代中国特色社会主义思想为指导，以落实立德树人为根本任务，以社会主义核心价值观为引领，服务学生全面发展、增强综合素质，帮助学生在体育锻炼中享受乐趣、增强体质、健全人格、锤炼意志。学校体育领域公共体育管理主要包括政府教育行政部门会同体育行政部门针对学校体育目标实现实施的宏观管理，以及学校内部的体育管理。

（三）竞技体育领域

重大体育赛事往往具有很强的社会影响力。在赛事中取得优异成绩，不仅是国家间、地区间增进交往交流，展现发展实力，振奋民族精神，增强社会凝聚力，塑造良好形象，提高声誉，扩大影响的重要契机和方式，也能对群众体育的发展起到良好的示范引导作用。因此，竞技体育领域的许多方面具备了社会共同利益的基本特征。长期以来，我国国家体育总局及各省市体育局是竞技体育发展的重要主体。竞技体育的特性和我国竞技体育发展的特殊历程，决定了竞技体育领域是我国公共体育管理的重要领域。竞技体育领域公共体育管理主要指政府及非政府的各类公共体育组织遵循竞技体育训练与竞赛规律，优化配置竞技体育资源，为实现取得优异赛事成绩这一目标实施的各种管理活动。既包括政府体育行政部门针对竞技体育发展实施的战略管理、政策管理等宏观管理，也包括各类公共体育组织围绕运动训练和优异竞赛成绩的取得，在训练培养、场馆设施、体育科研、运动康复、参赛保障及组织保障等方面的管理，以及在体育赛事组织、风险防控应对等方面的管理。

三、我国公共体育管理发展的历史沿革

中华人民共和国成立后，我国体育管理体制改革经历了一个从集中到分散与集中相结合，从国家化到社会化的渐进过程，以关注社会共同需求、实现公共利益，聚焦体育事业发展为主体的我国公共体育管理体制经历了一系列发展与改革，大体可分为以下 6 个阶段：

（一）体育管理体系初步创立（1949—1952 年）

1949 年 10 月，中华全国体育总会第一届全国代表大会（中华全国体育总会筹备委员会）召开筹备委员会归团中央管理，主任由团中央书记冯文彬兼任，副主任、秘书长由团中央秘书长荣高棠兼任。在筹备委员会的基础上，1952 年中 6 月，中华全国体育总会第二届全国代表大会在北京召开，宣告中华全国体育总会成立，朱德被推选为名誉主席，大会还通过了规定在各大行政区和省市县设立体育分会，建立完善由上到下的体育管理组织体系的决议。中华全国体育总会成立后，致函国际奥林匹克委员会和各单项国际体育组织，宣告"中华全国体育协进会"（1924 年成立）改为"中华全国体育总会"，它是代表中华人民共和国的唯一合法体育组织。

1952 年 7 月，中国体育代表团参加了芬兰赫尔辛基奥运会并顺道访问了苏联和东欧社会主义国家的体育组织。代表团认为，这些国家的经验表明，要改变中国体育的落后，尽快提高运动技术水平，必须加强政府对体育工作的领导，这也推动了之后国家体育运动委员会的成立。这段时期包括中华全国体育总会、各大行政区以及省市县体育分会在内的体育管理组织体系开始形成。当然，之后竞技体育管理的工作被逐步移交到了之后新成立的各级体委。应该说，当时的中华全国体育总会及其各地方体育分会虽曾经承担了国家体育管理的主要职权，但明显具有过渡性色彩。

（二）政府管理主体地位确立（1952—1978 年）

1952 年 11 月，我国成立"中央人民政府体育运动委员会"，任命贺龙为主任，1954 年该机构改名为"中华人民共和国体育运动委员会"。按照 1956 年《体育运动委员会组织简则》及有关规定，国家体育运动委员会（以下简称"国家体委"）"在国务院领导下负责统一领导和监督全国体育事业"，随后全国各地纷纷成立相应的地方体委，政府管理体育的组织体系逐步建立起来。与此同时，很多行业系统也成立了自上而下的专门进行体育管理的机构体育协会，1955 年 10 月，全国总工会成立了体育部。到 1958 年，中华全国体育总会隶属的各单项体育协会、20 多个行业体育协会和 25.3 万余个基层体育协会也陆续成立。

在这一时期，中华全国体育总会的主要职责由《中华全国体育总会章程》所规定的协助政府组织、领导并推进国民体育运动转变为"领导中华人民共和国的业余体育运动，中华全国体育总会、各地体育分会及各单项体育协会实际上变成了各级体育行政部门的咨询机构。20 世纪 50 年代，随着一系列调整，我国基本形成了以国家体委为主实施行政领导、体育总会实施具体管理、国防体协和部门行业体协共同参与的体育管理格局。20 世纪 60 年代以后，大部分行业体协被撤销，在"缩短战线、保证重点"的战略调整下，群众体育工作被大幅压缩国家体委的工作一度也被中断，中国体育事业陷入低谷。

（三）竞技体育举国体制初步形成（1978—1992 年）

党的十一届三中全会后，中华全国体育总会、中国奥委会等开始重新运作。1979 年 2 月召开的全国体育工作会议正式提出将工作的重心转移到体育业务工作上来，并确定了"普及和提高相结合的前提下，侧重抓提高"的方针政策，初步形成了以竞技体育为先导，带动体育事业全面发展的战略。1980 年召开的全国体育工作会议进一步完善了这一战略，更加明确了竞技体育工作的中心地位。20 世纪 80 年代初，经过几年的调整，我国的体育事业基本步入正轨。1981 年，我国开始进行以提高中华全国体育总会、单项体育协会和行业体育协会的地位及作用为内容的改革试点。1983 年，我国开始对训练体制和竞赛体制进行多方面改革。体育行政体制改革试点不断推进，以竞技体育为中心的政策得到了巩固。

1984—1985 年，《中共中央关于经济体制改革的决定》《中共中央关于教育体制改革的决定》《中共中央关于科学技术体制改革的决定》等一系列政策的出台，反映出全国各行各业都在对旧有体制进行程度不一的改造和完善。1984 年洛杉矶奥运会上，中国队取得的佳绩在令国人振奋的同时，也使体育事业的发展成了万众瞩目的焦点，在这种外在环境及内在动力的推动下，1986 年 4 月，国家体委颁布了《关于体育行政体制改革的决定（草案）》，为我国政府体育行政管理体制的改革拉开了序幕。这次体制改革的重心由国家包办体育事业过渡到国家办与社会办相结合，转变国家体委等政府行政机关的职能，理顺国家体委与各方面的关系，恢复、发展行业体育协会和基层体育协会，放手发动全社会参与办体育。20 世纪 80 年代，国家体委逐步明确了以青少年为重点的全民健身战略和以奥运会为最高层次的竞技体育战略协调发展的思路。但由于当时我国经济体制改革还处于摸索阶段，尚未确立明确的改革目标，体育事业管理体制改革也只能处于探索和实验阶段，许多旧体制中存在的深层次问题，如管办不分、权责不明、经费不足等问题依然未得到解决。

（四）体育管理体制改革深化（1992—1998 年）

1992 年，社会主义市场经济体制的确立使我国社会结构发生了巨大改变，社会力量有所加强，国家的综合国力不断提升，体育市场初见端倪。"小政府、大社会"的条件已逐步成熟，政府没有必要也不可能再包办一切事务，社会办体育成为共识，建立新型的、顺应市场经济基础的公共体育管理体制已是大势所趋。1993 年召开的全国体委主任会议制定下达了国家体委《关于深化体育改革的意见》，确立了 20 世纪 90 年代我国体育体制改革的基本思路，即实现由计划经济体制下的体育行政体制向与社会主义市场经济体制相适应的体育行政体制转变，逐步推动建立符合现代体育运动发展规律、国家调控、依托社会、自我发展、充满生机与活力的体育体制和良性循环机制。

在这一阶段，在对我国体委机构进行精简的同时，我国对竞技体育运动项目的管理进行了大刀阔斧的改革。从 1993 年到 1997 年，通过组建、调整等方式建立了 20 个运动项目管理中心，管理着 41 个单项体育协会和 56 个运动项目，在一定程度上促进了单项体育协会的实体化。至 1997 年底我国已基本完成了运动项目管理中心化的改革，并计划将竞技体育运动项目的管理全部推向社会。

（五）政府部门职能转变与协会实体化快速发展时期（1998— 2012 年）

1998 年初，根据第九届全国人民代表大会第一次会议审议通过的国务院机构改革方案和《国务院关于机构设置的通知》，本着"精简、统一、效能"的原则，国家体委再次进行机构改革，原国家体育运动委员会被正式改组为国家体育总局，改组后的国家体育总局由国务院组成部门变为国务院主管体育工作的直属机构，但主要职责不变。名称和序列的变化反映了国家对体育管理体制改革的决心，也标志着我国政府体育行政管理部门将按照政事分开、管办分离的原则把对公共体育工作的管理切实转变到宏观调控上来，着力加强政策研究和执法监督。政府机关职能由过去的办体育转变为间接的管体育，由过去的事无大小一手包揽转换为以制定政策法规、实行监督协调为主要职责的宏观调控。公共体育事务中一些微观的、具体的事务则交给各运动项目管理中心和社会组织办理。作为一种过渡性组织，运动项目管理中心既是国家体育总局的直属单位，又是运动项目协会的常设办事机构。在管理体制改革后，它开始代表国家体育总局对各运动项目行使具体管理职能，在公共体育服务提供中承担重要任务。20 世纪 90 年代开始，无论在政策、指导思想还是实践上，我国都在积极推进公共体育管理主体的多元化和社会化，努力实现政府主导、依托社会组织的公共体育事业发展之路[①]。

（六）政府主导、社会参与的多元主体格局初步形成（2012 年至今）

自 2012 年开始，国家体育总局每年牵头组织召开党中央、国务院有关部委贯彻落实全民健身计划工作的座谈会，逐渐建立起各部委定期交流协商落实全民健身计划的制度。2016 年底，国务院批复成立了全民健身工作部际联席会议制度。联席会议由国家体育总局、国务院办公厅、中宣部等 29 个部门组成，办公室设在国家体育总局，主要职能是贯彻落实党中央、国务院关于实施全民健身国家战略的决策部署，系统研究落实的政策措施，强化各级政府主导全民健身事业发展的主体责任，协调有关部门和单位抓好相关任务措施的落实，推动完善政府主导、部门协同、全社会共同参与的全民健身事业发展格局。相关部委根据自身职能相继出台或联合出台了若干涉及公共体育事业的重大专项规划和政策文件，如国家发展改革委、国家体育总局共同编制《"十二五"公共体育设施建设规划》《"十三五"公共体育普及工程实施方案》《关于加强全民健身场地设施建设发展群众体育的意见》，国家体育总局联合教育部出台《关于推进学校体育场馆向社会开放的实施意见》，国家发展改革委会同国家体育总局等 9 个部门联合印发《关于支持社会力量举办马拉松、自行车等大型群众性体育赛事行动方案（2017 年）》等。各级各地政府成

---

① 叶楠. 我国体育行政管理体制的变迁 [D]. 苏州：苏州大学，2004：10-15.

立的全民健身和全民健康深度融合工作领导小组或联席会议，形成由政府牵头的全民健身领导协调机制，初步搭建了地方体育部门承担主体和纽带作用，卫生健康、文化旅游、教育、养老等有关部门共同发挥部门协同作用的工作框架。社会力量参与公共体育服务的积极性显著提高。加之全民健身志愿服务长效机制的进一步完善，各级政府齐抓共管、社会主体多元参与的工作格局初步形成[①]。

第二节
政府体育管理

一、政府体育组织

政府体育组织作为典型的公共体育组织，是公共体育管理的核心主体，在行使公共权力、处理公共体育事务中具有重要地位。

（一）职能定位

政府体育组织的职能，即国家体育行政机关的职能，是国家职能的具体执行和体现，包括国家行政机关在管理活动中的基本职责和功能作用。由于各国国家政治体制和行政体制各不相同，公共体育管理的主体也不尽相同，政府体育组织的职能在范围、内容、力度及实现方式上会有所不同，但其本质仍均突出体现"公共"特性，涉及公共利益、公共政策、公共服务等问题。

---

① 李鉴. 体育强国建设背景下体育体制机制改革的中国逻辑与路径 [J]. 上海体育学院学报，2022（1）：41-51.

（二）管理权限

一般来说，政府体育管理部门享有依法管理所辖区域体育事务的权利。当前，我国政府体育行政管理部门在享有宏观决策、计划、协调、监督权等政府行政管理部门基本权利的同时，仍具有相当一部分微观管理权限，涉及竞技体育、群众体育、学校体育等业务领域。另外，我国政府体育行政管理部门对社会体育组织还具有指导、监督职能，如国家体育总局对中华全国体育总会、中国奥委会、中国体育科学学会等体育组织拥有指导、监督权。

（三）组织体系

政府体育管理系统一般可分为两个子系统，即政府专门体育行政管理系统和政府非专门体育管理系统。

政府专门体育行政管理系统是指国家机关设立的专门从事体育事务管理的机构及其体系。当前，我国政府专门体育行政管理系统通常被称为"体育局系统"，它是我国政府体育管理的主系统。在这个系统中，下级体育局一方面受到上级体育局的业务指导，另一方面也受同级地方政府人事、财务等方面的行政领导。整个体制呈现为"矩阵式"结构。具有"双重领导"和"条块结合"的特点。我国政府专门体育行政管理系统中，最高领导权力属于国家体育总局，基层管理机构是县市体育局。作为国务院主管全国体育工作的职能部门，国家体育总局下设 12 个司局，管辖若干直属单位，如北京体育大学、各运动项目管理中心、体育科学研究所、中国体育报业总社等机构。基层县市体育局或独立设置，或与当地教育、卫生部门合署办公，设专人负责体育工作。另外，我国政府专门体育行政管理系统还包括承担部分政府职能的运动项目管理中心等事业单位。这种通过授权、委托管理公共体育事务的做法虽说具有一定的过渡性、临时性特点，但却是我国长期、客观存在的体制机制，并已形成了庞大的体系，短期内也较难以完全改变。

政府非专门体育管理系统是指除专门管理体育事务的国家机关外，国家机关的其他部门设立的管理公共体育事务的机构及其体系。例如，我国国务院直属机构中，除国家体育总局外，教育部设有体育卫生与艺术教育司，统管全国学校体育工作；国防部和国家卫健委也设有体育行政管理部门，负责本系统的体育工作。部分未设立体育行政管理部门的部委一般设有行业体育协会等机构，负责组织管理本行业的公共体育事务。

二、政府体育管理体制

（一）政府体育管理体制的概念

一般来说，狭义的政府管理体制就是为了确保国家目的的实现而确立的，是关于政府的职能定位、权力配置、运行规则和法律保障等一系列体系制度的总称。而广义上的政府管理体制，还包括为顺利实现这些制度所确立的配套制度，如公务员制度、公共财政体系制度等的总称^①。

政府体育管理体制是指参与体育管理的政府机构的职能定位、权力配置、运行规则和法律保障等一系列体系制度的总称，它是行政管理体制的一部分。各国国情不同，其政府体育管理体制也不尽相同。

（二）政府体育管理体制的类型

体育管理是一个复杂的系统工程，由于经济社会发展水平不同，尤其是国家制度存在差异等原因，世界各国的体育管理体制存在较大差异。根据管理权力分属集中程度的不同，各国政府体育管理体制大体可分为以下三种模式。

1. 集权管理模式

集权管理模式的特点是政府设立专门的机构管理公共体育事务，公共体育管理权高度集中于政府行政机关及其相关机构，政府通过财政手段解决绝大多数公共体育事业发展费用支出，主要采用行政的方式对公共体育进行从宏观到微观的全面管理。从制定体育事业发展总体规划，到具体组织各级各类公共体育活动几乎都由政府及其机构直接负责，其他社会体育组织常常难以拥有实质性的管理权力。

集权管理模式的优点是有利于集中领导、统筹兼顾，有利于保证政策的统一性及决策执行的效率。但是政府高度集权也存在弊端，如缺乏多元主体参与的决策不可避免地会带有主观意识，从而影响决策的正确性和及时性；决策和执行易受到政府财政能力的影响和制约；由于对社会组织参与体育及体育管理的限制，会在一定程度上造成社会资源的浪费，阻碍公共体育的社会化发展等。采用集权管理模式的国家主要有苏联、古巴等。

---

① 孙客宜，秦椿林. 试论体育管理体制与中国体育管理体制改革［J］. 北京体育大学学报，1995（1）：6-13.

2. 分权管理模式

分权管理模式的特点是政府一般不设立专门的体育管理机构实施公共体育事务的直接管理，或仅指定特定的体育社会组织代为行使国家公共体育管理权力。公共体育事务主要由各类体育社会组织进行管理，由涉及业务交叉的其他政府部门按照业务和职能分别管理或指导。政府对公共体育事务很少介入和直接干预。即使介入或干预，也常常采用立法或经济补贴等方式间接地进行。在这种管理体制中，管理权力分散于各体育社会组织中，行业协会等组织成为主要的管理主体，与其他各体育社会组织共同管理公共体育事务。

分权管理模式有利于调动社会力量的积极性和主动性，有利于促进体育企业参与公共体育服务。分权管理模式的不足在于各社会组织间的利益冲突易导致市场波动和混乱，体育发展缺乏有力的协调和统一。美国的体育管理体制是比较典型的分权管理模式。美国联邦政府没有设立专门的体育管理部门，市场机制、社会志愿服务机制是促进美国公共体育发展的基本动因，在组织管理、经费投入、经营运转等方面，各类社会组织的能动性都能得到充分地展现和发挥。

必须指出的是，部分采用分权管理模式的国家中，政府指定体育社会组织行使体育管理权力时，这些组织虽然带有半官方的性质，但本质上仍然是具有法人资格的独立社会团体，如日本的体育协会，新加坡的体育管理理事会，西班牙的最高体育理事会等。

3. 协同治理模式

协同治理模式是由政府组织主导，吸纳社会组织等多方面社会行为主体参与，共同对公共体育事务进行有效管理的组织模式。在充分激发"自治"创造力、鼓励社会主体参与公共体育事务的同时，通过建立政府与社会主体间统一、协调的治理体系，运用有力的协同机制实现对公共体育的管理。在处理公共体育事务、解决公共体育问题时，这一模式能够确保政府在公共体育管理中的主导地位，并充分发挥多元主体和多重机制的协同作用。当然，由于涉及权限划分、利益分配等协同关系，这一模式也容易产生权责划分不明和利益分配冲突等问题。当前，英国、德国、法国等许多国家政府体育管理采用协同治理模式。

（三）政府体育管理体制的影响因素

政府体育管理体制反映了一个国家对体育事务领导和管理的组织结构形式与工作制度状况，往往受若干因素不同程度的影响，主要包括：

1. 国家政治、经济体制

国家的政治、经济体制对国家体育管理体制具有决定性的影响。当体育被视为国家事业，体育的管理权通常掌握在政府手中，权力相对集中。当体育被视作社会事务，体育的社会化、市场化、产业化使得大量社会组织参与到体育中，促使社会体育组织在体育发展中的话语权逐步增强。与国家的政治、经济体制相吻合的程度通常是衡量政府体育管理体制合理与否的主要标准。一般来说，当一个国家的政治、经济体制发生变化乃至变革时，体育管理体制总会相应地作出改变。

2. 国家经济发展程度

国家经济发展程度对于体育管理体制有着深刻的影响。由于体育自身具有"非刚性需求"的特点，使它与社会经济发展水平和社会发展程度间呈现密切关联性。当社会经济发展程度较低、公众温饱问题尚未完全解决的时候，社会无力承担起支持与发展体育的责任、公众也没有强烈的体育消费需求。而随着经济社会的发展和体育市场的不断繁荣，体育必然成为人们社会生活中不可或缺的一部分，政府也必须面对由此产生的公共体育需求变化，从而调整和建立与之相适应的体育管理体制。

3. 民族文化与传统

作为一种社会文化现象体育，体育的发展目标与区域民族文化及传统密切相关，民族文化与传统总是经由历史积淀逐步发展形成的，它往往能够从精神文化，甚至哲学的层面影响着人与人之间、人与社会之间的关系。例如，以中国为代表的东方国家，延续九千年的封建君主制度给民族文化打上了深深的历史烙印，中央集权与大一统思想重集中、重权威的倾向，对我国政府体育管理体制的确定具有一定影响，受民族文化和传统的影响，大多数东方国家选择权力相对集中的体育管理模式。

4. 体育的性质与发展程度

体育自身的性质和发展程度对体育管理体制的影响是关键性的。体育是人类社会发展中，根据生产和生活的需要，遵循人体身心的发展规律，以身体练习为基本手段而进行的一种有目的、有意识、有组织的社会活动。对体育的概念、体育自身的性质的判断受到社会发展对体育认知和定位的影响，也受到体育自身发展水平的影响，而这一影响会最终反映到对体育管理体制的选择上。体育的发展需要承载哪些、承载多少社会发展赋予体育的使命，是将体育作为一项国家福利事业还是一项社会产业，国际奥林匹克运动将会选择怎样的发展道路，这些内、外部因素决定了体育发展的方向、体育需求的变化特征，进而决定了国家要采用怎样的管理模式，集中多少资源和权力以应对和满足与之相应的公共体育需求。

（四）政府体育管理体制改革

改革是解放和发展生产力的重要方式。体育领域的改革探索，能够为体育事业的发展提供新的动力、注入新的生机，未来也必将成为推进中国体育高质量发展、实现中国式体育现代化的必由之路。随着社会转型的加速，我国政府体育管理体制的改革将成为必然。

1. 政府体育管理体制改革的方向与目标

随着我国行政体制的进一步深化、政府职能的进一步转变和完善，以及社会总体结构的调整，国家、社会及市场在体育领域的责、权、利关系将进行进一步调整。政府体育管理体制改革将呈现更加适应社会主义市场经济体制、更加符合我国国情和现代体育运动发展规律，以更加积极、稳健的方式调试政府与各类社会体育组织的关系，实现政府主导、社会主办，政府宏观控制与社会自我协调有机结合，面向市场、服务需求，协同促进的改革目标。

2. 政府体育管理体制改革的原则

（1）方向性原则

体育管理体制改革是体育领域全面深化改革的重要组成部分，涉及体育工作的全局和方向，关系到体育事业发展的未来。中国 70 多年的实践表明，党的领导是我国体育事业发展的最根本经验，是做好各项体育工作的根本保证，只有紧紧依靠党的领导，走中国特色的发展道路，才能克服改革进程中的障碍，保证各项改革举措顺利实施。同时，要始终贯彻落实发展的理念，主动适应新时代社会主要矛盾变化，主动回应人民群众对全民健身、健康生活的内在需要。

（2）协同性原则

体育体制改革是一个复杂的创新性系统工程，许多问题涉及不同层面，具有跨界性、跨域性、复杂性的特点，需要多方协同。既要推动自上而下的顶层设计，又要激发自下而上的基层创新。要从国家强盛、民族振兴的高度统筹全局、布局战略、整体推进公共体育事业发展，谋划体制机制改革。在改革实施过程中，要协调好中央与地方各级体育行政机构在主导与协作间的事权关系，同时也要积极争取教育、文化旅游、卫生健康等相关组织和部门的大力支持，加强部门间规划与政策协同，加快对体育体制改革涉及的机构、人员、资产等问题配套政策的统筹，建立完善统筹决策、分工落实、督察督办、协同推进的工作机制，确保各项改革措施稳步推进。要重视目标协同，解决好目标一致性与利益多元性的矛盾，处理好国家利益和地方利益、全局利益和局部利益、当前利益和长远利益、社会共同利益和公民个人利益的关系。

（3）集约性原则

走出以"规模扩张"为主的外延型发展模式是我国公共体育事业改革发

展的必然要求。政府体育管理体制改革要探索适应社会经济发展水平、体育发展的内在规律和阶段性特征的集约化发展路径，走规模、结构、质量和效益有机统一的发展道路。要加强管理、强化协同，建立有效的激励约束机制。要增强科技对公共体育事业发展的推进作用，充分运用大数据、人工智能等新技术赋能公共体育，通过数字化、智能化最大限度地提升管理的精细化程度、精准化水平，实现节能减排、提质增效。

（4）渐进、可持续原则

政府体育管理体制的改革和完善既具有必要性和紧迫性，也具有长期性和渐进性。一蹴而就既不符合我国经济社会发展的特点，也不符合当前体育事业发展的实际。因此，完善政府管理体制必须是一个分阶段、有步骤、积极稳妥的推进过程。可持续发展强调发展的整体性、综合性和长期性，强调从战略的高度思考并规划公共体育事业，协调各方利益，追求有质量、有效益的改革与发展。

（5）依法管理原则

社会共同利益的实现与维护需要依赖健全的政策法规，以规范各类体育组织的行为、明确体育组织间的各种关系，维护公民参与体育的权利，促进公共体育事业健康、持续地发展。政府体育管理体制改革是关系到整个社会的全民性事业，需要在政府部门的统一领导与协调监督下进行。健全的体育法治体系是推动体育事业高质量发展的重要保障，是保证各级政府体育部门实施宏观调控、正确行使行政权力的基本手段。依法管理是各级体育主管部门履行政府管理体育事务的法定职责，推进依法治体、建设法治政府是实现体育强国建设的重要法治保障。

三、我国政府体育管理发展趋势

随着政府职能转变和"放管服"改革的推进，特别是体育强国建设的进一步深入，我国政府体育管理体制改革与发展呈现出新的趋势。

（一）简政放权成为政府体育管理体制改革的时代主题

随着政府体制改革的不断深入和体育事业、体育产业发展的不断加强，体育行政管理机构将逐步精简，体育事权划分将进一步明确，不仅将推动政府微观管理职能的逐步弱化，还将进一步明确中央与地方政府在处理公共体育事务中的事权关系。精简后的政府体育组织体系将逐步实现机构缩减、人员精减、精干高效的组织体系；管办分离、政事分开、协同有力的工作机制。中央政府的宏观调控职能将得以加强，与地方各级政府体育行政管理部门分层分工负责相关公共体育管理工作，政府体育行政组织在体育事业发展中仍将发挥积极作用。政府体育管理系统的主要职能定位在提供基础性的公共体育资源、产品服务及管理，如公共体育场馆及运行服务，体育科普与宣传、体育法规政策制定、监督检查协调企业等私人部门的公共体育服务供给，保护公众公共体育权益等。

（二）完善具有中国特色的政府体育管理

根据我国体育事业发展的实际，充分尊重社会体育组织的发展路径和现实特征，不断完善并构建符合中国式现代化发展的中国特色政府体育行政管理系统，不断优化政府与社会体育组织的管理权限划分，充分发挥政府机构、"半政府"的事业单位及体育社团等各类组织在政府体育行政管理体系中的优势和作用，明确职责划分和协作关系，使现有的中华全国体育总会、中国奥委会等专门体育组织承担更多公共体育管理职能，各单项协会通过实体化改革拥有更多的话语权，在经费、组织、活动等方面具有足够的独立空间，有更多的资源和能力参与公共体育服务。国家办与社会办相结合、举国体制与市场机制相结合的发展模式将进一步完善。

（三）体育事业民生功能进一步凸显，政府体育管理的公共性特征将进一步强化

目前，我国正处于社会发展的转型时期，体育已经逐步成为人们生活中不可或缺的一部分，成为了一种时尚。社交软件、朋友圈里"晒步数""晒健身"已经成为很多人生活的日常，公众公共体育服务的民生诉求越来越强烈。与旺盛的需求相比，公共体育服务供给尚显不足。《全民健身计划纲要》《全民健身条例》等群众体育发展纲领性文件的出台，使"全民健身"上升为国家战略。特别是习近平总书记在北京冬奥会、冬残奥会总结表彰大会上指出，要坚持以增强人民体质、提高全民族身体素质和生活质量为目标，高度重视并充分发挥体育在促进人的全面发展中的重要作用，这让作为民生的体育，更加成为政府关注的重要领域。为了应对公共体育服务供给均衡化不足，让公众真正享受到体育公共产品和服务的红利，政府的制度设计和落实必须更

加强化民生保障的公共性。在公共财政供给方面将更加注重采用政策倾斜的方式逐步缩小区域差距、城乡差距；在公共体育设施供给方面将更加注重公众的现实需求，更合理的规划布局建设多样化、基础性、生活化的大众体育设施，国家在推动全民健身事业中投入的经费和人员也将进一步增加，群体性、大众性活动将进一步调整充实，全民健身公共服务的供给也将进一步优化创新服务举措。体育作为一种被广泛关注的社会文化活动，在改善生存状态、提高生存质量、丰富文化生活，提高生活品质，促进社会和谐稳定方面的作用将会发挥的更加突出。

第三节
基本公共体育服务供给

一、基本公共体育服务的供给主体

（一）政府

1. 概述

基本公共服务水平是反映国家治理能力与社会和谐发展程度的重要标志，推动公共服务发展、健全完善公共服务体系、持续推进基本公共服务均等化是落实以人民为中心的发展思想、改善人民生活品质的重大举措，是促进社会公平正义、推动社会共同富裕、构建新发展格局的重要内容，对增强人民群众获得感、幸福感、安全感，促进人的全面发展和社会全面进步，发展中国式体育现代化都具有十分重要的意义。

国家发展改革委等部门联合印发的《"十四五"公共服务规划》指出，公共服务包括基本公共服务、普惠性非基本公共服务两大类。其中，基本公共服务是保障全体人民生存和发展基本需要、与经济社会发展水平相适应的公共服务，由政府承担保障供给数量和质量的主要责任，引导市场主体和公益性社会机构补充供给。非基本公共服务是为满足公民更高层次需求、保障社会整体福利水平所必需但市场自发供给不足的公共服务，政府通过支持公益性社会机构或市场主体，增加服务供给、提升服务质量，推动重点领域非基本公共服务普惠化发展，实现大多数公民以可承受价格付费享有。

从宏观政治学的视角来看，无论社会主义国家还是资本主义国家，政府都是一种以非营利为目的的行政组织，也是所有公共部门中的核心部门，是公共体育服务的"最大供给者"。政府提供的公共体育服务具有明显的整体性和普遍性，可以为全体公民所共享。政府是基本公共体育服务发展的引领者，公共体育服务发展所必需的制度环境和制度安排，必须通过政府来提供。政府一般是通过征税、财政拨款、体育彩票、政府购买、资源配给等手段或行政权力，落实公共体育服务供给在资金筹集、支付与分配、事权划分、契约关系等方面的制度安排，推动公共体育利益实现。当然也可以通过合同外包、特许经营、补助等制度安排吸引市场和社会其他主体加入公共体育服务供给中。尽管非营利组织、社区和公民个人都可以参与到提供公共体育产品和公共体育服务的过程中，但政府在基本公共体育服务供给中仍然占主导地位，各级地方政府也相应地承担着基本公共体育服务供给的兜底责任。

2. 政府供给内涵

基本公共体育服务政府供给是指突出政府在基本公共服务保障中具有绝对主体地位，以强制手段保障公众利益，从公共体育服务的安排、融资、生产到向社会提供服务均由政府统一安排管理的一种模式。政府既是公共体育服务的安排者又是生产者，基本公共体育服务政府供给的内涵包括：

（1）政府为单一供给主体。国家出台一系列的法律法规，增强了政府供给公共体育服务的权威性和强制性。政府以供定需，决定基本公共体育产品与服务供给的类型、数量和方式。

（2）供给行为完全由政府及其相关部门来实现，即政府及其部门参与从计划、资金投入到安排生产的全过程、全环节，政府参与供给基本公共体育服务存在三种形式：一是国有企业生产公共体育产品，如大型体育场馆建设、大型体育比赛（奥运会、亚运会等）承办、全民健身公共体育设施供给等；二是政府体育行政机构、体育事业单位生产公共体育产品，如体育相关法律法规制定、体质测试开展等。三是政府购买第三方供给的公共体育产品，主要包括政府购买服务和政府出资进行招投标，由私人部门或非营利部门生产。政府购买强调以出资方身份，从市场或社会购买优质的公共体育产品与服务提供给公众使用[①]。

---

① 刘次琴. 转型期我国公共体育服务供给主体多元发展研究 [D]. 长沙：湖南师范大学，2019：83-84.

（二）社会组织

1. 概述

社会组织也称为非营利组织，是不以营利为目的供给某种公共服务和从事公共性事业的组织，如体育慈善或体育志愿组织、社会体育团体、行业体育协会等。非营利组织所提供的通常是政府或营利组织不常做、做不好或不愿做的公共体育服务。体育基金会、慈善机构、志愿者组织等通过社会捐赠，集合人力资源（志愿者）、物力资源（体育器材）和财力资源（用于公共体育服务的慈善款）等，通过专项活动转换成公共体育产品和服务，将其供给到最需要的地方，从而减轻政府负担[①]。

2. 社会供给内涵

公共体育服务社会供给是以社会需求为导向，根据不同项目的性质和特点，鼓励大众和非营利组织兴办公益事业、参与社会服务，形成以第三部门组织为供给主体，提供公共体育产品和服务的模式。

（1）社会主体参与供给。在政府和社会的关系上，政府不再是唯一供给公共体育服务的主体，基本公共体育服务的提供主要由体育志愿组织、体育团体、行业体育协会等社会组织承担。

（2）社会供给以需求为导向，有一定范围。公共体育服务的社会组织供给制度，是以公众体育需求为出发点，自下而上、自发地实施公共体育服务供给。

政府向社会组织购买服务的范围和规模将逐步扩大，民生保障、社会治理、行业管理、公益慈善等领域的公共服务项目，同等条件下优先向社会组织购买。

（三）企业

1. 概述

企业是以营利为目的、追求自身利润最大化的市场主体，随着改革开放和社会经济的快速发展，公众对公共体育服务的需求与日俱增，急需能够适应人民群众需求增长和消费升级的主体，增加服务供给、做大服务品牌，能够优先发展和提供与公共体育服务密切配合、有序衔接的高品质多样化其他服务。政府供给有时存在效率不高、管理和服务水平有待增强等问题，实践中常表现为种种"政府失灵"。未来，企业等其他市场组织将进一步发挥其优势，

---

① 刘次琴. 转型期我国公共体育服务供给主体多元发展研究 [D]. 长沙：湖南师范大学，2019：94-96.

在生产公共体育产品和提供公共体育服务方面发挥越来越重要的作用，助推基本公共体育服务提档升级。

2. 市场供给内涵

20 世纪 70 年代以来，在不增加政府财政投入的情况之下，为提高公共体育服务的效率与质量、打破政府垄断，许多国家鼓励私人企业进入基本公共服务领域开展投资经营活动，通过引入市场竞争机制改善基本公共服务供给。

（1）政府仍是供给的责任主体。市场供给的具体运作方式主要包括政府采购、政府补助和公私合营联合供给等，其实质仍是政府主导，政府不仅要为市场的培育创造更好、更公平的条件和环境，还要更好回应和促进供需间的衔接。

（2）投资主体和生产主体的多元化以及主体间的合作关系。国家发展改革委出台的《"十四五"公共服务规划》指出，应完善相关政策，放开放宽准入限制，推进公平准入，鼓励社会力量通过公建民营、政府购买服务、政府和社会资本合作等方式参与公共服务供给。

二、基本公共体育服务供给方式

（一）政府供给方式

享有基本公共服务是公民的基本权利，保障人人享有基本公共服务是政府的重要职责。政府主要通过直接供应、财政支持、公共生产、政府购买和管制等方式提供基本公共体育产品和服务。

1. 直接供应

政府通过使用财政预算资金的方式安排或提供基本公共体育服务。直接生产或供应只涉及政府这一主体，不涉及非营利组织和其他社会组织。因此，只有当参与直接生产的政府人员对其服务对象具有强烈的公共责任时，这种安排才是有效的。大多数政府机构人员提供的基本服务行为是在政府预算中通过直接供应来实现的，如由政府体育部门提供的公共体育政策和公共体育信息，组织的国民体质测试、群众性体育赛事活动，以及提供的高水平竞技体育竞赛训练等。

2. 财政支持

政府对基本公共体育服务供给的财政支持包括补贴、补助、代用券等。

补贴和补助都是政府对参与基本公共服务的其他社会组织进行的财政支持安排，一般指政府通过财政资金支持或财政费用减免等政策对其他社会组织参与基本公共体育服务进行的成本补偿，以确保其向公众提供优质公共产品和服务的方式。公众可通过接受补贴或补助的社会体育组织获得更多的公共体育服务或公共体育产品。补贴包括对城市居民全民健身的补贴（含代用券，一种直接发给居民的消费券）、对农村、边远地区体育场地建设的补贴以及政府对一些社会体育组织的减税政策等。补助则包括政府向其他体育社会组织提供的直接拨款、免税、税收优惠、低息贷款、贷款担保等，其实质仍是一种财政资金支持。

3. 公共生产

公共生产一般是指政府通过国有企业、事业单位等组织提供公共产品或服务的方式。例如，体育公园、大型公共体育场馆的建设，公益性体育器材设备的生产，高水平竞技运动训练等，一般是由政府体育行政管理部门提出建设规划或购置意向，给出详细的方案和经费预算，经审批通过后，按照招投标方式寻找工程建设或产品提供的合作方，把体育场馆的建设（器材设备生产、运动员培育）让渡于有专业资质的大型企事业单位去完成，政府行政部门主要负责工程（产品、运动员）监督。

4. 政府购买

政府购买是指政府以满足基本公共体育服务供给要求为目的，通过竞争的方式，筛选资质合格、能力达标的非政府其他机构，并根据约定的付费标准，以政府直接支付、合同付款、补贴等形式，委托非政府机构经营，或出资购买非政府机构提供的服务或产品的公共服务供给方式。在这一过程中，政府的作用是多重的，政府不是产品和服务的直接消费者，而是购买方和评估者，既要对供给服务的质量和价格做出决策，又要对供给服务的效果给出结论，并建立反馈机制。政府与其他主体间的关系主要通过合同进行规定和调节。"政府购买、定项委托、合同管理、绩效评价"的规范化购买方式，弥补了由于不具备市场竞争特点，政府供给在效率和质量方面的不足。

5. 管制

管制是政府直接干预市场主体活动的一种行为方式。政府管制是指政府为了达到一定目的，凭借法定权利，向社会主体施加某种鼓励、限制和约束，如许可或禁止某种体育行为等的方式。管制既可以是对优质企业和其他参与者投资生产公共体育服务的鼓励，又可以是对私人企业或非营利组织非法进行公共体育服务或提供低品质公共体育服务产品和服务的禁止、限制或约束。政府可通过管制手段确保公民享有高品质基本公共体育产品和服务，该方式尤其关注产品质量、安全控制等方面。

（二）社会化供给方式

委托代理制是社会化供给的主要方式，在我国基本公共体育服务供给中具有重要地位。虽然提供公共体育服务满足公众需求是政府的重要职责，但在实践中，我国政府将许多基本公共体育服务的供给任务交由运动项目协会等社会组织来完成，由于我国运动项目协会的成立具有自上而下的半官方特点，长期以来政府为解决财政困难、职能冲突等问题，会将某些公共体育的供给职能以委托或授权的形式交给运动项目协会等相关的第三部门组织并签订协议或契约，由它们代理行使职能。同样，市场主体在公共体育服务的生产活动中，也会出于多种原因将一些与自身密切相关的公共事务委托给第三部门组织，由第三部门组织作为代理人提供所需要的公共体育服务。委托代理制的前提是公共体育服务的安排或提供与直接生产可以分离，政府决策执行能够分离。

（三）市场化供给方式

公共体育服务的市场供给方式包括：契约外包、特许经营、内部市场、使用者付费和补贴等。

1. 契约外包

契约外包是一种社会组织通过招投标方式获得政府让渡的合作权益，是一种参与公共体育服务供给的市场化方式，是一种建立在契约关系上的市场化供给模式，契约外包要求市场组织能够根据政府确定的体育产品标准，拟定的招标参数和标准组织生产，保证质量。政府是合作供给的出资方，有监督公共体育服务生产承包商按合同执行的权力。采用契约外包方式的公共体育服务项目一般具有运行周期长、业务相对稳定等特点，主要涉及体育场地设施管理、灯光系统日常维护、体育公园运营与维护等。市场竞争机制和成本效益理念的运用，使公共体育服务契约外包的成本得到有效控制。

2. 特许经营

特许经营是指在一定时间和范围内，以政府为主的公共部门将公共体育服务项目交由私人部门运营的委托经营供给方式。这是政府为了提供公共体育基础设施、公共体育相关服务与非公有实体之间所作的一种安排，可以通过吸纳更广泛的社会资本和管理经验弥补政府资源的不足，帮助政府发展公共体育基础设施、改进公共体育服务质量。采用特许经营方式的公共体育服务项目。一般具有基础性、公益性、共享性、规模化和长期性的特点，其最终产权归公共部门所有。公共体育场馆设施建设运营常采用特许经营的方式。常用的特许经营方式包括"租赁—更新—经营—转让"模式（LOOT 模式）、"购买—更新—经营—转让"模式（PUOT 模式）、"建设—租赁—经营—转让"模式（BLOT 模式）、"建设—拥有—经营—转让"模式（BOOT 模式）、"冠名开发"模式（SDD 模式）、"委托公共团体或民间组织经营"模式（TPO/TTS 模式）等[①]。

3. 内部市场

内部市场是公共体育服务供给过程中，运用市场化的资源配置与激励机制，对公共体育服务供给机构内部管理机制进行再造，以提升管理服务效能的一种方式。通过引入价格机制、竞争机制，把内部的业务关系由原来的单纯行政机制转变为平等的买卖关系、服务关系和契约合作关系，从而解决公共部门供给的低效率问题。运用内部市场方式，可通过竞争机制促使公共体育服务供给成本趋于合理化。

4. 使用者付费

使用者付费是指公众需要通过付费消费获得特定公共体育服务的方式，这一方式通过引入市场价格机制，按照"谁受益，谁付费"的原则，较好地平衡公共体育产品及服务在生产与消费间的资源配置。但由于基本公共服务的复杂性，特别是受到"免费消费""免费提供"的传统观念影响，使得基本公共体育服务收费困难。基本公共体育服务的免费供给不仅增加了政府财政负担，还会带来供给不公平和低效率的问题。使用者付费往往能够真实地表达公众需求，有着"更公平、更高效"的特点，同时还能够刺激私营部门参与供给。

5. 补贴

公共体育服务市场化供给的补贴主要来自政府财政资金，一般可分为补助和凭单（消费券、代用券）两种方式。面向公共体育服务供给的市场组织，通过政府在公共项目上给予的免税、资金拨付、其他税收优惠等形式的补贴，降低了符合资格的消费者对特定产品的购买价格，使公众受益。例如，政府对私人体育场馆进行补贴，要求其免费或低收费向群众开放等。凭单（消费券、代用券）是政府部门对个体发放的消费优惠券，是一种被社会组织接受并能够兑换相应公共体育产品或服务的单据。

---

① 郇昌店. 我国公共体育服务供给市场化运作方式研究 [D]. 天津：天津体育学院，2008：45-51.

三、基本公共体育服务供给的内容

（一）公共体育场地设施服务

2022 年全国体育场地统计调查数据

公共体育场地设施是保障公共体育事业发展的基础性条件和关键要素，也是基本公共体育服务的重要内容。各级政府在公共体育场地设施的经费预算与投入、建设标准、规划建设与管理、服务标准和内容、服务网络等方面的举措，以及体育锻炼条件是否便利、体育场地设施服务是否贴心、能否满足需求等，直接影响公众参与体育的积极性。目前，我国基础性公共体育场地设施主要包括公共体育场馆、全民健身中心、体育公园，以及各种设立于企事业单位、社区的公益性体育场地设施。2022 年全国体育场地统计调查数据显示，全国各类体育场地达 422.68 万个，体育场地面积 37.02 亿平方米，人均体育场地面积 2.62 平方米。从体育场地数量上来看，全国篮球场数量最多，达到 110.28 万个，健身步道长度累计 12.78 万千米。2023 年全国体育场地设施数量快速增加，人均体育场地面积达到 3 平方米，健身步道长度累计 40.76 万千米。

高品质健身为幸福生活加分——场馆服务高品质低免开放成常态

（二）公共体育教育指导与培训服务

高品质健身为幸福生活加分——健身场地高品质　从有没有到优不优

以身体锻炼为基础的核心特征，决定了技能学习与提升是体育的重要内容，也奠定了体育教育指导与培训服务在公共体育事业发展中的重要地位。公共体育教育指导与培训服务是体育社会组织提供公共体育服务的重要方式和主要内容，包括面向公众的科学健身指导服务、体育技能指导与培训服务及公众体育科普服务，面向广大青少年学生群体的体育教育指导服务等。主要由各类体育组织通过健身指导、体育培训、学校体育教育活动、大众科普讲座等方式提供。统筹运用好体育领域各类专门人才，是做好体育教育指导培训工作的关键。加强培养，充分发挥好体育领域科普专家、体育教师、专业运动员，社会体育指导员、健身指导等各种职业指导人员的力量，以及各种公益性社会体育骨干的力量，是确保高质量公共体育指导服务的重要基础。据国家体育总局发布的数据显示，随着全民健身工程的推进，截至 2024 年，我国社会体育指导员人数超过 320 万。与此同时，大众健身需求增长迅速，除广场舞、太极拳等中老年人喜爱的健身活动，篮球、游泳、滑雪、滑冰等青少年喜爱的项目，更多多样化、个性化的健身需求需要专业的社会体育指

数说全民健身

高品质健身为幸福生活加分——健身指导高品质科学健身更安心

导员进行指导和服务。近年来，我国政府加大了对全民健身及全民健康问题的重视和经费投入，社会体育指导力量逐年增强，但面对"井喷式"的需求增长，仍需通过社会其他方式及市场渠道解决大众体育健身指导问题。

（三）公共体育组织及公共体育活动服务

公共体育组织是开展各项公共体育工作的组织保障，也是我国基本公共体育服务供给的重要主体。缺乏体育组织的公共体育活动缺少"凝聚力"和可持续发展力，以公共体育组织为载体组织开展的各类群众性体育活动能够吸引更多群众参与全民健身，引领健身休闲和健康生活新模式，在落实全民健身战略、推动我国公共体育事业发展中发挥了良好的宣传、引导和带动作用。经过多年的发展，我国最大的社会体育组织——中华全国体育总会在全国县级及以上地区的覆盖率超过70%，组织开展了大量群众喜闻乐见的全民健身赛事活动。仅2017年"全民健身日"前后全国举办的相关活动就接近3 300场次，参与人数逾9 000万人。体育活动是基本公共体育服务的核心，体育活动开展的数量、质量是影响公民体质健康的重要客观因素，参与者的满意度是评价基本公共体育服务的重要指标。近年来，群众喜欢的"新年登高""行走大运河""国球进公园、国球进社区""村超""村BA"等体育赛事和活动，丰富了老百姓的生活，实现了较好的公众体育参与。

高品质健身为幸福生活加分——社会组织高品质跳出小圈子融入大社会

高品质健身为幸福生活加分——赛事活动高品质健身聚会两不误

（四）国民体质监测服务

国民体质是国家和社会发展的重要基础。国民体质监测服务是依据《全民健身条例》，由县级以上政府体育主管部门组织，向我国公民提供的免费体质监测服务。也是国家为系统掌握国民体质状况，通过国民体质监测系统和监测站点，以抽样调查的方式，在全国范围内对监测对象进行的统一测试和数据分析工作。国民体质监测服务是广大居民基本公共体育服务需求的重要组成部分，开展稳定、长期的体质监测，实现对公民体质健康的全程追踪和干预服务常态化，是保障公民基本公共体育权力的要求。

自2000年以来，我国每5年组织一次全国性的国民体质监测，目前已经完成5次。《国民体质监测公报》通过分析我国国民体质状况和体育锻炼状况，反映我国国民体质基本情况和变化规律，指出提高国民体质的对策和适合国民的运动处方，为国家科学制定发展群众体育事业、增强国民体质的相关政策提供了重要依据。国民体质监测结果已经成为制定和评估全民健身计划及其实施效果、评价健康中国建设成效的重要指标和数据来源，也是评价

第五次国民体质监测公报

基本公共体育服务效果的重要内容。

（五）高水平体育赛事服务

这些独家"福利"，是十四运会留给陕西群众的礼物

基本公共体育服务提供的高水平体育赛事服务，其核心内容是具有观赏性、承载大量文化和精神价值的信息，其消费的非竞争性和非排他性决定了公共体育服务领域高水平体育赛事服务的公共产品性质。消费高水平体育赛事服务的过程，是通过体育赛事及其文化对公众精神状态和生活方式产生影响，实现和满足公众社会心理及精神文化需求的过程。同时，作为一种影响社会精神价值和居民生活方式的社会性体育活动，高水平体育赛事已经成为政府构建和传承文化的一种重要手段和方式。例如，全国运动会（以下简称全运会）是政府提供给公众的一项重要公共体育服务，中央政府是公共体育服务的安排者，举办地政府是体育服务的生产者，全运会通过财政拨款对体育服务进行购买，观赏赛事是服务消费的主要方式。而体育赛事观赏性信息的承载物或表达方式，则是具有一定私人产品特征的准公共产品或非公共产品，即体育赛事核心产品的衍生产品，如赛事纪念品、电视转播权等大多属于私人产品[1][2]。

四、基本公共体育服务供给存在的主要问题

（一）政府供给方式存在的主要问题

1. 供给总体水平偏低

随着我国经济的飞速发展和社会的不断进步，人民生活水平显著提高，生活方式和消费观念正逐渐发生变化，人们在提升生活质量、改善生活方式方面的需求正逐步成为基本的社会公共需求，人们对体育的需求越来越迫切，质量要求越来越高。但受到当前部分地区地方政府财政能力的限制，我国公

---

① 李南筑，黄海燕，曲怡，等. 论体育赛事的公共产品性质 [J]. 上海体育学院学报，2006，30（4）：10-17，22.
② 邱婷，柳鸣毅，姜韩. 大型体育赛事与城市文化传承的关系研究 [J]. 广州体育学院学报，2016，36（3）：39-44.

共体育服务政府供给的总体水平偏低。主要表现为政府提供的基本公共体育服务在质量和数量上均无法完全满足人们对体育服务的现实需求，如社会体育指导员数量不足、城市社区和农村体育场地设施数量不足、群众身边的体育活动与竞赛组织不能完全满足群众需要、公共体育信息供给渠道不畅等问题。

2. 供给存在区域间不平衡

我国部分地区存在基本公共体育服务供给的区域间不平衡问题。由于受到地方政府财政能力和治理能力的制约，我国基本公共体育服务供给呈现城乡间不平衡、部分区域间不平衡等状况，特别是中西部地区部分农村公共体育服务供给不足，有些地区甚至存在供给缺失，群众享受体育锻炼的需求未能得到充分满足。但部分城市公共体育服务供给存在一定过剩，尤其是大型体育场馆，出现部分大型体育场馆供给过剩、供给结构不合理、使用率低等问题。

3. 供给效率不高

长期以来，由于多种原因导致我国公共体育服务的供给呈现较为明显的自然垄断特征，公共体育场馆、重大体育赛事等公共体育资源大多由政府投资建设。政府及其体育行政部门作为各类公共体育产品和服务的主要投资主体，掌握着公共体育资源供给的主动权。由于缺乏必要的市场竞争和有效的激励约束，这些公共体育部门极易存在越来越缺乏活力，运转成本大、效率不高，产品服务供给不足，服务意识差，缺乏必要监督等问题[①]。

4. 存在"政府失灵"现象

目前，我国以政府为核心主体的公共体育管理模式主要采用自上而下的单中心决策机制，多数地区公众体育需求表达机制不够健全，对政府公共体育管理决策的影响及作用不够显著。有时会出现政府关于公共体育服务供给种类、数量及方式等方面的决策与投入，无法较好地实现供需一致，可能导致既无法实现供给效率的最优，又未能满足社会公共体育需求的问题。

（二）社会化供给方式存在的主要问题

1. 独立性不足，自身造血能力不强

我国的体育社会组织主要包括体育事业单位、体育社会团体和民办非企业性质的体育经营单位。其中，体育事业单位和体育社会团体在体育社会组织中占比较大。多数体育社会组织从其产生之初就具有自上而下形成、带有

---

① 刘次琴. 转型期我国公共体育服务供给主体多元发展研究 [D]. 长沙：湖南师范大学，2019：74-77.

官方或半官方性质的特点，大多"归口"或"挂靠"于特定的政府行政部门进行管理。政府拨款和行业经费支持是我国体育社会组织主要的资金来源，政府成员兼任或任命的组织领导人数量远大于组织自身产生的领导人。大多数体育社会组织自主决策、自主运行、自主发展、自我管理的独立性尚显不足，缺乏独立参与基本公共体育服务供给的能力。

2. 优秀人才缺乏，引培体制机制不健全

我国体育社会组织的发展受到发展历史、发展环境及组织定位等因素的限制，具有组织资源有限的特点。面对急剧增长和日趋多样化的基本公共体育服务需求，存在较大的人才缺口。但限于体制机制不完善、培养模式创新不足、经费渠道相对单一、政策支持不到位，以及志愿服务机制不健全等原因，我国体育社会组织尚未建立起成熟的优秀人才引培体系和机制。优秀人才缺乏的短板已经成为制约组织发展、影响其参与基本公共体育服务供给及产品服务质量的重要方面。

3. 制度保障不完善，监管不规范

基本公共体育服务的社会化供给依赖于完善的体育社会组织体系和与之相配套的制度体系。目前，我国出台了包括《中华人民共和国体育法》《全民健身计划（2021—2025 年）》《公共体育文化设施条例》《公共体育场馆基本公共服务规范》等在内的一系列涉及基本公共体育服务的法律法规、政策制度规范，一定程度上改善了制度保障不完善的问题，但仍存在政策制度有缺项、体系不完善、权威性不足等问题。同时，由于管理上的条块分割与冲突，导致政府或行业组织对体育社会组织的管理监督存在较严重的不规范现象，多头管理、越级管理，有时也会出现管理的"真空"地带。这些监管的不规范，或加重体育社会组织负担，使他们疲于应付各种检查、评比活动；或指导支持不足，虽对组织发展有一定规范和制约作用，但从落实情况来看尚未很好保障和促进社会组织参与基本公共体育服务供给的能动性。从社会组织内部管理来看，也存在自身制度不健全、落实不到位，自我约束不足等问题。

（三）市场化供给方式存在的主要问题

1. 供给主体的逐利性影响供给环境

追求经济利润是市场化供给方式的驱动力和本能。以效率与利润为导向，寻求利益最大化，将资本和精力投入回报率高的体育服务项目；为降低经营成本，在公共体育服务供给中不择手段、不按合约执行；偷工减料、以次充好，不合格的体育场地设施、器材设备，导致安全隐患或事故的出现，都在一定程度上对公共体育服务供给环境产生负面影响。对服务供给的公平性、普惠性缺乏足够的重视，也会致使企业较少关注微利的公共体育服务项目，导致部分公益性项目市场供给不足。企业行为对市场化供给方式的竞争环境有较为重要的影响，而我国目前公共体育服务市场化供给的相关法制尚不够健全，竞争行为的规范性、公平性及市场环境的有序性都有待进一步加强。

2. 长效治理机制不足影响市场秩序

基本公共体育服务的"井喷式"增长会引发市场的迅速扩张，但市场长效治理机制的建立需要有完善的规范性政策制度体系。基本公共体育服务的市场化供给涉及众多行业领域、政府部门，行业间、政府机构间多重条块分割的状况加剧了市场治理的难度。多头管理、治理主体不明确，成为基本公共体育服务市场管理和建设的难点；分块管理、缺少连接机制，造成市场发展需要的统一性制度和政策体系难以形成。目前，在行业准入、标准化管理、市场监管等方面仍存在一系列问题，基本公共体育服务供给市场秩序规范和引导的长效治理机制还需要进一步完善。

3. 权力寻租或垄断经营影响供给效果

市场化供给方式必然带来更多的公私合作，缺乏有力的监督则有可能导致暗箱操作情况的出现，会增加政府官员腐败的机会，影响市场的公平竞争。企业等私人部门为了获取更有利的市场回报或竞争地位，可能通过一些不正当手段与政府官员达成协议，从而取得服务的经营权；或者采用联盟或其他垄断经营的方式，以抬高公共体育服务供给整体价格等方式，最终影响公共体育服务的市场供给效果。

五、我国基本公共体育服务供给的提升策略与发展趋势

（一）我国基本公共体育服务供给的提升策略

1. 增强和优化政府公共服务职能，明晰权责

基本公共体育服务属于国家事权，是政府利用公共资源满足公民基本体育需要、保障广大公民基本体育权利的服务过程。政府在整个服务供给过程中的地位十分重要，政府是否具有服务意识、是否履行服务职能和履行怎样的服务职能直接反映基本公共体育服务的供给能力和均等化供给的效果。"服务型政府"是我国行政体制改革的主要目标，"服务型政府"建设要求政府在履职中遵循"有所为，有所不为"的基本准则，将政府的公共服务职能置于突出地位，把优化政府职能、完善公共服务作为政府的重要工作来落实。在

"服务型政府"理念的指引下，科学划定各级政府的权力边界，依据边界合理确定事权，着力破解职能缺位、错位和越位的问题。凡属于下一级政府应当承担的公共服务事项一律交由下一级政府负责，并授予相应的权力，避免"放事不放权"和"一放了之"的现象发生，确保权力放得下、接得住、用得好。中央政府应完善基本公共体育服务标准体系建设，加大对跨区域、跨领域、跨部门重大事项的协调力度，研究推动重点任务、重大改革、重大项目等，着力解决堵点、难点问题。地方政府要加强组织领导，细化落实举措，做好重大项目衔接统筹，确保重要任务和政策举措落实到位，实现公共体育服务能力和水平稳步提升。同时，还要进一步规范政府的监督问责机制，加强内、外部监督评价，从而提高政府基本公共服务的供给效率，提升政府基本公共服务的供给效能。

2. 建立完善的供给制度，确保公平公正

供给制度的完善与否直接影响基本公共服务的供给数量、质量和效率，也是促进基本公共服务均等化的制度保障。基本公共服务供给制度中存在的不公平现象实际上是一种制度歧视。因此，完善现有的基本公共服务供给制度，是改善基本公共服务供给、促进基本公共服务均等化的重要工作。我国基本公共体育服务供给制度是在政府主导下，由社会各部门、各类组织统筹约定规则依据，以便协同提供基本公共体育服务、保障基本公共体育服务供给行为可按一定方向、稳定而持续发生的政策规定。建立公平、公正的基本公共体育服务供给制度是保障和维护所有社会成员享有政府提供基本公共体育服务的基本权利，完善社会力量支持发展基本公共体育服务的重要制度基础。政府在基本公共体育服务供给中扮演着重要角色，主要负责合理界定基本公共体育服务范围，科学认定基本公共体育服务标准，全面构建包括基本公共体育服务的规范、标准、条例、办法、指南等在内的供给制度体系，为社会成员享有基本公共体育服务创造条件和机会。例如，在《国家体育锻炼标准》和《国民体质测定标准》的基础之上制定具体的"基本体育锻炼和体质测定服务规范"，修订《社会体育指导员管理办法》，完善《全民健身指南》等。多年来，我国已经制定了一系列关于公共体育服务供给的政策和制度，但由于政府在治理过程中存在本位主义和集权理念，致使基本公共体育服务供给实践仍存在诸多问题，需要进一步转变治理理念，加快行政体制改革。例如，建立政府主导、社会参与的双向互动的决策制度、政府回应制度，以参与的方式寻求政策共识，提高决策的民主性和科学性。创新转移支付制度，加大中央和省级财政对基层提供基本公共体育服务的财政支持力度，完善财政、融资和土地等配套优惠政策。健全基本公共体育服务的法制体系，加强监督与评估，实现基本公共体育服务供给的制度化，政策制定的民主化，以及制度的公平化。

3. 推动公共体育服务资源投入的公平，实现均衡发展

随着经济和社会的长足发展，公共服务需求与供给不匹配、供给总量不足质量低下、城乡不均衡、结构不均衡等问题日益突出，基本公共体育服务呈现出重竞技轻群体、重"硬件"轻"软件"，重看得见的器材设施轻体育指导与组织服务，偏向城市漠视农村的倾向，导致了群众体育总经费不足、人均体育经费捉襟见肘，有限的公共体育资源主要投入在城市，农村体育公共服务经费大多靠体育扶贫等制度外渠道资金供给，器材设施配置不合理、短缺与闲置并存。为有效解决这些问题，推动基本公共体育服务更好地发展，要进一步加大公共体育服务资源投入向基础薄弱区域和群众身边倾斜，与常住人口总量、结构、流动趋势相衔接。完善农村公共体育服务网络，逐步实现城乡服务内容和标准统一衔接。因地制宜、因时制宜，加强论证，科学决策，选择与当地群众生活习惯、文化传统、体育需求相适应的基本公共体育设施建设投资，减少不必要的公共资源投入，最大限度地避免地方政府因为"考核指标""任期政绩"修建"面子工程""形象工程"，造成公共体育资源浪费。鼓励有条件的城市群和都市圈编制统一的全民健身规划，促进区域内健身步道、沿河步道、城市绿道互联互通，健身设施共建共享。

4. 加强分工与协作，构建多元主体协同共建

基本公共体育服务与教育、文化、卫生、财政等领域都有密不可分的关系，各领域间的充分合作是实现共赢的重要基础。不仅要明确中央和各级地方政府的事权范围，还要明晰各部门与各级地方政府的责任分工，更要强化政府部门间、政府部门与其他社会组织及个人间的融合协作机制。在伙伴关系基础上，通过构建多元主体协同共建，推动基本公共服务供给模式优化升级。通过发挥政府、市场、社会以及公民的作用，实现多元主体之间的优势互补和协同共建。多元主体协同供给并不是简单机械地多方供给，而是基于一定合作机制和合理分工的协同模式。最终形成政府主导、社会力量积极参与的发展格局，有效整合并充分利用不同主体掌握的资源，优化资源配置效果。多元主体协同不仅能够避免政府单一主体模式造成的基本公共服务资源浪费、高成本、低效率等弊端，还能够充分利用各种资源，提供多样化的服务，更有效地满足公众的需求。

（二）我国基本公共体育服务供给的发展趋势

近年来，我国基本公共体育服务在体系化、制度化、均等化、标准化方面取得了不少进展，但基本公共体育服务发展不充分和供给不均衡等问题仍然存在。党的二十大擘画了以中国式现代化全面推进中华民族伟大复兴的宏伟蓝图，与全体人民共同富裕的中国式现代化要求相适应，必须深入推进更

具人民性，更加标准化、数智化、信息化、多元协同的基本公共体育服务体系现代化，并最终实现以中国式体育现代化为基础的体育强国建设。

（1）构建和完善以人民为中心的基本公共体育服务治理机制，是高质量发展和中国式现代化建设的必然要求。基本公共体育服务供给与人民群众需求更趋匹配，公众获得感、幸福感、安全感才能更强。中国式现代化是全体人民共同富裕的现代化，满足人民群众基本需要的公共服务是实现全体人民共同富裕的基础性条件。我国始终把公共服务作为推动共同富裕的重要途径，但既有模式较难满足共同富裕对基本公共体育服务体系建设的需要。党的二十大提出"增强均衡性和可及性"的重要论断，为实现更高质量的共同富裕、推进我国新时代基本公共服务体系现代化发展指明了方向。

（2）建设"服务型政府"将推动和加速基本公共体育服务标准化建设。基本公共体育服务标准化是建立服务型政府的有效路径，是实现基本公共体育服务均等发展的可行选择，是提升政府职能效率的有效措施，是监督政府职能履行的重要抓手。通过标准的制定、发布与实施，对基本公共体育服务供给中具有重复性特征的工作进行规范，如对与体育场地、体育活动、体育组织、体育信息、体育指导、体育监测有关的工作方法、工作程序、技术参数等标准进行规制，可以有效提升政府基本公共体育服务工作效率和效益。建立政府主导、市场协同的公共体育服务标准化管理规制体系和规制过程，开展基本公共体育服务标准化试点示范，促进公共体育服务资源配置的规范、公平、协调、有序，助推[1][2]。

（3）数字技术的普及、智能化手段的应用是推动和保障基本公共体育服务治理现代化的现实推动力。加快基本公共体育服务的数智化建设，实施精准化、智慧化治理，是提升基本公共服务供给便捷性、可及性、有序性的迫切要求。加快构建数字政府，加大政府部门数字化、智能化投入力度与使用深度，充分运用数字化手段梳理业务流程、构建智慧健身、资源配送等智能化服务平台，集成运动需求、场馆服务、指导培训、时空信息等数据资源，贯通业务数据系统，实现公共体育服务的数据整合。加强智慧治理技术的创新应用，通过数字化手段，做到基本公共服务供需关系的精准识别、动态调整。通过智能化方式，实现社会组织便捷参与的公共体育服务协同决策。数智技术还可以通过提高公共服务供需匹配的精度、降低交易成本、重构公共服务资源、拓展服务内容和方式等来提高公共服务水平和效率。数智技术是新时代公共体育服务治理现代化的重要战略引擎，是驱动公共体育服务创新的强大动能与效率化工具。以数智技术推动的基本公共体育服务均等化，将

---

① 王学斌，郑家琨. 基本公共体育服务标准化建设：内容、困境与策略［J］. 体育科学，2015，35（9）：11-23.

② 张大超，邓峰：中国式现代化进程中基本公共体育服务标准化：内在逻辑、现实困境与实践方略［J］. 成都体育学院学报，2023，49（6）：21-29.

有力推进公共体育服务高质量发展。

（4）信息技术支撑下的公共体育服务网络平台建设是实现基本公共体育服务治理效能提升的重要方式。以计算机和互联网为代表的信息技术在政府部门的广泛应用，使体育治理模式发生了重要变化，有效推进了政府体育行政部门内部各职能、功能与社会的广泛对接，有效推动了引导社会多元主体参与公共体育服务、共同解决公共体育事务格局的形成。政府与社会组织间构建起以体育行政部门及相关机构为核心，以社会多元参与者为节点的网络化治理体系，将政府体育行政机关，健身俱乐部、体育场馆、健身教练，甚至运动爱好者等多元社会主体及社会环境链接在一起，围绕共同的治理目标，利用虚拟开放的网络空间，通过信息创建与反馈、政策制定与议政参与、数据联通与业务统筹等多种方式实现多元协同的互动共治。

思考与探索

1. 何为公共体育管理，公共体育管理的目标及特征是什么？
2. 公共体育管理与政府体育管理有何区别与联系？
3. 公共体育管理主要涉及哪些领域，包括哪些内容？
4. 不同类型的政府体育管理体制有何特点，适用范围和优缺点有哪些？
5. 政府体育管理体制改革应该遵循哪些基本原则？
6. 我国基本公共体育服务三种不同的供给方式有何区别？
7. 联系实际谈谈基本公共体育服务供给的内容主要包括哪些方面。
8. 联系实际谈谈我国基本公共体育服务的提升策略。
9. 试论新时代我国基本公共体育服务的发展趋势。

推荐阅读文献

1. 张成福，党秀云. 公共管理学 ［M］. 3 版. 北京：中国人民大学出版社，2020.

2. ［澳］欧文·E. 休斯. 公共管理导论 ［M］. 张成福，杨崇祺，赵弘毅，等，译. 5 版. 北京：中国人民大学出版社，2023.

3. 汪玉凯. 公共管理 ［M］. 北京：中共中央党校出版社，2003.

4. 闵健，李万来，刘青. 公共体育管理概论 ［M］. 北京：北京体育大学出版社，2005.

5. 张瑞林. 体育管理学 ［M］. 3 版. 北京：高等教育出版社，2015.

6. 李燕领. 中国体育公共服务多元供给主体协同创新研究 ［M］. 北京：经济科学出版社，2020.

7. 沈克印. 政府购买公共体育服务的理论与实践 ［M］. 武汉：华中科技大学出版社，2021.

第六章参考文献

8. 陈林会，刘青. 我国体育管理学科发展：历史回顾与未来策略［J］. 体育与科学，2021，42（3）：1-6，15.

9. 阮氏春芳. 21 世纪初越南大众体育管理体制研究［D］. 北京：北京体育大学，2012.

10. 叶林，陈昀轩，樊玉瑶. 中国体育管理体制改革的困境与出路——基于足球改革的调查［J］. 中国行政管理，2019（9）：50-55.

第七章

社会体育管理

————

本章导语

治国有常，利民为本。社会体育作为体育的主体组成部分，它的发展规模与发展水平，反映了体育的总体发展规模和发展水平。近年来，我国社会体育稳步发展，经常参加体育锻炼的人越来越多，体育场馆建设取得长足进步，老年人体育、妇女体育、儿童青少年体育蓬勃发展，社区体育、职工体育、农民体育全面推进，适应市场经济的社会体育管理模式和运行机制逐步形成。为落实全民健身国家战略，推进"健康中国"和"体育强国"建设，不断提高广大人民群众参与体育活动的积极性，有效发挥社会体育在促进社会文明进步和提高人民身体健康素养方面的作用，必须加强社会体育管理工作。本章从社会体育管理的概念与基本特征出发，对我国社会体育管理的目标与任务、方法与原则、基本要素与管理体制以及城市体育管理和农村体育管理的基本内容、组织管理体系、工作方式等进行分析与阐述。

学习重点和难点

学习重点：社会体育管理的概念特征、目标与任务、方法与原则和基本要素，城市社区体育管理和农村体育管理的内容。

学习难点：社会体育管理的基本要素和主要内容，城市社区体育管理和农村体育管理的不同之处。

第一节
社会体育管理概述

中华人民共和国成立之初，党和政府就十分重视开展全民性体育活动，国家制定和实施了一系列发展社会体育的政策与措施，在各级政府和各级组织中建立了体育领导机构，以确保社会体育的健康发展。改革开放以来，社会体育进入了一个新的发展阶段。1995年，国务院颁布了《全民健身计划纲要》。经过多年的发展，我国社会体育发展成效显著，人们的体育参与意识日益增强，参与人口不断提高，参与方式与活动内容丰富多彩，各种类型的社会体育组织日益发展壮大，形成了以社区体育、农村体育为重点的社会体育发展新格局，这也使得社会体育管理成为社会体育发展的关键环节。基于此，本节主要对社会体育管理的概念与特征、目标与任务、方法与原则、基本要素及管理体制进行梳理分析。

一、社会体育的概念与特征

（一）社会体育的概念

1995年10月1日起施行的《中华人民共和国体育法》（以下简称《体育法》），将我国体育从总体上划分为社会体育、学校体育和竞技体育。社会体育是指职工、农民和街道居民自愿参加的，以身体运动为基本手段，以增进身心健康为主要目的的体育活动。社会体育作为我国体育事业的一个组成部分，与学校体育、竞技体育既有联系，又有区别。它们都以身体运动为基本手段，但由于追求的目标各不相同，所以在内容、方法、效果及评价方法等诸多方面也有区别。

与社会体育相关的概念包括"群众体育""大众体育""全民健身"等，在英文中对应的称谓有"sports for all"或"mass sports"。社会体育是以全社会参与为特征，以丰富人们的生活，提高适应社会的能力，保持与增进健康为目的，以从幼儿到老年人为对象，以家庭、单位和社区等为活动空间，以各种练习形式为活动内容开展的组织灵活、形式多样的体育活动。它内容广泛、形式多样，由普通民众自愿参加，以强身、健体、娱乐、休闲、社交为目的，一般不追求达到高水平的运动成绩。社会体育包括社区体育、单位体育、农村体育、家庭体育等。

社会体育基本规定包括：第一，社会体育是面向社会全体成员，不分性别、不分年龄、不分职业；第二，社会体育是在余暇时间进行的，它不是一种工作，也不是一种规定性的体育，它是在余暇时间自愿进行的一种体育活动；第三，社会体育与学校体育、竞技体育、军队体育有明显差异。

（二）社会体育的特征

1. 价值取向与目标的多样性

由于社会体育面向社会全体成员，每个参加者的价值观念和参加的目的各不相同，如有的人参加体育运动的目的是健身，有的人则是健美、消遣、娱乐、交友、康复等。不同人群参加体育活动的目的各不相同，如离退休人员，他们参加体育活动的主要目的是消遣娱乐、丰富生活；而管理层、知识分子，他们参加体育活动的重要目的是调整情绪、宣泄压力等。在开展、组织社会体育活动的时候，必须充分地认识到不同阶层对于社会体育活动的选择差异。

2. 空间的广延性和参加者的广泛性

社会体育涉及社会诸多领域。一是空间上的广延性，从企业到社区，从社区到家庭，从机关到企业，从企业到厂矿，从厂矿到农村，几乎全国所有区域都涵盖到。二是参加者的广泛性，包括不同的职业、不同的年龄、不同的性别、不同的健康水平、不同的兴趣爱好等。

3. 内容和形式的多样性

由于社会体育参加的人群不一样，活动场所不一样，目标不一样，社会体育的内容、形式比学校体育、竞技体育更丰富，更具多样性。社会体育既可以是现代体育的竞技体育项目，如篮球、排球、足球、网球等，也可以是民族民间传统体育项目，如武术、太极等。社会体育既有一些比较复杂的运动动作或运动项目，如体操动作，它是相当复杂的，学习它需要相当长一段时间。另外，社会体育包括一些非常简单易行的，几乎不需要过多学习就可以掌握的运动项目，如登山、游泳、路跑、散步等。社会体育的形式也是多样的，它既可以是团体性、具有较高竞争性的运动项目或运动形式，又可以是竞技性较弱的健身锻炼的娱乐项目或游戏。

4. 组织的灵活性与多样性

第一，社会体育的组织管理既可以由政府职能部门进行，又可以由群众体育社团来组织。我国除国家体育总局，各省、市、县体育局对社会体育进行组织管理以外，还有大量的群众社团或体育协会对社会体育进行组织管理。第二，社会体育的组织既可以是比较严密有社会体育组织网络的社会体育指导中心或指导站，也可以是一些比较自发的、分散的体育锻炼组织。第三，目前，我国的社会体育组织指导者中既有大量义务型、事业型的组织和指导人员，也有一些营业型的社会体育的经营者。各种各样的健美、健身中心在全国各地的迅速崛起，说明现在社会体育的组织呈现多元化的发展趋势。

二、社会体育管理的概念特征

（一）社会体育管理的概念

社会体育是指社会体育组织中的管理者通过一定的方式整合资源，以实现社会体育发展目标所进行的计划、组织、领导、控制和创新的综合活动过程。这一概念包括以下三层涵义：首先，社会体育管理的"载体"是"组织"，组织是完成管理活动的有力工具，是管理活动的实体。其次，任何社会活动目标均须通过一定方式来实现。社会体育管理中的方式不仅包括计划、组织、控制等属于管理职能的内容，还包括各种行政的、经济的、法律的及宣传的方法手段。最后，资源是管理的对象，是管理实践得以运行的基础。社会体育发展所需要的资源包括人力、财力、物力、时间、空间、信息等类型。

（二）社会体育管理的特征

1. 管理目标的多样性

社会体育管理主体的多元性以及活动形式和内容的多样性，客观上决定了社会体育管理目标的多样性。一般而言，社会体育工作目标包括提高国民体质及健康水平，发展体育人口和扩大体育比赛参与率，筹措社会体育经费，创建社会体育活动场地设施，培训社会体育干部、社会体育指导员以及骨干力量，组建社会体育组织，开展各种类型的社会体育活动等。因此，各级各类社会体育组织的管理目标也应遵从以上工作目标来确定。

2. 管理边界的模糊性

社会体育活动过程涉及多个部门、多种组织、多个行动主体的合作与配合。社会体育管理者需要协调各级各类组织之间、不同行动主体之间的目标与行动。在实践中，社会体育组织经常与文化、教育、旅游、公安等组织发生联系，与这些社会系统的管理活动交叉在一起，难以划清它们的组织边界。

3. 管理系统的复杂性

由于社会体育是一项涉及全社会的事业，在社会体育管理系统中，既有专门、正式的政府体育部门，又有非正式的社会体育组织；既有各行业单位的体育机构，又有分散在社会各界的社会体育指导员。同时，参与者的地域分布、职业性质、社会地位、活动目的等差异较大，进一步增加了社会体育管理的复杂性。

4. 管理主体的多元化

随着我国体育体制改革的不断深化，体育行政职能不断规范化，长期以来政府包办社会体育发展的基本格局被打破，社会力量以多种形式进入体育领域，这决定了我国社会体育管理主体呈现多元化特征。同时，社会体育的管理资源大多来源于社会，受到多种社会因素的影响，这也进一步增强了社会体育管理主体的多元属性。

5. 管理体制呈社会化趋势

社会体育管理体制是在各级政府管理下，以社会体育组织为主体，广泛依托社会开展管理工作。社会体育管理体制的社会化趋势要求管理者必须从实际出发，采取灵活的管理形式，以分散管理为主，更多地调动民间社团的管理职能。

三、社会体育管理的目标与任务

（一）社会体育管理的目标

在我国社会体育管理实践中，管理目标的多样性与管理主体的多元性构成了我国社会体育管理活动的基本特征。从社会体育发展规律和社会体育管理的内涵看，社会体育管理目标的内容大致可以归纳为：

（1）增进全体社会成员的身心健康，增强体质，满足人民通过健身活动追求美好生活的需要，提高经常参加体育锻炼人数的比例。

（2）动员社会力量增加社会体育的经费投入。

（3）加强社会体育组织机构规范化、制度化、法治化建设，在城乡规划和建设过程中规定新建居民社区的体育场地面积和体育设施的数量，鼓励社会和学校的体育场地设施在条件允许的情况下免费向公众开放。

（4）壮大社会体育指导员队伍，增强社会体育服务功能。

（5）定期开展国民体质监测和全民健身活动状况调查，提高全民族身体素质。

（二）社会体育管理的任务

1. 不断壮大体育参与人群，扩大体育活动覆盖面

党的二十大报告指出，人民健康是民族昌盛和国家强盛的重要标志。提高国民体质与健康水平，最直接、最基本的途径是扩大社会体育参与活动，让更多的人参与到全民健身活动中去。落实到社会体育管理工作中则需要广泛开展形式多样、健康文明的社会体育活动，动员更多的人参与社会体育活动，一是要使正在参与的人坚持下去，二是要使中断参与的人重新参与，三是使尚未参与的人尽快参与。

2. 改善健身活动环境，营造健身活动场景

为了使更多的人参与体育健身活动，不仅需要营造一定的舆论氛围，还需要提供一定的物质保障条件。要通过各种宣传活动，使全民健身成为社会的普遍共识；要为人们参与健身活动创造更好的条件，不断建设和完善体育场地设施、体育组织、社会体育指导员队伍和法规制度等；要基于现代通信科技，开发各类运动软件、开展基于互联网的线上线下活动，为人们参与社会体育活动提供更多的渠道选择。

3. 落实"健康中国"战略，增进社会成员身心健康

社会体育将参与者作为主体，充分满足他们促进身心健康发展和休闲娱乐的需要。社会体育工作应当在开展群众性体育活动中引导和坚持全民健身与全民健康相融合，推进"健康中国"建设。

4. 继承民族民间传统体育，传播中华优秀传统文化

中华体育在其历史发展进程中创造了灿烂的体育文化，当今的社会体育工作，一方面要继承我国优秀的民族民间传统体育，另一方面要学习和借鉴外国的体育文化、知识和技术，在实践中创造具有中国特色的体育知识和技术，在新的基础上延续中华体育文明，弘扬中华优秀传统文化。

5. 推进社会体育管理体制改革，提高全民健身公共体育服务质量

社会体育必须服务于我国经济社会发展的需要，以增强和改善全体人民

健康体质为目标。因此，必须建立起与社会主义市场经济体制相适应的社会体育管理体制与运行机制，进一步规范和明确各级各类政府的权力与责任，发挥政府部门领导、协调、监督和服务的作用。完善管理制度与管理方法，逐步形成政府管宏观、社会具体办、国家与社会共同兴办的社会体育发展模式，推动我国社会体育政府管理体制向综合治理型体制转变，不断扩大和提高公共产品和服务的范围与质量。

四、社会体育管理的方法与原则

（一）社会体育管理的方法

1. 社会体育管理的法律方法

社会体育管理的法律方法是指利用各种法规、法令等，规范和协调社会体育活动中各种关系的方法，让社会体育做到"有法可依"。我国现行的社会体育管理相关法律法规、部门规章、权威文件包括《中华人民共和国体育法》《"健康中国2030"规划纲要》《全民健身计划纲要》《社会体育指导员技术等级制度》《国民体质测定标准施行办法》《国家体育锻炼标准》等。除此之外，我国社会体育法规制度体系还包括：社会体育组织制度、城乡体育工作制度、社会体育活动与竞赛制度、社会体育物质保障制度、社会体育市场管理制度等。随着体育事业及其法制建设的进一步发展，我国的社会体育法规制度将越来越健全和完善。

2. 社会体育管理的经济方法

采用经济方法进行社会体育管理时，可以采用投资、价格调整、税收引导、赞助、资金、招标、罚款等经济手段。经济方法具有间接性、平等性、公开性、多样性等特点，可以间接调动组织和个人的积极性、主动性和创造性，促进社会体育的发展。但是，由于经济方法运用经济杠杆，强调经济利益，因而不可避免地带有一定的局限性。采用经济方法进行社会体育管理时，要注意不能脱离主要管理目标，注意经济方法运用的范围和限度。单纯地使用可能会造成在管理工作中"以经济为中心"，忽视人的尊严与权利，从而使组织成员归属感丧失，凝聚力涣散。在管理活动中，除经济方法外，还要运用思想教育方法、行政方法、法律方法等，如价格要有价格法的支持，税收要有税法的支持。

3. 社会体育管理的计划方法

计划是管理者为具体实现已制定的决策，对整体目标进行分解、计算并筹划一定时空内目标实现所需要的人力、财力、物力，拟定实施目标的步骤、方法，制定相应的政策、策略等一系列管理活动的过程。社会体育管理的计划方法是在体育指导、经营或行政上为了达到其目的而进行的合理性活动安排。社会体育管理的计划主要包括三方面的内容：一是要达到的目标、组织的战略和各层次的具体计划。二是计划为社会体育管理活动指明方向，使各项工作紧紧围绕组织目标。三是社会体育管理计划的制定应遵循客观规律、国家政策、本地区及本单位的实际、其他国家或地区的经验等。

4. 社会体育管理的行政方法

行政方法是指依靠行政组织的权威，运用行政手段，按照行政系统的规范进行管理的方法。行政方法特别强调职责、职权和职位。行政方法是现代管理活动中最基本、最常用的方法，表现为命令、指令、指示、规定、决议、决定、通知、通告等形式。行政方法具有权威性、强制性、垂直性、具体性、无偿性特点，行政方法自上而下发挥作用，管理者针对某一特定情况作出意义明确、内容具体的决定后传达给下级执行，下级对上级的决定必须服从。

5. 社会体育的社团管理方法

社会团体是社会赖以运行的基本结构要素，它的内涵具有广义和狭义之分。广义上的社会团体，泛指一切通过持续的社会互动或社会关系结合起来进行共同行动，有着共同利益的人类集合体；狭义上的社会团体指由持续的、直接的交往联系起来的具有共同利益的人群。体育社团是以体育运动为目的或活动内容的社会团体，具有民间性、非营利性和互益性。体育社团在社会体育管理中具有增加体育人口、缓解经费不足、解决场地设施、促进体育协调发展等作用。近年来，我国体育社团数量显著增加、规模不断壮大、类型结构不断优化，取得了一定的发展，但也存在整体数量不足、缺乏独立性、自身管理不规范等问题，需要通过进一步简政放权、加强法制建设、加强人才培养等来促进体育社团的发展和规范体育社团的管理。

6. 社会体育的标准化管理方法

标准化管理是指以制定和贯彻标准为主要内容的有组织的活动过程。社会体育标准化管理是指在管理过程中通过制定一定的标准，按这个标准进行管理社会体育的活动过程。标准按其性质可以分为技术标准、生产组织标准、经济管理标准和服务标准，如《体育场所开放条件与技术要求》规定了体育服务产品所有生产要素要达到的保护人的生命和财产安全的基本条件和基本技术要求，即职业技能、管理、体育设施、卫生、环保、安全等基本技术参数和系数。又如，《体育场所等级的划分》规范了体育场所服务质量，以此保护消费者权益，维护体育市场秩序。社会体育标准化管理要满足三个条件，一是社会体育要适合进行标准化管理，二是有一定的标准进行管理，三是这个标准能得到正确的贯彻执行。

（二）社会体育管理的原则

1. 指导性原则

指导性原则包括两层含义，一是指国家体育总局和各省、自治区、直辖市体育行政部门代表国家对各行业、各部门、各群众组织的体育健身活动工作，实施领导、指导、协调和监督的一种职能，由于社会体育管理系统的复杂性特征，指导性原则在发挥体育行政部门功能时具有重要地位。二是由于社会体育涉及面很广，不同地区、行业和单位，其地理环境、经济物质条件、科学文化水平等都不尽相同。社会体育参与者对体育的需求程度、价值取向等，因年龄、职业、受教育程度和性别的不同亦有很大差别。加之人们余暇时间不一，生活方式各异。因此，开展社会体育的形式、内容和方法都不宜用简单的下达行政命令的方式，而应以指导性原则为主。

2. 宣传教育性原则

人们进行社会体育活动主要是利用业余时间，活动动机也主要是满足自我需求，因此，必须通过有效的宣传教育，帮助人们树立正确的体育价值观、健康观，加深对体育的认识和理解，启发他们锻炼的自觉性，激发他们产生参加体育活动的内在需求和主动行为，身心愉快地参加社会体育活动。

3. 法治性原则

社会体育活动参加者职业各异、需求不同、年龄跨度较大，对这样一个复杂的锻炼人群进行管理，仅靠一些组织机构内部的管理和约束是难以完全达到规范、协调、指导其参与体育活动的，必须依靠法律手段。一方面，要建立健全整个社会体育工作的有关法规体系，保障社会体育健康、快速的发展；另一方面，在社会体育组织内部也要建章立制，以维护组织活动的良好秩序和组织成员的合法权益。

4. 创建性原则

社会体育工作重在创建，创建满足人们不同层次体育需求的条件是社会体育持续发展的重要保障。各级政府及社会各界一方面要通过法律法规、政策、制度等来规范和引导社会体育的发展；同时还要在人力、财力、物力等方面对社会体育给予积极的扶持，为社会成员参加体育锻炼，从事健身活动提供物质、资金、场地等多方面的支持，确保人民群众真正享有参加体育活动的权利。

5. 协作性原则

社会体育是一项全面性的事业，各级管理部门需求密切配合、加强协作。这就要求有关社会体育管理部门做好纵向管理和横向管理的有机协作，推动各部门合力办体育，使各部门把体育协会成立起来，把部门办体育落到实处。

五、社会体育管理的基本要素

社会体育管理的基本要素包括人力、财力、物力、时间、空间、信息、组织等，这些要素互相作用，共同构成了社会体育管理的完整体系。人的要素是社会体育最核心的要素，没有人的参与，社会体育就无法存在和发展。组织要素是社会体育管理工作开展的基本保障，社会体育工作的开展必须依赖于各级各类体育社会组织，社会体育管理的重要工作之一就是扶持建立各种社会性体育组织。空间要素是社会体育活动得以进行的基础条件，包括体育场馆、场地设施、体育公园等。从社会体育的参与实践情况看，参与者、体育社会组织、场地设施是社会体育管理要素中最受关注的三方面。

（一）社会体育的参与者

社会体育的参与者几乎包括所有群体。截至 2023 年底，我国经常参加体育锻炼人数的比例达到 37.2%，比 2014 年提高了 3.3 个百分点。预计到 2030 年和 2035 年经常参加体育锻炼人数的比例将分别达到 40% 及以上和 45% 及以上。随着我国社会结构的变化，老年人、妇女是我国社会体育参与者中的主要群体。儿童体育多以娱乐为主，青少年群体受学业压力等影响其社会体育参与主要在周末或者假期，并随着年级的增加参与度有所下滑。社会体育参与者也会受到地域、文化、经济等因素的影响，存在社会分层与社会流动现象，使得各类社会体育参与群体的实际情况也有动态与静态的差异，参与群体的规模数量及参与质量也表现出层次性。本节主要介绍中老年人体育群体、儿童青少年体育群体、妇女体育群体。

1. 中老年人体育群体

中老年人体育群体主要指已退休和部分未退休人员，整体上看男女参与比例相对均衡，但从参与项目和区域参与情况来看，仍存在许多性别失衡和年龄分布失衡现象。据统计，2022 年我国 50 岁以上中老年人约 5.12 亿人，占 2022 年全国总人口数的比例约 36.81%，且 50 岁以上中老年人可分为 10 个年龄段[①]，具体情况如表 7-1 所示，这也是我国中老年人体育群体的主要来源。

---

① 国家统计局. 2020 中国统计摘要 [M]. 北京：中国统计出版社，2020：37.

表 7-1　2022 年我国 50 岁以上中老年人各年龄段人数占比情况

年龄 / 岁	男性 / 万人	女性 / 万人	总人数 / 亿人	占全国总人数比例 /%
50~54	6 297	6 184	1.24	8.84
55~59	5 760	5 732	1.14	8.14
60~64	3 501	3 530	0.70	4.98
65~69	3 840	3 967	0.78	5.54
70~74	2 767	2 979	0.57	4.07
75~79	1 652	1 849	0.35	2.49
80~84	988	1 200	0.21	1.55
85~89	508	720	0.12	0.87
90~94	155	254	0.04	0.30
94 以上	28	56	0.008	0.06

注：具体人数是在中国统计年鉴 2023 年统计人数比例和 2022 年全国人口普查数据的基础上预估得出。

从表 7-1 可以看出，中老年人中参与体育的主要群体处在 50~69 岁年龄段，其次是 70~84 岁年龄段，85 岁及以上老年人占全国总人口数的比例为 1.23%，是中老年人中参与体育的非主流群体。中老年人体育参与的影响因素主要与人均可支配收入、体育运动场地设施、社会体育指导等存在较大关系，参与动机主要是强健体魄、增进身心健康、进行娱乐社交等。为此，今后我国应通过优化场地设施布局、推进群众体育"六个身边"工程和广泛开展切实可行的多元化赛事活动等，巩固与发展我国中老年人体育运动，壮大中老年人体育群体。

2. 儿童青少年体育群体

儿童青少年体育群体主要指从小学到大学的学生群体。儿童青少年是国家的未来，他们的成长关系到国家发展和民族的兴衰，体育对于促进儿童青少年健康成长、完善儿童青少年教育体系、丰富他们的文化生活具有重要作用。据统计，2022 年我国 5 岁以上儿童青少年人数约为 3.29 亿，占 2022 年全国总人口数的比例约为 22.26%，具体包括 4 个年龄段[1]，如表 7-2 所示，这也是我国儿童青少年体育群体的主要来源。

---

[1]　国家统计局. 2020 中国统计摘要 [M]. 北京：中国统计出版社，2020：37,674.

表 7-2　2022 年我国 5 岁以上儿童及青少年各年龄段人数占比情况

年龄 / 岁	男性 / 万人	女性 / 万人	总人数 / 亿人	占全国总人数比例 / %
5~9	4 687	4 179	0.89	6.29
10~14	4 800	4 179	0.90	6.36
15~19	4 179	3 600	0.78	5.51
20~24	3 826	3 374	0.72	5.10

注：通常 7~22 岁为小学到大学的正常年龄段，但受统计数据限制，本表年龄划分仅供参考，具体人数是在中国统计年鉴 2023 年统计人数比例和 2022 年全国人口普查数据的基础上预估得出。

从表 7-2 可以看出，我国儿童青少年群体中的 5~9 岁、10~14 岁和 15~19 岁、20~24 岁年龄段的人数占全国总人口数的比例依次为 6.29%、6.36%、5.51% 和 5.10%。根据儿童青少年体育参与的影响因素，可以发现，5~9 岁和 10~14 岁年龄段儿童青少年相较于 15~19 岁年龄段青少年的学业压力较轻，业余时间参与体育锻炼的兴趣和时间较为充足，成为体育培训等行业服务的主要对象。

20~24 岁青少年群体主要为在校大学生，该类群体主要参与固定的体育与健康课程和自主性的体育兴趣锻炼活动，也是我国经常参加体育锻炼人群的主要组成部分。目前，在校大学生参与体育锻炼的动机存在被动性特征，部分群体仅仅为了完成体育课而进行体育锻炼，参与体育锻炼的主动意识不强，参与锻炼的方法不够科学。为此，我国应在在校大学生体育与健康课程开展、体育教师教学素养提升和学生终身体育意识培养等方面下功夫。党的二十大报告指出，广泛开展全民健身活动，加强青少年体育工作。今后，我国应从国家政策、家庭氛围与市场开发等方面对儿童青少年体育工作进行顶层设计，促进儿童青少年形成正确的体育价值观，养成终身体育的运动习惯，不断推动儿童青少年在体育运动中享受乐趣、增强体质、健全人格、锤炼意志。

3. 妇女体育群体

由于承担社会和家庭的双重角色，妇女经常参加体育锻炼的人数比例低于男性。随着经济社会的发展，妇女体育组织和体育活动显著增加，妇女对健美身材的追求也促使她们积极参加体育锻炼。近年来，闲暇时间的增多为妇女参与体育提供了机会，她们可进行各类主动和被动的体育锻炼活动。此类群体参与体育的影响因素主要有余暇时间、经济收入、体育意识以及体育活动指导是否灵活机动等。今后，我国应依托单位和社区体育场地，为妇女群体开发专门的体育锻炼课程，促进妇女体育的持续发展。

（二）体育社会组织

1. 体育社会组织的概念及作用

社会组织作为社会转型期推动各项事业发展和协调的中坚力量，在政府和群众之间起着桥梁和纽带的关键性作用。依据"民间组织分类标准及指标解释"，体育社会组织属于社会事业大类的体育门类。刘国永、裴立新（2016）从社会组织的本质属性即非政府性与非营利性角度，提出体育社会组织是指人们自愿组成，为实现特定的体育服务目的或共同的体育意愿，按照其章程从事各种体育运动和健身活动的非营利性、民间性社会组织，包括体育社会团体、体育类民办非企业单位、体育基金会以及未登记的体育社会组织（亦称草根体育组织）[①]。体育社会组织是独立于政府部门之外以实现社会公众利益为宗旨的、依法建立或自发形成的非营利性社会体育团体组织，主要包括在体育部门、民政部门依法注册的体育社团、体育类民办非企业单位（社会服务机构）、体育基金会等体育非营利性组织，以及在民间基层自发形成、不被现行法规条例正式认可，但是在一定程度上具有非政府性、非营利性的民间体育项目、体育人群、健身团队等体育团体组织[②]，如图7-1所示。

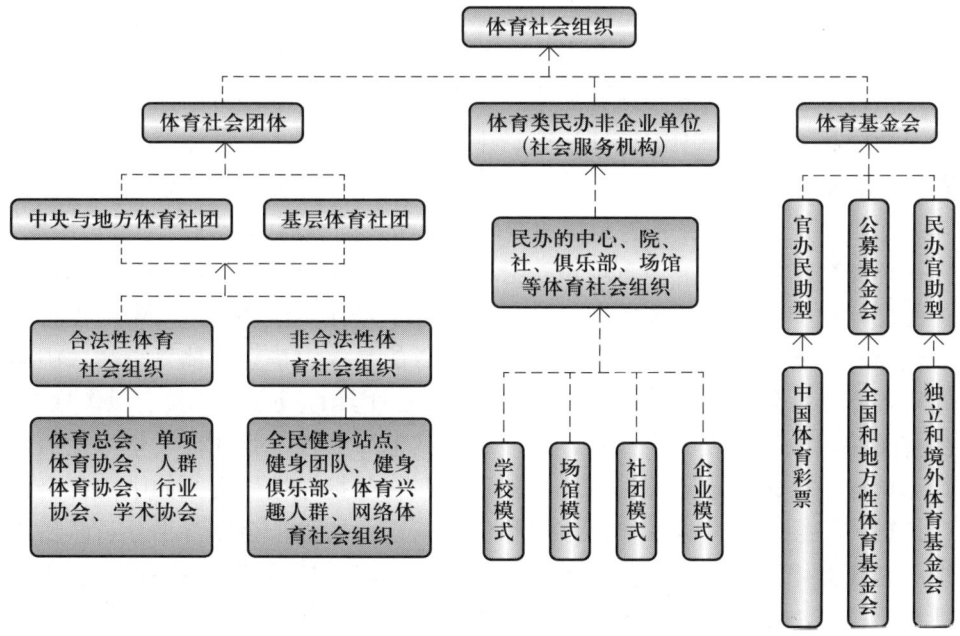

图 7-1　体育社会组织分类

---

①　刘国永，裴立新. 中国体育社会组织发展报告（2016）[M]. 北京：社会科学文献出版社，2016：5.

②　杨文刚，薛林峰，杜熙茹. 社会体育组织供给体育公共服务模式研究 [J]. 广州体育学院学报，2019，39（2）：25-29，34.

体育社会组织的发展状况是衡量一国体育发展水平和区域体育文化培育程度的重要标志，更是推动体育管理体制改革、加快公共体育服务创新、满足群众多样化体育需求和繁荣体育文化交流的催化剂。另外，体育社会组织在政治、经济、社会、文化与外交等方面也发挥着重要作用。政治方面，体育社会组织对于承接政府职能、加快体育政策制定和落实、维护社会稳定具有重要作用；经济方面，体育社会组织有助于促进体育消费，推动体育产业发展；社会方面，体育社会组织有利于吸纳社会体育就业、营造健康生活环境、促进公共体育服务均等化等；文化方面，体育社会组织对于宣传体育文化、弘扬中华体育精神、增强中华体育传播力和影响力具有重要作用；外交方面，对于建设体育强国、提高中国体育话语权，传播与交流体育文化、讲好中国体育故事，展现可信、可爱、可敬的中国形象有很好的推动作用。

2. 体育社团

体育社团是体育社会组织的重要组成部分。从组织功能和性质来看，体育社团是指公民自愿组成，为实现共同的体育意愿，按照其章程开展相关体育活动的非营利性社会组织。体育社团在实现群众的体育愿景、保障体育权益、组织开展各类竞赛活动、普及推广各类体育运动、提高运动技能和专业化服务水平等方面发挥重要作用。按照服务对象和范围划分，体育社团包括体育总会、单项体育协会、人群体育协会、行业体育协会、学术体育协会、基层体育社会组织和民间体育组织等。体育总会包括中华全国体育总会和各地方体育总会，如江苏省体育总会、山东省体育总会等；单项体育协会指各类运动项目协会，如中国篮球协会、中国足球协会等；人群体育协会指不同人群组成不同区域的体育协会，如中国老年人体育协会、中国聋人体育协会等；行业体育协会指服务于全行业共同事务和共同利益的非政府的会员组织，包括有体育产业协会、体育场馆协会、体育记者协会等；学术体育协会指为了促进行业和协会的整体发展而形成的一种学术性交流协会，如中国体育科学学会及其下设的各类体育分会。需要注意的是，中华全国体育总会、中国老年人体育协会、中国体育科学学会等体育社团具有成立时间长、运作规范、社会影响较大等特点，其在实际发展中对其他专业性、行业性、学术性协会具有指导、引领、示范等作用。另外还存在一些指导性协会，如中国社会体育指导员协会，是依据法律、法规和协会章程，加强社会体育指导员队伍建设，为社会体育指导员提供服务，反映社会体育指导员需求，维护社会体育指导员权益，承担体育主管部门委托的社会体育指导员管理工作的组织，包括公益性和职业性社会体育指导员协会。

3. 体育类民办非企业单位（社会服务机构）

体育类民办非企业单位（社会服务机构）是指企业、事业单位、社会团体、其他社会力量和公民个人利用非国有资产举办的，不以营利为目的，以开展体育活动为主要内容的民办的中心、院、社、俱乐部、场馆等社会组织[1]。体育行政部门是体育类民办非企业单位的业务主管单位，体育类民办非企业单位（社会服务机构）是目前我国体育领域中唯一的法定社会组织。国务院体育行政部门负责指导全国体育类民办非企业单位（社会服务机构）的登记审查工作，并负责在民政部登记的体育类民办非企业单位（社会服务机构）的登记审查工作。县级以上地方各级人民政府体育行政部门负责本辖区内体育类民办非企业单位（社会服务机构）的设立审查工作。体育类民办非企业单位的类别具有多种形式，从功能角度，可分为综合类体育民办非企业单位如学校、体育运动学校等，单项类体育民办非企业单位（社会服务机构）如体教联办的体育传统项目或体育特色学校；从服务对象角度，可分为面向特定群体和面向非特定群体的体育类民办非企业单位（社会服务机构），面向非特定群体的民办非企业单位（社会服务机构）如各类公共体育场馆及社会体育指导中心等；从运作主体分类，可分为单位运作类和委托运作类。不论从何种角度分类，体育类民办非企业单位（社会服务机构）主要有学校模式、体育场馆模式、体育社团模式和企业模式。

4. 体育基金会

依据《基金会管理条例》，可将体育基金会定义为利用自然人、法人或者其他组织捐赠的财产，以从事体育公益与体育慈善事业为目的的非营利性机构。体育基金会是以促进体育事业发展为宗旨，主要借助体育界的力量筹集善款和开展公益事业。大致可以分为三种类型：一是官办民助型基金会。主要指官方背景下面向公众募捐的公募体育基金会，如中国体育彩票。二是公募基金会。主要包括全国性和地方性公募基金会。三是民办官助型基金会。主要指不得面向公众募捐的非公募体育基金会，也可理解为独立基金会或境外体育基金会。体育基金会通过发挥其在募集资金、吸纳资源方面的独特优势，在减轻政府财政负担、完善公共体育服务、传播体育公益理念、形成体育公益文化等方面具有重要作用，如在竞技体育方面，对现役运动员、教练员及训练队设立奖励基金与补助，对现役运动员保障体系进行补充以及通过各类基金项目对具有发展潜质的青少年运动员进行培育；在群众体育和学校体育方面，对于青少年体育事业、老年人体育事业、各类社会体育活动和赛事开展进行资助；在体育产业方面，对体育场地设施建设、体育学术研究、体育消费等进行资助。此外，体育基金会还具有组织性、非政府性、公益性、非营利性以及基金信托性等特点[2]。

5. 基层体育社会组织

基层体育社会组织是体育社会组织的重要组成部分，在推动基层体育发

① 资料来源：中华全国体育总会. 体育类民办非企业单位登记审查与管理暂行办法.
② 刘国永，裴立新. 中国体育社会组织发展报告（2016）[M]. 北京：社会科学文献出版社，2016：144.

展、打造基层体育文化、满足基层群众日益增长的体育需求等方面发挥重要作用。基层体育社会组织是全民健身组织网络的重要组成部分，具体指以强身健体、愉悦身心为主要目的，以健身爱好者和中老年人为主要参与人群，体育活动内容和形式贴近人民群众生活，群众自发形成的体育活动团体，包括已在民政部门登记注册的正式体育社会组织和未登记注册的非正式体育社会组织。市级以下的基层体育社会组织（县、乡、镇、社区、村）具体包括基层体育文化组织、健身活动站点（城市文体中心、乡镇文化站等），这里面既包括了体育社团中的各类合法性的地方体育协会和体育类民办非企业单位，又包括非合法性的各类地方性民间体育组织。

6. 民间体育组织

民间体育组织也称"草根体育社会组织"。韩松（2010）指出，草根体育组织是指基于人们的共同兴趣、利益与情感因素，在体育实践的基础上，不受外界"建制"部门影响和制约的情况下自主发起、自我管理的非正式的、结构简单的，利用公共场所自愿开展与大众体育相关活动，并以健身、娱乐、交际为目的，不以营利为目的的体育活动组织。张伟（2017）指出，草根体育社会组织是以服务社区居民的体育需求为主，是参与基层治理最紧密的群众组织[1]。未登记的体育社会组织是指那些不具备法人条件，未在民政部门进行登记，为了满足健身者共同体育需求自愿发起成立的体育组织，是组织成员形成一定的关系结构和共同规范的自治集体或群体，包括全民健身站点、健身团队、基层体育协会、健身俱乐部等[2]。其中，最活跃的是自发性体育组织，而自发性健身活动站点是"大众自发形成、自愿参加、自我组织和管理，定时开展健身活动的互益性非营利社会组织"，是尚未登记注册的体育社会组织[3]。随着互联网时代的到来和数字技术的兴起，民间体育社会组织有了新的发展，网络体育社会组织成为民间体育组织的一部分。网络体育社会组织是人们通过互联网突破地域和现实人际关系等因素的限制，基于共同的体育兴趣与爱好，建立组织成员共同认可的组织目标和行为规范，进行"线上"交流、"线下"体育活动的非营利性组织；组织性质上，网络体育社会组织是草根体育组织的一种，属于互益性体育组织[4]。

---

① 张伟. 我国体育社会组织治理结构分析 [J]. 体育学刊，2017，24（4）：22-30.

② 刘国永，裴立新. 中国体育社会组织发展报告（2016）[M]. 北京：社会科学文献出版社，2016：144.

③ 黄亚玲，郭静. 基层体育社会组织——自发性健身活动站点的发展 [J]. 北京体育大学学报，2014，37（9）：10-16，49.

④ 黄亚玲，邵焱颁. 网络体育组织发展：虚拟与现实的挑战 [J]. 北京体育大学学报，2015，38（11）：1-6.

（三）社会体育的场地设施

1. 社会体育场地设施的概念

社会体育场地设施是开展社会体育活动的基础条件，是指为满足人民群众多元化的社会体育需求，通过开展丰富多样的社会体育活动，由不同主体所建设运营的场地设施的集合。从机构划分看，社会体育场地设施主要包括公共体育场馆、学校、机关和企事业单位所属的体育场地设施、社会健身休闲场地等，据2022年数据统计，我国体育场地面积机构分布情况如图7-2所示。按类型划分看，可分为规模型、项目型和等级型体育场地设施。本教材主要从类型分类角度对社会体育场地设施进行具体分析。

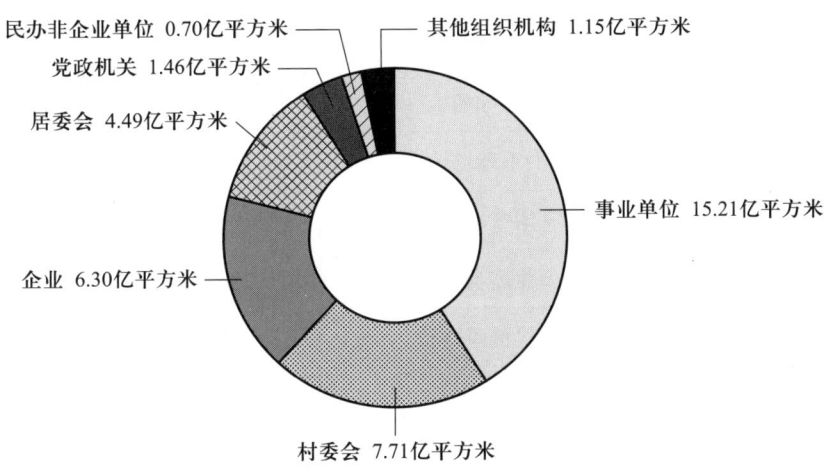

图 7-2　体育场地面积机构分布情况

数据来源：2022 年全国体育场地统计调查数据

2. 体育场地设施

（1）规模型体育场地设施

规模型体育场地设施一般是综合性的，指根据场地设施占地面积、可容纳人数、场地标准等硬性指标服务于不同用途的一类场馆设施，一般需要花费数额较大的资金和较好管理运营模式。具体可分为：小型体育场地设施（20 万平方米以下，如南京五台山体育中心）；中型体育场地设施（20 万～60 万平方米，如南宁体育中心）；大型体育场地设施（60 万～200 万平方米，如南京奥林匹克体育中心）；特大型体育场地设施（200 万平方米以上，如北京奥林匹克公园）。

（2）项目型体育场地设施

近年来，结合时代发展的新要求，我国项目型体育场地设施的发展逐步得到完善与优化。据 2022 年全国体育场地统计数据，现阶段我国项目型体育场馆设施主要可分为基础、球类、冰雪和全民健身 4 个项目，共计 12 个类别，分别为田径、游泳、足球、篮球、排球、乒乓球、羽毛球、滑雪、滑冰、全民健身路径、健身房、健身步道，具体如表 7-3 所示。

表 7-3　2022 年全国体育场地主要数据表

项目类型	项目名称	数量
基础大项	田径场地	19.74 万个
	游泳场地	3.60 万个
球类项目	足球场地	13.59 万个
	篮球场地	110.28 万个
	排球场地	10.12 万个
	乒乓球场地	93.53 万个
	羽毛球场地	24.61 万个
冰雪项目	滑雪场地	876 个
	滑冰场地	1 576 个
全民健身项目	全民健身路径	98.02 万个
	健身房	14.29 万个
	健身步道	12.78 万个 /31.42 万千米

3. 体育公园

体育公园是指有较完备的体育运动及健身设施，供各类比赛、训练及市民日常休闲健身之用的专门公园。体育公园是融合多种体育活动的生态绿地，强调活动多样、内容丰富，以维护居民身心健康，使人与自然之间的关系更趋和谐。2021 年 10 月，国家发展改革委等部门印发的《关于推进体育公园建设的指导意见》中明确，到 2025 年，全国新建或改扩建 1 000 个左右体育公园，逐步形成覆盖面广、类型多样、特色鲜明、普惠性强的体育公园体系。体育公园成为全民健身的全新载体、绿地系统的有机部分、改善人民生活品质的有效途径、提升城市品位的重要标志。2022 年 3 月，中共中央办公厅、国务院办公厅印发的《关于构建更高水平的全民健身公共服务体系的意见》中指出，推进体育公园建设，推动体育公园向公众免费开放。在现有郊野公园、城市公园中因地制宜配建一定比例的健身设施。

六、社会体育管理体制

（一）社会体育管理体制的概念

社会体育管理体制是指社会体育管理在机构设置、权限划分以及各种制度的总称。它包括三个组成部分：一是体育的组织机构，即各级体育行政机构设置、体育社会组织的建立；二是各级体育行政机构、体育社会组织的职责、权限、利益的划分；三是由体育行政机构和体育社会组织颁布的各项体育管理制度。社会体育管理体制是指社会体育管理在机构设置、权限划分、管理制度等方面的体系和制度的总称，是实现社会体育总目标的制度保证。

（二）国外社会管理体制

一个国家或地区的社会体育管理体制往往受该国家或地区的政治、经济、文化以及国家制度、历史传统等方面因素的影响。国外社会体育管理体制一般有政府管理型、社会管理型和结合型管理体制。

1. 政府管理型体制

政府管理型体制的特点是由政府设立专门的机构管理社会体育。政府权力高度集中，采取行政的方式对社会体育进行从宏观到微观等各个层次的全面管理。例如，苏联、东欧、古巴、朝鲜等国家和地区多采用此方式。

2. 社会管理型体制

社会管理型体制的特点是社会体育的工作主要由各种社会体育组织进行管理，政府一般不设立专门的社会体育管理机构，对社会体育事务很少介入和干预。即使在介入和干预时，也常常采用经济、法律等手段间接地进行。美国、日本、新加坡、西班牙等国家多采用社会管理型体制。

3. 结合型管理体制

结合型管理体制是政府管理与社会管理相结合的形式，其运行方式较单一主体的管理方式更加灵活高效。结合型管理体制是由政府设管理机构或派相关部门管理体育，由政府进行宏观管理，社会组织具体负责业务管理。例如，德国体育事业由政府和社会体育组织共同管理。

（三）我国现行的社会体育管理体制

我国现行的社会体育管理体制处于由政府管理型体制向政府与社会结合型管理体制改革过渡的阶段。我国社会体育管理的组织结构如图 7-3 所示。有些体育公共服务投入成本大、周期长，全凭市场和社会力量无法提供全面优质的体育公共服务，因此无法完全脱离政府而全部由市场和社会组织来提供。"小政府、大社会"是希望通过减少政府干预来达到利用社会力量管理体育的目标。但在实际发展过程中也存在政府不作为导致的市场与社会治理混乱等问题，故需通过构建一个社会体育的"强政府、强社会"治理模式，解决前两种模式无法解决也无力解决的问题，这也是社会体育管理体制改革的新方向。

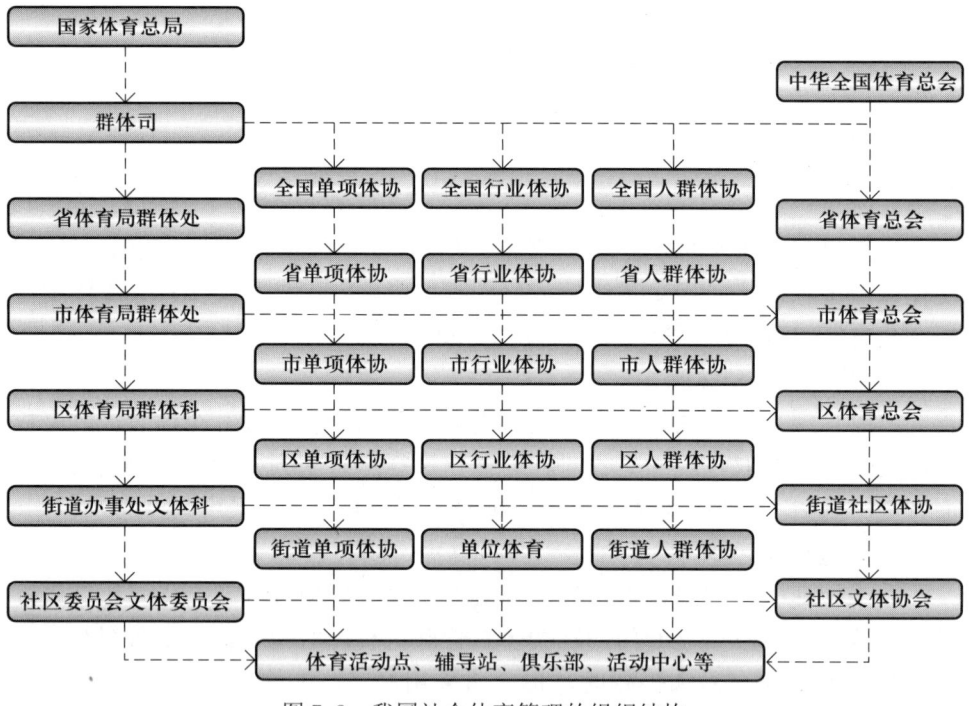

图 7-3　我国社会体育管理的组织结构

第二节
城市体育管理

一、城市体育管理概述

根据区域划分将社会体育分为城市体育和农村体育。党的二十大报告指出，必须坚持在发展中保障和改善民生，鼓励共同奋斗创造美好生活，不断实现人民对美好生活的向往。体育作为一种城市生活方式，与城市发展相互依赖、相互促进。城市体育的主要作用是帮助市民建立健康、文明、科学合理的生活方式并提高人民生活质量。城市体育要向社会化、社区化、家庭化、设施配套齐全化、活动内容多样化和丰富化方向发展。在当前全民健身热潮下，如何创新城市体育中的全民健身服务体系、如何合理分配体育资源、如何提升体育产业发展能级等问题，也成为我国城市体育管理的重要议题。

（一）城市体育管理的概念

城市体育是社会体育的重要内容，是指城市居民在城市的某一特定空间或区域，以健身、休闲、娱乐为目的进行的身体锻炼活动。城市体育管理是基于一个城市所开展的体育管理工作，是社会体育管理的重要组成部分，是指为实现城市体育发展目标，以城市居民的体育需求为中心，通过计划、组织、协调、控制等方式，对城市体育活动的相关要素和资源进行宏观调节和微观指导的综合管理过程。城市体育管理包括城市社区体育管理、职工体育管理以及健身俱乐部管理等。

（二）城市体育管理的原则与特点

城市体育管理需遵循四项原则：一是以国家宏观政策与城市发展规划为指导；二是以多元化的宣传教育和指导为主要手段；三是以分散灵活的体育

活动组织为主要管理方式；四是以城市居民的身体健康检测和参与满意度调查为主要评估方法。

城市体育管理具有三个特点：一是多样性，城市体育管理会根据不同人群和项目类型，开展多样化的管理活动；二是灵活性，城市体育管理可因时、因地、因人群、因活动形式等进行灵活机动的活动开展；三是自发性，城市体育管理活动可以由体育协会、街道办事处等"合法性"组织开展相关活动，也可由民间体育社会组织等非"合法性"组织自由开展活动。

二、城市社区体育管理

（一）城市社区体育管理的概念

城市经济体制改革使城市人经历从单位人向社会人、再向社区人的转变，建立与城市经济体制改革相适应的社区管理体系是城市社区体育发展的必要条件。社区体育是指在人们共同生活的一定区域内（相当于基层社区辖区范围），以辖区的自然环境和体育设施为物质基础，以全体社区成员为主体，以满足社区成员的体育需求、增进社区成员的身心健康、巩固和发展社区情感为主要目的，就地就近开展的区域性群众体育活动。城市社区体育管理是城市体育管理的重要部分，指城市社区行政部门（以街道办事处为主）针对城市社区体育的发展目标，通过计划、组织、协调、控制、创新等手段进行一定方式的资源整合，以群众体育"六个身边"工程为抓手，对社区体育进行宏观管理与微观建设，发挥各类资源价值，以达到预期发展目标所采取的一系列综合过程。城市社区体育管理的基本原则是一切从实际出发，立足居民体育需要，始终把社会效益放在首位，注意科学性和实效性，软件建设与硬件建设并重，城市社区体育管理具有地区性、社会性、群众性、公益性等特性。

（二）我国城市社区体育管理体系

我国城市社区体育管理体系在组织机构上，建立了市区人民政府有关部门、街道办事处、居民委员会和体育活动站四个层次的社区体育组织管理机构，由区政府牵头，以街道为主体，以居委会为依托，以活动站为基地，形成社区体育组织管理体系。我国城市社区体育组织管理体系由领导体系、协调体系、操作体系三部分构成，如图7-4所示。

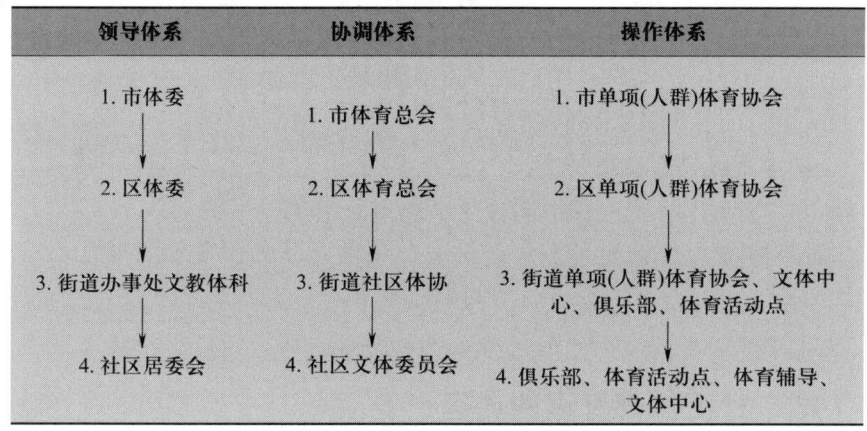

图7-4　我国城市社区体育组织管理体系

（三）城市社区体育管理的主体

城市社区体育管理的主管部门既包括各级体育行政部门，又包括街道社区体协。市（区）人民政府、体育行政部门、教育行政部门、民政部门、文化部门、城市规划部门等对社区体育实行宏观管理[①]。微观管理以街道和社区体育组织为主，具体包括街道办事处、街道社区体协、社区（居委会）文体委员会。街道社区体协又称街道文体协会，是指以街道辖区为范围，以街道办事处为依托，由管辖各单位和下属各居委会参与共同组织，采用理事会制度，机构附设在街道文教科、文化站或社区服务中心的一种街道辖区内的体育联合体[②]。城市社区体育管理的主体包括城市社区体育的管理者与组织者、指导者、服务者。

1. 城市社区体育的管理者与组织者

城市社区体育管理者是指负责社区体育规划建设、资源调拨、人员配备等整体工作的具体人员或组织机构。从机构角度，城市社区体育管理者包括社区体育的政府管理机构和社会组织机构；从人员角度，城市社区体育管理者指负责社区体育的行政人员与社会组织的领导者或法人等。城市社区体育的组织者是指负责社区体育赛事活动开展的组织人员，具体包括赛事活动的发起人与实际组织人员等。

---

① 肖林鹏. 社会体育管理 [M]. 2版. 北京：北京体育大学出版社，2015：202.
② 王凯珍，汪流. 社区体育 [M]. 2版. 北京：高等教育出版社，2018：77.

2. 城市社区体育的指导者

城市社区体育的指导者是指负责指导社区管理者开展竞赛活动和对社区居民进行具体项目锻炼指导的人员的总称，具体指社区社会体育指导员，大多是公益性的社会体育指导员。随着社区整体建设的优化，部分社区出现了具有商业性的社区运动健身中心，随之也出现了职业性质的社会体育指导员，如游泳或健身的专线社会体育指导员。

3. 城市社区体育的服务者

城市社区体育的服务者指服务于城市社区体育工作的人员，广义上指参与城市社区体育工作的所有人员；狭义上是指对社区体育开展具有公益性质工作的服务人员，通常指赛事活动的志愿者等。

（四）城市社区体育管理的内容

1. 城市社区体育组织管理

城市社区体育组织管理主要指对分管社区体育的政府、市场和社会组织进行的一系列管理活动，包括有"放管服"改革背景下的职能划分与角色定位、组织自身建设与资源管理、组织开展工作的相关约束规范机制等。"放管服"改革背景下对社区体育组织即各治理主体的职能进行了针对性划分，结合角色理论与治理理论，对分管社区体育的相关政府、开展社区体育管理工作的市场主体和社会组织进行角色界定，设立本质角色与协助角色从而为社区体育服务的有效开展提供优化方案①。各社区体育组织也应在明确自身职责权限的同时，有所为与有所不为，在自身组织能力建设方面进行提升，并以社区居民的实际体育需求为重，将尽可能多的资源充分均衡地调配到实际供给中。此外，各类城市社区体育组织也要在社区居民的监督下不断完善自身的约束与规范机制，从而促进社区体育的可持续发展。

2. 城市社区体育服务管理

城市社区体育服务管理是指以社区居民体育需求为中心，以提高社区居民的生活质量与体育参与满意度，在现有服务网络和体系下，对社区体育服务活动进行组织、策划，并对服务质量进行监督、保障与评价等的综合管理过程。城市社区体育服务管理具有公益性、群众性、互助性和地域性等特征。从服务对象角度，可将其划分为三类：一是提供便民、利民的社区体育服务；二是社区体育服务组织和社区体育单位、团体组织的双向服务；三是社会福利性服务。从具体服务项目来看，可将其划分为四类：社区体育场地设施服

---

① 李帅帅，董芹芹，沈克印."放管服"改革视域下公共体育服务治理主体的角色定位与发展转向 [J]. 天津体育学院学报，2021，36（6）：703-709.

务；社区体育活动的组织服务；社区体育的指导服务；社区体育的信息服务。

3. 城市社区体育文化管理

城市社区体育文化管理指对社区现有体育场地设施、经常开展的社区体育活动等通过宣传、教育和指导等方式逐步使社区体育锻炼观念化、习惯化和社会化的综合管理过程，内容包括社区文体活动、全民健身活动以及各类体育娱乐社交文化活动等。为了满足社区居民对于美好生活的需要，应有针对性地开展各类社区体育活动，使广大社区居民增长体育健康知识、开阔眼界、增加体育兴趣，从而提高城市社区居民参与体育活动的热情和积极性，并通过开展丰富多彩的社区体育文化活动，推动广大城市社区居民学习科学的健身知识与开展合理的运动技术活动，最终提高广大城市社区居民的身体素质和生活质量，帮助他们养成健康的生活方式。城市社区体育文化管理除了对社区体育发展具有一定作用，还对社会整体体育文化的形成与发展具有重要的作用。

4. 城市社区体育资源开发

城市社区体育资源开发指以社区居民的体育需求为中心，为满足社区不同阶层群体的体育锻炼要求，对社区体育的人力、财力、物力等资源进行有效整合开发的过程。城市社区体育人力资源开发指社区体育管理机构通过输送培养和专门引进等方式，使社区形成具有一定组织能力和业务技能的社会体育指导员队伍和社区体育指导的骨干力量，从而满足社区体育服务的工作要求，有能力为社区居民提供优质的体育活动指导。社区体育财力资源开发指社区体育组织在获取政府资金支持的基础上，逐步采用多元化形式，如进行辖区单位资助、募捐、收取会费以及引入市场机制的赞助等，广泛动员社会力量，不断拓宽资金的来源途径，从而为社区体育的可持续发展提供物质保障。社区体育物力资源开发指社区体育组织通过与体育行政部门进行协商合作等形式，有计划地建设社区各类体育场地设施，并结合周边公园、街心空地等，建立体育活动中心和辅导站，对辖区的体育场地设施进行充分利用，并及时维护，从而保证社区体育场地设施使用率最大化的管理过程。

5. 城市社区体育活动组织

城市社区体育活动组织主要指以城市社区居民体育活动为主体，加强社区体育组织对各类体育活动的组织、指导与规范等管理过程，主要包括社区体育活动站的日常锻炼活动与竞赛活动两部分。城市社区体育活动站的日常锻炼活动主要由社区的各类非合法性社会组织进行组织和管理，具有规模小、强度小、门槛低和参与性强的特点，主要以自发组织形式利用社区体育场地设施以及周边公园等进行自愿性的定期定点体育锻炼活动。但受组织自身能力不足等影响，在实际开展中存在一定的规范问题，这也是今后需要逐步优化的重点问题。城市社区体育活动站的竞赛活动主要由社区体育的政府组织或者合法性社会组织进行策划、协商与管理，具有周期性、激励性、保障性等特征，主要通过组织城市社区体育代表队或从社区体育健身者中抽调部分运动能力突出的队员参加社区以外的竞赛活动，为该社区今后的体育发展增光添彩。目前，城市社区发展的自主性还较低，很大程度上仍依赖于政府购买。此外，城市社区体育活动从内容和项目来看，还具有趣味性、健身性、休闲性、社交性等特点。

6. 城市社区体育管理规范化

城市社区体育管理规范化是指对现有社区体育开展的赛事活动、服务流程、资源调配与组织管理等进行的约束与规范工作，主要是对社区体育组织自身建设的规范化。对于城市社区体育开展的赛事活动要逐步形成合理规范的流程，对于现有场地设施等资源的配备与维护工作要出台专门的管理规范或办法，对于组织内部的人员配备与工作职责和责任权限要进行精细化规定，建立激励与约束规范机制，防止社区体育组织的自身腐败与职能履行不到位等问题，从而改善与优化社区体育的整体治理效果，使服务过程与流程走在阳光下。

三、职工体育管理

（一）职工体育管理的概念

职工体育是群众体育的重要组成部分，从参与对象上看，主要是企业、事业机关等单位的职工，以健身娱乐为主要目的，根据业余、自愿、灵活、多样的原则所开展的体育活动[①]。可将职工体育管理界定为：是以职工体育需求为中心，以"一中心，两服务，三面向"为指导思想，通过不断健全职工体育的相关行政法规、完善基层单位的规章制度，从而为职工不断提供各类较为满意的体育活动的管理过程。需要说明的是"一中心，两服务，三面向"是指以经济建设为中心；为社会主义物质文明和精神文明服务，为职工服务；面向基层，面向生产和面向广大职工。

（二）职工体育管理的原则与主要方式

职工体育管理应遵循 5 项原则：一是自愿性原则，即职工体育活动是广

---

① 卢元镇. 社会体育学 [M]. 北京：高等教育出版社，2002：341.

大职工在业余时间自愿参加的，不能予以强迫。二是灵活性原则，即职工体育活动的开展具有时间、地点、形式、内容的灵活，要因人、因时、因地制宜，不拘于形式与传统，活动的项目、时间、场地和规则都可以进行具体的优化与调整。三是多样性原则，即开展的活动项目、类型、规模等应较为多样。四是基层性原则，即开展的活动要具体到基层单位，且赋予其充分的自主性。五是协调性原则，即职工体育在工作中要正确协调好与本职工作、经济效益及正常工作时间的关系[1]。职工体育管理的主要方式有：争取单位领导对职工体育的重视与支持，领导对职工体育的认识水平和态度直接影响本单位职工体育的开展；制订本单位职工体育工作计划，即可将职工体育工作合理纳入企事业单位的整体发展规划中；广泛宣传与引导广大职工参加体育活动，即通过不断优化规范职工的体育观念与价值观，提升职工参与体育锻炼的意识；改善职工体育场地设施条件，即为职工体育工作的开展提供基础保障；促进职工体育组织建设，即逐步加强职工体育组织建设的力度，为保障职工体育参与权提供强有力的支撑；重视发挥体育骨干力量，即在职工体育参与者中选拔和培养一批可参赛和组织日常锻炼的人才；组织丰富多彩的体育竞赛活动，即结合职工多样化的体育需求，开展多样化的项目竞赛活动；建立职工体育竞赛制度，即随着职工体育的不断发展壮大，为其开展各种企业内外部的竞赛活动提供制度保障[2]。

（三）职工体育管理的主体

职工体育管理的主体包括国家体育总局分管职工体育管理的体育行政部门和中华全国体育总会与企事业单位协同共建的职工体育组织以及企事业单位自行组建的自发性组织。具体包括各事业单位、企业、社会组织、社会团体中负责职工体育的管理人员。

（四）职工体育管理的内容

1. 职工体育组织管理

职工体育组织管理是开展职工体育活动的重要载体，是体制运行的系统和保障。职工体育组织由政府工会组织、企业工会组织、体育事业组织、体育社团组织等共同构成，组织构成是连接职工体育活动各要素之间的纽带，

---

[1]　张瑞林. 体育管理学［M］. 3 版. 北京：高等教育出版社，2015：331-332.
[2]　肖林鹏. 社会体育管理［M］. 北京：北京体育大学出版社，2005：227-229.

科学合理的组织构成对职工体育活动的开展起导向和保障作用。因此，各类型职工体育组织需从内部治理与外部联动方面，对其自身的组织机构进行规范化与合理化建设。

2. 职工体育场地设施和经费管理

体育场地设施的规模和数量直接影响健身活动的组织，是开展职工体育活动最基本的条件。职工体育较多借助周边学校与社会性场地设施来开展职工体育活动，只有极少数的企业建设有单独的场地设施。此外，单一性的政府资金投入易造成资金短缺，这制约了职工体育的组织和开展。建立多渠道的多元化资金投入实现形式，也成为职工体育组织活动发展的趋势和保障。而多元化资金的投入实现形式是以政府、企业投入为主，社会行业和个人投入为辅，这就要求设立专门的活动经费，从而促进职工体育的可持续发展。

3. 职工体育信息供给管理

体育信息供给是体育活动开展的文化窗口，是推进职工体育发展的必要手段。职工体育信息包括体育健身的基本知识、科学的锻炼方法、体育医疗以及体育法规等。企事业单位也可通过定期举办健康知识讲座与观看视频等方式培养职工正确的体育意识，引导和提高其参与体育活动的积极性。

4. 职工体育活动组织

职工体育活动的项目开展应具有多形式、多样化特征，对于不同人群应根据职工的所在地域与余暇时间，提供适合其实际参与的不同体育活动选择。职工体育活动项目以及综合性竞赛活动的组织应尽可能多地体现参与体育锻炼活动的价值取向，通过组织多样化的竞赛交流活动，促进职工体育运动水平的提高，发挥竞赛活动对职工体育参与的引导、激励与推动作用。

（五）职工体育的管理机制

职工体育的管理机制是决定职工体育发展的根本动力，指在合理划分与配置职工体育管理权限的基础上，为保证职工体育活动的高效和有序运转，通过职工体育管理和服务体系各要素之间相互联系和相互作用的模式及运作方式，建立规范的运行机制，从而保障职工体育功能得以实现，主要包括目标定向、管理监督、整合协调和监测激励等机制。

1. 目标定向机制

职工体育目标定向机制代表着职工体育活动的根本性质和价值导向，是运行机制的灵魂和核心。目标定向机制具有活动的导向性、体育资源优化的凝聚性、职工人群的辐射性、组织的规范性等功能，同时也决定着职工体育活动发展运行的合法性和效用。

2. 管理监督机制

职工体育管理监督机制是指对职工体育组织管理和服务健身活动的控制以及对职工体育主体各种硬性和软性的监督、制约与控制，以保障职工体育活动的正常开展和运作。职工体育组织管理条例、管理办法、各类政策等制约和促进着职工体育活动的运行过程，管理和监督能为职工体育活动持续稳定的发展提供法治保障。

3. 整合协调机制

职工体育整合协调机制是对职工体育活动的开展进行整合结构、调节和处置组织活动中的资源和隶属关系，从而形成相互联系和运行的过程。而体育资源的有效整合是职工体育发展的关键，保证了职工体育运行的优化配置和有效利用。

4. 监测激励机制

职工体育监测激励机制是对职工进行体质监测和职工体育活动工作质量评估等进行的信息反馈。监测机制是组织管理系统充分了解职工体育实际开展情况，采取合理激励机制的有效渠道，通过对实际情况的有效反馈，保障职工体育活动的持续性有效供给。

第三节
农村体育管理

2023 年 5 月，国家体育总局联合 11 个部门共同发布《关于推进体育助力乡村振兴工作的指导意见》（以下简称《意见》）。《意见》指出，体育是乡村发展的重要内容。到 2025 年，建立健全体育助力乡村振兴政策举措和工作机制，乡村全民健身公共服务体系更加完善，创建形成一批体育助力乡村振兴示范案例，体育助力乡村经济社会发展成效显现。到 2035 年，与社会主义现代化国家相适应的全民健身公共服务体系在乡村全面建立，乡村体育健身和运动休闲成为普遍生活方式，运动促进健康作用凸显，乡村体育产业发展更有活力，乡村体育文化更加繁荣。《意见》提出四个基本原则：以体育助力乡村建设，让农村更繁荣；以体育赋能农业发展，让农业更兴旺；以体育促进农民健康，让农民更幸福；以体育丰富乡村文化，让乡风更文明。《意见》

十二部门联合发文《关于推进体育助力乡村振兴工作的指导意见》

提出的主要任务包括：加强乡村全民健身公共服务体系建设，提升乡村公共服务水平；大力发展乡村体育产业，助力乡村产业振兴；加强乡村体育人才队伍建设，助力乡村人才振兴；发展繁荣乡村文体事业，助力乡村文化振兴；发展乡村绿色生态体育，助力乡村生态振兴；加强乡村全民健身组织建设，助力乡村组织振兴。

一、农村体育管理概述

（一）农村体育的概念

农村体育是指行政级别在县及县以下广大农村开展的，以农民为主要参与对象，以增强人民体质、丰富社会文化生活、促进社会主义精神文明和物质文明建设为主要目的，开展符合农村地域环境特点的群众性体育活动。农村体育有广义和狭义之分，广义的农村体育包括农村群众体育、农村学校体育、农村竞技体育的内容，三者因表现形式不同而各具差异，但彼此间又相互联系。随着我国经济社会的不断发展，城乡一体化持续推进，部分小城镇的体育发展已同城市体育无明显差异，农村体育的参与者不仅包括长期生活在农村地区的居民，还有居住在城市的农民。狭义的农村体育范畴主要集中在乡镇以及村级行政区域。

随着农村经济社会的发展，农民对于体育产品和服务的需求逐渐增加，并呈现出多元化、高质量的趋势，单一的增量供给已不能满足农民的多元需求，弘扬"以农民为中心"的体育发展理念具有更多时代意义。在经济层面，农村体育的发展有助于优化产业结构，提高农村居民以及部分城市居民的消费水平，探索农村经济新增长点[①]。在文化层面，农村体育的发展能够强化社会群体的关系纽带，保留与传承民族传统体育文化项目，提高居民的综合素养，推动社会主义精神文明建设。在生态层面，农村体育的发展践行"体育＋旅游＋休闲＋养生"的理念，能够有效保护与合理开发农村生态资源，打造生态宜居品牌，改善农村居民生活方式，优化居民生活环境，提高居民的幸福指数。

21 世纪以来，党中央已连续出台了 20 多个指导"三农"工作的"一号文

---

① 肖伟，田媛，夏成前. 乡村振兴战略下农村体育发展方向与路径研究——基于乡村振兴与体育发展关联的辨析 [J]. 武汉体育学院学报，2019，53（1）：24-29.

件",表明党中央加强"三农"工作的鲜明态度,并多次在相关政策文件中提到促进农村体育文化产品和服务供给,营造良好体育文化氛围的内容。农村体育作为一种社会形态,在不同的社会阶段呈现出不同的社会特征,伴随乡村振兴战略的推进实施,农业农村现代化的不断发展,农村体育也将迎来新的机遇。

(二)农村体育的特点

1. 参与对象的广泛性和开展活动基础条件的薄弱性

农村体育的对象是所有农民,农民遍布我国大江南北,具有参与对象的广泛性。农村经济基础比较薄弱,且发展极不平衡,不少地区既缺乏体育活动的场所和必要的体育器材,又缺少相关的组织管理与引导;农民普遍受教育程度偏低,农村干部和群众对体育的功能缺乏正确的认识。加之我国农村地区市场经济活动相对薄弱、发展不均衡,不少地区农村体育场地器材十分匮乏,农村体育无人问津的情况仍然存在。

2. 体育活动项目选择的随意性和开展形式的灵活性

相对于城市而言,农村缺少标准、固定的体育场地设施,但天然的活动场地资源得天独厚。广大农民群众的闲暇时间不断增多使得他们的体育需求发生变化,体育活动的内容相对以前更加丰富,参加锻炼的人有更多的选择权。在活动和组织形式上也具有灵活性,参与锻炼的主体可以是个人,也可以是群体;可由村、乡、镇组织,也可由村民自发组织,就体育锻炼的形式而言,更加丰富多样,因人而异,因地制宜。

3. 体育活动的自发性和季节性

农村体育作为一种集体行为,除了表现为有规模、有组织、有领导的群众行为,还表现为非组织、非领导的自发行为。这种民间自发性的行为特征广泛又生动,正是农村体育生机与活力的体现,但是这种自发性不具备时间的连续性,活动内容、活动频率多受生产劳动季节性的制约。因此,在农忙时节农村较少举办体育活动,只有在重要的节庆期间和农休时节,体育活动才能体现出广泛的社会性,自发性体育活动才能延续和发展起来。

4. 体育活动的传统性和民族地区的差异性

农村组织开展的体育活动内容多带有浓厚的乡土气息,有明显的文化传承的特点,如春节期间进行的龙灯狮舞和高跷秧歌、端午节的龙舟竞渡、重阳节的登山活动等。在少数民族聚集地区农村体育活动也各具差异,如蒙古族的摔跤、马术,维吾尔族的射击、舞蹈等,许多活动具有深深的民族烙印,因此必须结合当地的传统文化习俗,鼓励开发适合不同人群、不同地域特点的涉农特色运动项目。

5. 经济条件的滞后性和体育健身理念的滞后性

由于农村的经济发展水平总体上落后于城市，使得农村体育推广中一些健身项目难以普及。同时，农村居民的体育观念相对落后，存在把劳动等同于体育的现象。因此，要通过体育激发乡村产业发展活力，改变农民对体育的认识，促进农体、文体、智体深度融合。

（三）当前我国农村体育发展的环境

当前，我国已开启全面建设社会主义现代化国家新征程。"十四五"时期，统筹城乡发展，夯实农业农村发展基础，破除城乡二元结构，增强农村发展活力，共享经济社会发展的成果为农村体育的环境改变提供了重要的推动力，也将影响到农村体育管理的运行方式的变化。农村体育发展环境受自然条件、历史原因、政策导向、收入水平等方面的约束，一直以来存在着较为明显的问题。具体表现有：

1. 城乡体育均衡发展还未实现

中共中央办公厅、国务院办公厅印发的《关于构建更高水平的全民健身公共服务体系的意见》中提出，完善农村全民健身公共服务网络，逐步实现城乡服务内容和标准统一衔接。尽管农村体育事业在国家引导下得到长足发展，但在经济发展的地域性和政策性差异、城乡结构二元化等诸多因素影响下，农村体育仍存在发展不平衡的现实问题。以体育场地设施为例：第六次全国体育场地普查数据公报显示，城镇体育场地数量、面积分别为 96.27 万个和 13.37 亿平方米，占比分别为 58.61% 与 68.61%；分布在乡村的体育场地数量、面积分别为 67.97 万个和 6.12 亿平方米，占比分别为 41.39% 与 31.39%，乡村室内体育场地面积仅有 0.05 亿平方米。

2. 农村体育体制遗留问题尚未妥善解决

在政府一元管理模式向多元治理模式过渡中，农村体育管理体制的建立前提是体育行政管理部门自上而下的垂直式体育资源配置系统，单一的管治不能够满足农民日益增长的体育服务与资源需求[①]。同时，部分地方人民政府将地区 GDP 的增长快慢作为衡量政绩的关键指标，建设各类"形象工程"，过分强调标准化使得体育设施建设与行政村规模和农民实际需求匹配度不高，财权与事权逐级缩减，县级以下地方财政对农村体育发展不能提供有力的支持。

3. 农村体育发展的市场化程度不高

农村体育的发展主要受制于我国体育产业的宏观发展，尤其是能向农村

---

① 吴杰忠. 元治理视域下体育多元治理面临的挑战及其超越 [J]. 山东体育学院学报，2018，34（1）：38-44.

提供产品服务的县、乡镇体育企业以及体育社会组织的服务、盈利能力与基本水准差距较大，农村体育发展的市场化程度较低。2015 年，国家体育总局农民体育健身工程投资额为 10.27 亿元，"雪炭工程"投资总额 2.012 亿元；2016 年和 2017 年共投入近 15 亿元支持农民体育健身工程，但收效甚微，农民体育赛事活动开展、农村公共健身设施短板较突出。

4. 农民体育人才缺失

农民是农村体育发展的主体，应把优先满足农民群众体育需求、促进农民全面发展作为农民体育工作出发点。但受自身文化水平的制约以及体育观念意识薄弱的影响，大多数农民还是将需求与关注点放在农业生产生活方面。许多农村青壮年劳动力为生计进城务工，导致农村基层体育管理队伍储备不足。作为农村主要人口的留守老人和儿童对于可以促进体育发展的各种资源缺少合理利用，参与体育健身的积极性不足，体育需求表达得不到重视。

（四）农村体育管理的概念

农村体育管理是指农村体育管理者通过一定方式整合资源，为实现农村体育目标所进行的计划、组织、协调、控制和创新的综合活动过程[①]。发展农村体育是全面推进乡村振兴、建设体育强国和健康中国的重要任务，要在整合农村体育资源方面注重对各种社会资源的利用，调动乡镇政府、农民、企业等主体的积极性，遵循体育发展内在规律，不断创新组织机制、工作平台、活动载体和普及手段，挖掘农村体育潜在的体育市场潜力。现阶段，农村体育的工作任务主要集中在以下几方面：

第一，要不断提高对农村体育工作的认识程度，践行"创新、协调、绿色、开放、共享"发展理念，深入贯彻落实党和国家关于乡村振兴和体育发展的重大决策部署，从体育赛事、体育场地设施、体育志愿者、体育旅游、体育公益等方面推进，为践行新农村社会主义核心价值观和弘扬中华优秀传统体育文化提供重要支撑。

第二，注重农村体育文化供给与体育健康意识的提升，以增强农村居民体育参与意识、扩大参与范围为宗旨，深入挖掘乡村体育文化内涵，打造"一地一品、一村一项"农民文体特色品牌。

第三，积极引导和加快建设一支懂体育、爱健身、会组织的农民体育工作队伍。鼓励村民自治组织发展为具有合法性的民间体育组织，实现农民嵌入式自治，充分发挥农民体育协会在农民健身活动组织、人才培养、科学健身指导等方面的积极作用。

---

① 高雪峰，刘青. 体育管理学 [M]. 北京：人民体育出版社，2009.

第四，要结合农村空间布局规划，根据各地人口结构、地域特点、运动习惯、实际需求等，因地制宜加快完善农村公共健身设施网络，为农民提供具有乡村特色的体育场地设施，营造更加完备的体育健身物质环境，加快补齐农村公共健身设施短板。

第五，积极培训以社会体育指导员为主体的农村体育骨干队伍，提高对反哺家乡、扎根农村的体育健身骨干的支持力度，吸纳村镇级体育人才，为组织农村群众开展科学健身提供必要的人力指导，构建乡村人才培育大格局。

第六，结合农村体育的特点和规律，摸清不同区域农村体育发展情况，推动差异化管理，选择具有一定群众基础和便于推广的体育项目，重视对时机和场地的把握，借助"中国农民丰收节""全民健身日""全国运动会"等重大节庆平台，鼓励开展形式多样的农民群众性文化体育活动。

第七，关注体育健身活动对乡镇、村落的辐射效应和影响效果评价，落实精准考核和精准管理，利用大数据建立科学的农村体育动态库，以农民群众是否能够公平享受体育服务与资源作为评价关键，增强对农村居民实际体育需求的调查，推进以农民需求为导向的第三方评估体系。

二、农村体育管理内容

农村体育管理包括人力、财力、物力、时间、信息等诸多因素，各因素间形成相互制约、相互影响的复杂关系，农村体育管理的内容包括农村体育管理机构以及各类型机构所承担的主要工作内容，农村体育管理的特点植根于农村经济发展、文化习俗、乡村治理等多方面，与城市体育有着鲜明的差别。

（一）农村体育管理部门的划分

我国农村体育管理部门可划分为政府管理部门和社会管理部门。在管理形式上是垂直的政府管理机构模式，即国家体育总局、省（自治区、直辖市）体育局、市体育局、县（区）文体局、乡（镇）文化站、社会体育团体（民间体育组织），管理机构设置呈现出"中间大、底部小"的状态，农村乡镇下设的行政村政府体育职能较为薄弱。

1. 政府管理部门

农村体育的政府管理部门构成与城市体育管理体系较为相似。我国各级人民政府体育管理部门中都设有负责兼管农村体育的专门机构，如国家体育总局群众体育司中的群体处、群体科等。但从行政系统来看，我国农村幅员辽阔且人口众多，各地区在封闭式管理下面临着发展状态各不相同的现实差距，县、乡镇体育主管部门在农村体育管理中具有至关重要的作用。

2. 社会管理部门

农村体育的社会管理部门主要包括各级群众组织中的农村体育管理机构、社会团体和民间体育组织。

各级群众组织中的农村体育管理机构主要指共青团、妇联等组织中专门领导、管理体育的机构。这些机构根据自身工作特点，发挥优势、履行职能，按照面向基层、加强指导、强化培训的工作思路，负责对农村的青少年、妇女、老年人体育健身活动进行管理，组织开展全民健身活动，加强体育宣传教育，提供必要经费支持，推动农村体育事业发展。

农村体育管理的社会团体主要指成立于 1986 年的中国农民体育协会，在农业农村部、国家体育总局的领导和指导下进行工作。该协会成立以来遵照"面向广大农村，广泛开展群众性体育活动，普及与提高相结合，增强农民体质，促进农村两个文明建设发展"的方针积极有序地开展各项工作，取得了显著效果。现阶段，中国农民体育协会的目标及任务是：认真贯彻落实党的二十大精神及习近平总书记系列重要讲话精神，贯彻执行《中华人民共和国体育法》（2022 年修订）《全民健身条例》《"健康中国 2030"规划纲要》，以及党和国家关于体育工作的方针政策；坚持以农民为中心，把优先满足农民群众需求、促进农民全面发展作为农村体育工作的出发点和落脚点，坚持公益性、群众性、社会性、多元性原则，积极推动农民体育事业创新发展，促进广大农民身心健康，培育新型职业农民，助力现代农业发展和乡村振兴实施，为建设体育强国和健康中国，全面建成社会主义现代化强国发挥积极作用。

农村体育管理的民间组织主要指由农民体育爱好者自发组织起来的各种各样的群众性体育团体，如基层体育指导站、武术俱乐部、钓鱼协会、冬泳协会、棋社、晨练站点、锻炼小组等。这类组织通常具有良好的亲民性、民间性和广泛的参与性，在农村体育管理中扮演先进体育文化的传播者、政府公共服务的协作者、社会资源整合的驱动器、民众体育合法权利的维护者的角色[①]。农村体育管理民间组织的基本职责是根据规程筹募活动经费；发展会员；增加农村体育人口；为会员提供活动场地、器材和技术指导；组织农民体育健身赛事活动；积极发展与其他相关协会的关系。

---

① 郑柏武，林丽芳，钟兆祥. 美丽乡村建设背景下农村草根体育组织的发展 [J]. 北京体育大学学报，2016，39（4）：21-28.

（二）体育行政部门农村体育管理工作的主要内容

1. 制定农村体育的发展规划

农村体育发展规划的制定需以党的二十大精神和党中央、国务院的总体部署以及"十四五"时期我国体育发展面临的新形势、新任务、新要求为着眼点，扎实推进乡村发展、乡村建设、乡村治理等工作，建设宜居宜业和美乡村。通过科学合理的发展规划，确定基本原则、主要目标、基本理念等，为农村体育全面协调可持续的发展指明方向，在完善农村公共体育服务、加强健身场地设施建设与管理、广泛开展丰富多样的农民体育健身活动、加大科学健身指导和宣传力度、形成农民健身组织网络等方面为农村体育添砖加瓦，促进全民健身计划的实施。

2. 制定农村管理工作的制度

农业农村部、国家体育总局和地方体育行政部门等需联合着手完善农村体育相关法律法规，按照高质量发展的要求，以实施乡村振兴为抓手，深化农村体育制度改革，加强农村体育事务管理，切实维护农民群众的合法体育权益。通过制定与出台具有操作性、实效性的农村体育监管法规及配套措施，为农村体育的发展提供制度保障。

3. 加强农村体育社会指导员队伍的建设和管理

积极完善农村社会体育指导员培养体系，形成政府主导、部门协同、全社会广泛参与、结构合理、覆盖城乡的社会体育指导员培养模式。要优化社会体育指导员队伍结构与空间布局，以"乡镇—体育组织—指导员"相互协调的联动模式，逐步提高农村体育社会指导员占比，缩小城乡之间体育人才的发展差距，释放体育社会指导员对农村体育的辅助、带动、引导作用。

4. 进行农村体育工作的监督、检查、评比

杜绝农村体育"面子工程""形象工程"等现象的出现，为广大农民提供优质高效、便捷富足的体育产品和服务，不断优化农村体育工作的监督、检查和评比体系。将社会监督与政府内部监督相结合，以体育行政部门牵头，建立起村民、体育专业评价机构、媒体、专家学者、村民等多元主体在内的农村体育工作评估团队。增强政府工作人员的责任心，将监督、检查、评比与干部选拔、内部奖惩以及财政预算对接，科学问责与追责，杜绝出现政府"寻租"现象。

5. 扶持农村体育社会组织的建设

行政部门应当鼓励农村社会组织以投资、捐赠和赞助等形式支持发展体育事业。健全对体育社会组织的扶持发展机制，通过资金投入、人才培训、场地设施、税收优惠、社会保障等多种方法和渠道给予必要支持，完善体育社会组织的审批登记制度，降低体育社会组织的登记门槛，拓展体育社会组织的发展空间，提高体育社会组织的承接能力，从而促使农村居民增强对体

育社会组织的信任度[①]。

6. 组织开展农民体质测试工作

建立和完善农村居民体质健康监测评价制度，扶持有条件的地方和单位建立体质测试站，为了解农民体质现状和变化规律提供分析资料，推动农村体育的科学发展。将体育服务、健康服务送到农村基层，开展群众体质测试，宣传科学健身知识，提供"运动处方"，指导群众科学健身，营造良好社会氛围，增强农民的科学健身意识和绿色健康意识，激发农民群众体育健身的积极性、主动性、创造性。

7. 建立和完善农村体育竞赛制度

体育竞赛是提高运动技术水平，推动全民健身普及的重要手段。农村体育竞赛制度涵盖竞赛形式和名称、竞赛次数和规模、竞赛时间、竞赛规程、竞赛奖励、竞赛经费等多方面内容。农村体育竞赛活动应当适应不同特点、不同情况和不同年龄层次的竞赛需求，突出经常性、普遍性、民族性、多样性、趣味性和科学性。利用重大节庆支持农民自发开展"村晚"、广场舞、趣味运动会等文化体育活动，使体育竞赛在当地逐步制度化，构建体育健身赛事活动体系。

8. 创新农村体育的宣传教育工作方式

充分利用广播电视、平面媒体、互联网、新媒体等方式，构建乡村体育健身全媒体传播格局，发挥宣传教育方式的启发性、灵活性、长期性特点，普及体育科学知识，推广简便易行、科学有效的体育健身方法，讲好新时代农民体育故事。

9. 组织开展农村体育的科学研究

应由政府牵头，高校、科研院所等共同推进农村体育科学研究的开展，客观、规范地分析总结农村体育的发展情况、现实需求等，与时俱进地完善农村体育管理评价指标体系，促使农村体育管理评价常态化实施。根据农村体育管理评价的实践结果及时调整农村体育管理方式，通过评价服务农村体育管理实践，实现以评促管、以评促治[②]。

10. 加强对农村体育经营活动的管理

结合当地体育和经济发展的实际，制定改革和发展农村体育产业的规划和措施，积极发展适合农村特点的体育竞赛、表演、培训、健身、娱乐、旅游、康复等产业，鼓励企事业组织和个人依法兴办体育产业，繁荣体育市场。县级体育行政部门是农村体育的主管部门，应强化地方主体责任，支持引导社会组织、企业、个人等多元力量参与农村体育事业，推动建立农村体育可

① 沈克印，吕万刚. 政府购买公共体育服务的学理逻辑与边界问题研究 [J]. 首都体育学院学报，2018，30（2）：117-121，131.
② 胡庆山，曹际玮. 农村体育治理评价指标体系构建与实证研究 [J]. 体育科学，2019，39（5）：26-38.

持续发展长效机制。

（三）农村体育基层组织管理系统

1. 乡、镇体育活动组织与管理

乡、镇体育组织是联结县级组织与农民体育的中介，主要负责乡、镇范围内的体育工作。科学健全的乡、镇体育活动组织与管理机构主要由政府管理部门、乡镇企事业单位组成的社会团体和社区三方面共同组成。随着我国农村体育的深入开展，在一些农村经济较繁荣的体育先进乡镇中，参加体育锻炼的人数逐年增多，参加的活动内容和项目多样丰富，并建立了一批体育中心以及其他体育场地设施。在现有的乡、镇体育指导站中，大致有以下三种管理模式：一是在乡、镇政府的直接领导下，从组织上、管理上、经济上完全脱离乡、镇文化站的独立的事业机构和经济实体；二是在管理上、经济上已完全独立，有专职的干部和管理人员，但在组织上，乡、镇政府仍委托文化站统一领导的模式，通常由文化站站长兼任体育指导站站长，配一名副站长；三是在乡、镇文化站内有专职体育干部和管理人员，行使体育指导站的职能，在文化站的统一领导管理下工作的模式。

2. 村级体育活动的组织与管理

村落是我国农村的最基本组成单位，村级锻炼小组是我国村级基层单位开展体育活动的主要组织与管理主体。主要由村干部兼任小组领导，村文体行政管理部门兼任小组成员，这种形式多存在于经济发展状况相对较好的乡镇村落，能按照一定的计划安排活动，并得到专门的体育管理人员的指导，在管理工作实际中能够取得较好的成绩。同时，村级锻炼小组组织和管理体育活动的具体实施，能够丰富农民的闲暇文化生活，推动体育健身服务走进农户、融入乡村。

三、农村体育管理要求与重点

（一）农村体育管理的基本要求

1. 提升农村体育管理意识，推进农村体育高质量发展

各级体育行政部门应当明确农村体育在体育强国建设中的地位，贯彻落

实《关于进一步加强农民体育工作的指导意见》《关于全面推进乡村振兴加快农业农村现代化的意见》《关于推进"十四五"农民体育高质量发展的指导意见》等国家有关体育和农村工作的政策文件精神，做好农村体育的管理和组织工作。各级体育领导机构应从政治的高度、战略的高度认识农村体育工作的重要性，加强本行政区域农村体育工作，建立与当地农村体育发展相适应的工作机构，适度发挥政府的宏观调控作用，在资金、政策、人力等方面向农村体育适度倾斜，补齐农村体育的发展短板。乡、镇政府应把体育事业纳入当地经济社会发展总体规划，成立体育工作领导小组、农民体育协会以及老年人体育协会等；建立体育站（或体育办）等机构，配备体育专职干部。

2. 广泛调动各种社会力量开展农村体育活动

凝聚社会力量办体育，要不断改革创新体制机制，释放资源、激发活力，充分发挥市场在资源配置中的基础性作用，让企业、社会组织、乡贤等各种社会力量积极参与农村体育改革发展。应当加强对当地体育社会团体和基层体育组织的管理、指导和监督，支持其依照法律法规和章程开展工作，动员和发挥各行业、各系统如工会、共青团、妇联和其他社会团体的积极作用，鼓励、支持各企事业单位以及个人单独创办或与体育部门采用合资、合作等多种方式联合创办各种形式的基层农村体育组织。加大金融支撑力度，鼓励利用外部资金促进现代农村体育产业融合、农村体育基础设施建设等，强化龙头企业、合作组织联农带农的激励机制，以多种形式办体育，努力促进城乡体育社会化，大力倡导社会团体和个人修建体育场所和活动健身站点，自办小型竞赛和业余训练，设立健身辅导中心等。

3. 健全农村体育组织

开展农村体育活动必须首先建立健全农村体育组织网络。县级以上农业和体育行政部门要积极创造条件，推动农民体育协会等社会组织建设，努力做到组织领导有力、机构人员齐全、经费保障落实、活动经常开展。各级农民体育协会要与乡、镇文化站（中心）和老年体育协会等协同联动，共同做好农村体育工作。要在乡村着力培育发展农村基层文化体育组织，逐步形成并完善农民体育社会组织网络。各级体育行政部门和农业行政部门要积极支持、指导农民体育协会和农村体育社会组织的发展，鼓励具备条件的各类农业企业成立基层农民体育组织，调动各方积极性，推进资源整合利用。要共同解决基层农民体育组织在人力、财力、物力和科学健身指导等方面的问题，充分发挥农民体育协会、农民体育俱乐部、体育辅导站等基层体育组织的作用。特别是要以乡、镇文化站为中心，以农村体育积极分子为骨干力量，推动农村体育可持续发展。

4. 创造和提供农民健身的必要物质条件

农村体育事业经费和体育基本建设资金应当列入当地财政预算和基本建

设投资计划，并随着经济发展逐步增加对体育事业的资金支持。各级人民政府和体育行政部门应采取有效措施解决好现有体育场地社会开放的问题，鼓励有条件的乡镇企事业单位和学校向农民免费或低收费开放体育场地设施，支持对健身设施和其他公共服务设施进行功能整合。结合农村社区综合服务设施建设和乡、镇文化站（中心）资源整合，继续加大"农民体育健身工程"实施力度，坚持多样、实用、就近、方便的原则，实现行政村健身设施全覆盖。有条件的地方要积极探索"农民体育健身工程"向人口相对集中的自然村屯延伸，选择部分有代表性的村屯开展农村体育设施整村全覆盖试点工作，为"农民体育健身工程"升级积累经验和探索途径。

5. 培养和发展体育骨干力量

以农村为重点，多形式、多渠道培养农民体育组织管理、培训指导、志愿服务、宣传推广等方面的人才。地方体育行政部门要根据当地农民体育工作实际，制定《重点农村社会体育指导员培训计划》，要积极支持并委托农业部门承担部分农村社会体育指导员培训工作。要将培养农民体育骨干人才纳入实用人才带头人、大学生村官示范培训、新型职业农民培育工程实施和农业广播电视学校教育中，创新培养方式方法，充分发挥互联网等现代信息手段，利用空中课堂、固定课堂、流动课堂和田间课堂，采用线上线下混合式教学的方式，以农村基层干部、大学生村官、农民合作社领办人、农业企业经营管理者、农民体育积极分子等为重点，努力培养一支爱体育、懂健身、会组织的农民体育工作队伍。

6. 保护和促进特色体育项目的发展

组织开展农民体育活动，要侧重于趣味性、健身性、休闲性、社交性，注意选择地方特色浓郁、民间传统突出的项目，以适应农民的体育需求特点。各级体育和农业行政部门应向农民大力推广普及乡村趣味健身、广场舞（健身操舞）、健身跑、健步走、骑行、钓鱼、太极拳、龙舟、舞龙舞狮、赛马等农民喜闻乐见的体育项目。正确引导并大力提倡以特色农村体育项目为龙头带动其他项目发展的路子，结合农业生产和农家生活创新编排一批充满乡村气息、具有农味农趣、体现农耕文化内涵，融合健身娱乐、表演观赏和比赛活动，抓住特色项目，依靠农民在特色项目上的兴趣爱好在乡村掀起体育活动的热潮。利用"全民健身日"等时间节点开展丰富多彩的农民体育健身活动，介绍健身方法、传授健身技能，使体育健身成为农民的好习惯、农村的新时尚。

7. 加强农村体育工作的评估检查

"争创体育先进县"活动是1985年经国务院批准，在广大农村开展的每两年一次的评选活动，应建议农村体育管理部门积极参加"全民运动健身模范县"评审以及"体育先进工作单位""全国体育先进县"的评选。要坚持从实际出发、讲究实效、造福人民的原则，积极稳妥地开展争创活动，杜绝

"摊派"行为，禁止一切强制性收费，不可加重农民负担。将农村体育规划实施成效纳入地方各级人民政府及有关部门的年度绩效考评内容，考核结果作为有关领导干部年度考核、选拔任用的重要依据，使农村体育工作者有明确的努力方向和奋斗目标，进一步调动和激发他们做农村体育工作的积极性。同时，还要对基层农村体育的开展情况适时进行检查和评估，发现存在的问题及时解决。

（二）农村体育管理重点

农村的体育发展必须适应农村改革和发展的需要，并要准确把握农村体育管理的重点。要坚持以习近平新时代中国特色社会主义思想为指导，以习近平总书记关于"三农"工作和体育工作重要论述为根本遵循，围绕全面推进乡村振兴和建设体育强国、健康中国的奋斗目标，着眼农民全面发展、农村全面进步，健全完善农民健身公共服务体系，创新农民体育发展方式，促进农体文体智体融合，不断满足农民群众对美好生活的需要，推动农民体育健身事业高质量发展。

1. 依法治体，统筹安排农村体育工作

《中华人民共和国体育法》（2022 年修订）第七十七条明确："县级以上人民政府应当将体育事业经费列入本级预算，建立与国民经济和社会发展相适应的投入机制。"要从战略高度认识农村体育工作的重要性，把农村体育作为建设体育强国和健康中国的重要任务，积极推动《全民健身计划（2021—2025 年）》《"健康中国 2030"规划纲要》等政策落地，重点扶持革命老区、民族地区、边疆地区、贫困地区发展全民健身事业。建立和完善相应的规章制度，统筹规划、合理布置，从制度上保证农村体育工作的落实。积极引导和组织农民形成健康、科学、文明的生活方式，不断提高农民群众的身体素质，满足农民群众的美好生活需要，将农民健身与农民健康有机融合，有效推动农民体育蓬勃发展，为推进健康中国建设做出贡献。

2. 以各类体育组织为依托，发挥其示范带动作用

积极发挥全国性体育社会组织在开展全民健身活动和提供专业指导服务等方面的带动示范作用，提高承接农民体育公共服务的能力和质量。要把体育工作列为乡村振兴的内容，以文化站、文化中心、青年之家为阵地，以学校师生和乡镇企业职工为骨干，促使各类群众性组织作用于体育事业发展，力争做到"四有"，即有组织、有场地、有队伍、有活动。释放农村体育非营利组织优势，即更具灵活性、辐射率更广、与农民的距离较近、能够通过更贴近农民的表达形式推广体育活动等；借助农村自治组织的特性，形成"来

自农民、用于农民"的工作方式，传递农民体育需求[①]。充分发挥各级农民体育协会在参与全民健身公共服务体系建设方面的重要辅助作用，积极引导其承办和参与农民体育赛事活动、社会体育指导员培训、农民体质监测等工作。

3. 积极开展农村业余体育训练

农村业余体育训练要从当地实际情况出发，坚持普及与提高相结合的方针，合理布局、突出重点，抓实"选材""训练""参赛""输送""管理"各项工作。县级教育局和体育局应当认真抓好农村业余体校、业余训练、体育班和传统项目学校的训练，要坚持"选好苗子、着眼未来、打好基础、系统训练、积极提高"的训练指导思想，鼓励具备条件的部门、行业、社团和个人依法开办业余体校，建立业余训练体系，形成多渠道、多层次的业余训练网格，从而培育优秀体育后备人才。

4. 广泛开展农民体育健身赛事活动

积极构建农民群众广泛参与的体育健身赛事活动体系，因时、因地、因需举办不同层次和类型的农民体育赛事活动，充分发挥体育赛事活动对农民参加体育活动的宣传引导、技能训练和素质提升作用。要紧密结合农业农村经济发展和农民日常生活，倡导和鼓励农村基层发挥历史传统、农耕文化、产业特色、休闲农业和乡村旅游等资源优势，经常性举办农味农趣运动会、美丽乡村健步走、快乐农家广场舞等丰富多彩的基层赛事活动，打造具有农村特色的"一村一品""一乡一品""一县一品"特色品牌。有条件的县、乡镇可依托地方传统体育项目和体育优势资源，承办全国性的"农民体育健身大赛""乡村农耕农趣农味健身交流活动"等具有示范带动作用的品牌赛事活动，使办赛、参赛的方式更快、更广、更活，促进农村经济社会高质量发展。

5. 加强体育技术辅导，提升农民体育人才培养质量

各级农业和体育行政部门要充分利用媒体，全方位、多角度、深层次宣传农民体育工作，在全社会营造重视农民健康、以健身促健康的浓厚氛围。要适时开展"送体育下乡入村"的体育文化宣传、展演与指导活动，县级应建立体育技术辅导中心；乡镇应建立体育辅导站，配备专门的技术指导人员，负责对学校、机关等单位提供体育技术辅导，提高体育服务的针对性。同时，各地要研究制订并推广普及适合农民的健身指导计划，探索开展农民体质监测有效方式，依托体质健康数据库，研究制订适合农民的运动处方库、健身指导方案和健身活动指南，开展农民科学健身指导，提高农民科学健身的意识和能力。

6. 大力推进体育社会化、产业化、生活化

推进农村体育社会化、产业化、生活化是深化体育改革，转换运行机制，

---

① 颜小燕. 农村公共体育服务供给的治理机制研究——基于十九大报告中"乡村振兴"战略背景的分析 [J]. 体育与科学，2018，39（2）：13-19.

促进体育产业高质量发展的重要举措。要发挥财政投入引领作用，支持以市场化方式设立农村体育发展基金，鼓励社会力量参与，支持农村体育事业和体育产业发展，推进体育社会组织品牌化发展并在乡村振兴建设中发挥作用，形成架构清晰、类型多样、服务多元、竞争有序的现代体育社会组织发展新局面以及政府主导、部门协同、社会参与的农村体育事业发展新格局。以农民生产生活为基础，促进农村体育与乡村旅游、休闲农业融合发展，创建宜居乡村、宜业田园和体育健身休闲特色小镇，服务现代农业发展，县级体育行政部门也应当同有关部门加强对体育经营活动的管理和监督。农村体育工作重点在乡镇、基础在村屯，要大力推动全民健身公共服务向农村延伸，将更多资源资金投向基层，将更多的项目活动放到乡村，将更多的指导服务送到农家，服务广大农民自觉、便利、科学、文明地开展经常性体育健身活动，促进农村体育生活化。

思考与探索

1. 试述社会体育管理的概念特征。
2. 试述我国社会体育管理的基本要素和管理体制。
3. 我国社会体育管理的基本原则与方法是什么？
4. 简述我国城市社区体育管理的原则、体系与主要内容。
5. 概述我国农村体育管理的重点与难点。
6. 在乡村振兴战略等背景下，如何从理论视角来分析我国城乡体育的融合发展？
7. 试论科技助力背景下我国全民健身公共服务体系的数字化、智能化与智慧化转型路径。
8. 如何通过普及运动项目来促进构建更高水平的全民健身公共服务体系？
9. 结合所学内容分析贵州省"村BA"篮球赛和"村超"足球赛火爆的原因及获得的启示。

推荐阅读文献

1. 郭亚飞，刘炜. 体育社会学［M］. 北京：北京师范大学出版社，2012.
2. 卢元镇. 社会体育导论［M］. 2版. 北京：高等教育出版社，2011.
3. 王凯珍. 中国社会转型与城市社区体育发展［M］. 北京：北京体育大学出版社，2012.
4. ［德］卡尔-海因里希·贝特. 体育社会学启蒙：现代社会体育运动研究［M］. 陈燕，译. 北京：北京体育大学出版社，2020.
5. 李晓天. 我国城市社区公共体育服务体系研究［M］. 北京：科学出版

社，2022.

6. 李春兰. 现代新型社区体育的建设管理与项目开发研究［M］. 北京：中国社会科学出版社，2016.

7. 孙晨，李荣日. 数字时代全民健身公共服务治理现代化：现实困境与实践转向. 沈阳体育学院学报，2022，41（3）：117-122，129.

8. 冯加付，郭修金. 全运会改革"热"背后的"冷"思考——以增设群众组赛事为视角［J］. 武汉体育学院学报，2019，53（12）：11-16.

9. 谢正阳，周铭扬，汤际澜. 乡村振兴战略下我国农村体育治理的内在逻辑、模式选择与优化路径［J］. 体育学研究，2022，36（1）：12-23.

10. 杨小明，夏成前.《乡村振兴促进法》实施背景下农村体育发展机遇与策略［J］. 体育文化导刊，2022（1）：60-64.

11. 吕钶. 乡村振兴战略下农村体育治理的实践逻辑与因应策略［J］. 北京体育大学学报，2022，45（2）：64-73.

12. 傅钢强，耿文光，夏成前，等. 我国农村体育助力农村社会发展的历程回顾、使命延续和未来展望——基于浙江省乡村振兴的典型样本分析［J］. 体育科学，2020，40（8）：27-34.

第七章参考文献

第八章

体育产业管理

本章导语

　　本章在介绍体育产业的起源与发展、定义和分类以及体育产业管理的内涵与特点等基本知识的基础上，分别对健身休闲产业、体育竞赛表演产业、职业体育产业、体育场馆服务业以及体育教育与培训业等的形成与发展、属性及特点等加以阐述，并以各产业部门的核心业务为例，具体分析其经营管理模式、经营管理内容、经营管理过程等方面的一般规律和特征。

学习重点和难点

　　学习重点：体育产业管理的定义与特点、健身休闲产业的性质与特点，健身俱乐部的经营管理内容，体育竞赛表演业的形成与发展，体育赛事的管理过程，职业体育产品属性，职业体育管理制度以及职业体育俱乐部管理的核心内容，体育场馆运营管理模式与内容，体育培训业的特点和体育俱乐部的一般经营管理模式。

　　学习难点：现代健身俱乐部经营管理工作的重点，体育赛事的启动与策划、营销与推广、控制与评估等关键流程，职业体育管理制度，如何进行职业体育俱乐部的市场开发。

第一节

体育产业管理概述

体育产业管理是与体育产业的发展相伴而生的。随着体育产业的产生、演变与发展，体育产业管理的内涵也随之变化。梳理体育产业管理的发展脉络，界定体育产业管理的定义和分类，是准确把握体育产业管理基本内容、基本特征和基本规律的前提。

一、体育产业的起源与发展

（一）体育产业的起源与形成

体育产业是随着产业的发展逐渐产生和发展起来的。产业是随着社会分工的产生而产生，并随着社会分工的发展而演进和发展的。追溯起源，西方学者们一般认为体育产业起源于英国。18 世纪 60 年代至 19 世纪 30 年代末的产业革命首先从英国开始，棉纺织机以及后来蒸汽机开始广泛应用于生产，促进了社会主导产业结构的重建。体育作为一项产业活动，在这一时期开始萌芽。莉萨·马斯特拉莱西思在《体育管理理论与实践》一书中提到，英国是现代体育和体育产业的出生地。一方面，能够作为产业的绝大部分现代体育运动项目基本都源于英国人创立并竭力推崇的"户外运动"，如足球、高尔夫球、保龄球、羽毛球以及部分水上和冰上运动项目。尤其是殖民扩张又把英国贵族们热衷的户外运动传给了殖民地的新贵，从而使户外运动逐渐传播到美国和欧洲、亚洲等许多国家和地区，客观上为体育在全球的职业化、商业化发展提供了基础。另一方面，体育作为产业还必须具备开展经营所不可或缺的组织形式，这一组织形式就是俱乐部体制，这一体制最早也产生于英国。1750 年，在英国的纽玛克特，一批贵族资助成立了著名的"乔治俱乐部"（The Jockey Club）。

美国在确立现代体育产业地位方面也发挥了举足轻重的作用。一来美国是当今世界上一些最为成功的商业化体育经营项目的创办者，如篮球等；二来美国在引进英国俱乐部体制的基础上又创立了促进现代体育职业化、商业化的另一个十分重要的组织形式，即联盟体制（League System）。20世纪，美国率先在本国的职业体育领域建立和完善了联盟体制。所谓联盟体制实际上是指职业队的业主们为追求自身利益的最大化，把经营权委托给一些专家，让他们代表自己的利益来对联盟进行经营和管理的一种制度。除常见的美国职业篮球联赛（NBA）外，美国职业棒球大联盟（MLB）、美国职业橄榄球大联盟（NFL）、美国国家冰球联盟（NHL）和美国职业足球大联盟（MLS）都创造了令人叹服的商业奇迹，奇迹产生的深层原因和共性特征就是联盟体制的出现。

由此可以看出，体育产业的产生有两条基本线索：一是体育走向商业化和职业化的过程；二是体育中的职业俱乐部和联盟体制两大运作模式的形成过程。

（二）国外体育产业发展

在体育产业发展的不同阶段，其产业规模也随之不同。早在18世纪，西方主要资本主义国家的上流社会已经形成一定规模的体育健身娱乐消费，但那时消费规模较小尚不能形成真正意义上的产业。到了20世纪中叶，欧洲一些国家在第二次世界大战之后重新崛起，体育健身娱乐消费才开始实现平民化、普遍化、生活化，大众体育开始有了产业地位[①]。自20世纪90年代以来，体育产业在许多国家和地区得到持续快速发展，产业规模也呈现大幅度增长，在国民经济各个行业中的地位显著上升，成为提高就业率、促进关联产业发展的主力产业部门之一。以世界上体育产业最发达的美国为例，20世纪80年代末，美国体育产业产值已超过630亿美元，比石油化工业（533亿美元）、汽车制造业（531亿美元）等重要部门的产值还要高，占到国民生产总值的1.5%左右，在国民经济各大行业排名中居第22位；同时期英国的体育产业年产值达68.5亿英镑，超过汽车制造业和烟草工业的产值，政府从体育产业中得到的税收就达24亿英镑，相当于政府体育投资的5倍。亚洲国家中，日本体育产业在1997年的总产值达到4.5兆亿日元，在国内十大产业中位居第六，在第三产业中排名第二。21世纪，随着体育职业化、商业化的发展以及大众体育需求的日益增长，体育产业的增长速度不断加快。根据科尔尼咨询公司的统计，21世纪的前十年，体育产业的增长率在世界各个国家都超过了国内生产总值（GDP）的增长率：美国体育产业的增速是其国内生产总

---

① 鲍明晓. 略论国外体育产业的起源 [J]. 体育文史，2000（2）：25-26.

值的 1.9 倍，英国为 3.8 倍，法国和德国均为 3.5 倍，巴西和墨西哥也分别达到 1.7 倍和 3 倍，印度和日本分别为 2.1 倍和 3 倍。另据普华永道 2019 年的统计数据，全球体育产业在过去 3~5 年的平均增长率为 7.4%，亚洲一直是最具潜力的市场，未来 3~5 年仍有望保持强劲的增长；非洲和南美洲体育市场迅速崛起，正在奋起直追。

可以说，随着体育经济功能的不断开发以及人们收入的不断增长，大众日益旺盛的体育需求正在积极地转化为实际的体育消费行为，体育产业已成为众多国家国民经济的主要产业部门之一，甚至成为一些国家国民经济的支柱产业。

（三）我国体育产业发展

改革开放前，我国体育产业结构尚未形成，以体育事业为主。改革开放后，伴随着我国体育产业制度改革的逐步推进，我国体育产业经历了从无到有、不断壮大的过程，在促进体育与经济社会协调发展方面发挥了重要作用。当前，我国体育产业发展呈现如下几个特点：

1. 体育产业规模稳步提升

从体育产业实践来看，我国体育产业规模呈现出由慢到快、不断加速发展的态势（表 8-1）。改革开放至社会主义市场经济体制确立之前，我国体育产业虽然得到了一定发展，但因其起步较晚，所以发展较为缓慢，产业规模相对有限。据统计，1978—1992 年我国体育产业总规模仅为 16 亿元 [1]。"十一五"时期，我国体育产业发展开始明显提速，体育产业增加值从 2006 年的 982.89 亿元增至 2010 年的 2 689.1 亿元，是 2006 年增加值的 2.7 倍。"十二五"时期，我国体育产业的增加值进一步增至 2015 年的 5 494.8 亿元，2015 年我国体育产业规模达到 1.70 万亿元，占同期 GDP 的比重增加到 0.8%。"十三五"时期，我国体育产业呈现出加速发展的势头，其产业规模迅速扩大，体育产业的总规模从 2016 年的 1.90 万亿元，增加至 2020 年的 2.74 万亿元，占 GDP 的比重从 2016 年的 0.87% 上升至 2019 年的 1.14%。虽因疫情原因体育产业总规模在 2020 年出现小幅下降，但总体呈现出快速上涨之势。"十四五"开局之年，我国体育产业的总规模达到 3.12 万亿元，占 GDP 的比重较 2020 年略有上涨，呈现出回暖趋势。以 2014—2021 年的数据为例，从名义增长来看，2021 年，我国体育产业总规模较 2014 年增长了 129.65%，年均增长率为 13.05%；增加值增长了 203.02%，年均增长率为 17.80%，均

---

① 金占明. 我国体育产业的现状与发展前景 [J]. 清华大学学报（哲学社会科学版），1996（3）：33-36.

远远高于同期国内生产总值的增长速度；随着"互联网＋""数字经济"以及"人工智能"在体育中不断生成新的业态以及全社会日益浓厚的体育健身氛围，我国体育产业的总体规模仍保持在一个较高的水准，凸显出体育产业作为国民经济新兴产业和朝阳产业的巨大发展潜力，成为助推我国经济高质量发展的新引擎。

表 8-1　2014—2021 年我国体育产业规模[①]

年份 / 年	产业总规模 / 亿元	增加值 / 亿元	占 GDP 的比例 /%
2014	13 575	4 041	0.64
2015	17 107	5 494	0.80
2016	19 011	6 475	0.87
2017	21 988	7 811	0.95
2018	26 579	10 078	1.10
2019	29 483	11 248	1.14
2020	27 372	10 735	1.06
2021	31 175	12 245	1.07

数据来源：国家统计局网站

2. 体育产业领域不断拓展

随着我国体育产业规模的逐步扩大，体育产业领域也在不断拓展。20 世纪 90 年代初，我国体育产业主要以体育用品业为主，其他体育产业领域发展较慢。进入 21 世纪，以体育健身休闲和体育竞赛表演业为核心，以体育用品制造、销售为支撑，以体育旅游、体育经纪与代理、广告与会展、表演与设计服务等为补充的多业并举、全方位发展的态势已基本形成[②]。近年来，户外运动、马拉松和电子竞技等新兴体育项目开始异军突起，成为体育产业发展的重要力量。仅 2015 年，我国户外运动、马拉松和电子竞技产业的产值就分别达到 221.9 亿元、300 亿元和 269.1 亿元。

从体育产业的内部结构看，体育服务业发展势头不断增强。根据国家统计局公布的数据，2016—2021 年，我国体育服务业占体育产业的增加值比重一直稳步上升。2016 年，我国体育服务业的总规模为 6 827.0 亿元，占体育产业增加值的比重从 2015 年的 49.2% 提高到 55.0%；2017 年，我国体育服务业占体育产业增加值的比重上升到 57%。2019 年，我国体育服务业增加值

---

① 产业总规模与增加值的数值均为四舍五入后的整数。

② 姜同仁，夏茂森. 新常态下中国体育产业发展与趋势预测研究 [J]. 武汉体育学院学报，2015，49（5）：47-55.

为 7 615 亿元，在体育产业中所占比重增加至 67.7%；2020 年，虽然受新冠疫情影响，体育服务业增加值减少为 7 374 亿元，但其在体育产业中所占比重仍达到 68.7%；2021 年，我国体育服务业增加值为 8 576 亿元，占体育产业增加值的比重为 70.0%。2018—2021 年我国体育服务业的产值中，体育用品及相关产品销售、出租与贸易代理业的支撑作用最强。此外，随着体育产业与互联网、物联网、云计算、大数据、人工智能等信息技术的融合，科技赋能体育催生出更多的数字化、智能化体育产业，体育产业的新业态、新模式和新场景不断涌现，进一步拓展了体育产业的领域。

3. 体育产业体系不断健全

经过改革开放 40 多年的不断探索与实践，伴随着体育职业化和商业化的迅猛发展，我国体育产业已由最初简单的创收经营活动逐步走向市场，发展成市场主体不断壮大，多种业态不断融合，产业结构不断优化，产业质量不断提升的现代服务业。当前，我国体育产业的重点行业主要包括体育竞赛表演活动业，体育健身休闲活动业，体育场地和设施管理业，体育经纪与代理、广告与会展、表演与设计服务业，体育教育与培训业，它们与体育康复，体育信息服务，运动食品饮料，体育用品及相关产品销售、出租与贸易代理，体育建筑设计与施工等共同构成了不断完善的体育产业体系。同时，随着体育与文化、教育、科技、旅游、康养等相关产业的不断融合，体育旅游、体育人工智能、体医融合、体育影视、体育健康养老等新业态不断涌现，使得体育产业已形成上游体育资源生产、中游体育产业运营与传播、下游体育产品到达的完整产业链，同时融合新业态形成新的经济效益增长极（图 8-1）。根据艾

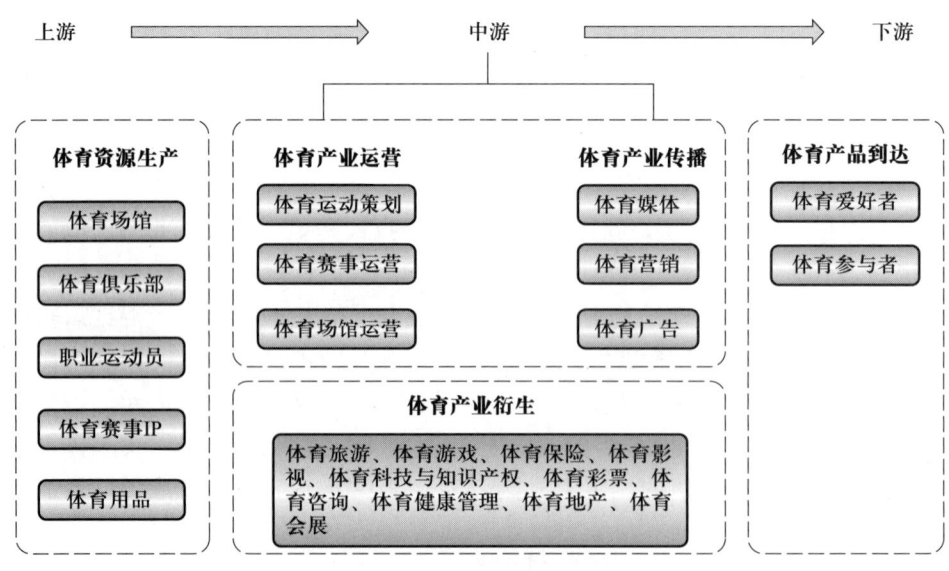

图 8-1　我国的体育产业链条

资料来源：《2018—2019 年中国体育产业发展及新兴业态融合分析报告》

媒大健康产业研究中心的《2018—2019 中国体育产业发展及新兴业态融合分析报告》，我国体育产业细分领域呈现相互融合的态势，如"体育＋互联网"形成的"智慧体育"新趋势；竞技体育融合场馆、竞技和媒介的新业态；"健身休闲融合场馆服务＋体育教育与培训"的新业态。在体育产业体系不断健全的同时，体育产业结构也进一步优化，体育产业政策和配套措施也不断完善，这些都为新时代我国体育产业的高质量发展注入了源源不断的动力。

二、体育产业的定义和分类

作为一门应用性学科，体育产业以产业经济学理论为基础，研究体育产业内部各部门之间的关系及其发展变化规律，因此其定义和分类既具备一般产业的共同属性，也具有体育产业自身的独特性。

（一）体育产业的定义

体育产业具有产业的一般属性。产业经济学认为，广义的产业是国民经济中按照一定的社会分工原则，为满足社会某种需要而划分的，从事产品和劳务生产及经营的各个部门。而狭义的产业是从事具有某种同一属性的经济活动的企业的集合。同一属性或特征包括：第一，从需求角度来说，是指生产或提供具有密切竞争关系和替代关系的产品或服务；第二，从供给角度来说，是指具有类似生产技术、生产过程、生产工艺等特征的物质生产活动或类似经济性质的服务活动[1]。

根据产业的定义，学者们对于体育产业给出了不同的界定。然而目前为止，国内外学者尚未达成统一共识。西方国家对于体育产业定义的界定较为宽泛，一般认为：体育产业是为国民经济提供体育产品或服务的部门的总称。国内部分学者基于我国体育产业的发展变化特点，结合体育产业统计的现实，对广义体育产业的定义进行了如下界定：体育产业指的是为社会公众提供体育服务和产品的活动以及与这些活动有关联的活动的集合[2]。对于狭义的体育

---

① 苏东水. 产业经济学 [M]. 4 版. 北京：高等教育出版社，2015：1.
② 张林，刘炜，林显鹏，等. 中国体育及相关产业统计研究 [J]. 体育科学，2008（10）：16-25.

产业概念，我国学者一般从狭义的产业概念出发，将其界定为向社会提供各种体育劳务的有关部门（如体育企业和体育社会组织等）的集合。作为国民经济的分支部门，体育产业既具有一般产业的共性，即遵循市场经济规律、追求经济效益，又具有其自身的独特性。体育产业部门提供的产品和服务的重要功能还在于丰富群众体育生活，培养体育人才，提高全民族身体素质、生活质量和竞技体育水平，促进我国由体育大国向体育强国的转变等。

（二）体育产业的分类

体育产业分类的理论基础和标准与一国的经济制度密切相关，因此不同国家在体育产业分类方面各有特色。比如，美国的体育产业主要包括健身娱乐业、职业体育产业、体育用品业以及体育经纪业等十余类；加拿大将体育产业分为教练、裁判和运动员、体育用品制造业、体育与休闲服务产业、全国性体育组织和政府等5类；澳大利亚则将体育与休闲产业划分为主体产业和相关产业，并进一步对主体产业和相关产业进行细分，其中主体产业包括有组织的体育、主动休闲活动等5个门类39个次级门类，相关产业包括建筑业、零食贸易、批发贸易等6个产业门类22个次级门类。

随着体育产业的快速发展以及我国体育产业统计的需要，我国对于体育产业的分类方法和标准也在发生变化。1995年，国家体育总局印发《体育产业发展纲要（1995—2010年）》，其中将体育产业分为三个类别，分别为体育主体产业、体育相关产业和体育外围产业。第一类指发挥体育自身的经济功能和价值的体育经营活动内容，如对体育竞赛表演、训练、健身、娱乐、咨询、培训等方面的经营；第二类指为体育活动提供服务的体育相关产业类，如体育器械及体育用品的生产经营等；第三类指体育部门开展的旨在补助体育事业发展的其他各类产业活动。2015年，国家统计局发布《国家体育产业统计分类》，将体育产业分为体育管理活动，体育竞赛表演活动，体育健身休闲活动，体育场馆服务，体育中介服务，体育培训与教育，体育传媒与信息服务，其他与体育相关服务，体育用品及相关产品制造，体育用品及相关产品销售、贸易代理与出租，体育场地设施建设11个大类、37个中类和52个小类。该分类是对《国民经济行业分类》（GB/T 4754-2011）中符合体育产业特征有关活动的再分类，突出了我国体育活动的实际特点和发展现状，兼顾了与体育相关的上下游产业及新兴产业。随着《国民经济行业分类》（GB/T 4754-2017）的发布，2019年，国家统计局公布了《体育产业统计分类（2019）》，以便与新的行业分类更好地衔接，并适应体育产业统计的需要。新的分类中，大类和中类的数量保持不变，仍为11个和37个，内容有所调整；小类增加19个。大类的调整情况为：对5个大类的名称进行了调整，新的名称为"体育场地和设施管理""体育经纪与代理、广告与会展、表演与设计服务""体育教育与培训""其他体育服务""体育用品及相关产品销售、出租与贸易代理"。中类的调整情况为：对 17 个中类的名称进行了变更，新增了 7 个中类，新增的中类为："体育服务综合体管理""体育广告与会展服务""体育表演与设计服务""体育咨询""体育博物馆服务""体育用相关材料制造""体育相关用品和设备制造"。原有的 7 个中类不再保留，被调整为小类。小类的调整情况为：原分类中有 23 个小类名称有所变更，新增 20 个小类，合并了 2 个小类，有 26 个小类内容有所变更。2019 年体育产业统计分类的变化主要体现在内容的调位、扩展、增加以及由此带来的代码的变更，基本实现了体育产业体系更加完整、分类更加规范、更能反映实际的体育产业活动分类目标。

三、体育产业管理的内涵与特点

（一）体育产业管理的内涵

体育产业管理指体育产业组织中的管理者通过一定方式整合资源，实现体育产业组织目标的活动。对于各类体育产业组织而言，其发展的主要目标是为社会提供能满足人们需要的体育产品，并实现最大的经济效益和一定的社会效益。

体育产业管理具有多层次的内涵。从宏观层面来看，体育产业管理主要包括对我国体育产业结构的调整与优化、对体育产业市场的培育与发展、体育产业政策的制定与实施、体育产业有关法规的制定、对各类体育产业部门的协调和监督等。从微观层面来看，体育产业管理主要是指对各体育产业部门内部经营活动的管理。本章将重点从微观层面介绍对体育产业部门内部经营活动的管理。

体育产业管理的内容十分丰富，当前我国体育产业管理的内容起码应涵盖国家统计局 2019 年发布的《体育产业统计分类（2019）》标准中的 11 个大类及子项目。在上述分类的基础上，在体育产业实践中，运用管理学及相关学科的原理、方法和手段指导各类体育产业的发展，探寻各类体育产业部门内部管理活动的规律，用科学规范的管理带动体育产业的创新发展和升级转型，推动体育产业实现高质量发展。

（二）体育产业管理的特点

不同类别体育产业的管理活动既有共性又有差异。一般认为，体育产业管理具有以下三个特点：

1. 以效益为核心

效益是体育产业管理的根本，既包括经济效益，又包括社会效益。在体育产业管理过程中，应始终坚持以效益为中心，实现体育产业部门经济效益与社会效益的双赢。从经济效益来看，应不断通过管理创新带动产业效益的提高。如果某一体育产业部门的经济效益高，意味着它获得的经济利益较多，这既有利于增强其自身的核心竞争力，又有利于促进整个体育产业的快速发展，提升体育产业在国民经济中的地位，推动体育产业更快成为国民经济支柱性产业。就社会效益而言，它是体育产业实现可持续发展的重要基础，无论产业布局还是产业发展，都应将承担社会责任作为使命。具体到体育企业，应将社会责任放在重要位置，通过在行业中树立良好标杆，不断增强综合发展实力和总体社会影响力（TSI）[①]。

2. 以市场为导向

体育产业管理应坚持以市场为导向，即体育产品生产或服务的经营管理过程要以市场需求和体育消费者的需求特征为导向。具体来说，首先，各类体育产业部门应对市场和体育消费者的需求进行精准定位，坚持对产业重点项目进行规划引领；其次，对管理制度、人员组织架构等不断加以完善，实现专业化的经营管理；再次，建立风险防控体系，主动根据市场风险，调整经营行为；最后，根据体育消费者的需求和国家政策的变化趋势，适时调整经营战略。从而使各类体育产业部门全方位面向市场，进一步增强体育产业的整体活力，使各类体育产业部门和企业在市场竞争中求生存、促发展，不断催生更多的体育产业新业态和新模式，助力体育产业提质升级。

3. 以政策法规为保障

我国体育产业形成的时间较晚，目前仍处于初级发展阶段，主要表现为市场化运作程度不高，行政干预较多，市场竞争机制不健全。以体育赛事为例，作为带动能力最强、产业影响力最大的核心产业之一的竞赛表演业的重要分支，由于我国在赛事运作、场馆服务、俱乐部经营和运动员市场开发等方面的市场化运作能力不足，明显制约了体育赛事职业化、品牌化和商业化的进程。同时，我国体育产品和服务存在同质化严重、体验感不强和价格虚高等现象，造成体育产品和服务有效供给不足等问题。为使体育产业能够实现健康有序的高质量发展，一方面，必须加快体育管理体制改革，不断完善

---

① 所谓总体社会影响力指的是一家企业的产品、服务、运营、核心能力和各种活动创造的整体社会效益。

各类体育市场的监管机制，做到放活管好体育市场；另一方面，积极推动国家和地方各级人民政府出台促进体育产业发展的相关政策，充分发挥政策在体育产业发展中的导向作用。

第二节
健身休闲产业管理

健身休闲产业是体育产业的核心和基础，是社会公众参与体育最直接的领域之一。它是以体育运动为载体、以参与体验为主要形式、以促进身心健康为目的，向大众提供相关产品和服务的一系列经济活动，涵盖健身服务、设施建设、器材装备制造等产业门类，与旅游、健康、养老等生活性服务业具有较强的关联性，经济带动作用明显，发展潜力巨大。

一、健身休闲产业的形成与发展

健身休闲产业是随着体育大众化而产生和发展起来的。早期的健身休闲产业具有贵族化特点，16—17 世纪，英国的"户外运动"得到广泛流行，使得健身休闲逐步实现从贵族化到平民化的演进，促进了健身休闲产业的发展。随着资本主义的发展，一些资本家开始尝试用企业化经营的方式投资体育赚取利润。由此，逐步开启了"户外运动"的两个发展方向：一是群众基础较好的运动项目，逐渐走向竞技化和专业化，成为精英体育发展模式；二是群众基础相对薄弱的运动项目，继续延续民间体育的发展方式，并不断向规范化演进。1750 年英国贵族资助成立的赛马俱乐部就是一个典型案例，在俱乐部的经营管理过程中，实现了将所有权和经营权分离，开创了运动项目商业化的先河。19 世纪后期，随着第二次产业革命对城市发展和休闲娱乐需求的推动，欧美国家的板球、马术、网球、高尔夫球等运动迅速兴起，市场化、商业化的俱乐部开始应运而生。第二次世界大战后，美国开始引领世界休闲产业的发展。20世纪70年代开始，美国的人口肥胖问题日益突出，以健身操为代表的有氧运动风靡全美，进一步促进了健身休闲业向大众化发展。这个阶段，美国的健身休闲产业主要满足普通大众的体育需求，建立了会员制和连锁经营的产业运营模式。20世纪90年代，欧美国家的健身俱乐部开始呈现多元化经营的趋势，较大规模的健身休闲中心（fitness center）开始涌现①。英国和美国是世界公认的健身休闲产业较为发达的国家。伦敦拥有全世界最为先进和服务一流的健身房；在美国人的体育消费结构中，健身休闲活动是最大的支出项目，同时也是增长速度最快的项目之一。德国的健身休闲设施基础和休闲健身产业同样享誉世界。每年4月，全球健身行业决策者、健身中心经营者、健身教练以及投资者们都会聚集德国科隆，为他们的经营项目寻找行业前沿技术和最新经营理念。日本在20世纪70年代就改变了体育发展战略，将重点转向提高国民身体素质，为日本健身休闲产业的发展奠定了重要基础。即便在20世纪90年代中后期日本经济进入低谷，以大众健身休闲为主体的体育产业年增长率仍可以达到3.25%，远超国民经济增长率。

我国体育产业起步较晚，健身休闲产业在20世纪80年代开始出现，随后得到蓬勃发展。我国健身休闲产业可以粗略分为以下三个阶段：

（1）初步探索阶段（20世纪80年代）

改革开放后，随着一些沿海城市经济的发展，我国开始出现一批有规模的健身休闲经营实体，成为我国健身休闲产业的雏形。这一阶段，我国的健身休闲产业主要呈现以下特征：投资主体相对单一，多为国营性质；产业布局和规模较小，盈利能力较差，多集中在广东等沿海开放地区和北京、上海等一线大城市。

（2）快速成长阶段（20世纪90年代）

党的十四大确立社会主义市场经济体制以来，我国确立了体育面向市场的产业化发展目标，开始大力培育体育市场，随后多种所有制参与下的健身娱乐业迅速增长，经营项目逐步增多。1995年《全民健身计划纲要》发布后，健身休闲产业开始进入快速发展期。民间资本和外资均开始进入我国健身休闲市场，健身休闲俱乐部开始在一线城市大量涌现，综合性健身休闲经营实体开始出现，合作经营、外包经营等新模式和现代化经营管理手段不断被引入健身俱乐部。例如，1998年，香港浩沙集团将俱乐部管理模式带入内地健身市场，开启了健身俱乐部的连锁经营模式。

（3）稳步发展阶段（21世纪至今）

21世纪以来，随着我国国内生产总值的快速增长和居民可支配收入的大幅提升，居民主动健身的意识日益增强，健身休闲产业发展势头强劲，在

---

① 曹可强，张林. 体育产业概论［M］. 2版. 北京：高等教育出版社：2019：77.

经历了一段井喷式增长后逐步进入稳定增长期，并日益成为我国体育产业发展和我国城乡居民体育消费的主导产业。据国家体育总局的数据，从体育产业内部结构来看，2021 年，体育健身休闲产业在体育服务业中的比重为 11.31%，增加值现价增长速度达到 21.1%。随着《关于加快发展健身休闲产业的指导意见》《关于促进全民健身和体育消费推动体育产业高质量发展的意见》《全民健身计划（2021—2025 年）》等政策文件的颁布实施，我国健身休闲产业迎来了更加繁荣的发展，在部分地区已经成为引领地方经济社会发展的重要力量。

二、健身休闲产业的性质与特点

作为体育服务业主要支柱的健身休闲产业，既具有服务业的一般特征，也在自身发展过程中形成了一些独特性。一般认为，健身休闲产业具有以下三个特点：

1. 消费与生产的同时性

经济学研究认为，服务业的生产和消费是密不可分的，二者在空间和时间上都具有同时性。从产业内容来看，可以将健身休闲产业划分为两个部分：第一是主体产业；第二是与体育健身有关的相关产业。例如，澳大利亚把休闲主体产业分成了 4 类，分别是体育赛事、主体休闲运动、被动式休闲运动以及博彩和休闲服务；而相关产业被分为制造业、零售业、建筑业、金融业以及文化服务业。无论主体产业还是相关产业，其内容基本上是围绕着休闲体育服务和休闲体育活动开展的，因此，健身休闲产业具有较强的服务业属性。也就是说，无论主动参与还是被动参与健身休闲活动，商家提供服务的过程即生产过程与顾客消费的过程大都是同时进行的。比如，当顾客在健身俱乐部健身时，无论使用健身器械还是健身教练对其进行健身指导，都既是顾客享受服务的消费行为，又是俱乐部提供服务的生产行为，二者具有同时性。当然，从相关产业来看，制造业、建筑业等虽然都是健身休闲产业的上游产业，但对其整体特点的影响相对较小。因此，可以认为健身休闲产业具有消费与生产的同时性这一特点。

2. 产业发展的融合性

健身休闲产业是在社会经济以及相关服务产业发展和演进的基础上衍生出来的。第一，健身休闲产业与生俱来就离不开与运动基础设施等本体产业（二者均属于体育服务业）的融合，二者相互依赖，彼此促进。健身休闲产业的蓬勃发展需要健身休闲设施的不断更新与优化，而健身休闲设施的不断升级创新又进一步推动休闲健身产业向更高质量发展。第二，健身休闲产业的发展得益于与相关产业的融合。传统健身休闲产业与建筑、金融、贸易以及餐饮和住宿的融合已是不争的事实。近年来，随着健身休闲产业自身发展和产业优化升级的需要，我国健身休闲产业不断创新，进一步实现了与旅游、科技、康养等相关产业的融合，催生了互联网健身、休闲旅游、智慧健身、休闲康养等一些新业态、新模式的出现。第三，健身休闲产业与多业态的跨界融合已经成为一种必然趋势。以乐刻运动为例，作为一个 24 小时"互联网＋"的健身房，它的定位是打造小而美的健身场馆，满足人们对美、健康、教育等方面的需求，目前已实现与餐饮、装备、地产等行业的融合，成为具有跨界基因的健身房品牌。

3. 产业发展的时代性

任何一个产业的发展特征都受到所处时代的影响，健身休闲产业也不例外。一是不同时期和背景下，大众的健身休闲需求有所差异。从健身休闲产业的演进特征即可看出，大众对于健身休闲项目的选择除了受自身经济能力、自我需求的影响，还将受到时代潮流的影响。当前流行的健身休闲项目在未来很可能被更加新兴的项目替代，或者说，当前小众的健身休闲项目在未来可能会被更多的人接受。以我国为例，随着人们主动健康意识的提升，尤其是 2020 年疫情发生后，健身越来越受到社会公众的普遍认同和仿效，成为大众生活的一种新时尚。据《2020 中国健身行业数据报告》，截至 2020 年 12 月，我国健身人口的渗透率为 5.02%，环比增长 3.19%。这些数据说明健身休闲产业的发展具有很强的时代特点。二是小众化、个性化、时尚化的健身休闲活动异军突起，也反映了时代特征。近年来，我国水上运动、航空运动、攀岩、徒步、定向运动、自行车、击剑等项目成为新的健身休闲消费热点，而 2016 年国务院办公厅印发的《关于加快发展健身休闲产业的指导意见》也明确提出要制定健身休闲重点运动项目目录，以户外运动为重点，研究制定系列规划，并对包括水上运动、航空运动、山地户外运动、冰雪运动等进行了重点阐述。这些具有时代特征的政策导向，无疑对上述新兴健身休闲项目的迅猛发展起到了推波助澜的作用。

三、健身俱乐部的经营管理

健身俱乐部于 20 世纪 70 年代在美国兴起，它为人们提供了一种崭新的生活方式。20 世纪 80 年代健身产业进入我国并日益受到大众的青睐。20 世纪 90 年代以来，以《全民健身计划纲要》为代表的各种政策文件不断出台，为健身俱乐部的发展带来了新的机遇。健身俱乐部的有效经营与管理不断促进健身休闲行业的发展，进而推动我国体育产业的整体发展。

（一）健身俱乐部的定义与分类

1. 健身俱乐部的定义

健身俱乐部按照经营的性质可划分为公益性和商业性两种。公益性健身俱乐部是指不以营利为目的，主要以开展群众性体育活动和增进身体健康为目的的体育组织。商业性健身俱乐部是指为满足大众健身、休闲、娱乐等需求，以商业性健身设施为活动场所，依靠市场机制并以营利为主要目的的俱乐部（本节内容主要论述的即是商业性健身俱乐部，以下所指的"健身俱乐部"或"健身房"均属于此种）。

2. 健身俱乐部的分类

自 20 世纪 80 年代以来，我国健身俱乐部在不断发展的过程中逐渐衍生出不同形式和类别。

根据投资加盟方式，可以将健身俱乐部分为 5 种类型：一是政府或单位经营，这类健身俱乐部一般资金较为充足，运营和管理有保障。二是中外合资，这一类型健身俱乐部的优势是可以引入国外一些先进健身理念，在原有管理体系中融入更多特色，可以与国内传统健身俱乐部形成互补优势。三是内资企业投资，这类健身俱乐部由专业团队进行运营，完全按企业的运作模式开展经营，因此在健身品牌塑造方面具有显著优势。四是外资独资，一些国外著名健身品牌由于看好中国健身市场，纷纷在中国开设品牌直营店，这类健身俱乐部通常规格较高，对服务水准的管理和控制较为严格。五是个人或合伙投资，如投资者具有较为丰富的健身行业经验，自身经济实力较强，采取独资方式；而经验或经济实力有限的投资者，可以选择合伙方式。

从服务内容的特征来看，健身俱乐部可以分为以下 4 类：第一类为传统健身俱乐部，场地面积在 500 平方米以上到 3 000~4 000 平方米不等，这类俱乐部是纯商业性质，大多借鉴国外商业模式，以提供综合性健身器材、场地及健身教练，以销售健身卡和教练服务为主，提供的大众健身服务主要有减肥、塑形、增肌等，消费者主要是一些年轻的健身爱好者。第二类是小型健身俱乐部或私教工作室，近些年较为流行，场地面积为 300 平方米左右，会员相对固定且消费较高，这种小而精的健身服务主要以线下运动为主，结合互联网完成一对一的健身及健康指导。第三类是智能化健身房，主要通过互联网的营销方式约课、上课，采用线上与线下相结合的方式并以线上运动为主，定期到健身工作室做一些线下运动。第四类是辅助型健身房，由一些高端的健康管理公司或休闲度假中心建立联合体检中心，主要以会员的健康体检报告为基础，开展健康教育、饮食营养指导以及有针对性的健身指导等。这一类型的健身俱乐部，健身指导是对健康管理的一种辅助。

另外，根据健身俱乐部的规模，还可以将其简单划分为超级连锁健身俱乐部、大型连锁健身俱乐部和中小型（或单店）健身俱乐部三种类型。目前，我国尚未形成健身俱乐部的超级连锁品牌，已有健身俱乐部中有一些属于大型连锁健身俱乐部，如成立较早且被评为健身会所十大品牌的英派斯和古德菲力，我国较早成立的大型连锁健身俱乐部浩沙健身等。同时，以威尔士、美格菲、中体倍力等为代表的健身俱乐部连锁品牌的门店数量也从几十家到上百家不等。至于中小型健身俱乐部或单店健身俱乐部的数量则较为庞大，根据三体云动数据中心统计，截至 2020 年 12 月，我国健身俱乐部门店数量约 44 305 家（不含香港、澳门、台湾地区，不含所有类型的工作室），尽管比 2019 年的 49 860 家下滑了 11.1%，但我国的健身俱乐部市场仍然是全球最大的健身市场，且中小型（单店）健身俱乐部的数量仍相当可观。

（二）健身俱乐部的组织结构

组织结构是关于决策权的划分体系以及各部门的分工协作体系。在健身俱乐部的运营管理中，需要根据俱乐部的总体目标，把俱乐部的不同要素进行合理配置，确定其活动的条件，规定其活动的范围，形成相对稳定合理的管理体系，以促进协同效应的发挥，实现健身俱乐部的高效运营。

由于健身俱乐部具有不同的类型和规模，因此其组织架构的模式也不尽相同。一般而言，大型连锁健身俱乐部一般采用事业部制组织结构（又称"分公司制结构"），其常见的组织结构如图 8-2 所示。青鸟健身、壹健身、宝力豪等健身俱乐部采用的均为这种"事业部制"组织结构类型。

大型单店或中小型健身俱乐部的组织结构相对较为简单，一般如图 8-3 所示，即按健身俱乐部的主要职能来安排部门分工。其典型特点是管理层级较少，将承担相同职能的管理业务及人员组合在一起，设置相应的部门和职务，保证俱乐部的顺利运行。

合伙人制小型私教健身工作室常见的组织结构如图 8-4 所示，由于这类健身俱乐部规模很小，一般不设固定的会籍顾问岗位和财务、人力资源等岗位，大都采取外包方式，会籍顾问大都属于预售团队，预售工作结束后即离开俱乐部。市场上很多在未正式开业前就以低价预售会员卡的健身俱乐部大都采用此类组织结构。

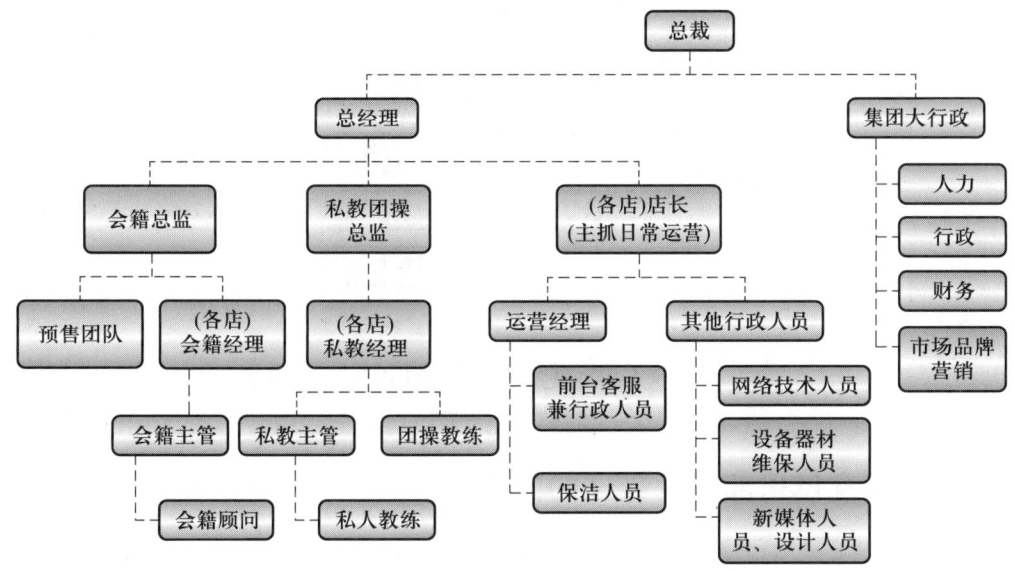

图 8-2　大型连锁健身俱乐部常见组织结构

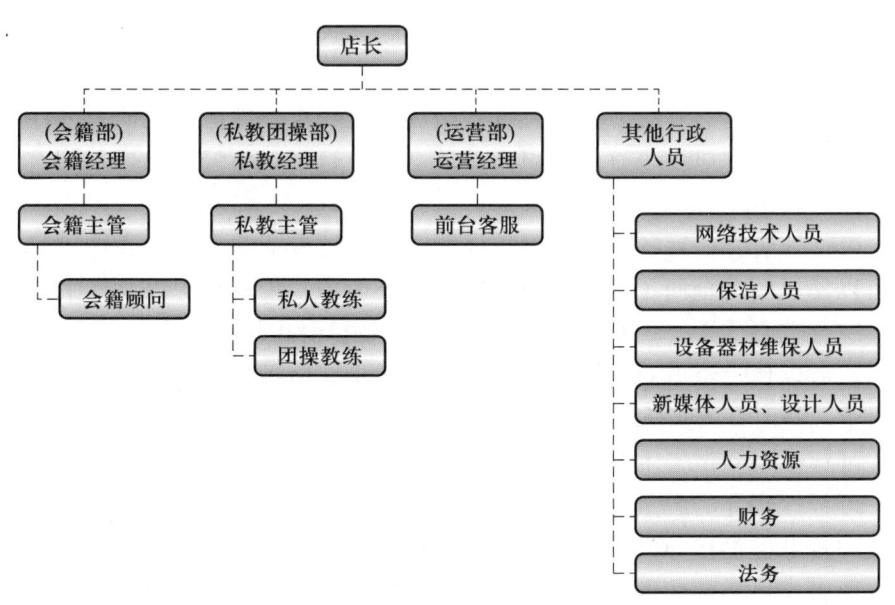

图 8-3　大型单店或中小型健身俱乐部常见组织结构

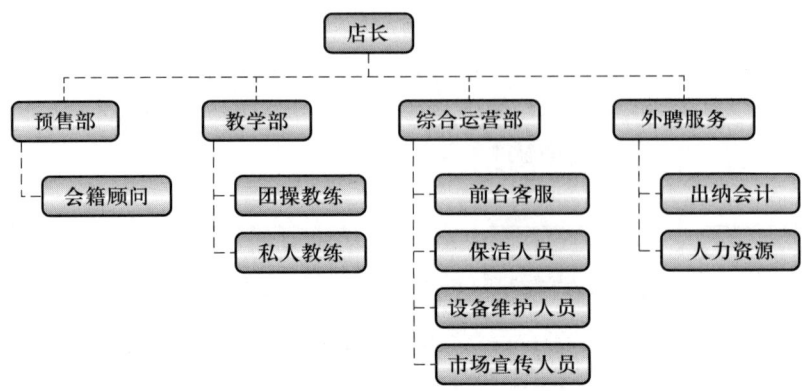

图 8-4　合伙人制小型私教健身工作室常见组织结构

（三）健身俱乐部经营管理的内容

健身俱乐部经营管理是指俱乐部管理者通过运用现代经营管理理念，对俱乐部的人力、财力、物力以及外在资源等进行有效整合，以实现俱乐部经营目标的过程。健身俱乐部经营管理的目的是吸引并留住会员，使会员产生复购行为，进而实现俱乐部发展的良性循环。为了实现这一目的，就要综合考虑俱乐部从筹建到人力资源管理、客户管理、服务与产品开发以及市场营销与推广等的重点工作。

1. 健身俱乐部的筹建

健身俱乐部的筹建前期应先进行市场调查和可行性研究，如果可行性报告结果良好，才可以进行健身俱乐部的融资、选址、装修、器材采购、开业等后续的工作。

可行性研究在筹备阶段具有重要意义，通过专业深入的可行性研究，首先可以使投资者全面了解自身及团队成员的能力、投资设想以及未来经营计划等综合实力；其次，可以使投资者全面了解健身市场以及竞争对手的情况；最后，可以使投资者对投资行为的风险和后果有所预判，并可预先谋划相应的对策，从而有效降低投资风险，避免投资浪费和失败。

可行性研究报告主要包括市场分析、选址分析、市场定位以及财务分析等。可行性研究的质量将决定项目是否可行，并且能够为健身俱乐部未来的发展和规划提供指导以及为制定具体的市场营销策略提供基础。俱乐部的选址主要考虑俱乐部的周边环境、目标消费群体的密集程度、交通条件、竞争分析、政府城市规划、租金价位等；俱乐部的装修主要包括建筑设计、室内设计、施工监测、采购装修材料以及与装修人员沟通等工作；健身俱乐部的开业准备包括开业典礼策划及宣传、场地布置、物资采购、嘉宾邀请、预售活动等。

2. 健身俱乐部的人力资源管理

人力资源是健身俱乐部最核心的资源，健身俱乐部的人力资源通常可以分为5类：管理人员、私人教练、服务人员、市场推广人员和场地设施维护人员。健身俱乐部的人力资源管理主要包括人员的招聘与选拔、培训开发、绩效管理、薪酬管理等。

在招聘环节，首先应注意选择有效的招聘信息发布渠道，使潜在应聘者能够了解到健身俱乐部的招聘信息，能吸引到对岗位工作感兴趣的人员前来应聘。在招聘过程中，应根据管理人员、私人教练、服务人员、市场推广人员和场地设施维护人员岗位职责的不同，采用科学合理的方法考核和选拔性格特点、知识技能水平以及未来工作绩效能够符合俱乐部要求的人选，并将其配置到相应的工作岗位。

健身俱乐部的员工培训应该是一种计划性和连续性的活动，全体员工都应纳入培训开发体系。在员工培训开发的过程中，首先要结合健身俱乐部的战略规划，充分了解不同岗位员工如私教、市场推广人员以及服务人员等在知识、技能等方面的实际需求，根据培训需求制订培训计划。值得注意的是，在完成培训后，还应对培训效果进行反馈和评估，考查培训是否达到预期目的，并对之后的培训进行改进和优化。

绩效管理在健身俱乐部的人力资源管理系统中占据着核心位置。一般来说，健身俱乐部的绩效管理包括绩效计划、绩效监控、绩效考核和绩效反馈4个环节，这4个环节形成了一个完整的闭环。

健身俱乐部薪酬管理的主要任务就是根据俱乐部的经营战略和发展规划，并综合考虑内外部因素的影响，确定薪酬体系、薪酬水平、薪酬结构、薪酬构成，明确员工所应得的薪酬，并进行薪酬调整和薪酬控制。健身俱乐部的薪酬管理应遵循合法性、公平性、及时性、经济性以及动态性原则，并服务于健身俱乐部的人力资源管理战略和经营战略。在进行薪酬管理时，首先是确定薪酬战略，再根据薪酬战略设计薪酬体系和制度，并据此进行薪酬管理。

3. 健身俱乐部的客户管理

健身俱乐部的客户管理主要包括设计俱乐部的会员制度、对不同类型客户的（新客户、忠实客户、流失客户）服务和管理、建立客户信息数据库。

健身俱乐部的会员制度主要指消费者需要缴纳一定的会费成为俱乐部的会员，并凭借会员卡可以在价格和服务等方面享受优惠。这些措施都有利于培养长期忠实的消费者、稳定的客源会员。俱乐部会员的资格期限一般在一年左右，期满后可以延续会员资格，同时再缴纳会费。随着健身产业的多元化发展，一些健身俱乐部开始探索"月付制"服务，给客户提供多种选择，用更高的服务品质增强客户黏性。

俱乐部客户管理主要是通过把握客户需求特征和行为偏好，有针对性地为客户提供产品或服务，发展和管理与客户之间的关系，从而培养长期忠诚度，以实现客户价值最大化和企业收益最大化之间的平衡。健身俱乐部客户管理工作的重点在于尽量延长整体客户特别是优质客户的服务周期，通过有效满足现有客户的需要来增强客户黏性，扩大客户基础。

健身俱乐部的客户信息数据库是对俱乐部客户或潜在客户的特征、需求以及客户行为等信息有组织的集合。一方面，该系统是为客户提供个性化服务的基础，可以引入大数据技术对客户数据进行深度分析和挖掘，更精准地满足客户需求；另一方面通过客户信息数据库可以将客户以往的信息加以储存、分析和调用，为健身俱乐部寻找具有潜力的目标客户，并尽量维持长期的客户关系。

4. 健身俱乐部的服务与产品开发

健身俱乐部为会员提供的产品主要包括：健身课程、运动主题训练营、运动健康讲座分享、良好运动环境与器材等服务产品和健身运动装备、运动鞋服、运动营养补剂、运动营养餐食等周边实物产品。一般来说，课程的种类根据俱乐部的定位和特色可以设置成团课和私教课；课程内容根据不同功能和效果可以分为减脂、增肌、体能训练、康复课程等，也可以根据不同的运动健身项目分为力量训练课、功能性训练课、瑜伽普拉提课、健身课等。

健身俱乐部为客户提供产品的过程即是为客户服务的过程。健身俱乐部为客户既提供健身课程、运动装备等硬服务，又为客户提供运动环境的卫生、服务人员的态度、私人教练的专业性、对客户需求的实时关注等软服务。比如，随着差异化竞争与"服务会员全生命周期"意识的觉醒，越来越多的健身俱乐部开始着重对存量会员和周边潜在客户进行精细化服务，在关注会员年龄、性别、职业、作息、家庭成员构成情况等"静态标签"的基础上，进一步深入分析会员近 7 天到访频率、训练项目排名、消费杠杆斜率等"动态标签"，全维度测评会员的健身喜好和消费能力等指标，从而合理规划俱乐部的课程方向和营销策略。

5. 健身俱乐部的市场营销与推广

健身俱乐部的市场营销与推广主要是指以各种手段向客户宣传产品，以激发他们的购买欲望和行为，扩大产品销售量的一种经营活动。健身俱乐部的市场营销与推广主要包括市场调查、目标市场选择、竞争者分析、制定市场营销与推广策略等。

市场调查是企业进行经营决策的重要基础，对于健身俱乐部而言，市场调查的主要目的是为目标市场选择奠定基础。目标市场选择是指估计每个细分市场的吸引力程度，并选择进入一个或多个细分市场。目标市场选择由三个步骤组成：市场细分、确定目标市场、市场定位。市场细分是目标市场选择的基础，健身俱乐部可以通过市场调查，根据消费者的需要、购买行为和习惯等差异，把健身俱乐部的整体消费群划分为若干个分支，每一个分支消费群就是一个细分市场。确定目标市场就是健身俱乐部在完成市场细分的基

大数据健身：乐刻智能健身房"五新模式"

第八章　体育产业管理

础上，结合自身优势，从细分市场中选择一个或若干个子市场作为目标市场，并针对目标市场的特点展开营销活动。市场定位也称"营销定位"，主要指健身俱乐部从不同方面塑造出产品或服务特定的市场形象，并形成明显的竞争优势，以期在目标客户心目中占有独特位置。

健身俱乐部进行竞争者分析时可以遵循以下步骤：首先，识别竞争对手；其次，确认竞争者的市场目标；再次，评估竞争者优劣势；然后，确定竞争者战略；最后，判断竞争者的市场反应模式。

健身俱乐部开展市场营销和推广的传统方式主要有：线上平台点评、周年庆、派单促销、签单赠品等。随着近年来市场竞争的日益激烈，健身俱乐部市场推广的重点开始向异业品牌合作、网络营销推广、品牌 VI 包装、企业服务等方面拓展。同时，在进行市场推广时还应注意，市场推广不仅是流量的获取，还需要精细管理获客渠道，评估每一个获客渠道真正的价值，根据评估结果分配推广费用和资源，并能够及时地优化、整合渠道，用最少的资源、费用发挥最大的推广价值。

第三节
体育竞赛表演产业管理

体育竞赛表演产业是体育产业的重要组成部分，表现为体育竞赛表演组织者为满足消费者运动竞技观赏需要，向市场提供各类运动竞技表演产品而开展的一系列经济活动。发展体育竞赛表演产业对挖掘和释放消费潜力、保障和改善民生、打造经济增长新动能具有重要意义。

一、我国体育竞赛表演产业的形成与发展

根据我国体育竞赛表演产业的历史演进和发展特征，可以将我国体育竞

赛表演产业分为以下 4 个阶段：

（一）萌芽期（1978—1992 年）

党的十一届三中全会召开后，为使体育适应国民经济调整，更好地发挥增强人民体质的作用，我国首先启动了体育场馆的所有制和经营形式改革。1980 年，国家体委、财政部、国家劳动总局和文化部联合印发《关于充分发挥体育场地使用效率的通知》，首次提出鼓励体育场馆、场地在非赛事期间对外租赁，并收取门票或租金回笼国家资金投入。同年，在广州举办的万宝路网球精英大赛使举办方得到数量可观的赞助资金，标志着我国体育竞赛市场开始起步。1984 年，中共中央印发《关于进一步发展体育运动的通知》，明确提出改善体育场馆管理，提高使用率……并逐渐转变为企业、半企业性质。1989 年，《全国体育运动单项竞赛制度（试行）》发布，提倡由社会举办多种形式比赛，并对赞助赛、辅助赛进行了规定，同时提倡以厂名或产品名称冠名各种比赛，进一步推进了赛事的市场化、产业化发展。1990 年 4 月，国家体委下发《关于中国武术协会实体化的通知》，协会的实体化改革进一步夯实了我国体育竞赛表演产业的基础。但整体上，此阶段仍以指令性计划为主，体育赛事的市场化行为相当有限。

（二）形成期（1992—2001 年）

1992 年，党的十四大提出了确立社会主义市场经济体制的目标。同年 11 月，国家体委提出将体育产业作为深化体育改革的一项重要内容，要"形成国家办与社会办相结合、以社会办为主的新格局"。随后，中国足球协会开始了职业化改革尝试，组织了第一次中国足球俱乐部锦标赛，开创了足球赛事市场化的先河，成为我国体育赛事市场形成的起点。1993 年，《国家体委关于深化体育改革的意见》及其配套文件的出台，有力助推了我国体育竞赛表演产业的形成。其中，《关于竞赛体制改革》中首次将"培育竞赛市场，发展竞赛产业"作为竞赛体制改革的重要内容，并提出"竞赛产业成为体育产业的支柱产业"的发展目标；首次明确"发展竞赛产业的重点是竞技表演业和体育竞赛组织管理代理业"等。1994 年举办的万宝路全国足球甲级联赛标志着我国体育竞赛表演产业正式形成。随后，篮球、排球项目等也开始了职业化探索，进一步夯实了我国体育竞赛表演产业的发展基础。

（三）快速发展期（2001—2013 年）

2001 年，北京成功申办 2008 年奥运会后我国发布《2001—2010 年奥运争光计划纲要》。在纲要的引导下，体育赛事市场日益活跃，职业联赛、商业化比赛、各单项与综合赛事逐渐增多，体育竞赛表演产业进入了发展的快车道。2008 年北京奥运会的成功举办，提高了人们对体育赛事综合价值的认识，也为我国体育竞赛表演产业的发展奠定了基础。2010 年，《关于加快发展体育产业的指导意见》颁布，提出将"努力开发体育竞赛和体育表演市场""积极引导规范各类体育竞赛和体育表演的市场化运作"作为主要任务之一，进一步为体育竞赛表演产业的快速发展提供了动力。随着大型体育赛事举办数量的增多，北京、上海、广州等城市开始颁布一系列地方性管理文件和条例来引导体育赛事的规范化发展。这个阶段基本形成"政府主导、企业参与、市场运作"的模式，体育竞赛表演产业在我国体育产业中的核心地位得到进一步确立。

（四）高质量发展探索期（2013 年至今）

党的十八届三中全会强调了政府职能及资源配置方式的转变，为体育竞赛表演产业的发展提供了广阔的空间。2014 年，《关于加快发展体育产业促进体育消费的若干意见》《关于推进体育赛事审批制度改革的若干意见》等文件的印发为体育竞赛表演产业的发展扫清了制度障碍，取消商业性和群众性体育赛事活动审批促进了体育赛事产业的繁荣。同时，中国足球协会、中国篮球协会等相继走上实体化道路，为体育竞赛表演产业的高质量发展奠定了基础。2015 年颁布的《国家体育产业统计分类》中首次将体育竞赛表演产业单独列出，进一步说明我国体育竞赛表演产业已具备一定规模。2018 年，《关于加快发展体育竞赛表演产业的指导意见》颁布，进一步从国家层面对体育竞赛表演产业的发展进行了总体布局和规划。2019 年，《关于促进全民健身和体育消费推动体育产业高质量发展的意见》颁布，对体育竞赛表演产业的高质量发展提出了要求，体育竞赛表演产业开始不断探索如何实现高质量发展。

二、体育竞赛表演产业的特点

体育竞赛表演市场被誉为"储量丰富的宝藏",已成为我国体育产业的支柱之一。体育竞赛表演产业既具有一般产业的特性,又在自身发展过程中形成了一些独特性。体育竞赛表演产业通常具有以下三个特点:

1. 竞技性与娱乐性

平昌冬奥会印象:观众席上的中国助威团

竞赛表演产业的核心是体育竞赛,竞技性是体育赛事的本质特点。竞技性越强的体育赛事越容易引起人们的关注,在同一个运动项目中,职业联赛的竞技性比业余联赛更强,其市场价值也要比业余联赛大得多,并且人们围绕体育赛事会展开不同的主题活动,以实现各种体育赛事主体的不同需求和目的。同时,体育竞赛表演业也具有娱乐属性。运动竞赛具有独特的吸引力和感染力,满足着人们精神和文化等方面的需要,人们在观赏和参与体育赛事的过程中能够产生愉悦体验,并能减压放松,即体育竞赛表演在一定程度上能满足人们的娱乐需求。

2. 文化性

体育竞赛表演过程也是以体育运动竞技美为主要展示对象的一种特有体育文化的表现过程。第一,体育竞赛的公正、公平规则就体现了文化的诉求。体育赛事的规则要求如同在现实社会生活中设置了一种理想化的竞赛场所,要求所有参赛人员都站在同一起跑线上。虽然这种公平与公正是人为设置的,但是在社会关系错综复杂的现实里,体育竞赛却成为人类社会中一种公正、公平、理想化的竞争场域[①]。第二,竞赛表演项目本身就具有一定的文化内涵。不同项目、不同地域的竞赛表演均带有其独特的文化特征,如武术、围棋、象棋、龙舟等具有民族特色的体育竞赛表演项目的文化性尤其明显。同时,在各类媒体播出的体育赛事节目中,经常会包括运动项目文化的普及和观赛礼仪。

3. 职业性

感受冬奥魅力 为冰雪健儿加油

体育竞赛表演业作为注意力经济的一种,具有极强的竞技体育特征。主要卖点就是体育赛事较高的观赏性,而较高的观赏性主要得益于较高的竞技水平。较高的竞技水平也是商业性(职业)体育赛事的重要特征,哪怕是业余体育赛事也离不开竞技性。正是因为体育赛事的竞技性、对抗性和专业性给观众带来刺激和兴奋体验以及情绪宣泄和其他心理满足,或者说因为体育竞赛表演体现了较强的职业性,才会吸引观众。

---

① 李翠霞,赵岷,常乃军. 西方体育竞赛表演的文化探析 [J]. 成都体育学院学报,2017,43(2):30-36.

4. 产品多样性

体育竞赛表演业的产品是指围绕着体育赛事产生的，以劳动的形式为他人提供服务的产品总称，其产品可以分为竞赛产品、服务产品和衍生品。从产品的基本构成来看，具有明显的多样性。同时，由于体育赛事项目的规模和级别不同，竞赛表演业的产品也会呈现多样性特征。比如职业联赛因为精彩程度较高、规模较大，较之业余赛事就能够吸引更多的观众前来观看，其产品也相应更加多样，如门票、电视及互联网转播、纪念品、彩票、保险等。

三、体育赛事管理过程

推进体育赛事运作与管理的现代化，是延长赛事品牌生命周期，提升赛事经济效益和社会效益的根本保障。根据项目生命周期理论和体育管理职能的基本内容，体育赛事管理的基本过程可以归纳为体育赛事的启动与策划、体育赛事的实施与组织、体育赛事的控制与评估几个模块。

（一）体育赛事的申办与策划

1. 体育赛事的申办

在体育赛事申办之前首先需要开展可行性分析。可行性分析为赛事的部署和计划的制订提供了依据，一般包括场地、设备、成本收入计算、管理技术、举办时间、气候、政府支持、风险预测与避免等诸多方面。

体育赛事申办即是基于可行性研究的结果，体育赛事申办一般包括发布申办通知、初步资格审查、考察候选单位、候选单位陈述、产生候选结果这5个环节。赛事申办过程及内容包括：投标、制定预期目标并罗列为达到目标所需完成的任务、制定活动范畴、制定管理机构如何利用资源和现有信息。国际大型体育赛事的申办形式大致可分为：征询申办、购置申办和竞争申办。

2. 体育赛事的策划

体育赛事的策划是指对其在未来某一时期内的目标和达成途径进行的安排和筹划。筹划内容大致包括拟订、修订和编制细致的各个时期项目的工作目的和任务、项目范畴规划、工作规划方案、管理规划等。

（二）体育赛事的实施与组织

1. 体育赛事的竞赛管理

竞赛管理过程包括实施计划、组织活动、领导、指挥、调控等，同时包含许多任务活动的交织和相互协作，简单来说体现为认真严格组织竞赛活动、执行竞赛秩序。主要的工作包括发布比赛规程、人员注册、训练、竞赛、后勤、授奖和新闻发布等环节。

从竞赛管理流程来看，体育竞赛管理主要包括赛前管理、赛时管理和赛后管理三个环节。赛前管理包括成立竞赛管理团队、竞赛场馆管理、竞赛器材管理、制定体育竞赛规程和竞赛日程以及制定竞赛管理的文件，包括比赛报表和比赛评议表、志愿者培训相关文档等；赛时管理主要分为体育场地管理、运动员管理、技术代表及官员和仲裁委员会管理、体育竞赛信息管理；赛后管理主要包括体育竞赛总结和竞赛档案管理。

2. 体育赛事的营销与媒体推广

体育赛事营销是一种持续性行为，应把自身的优势和资源与赛事充分联合，以借助赛事体现更好的营销推广效益，主要包括体育赛事的赞助、体育赛事的门票销售、赛事转播、特许产品开发、体育赛事主题活动营销、市场开发合同等。

体育赛事媒体推广是扩大赛事影响、树立赛事品牌的重要环节，面对传统媒体和新媒体，善于利用二者的优点进行媒体宣传推广是新时代赛事组织方需要掌握的重要技能，包括体育赛事合作媒体的选择、体育赛事媒体推广的要求和预期效果、体育赛事的媒体推广实施等。

3. 体育赛事的后勤管理

体育赛事的后勤管理是指以体育竞赛为核心的体育赛事活动所涉及的竞赛保障、服务保障、安全与控制保障等各方面管理的总和。体育赛事的后勤管理工作是体育赛事举办方专业水准的重要体现，也在一定程度上反映了举办地的社会发展情况。体育赛事后勤管理包括体育赛事接待服务、交通、医疗、安保、技术、物资管理等。

4. 体育赛事的信息沟通

合理的沟通机制可以保证赛事的顺畅运行，使赛事机构的工作人员在各司其职的基础上实现良好协作，实现赛事运行的安全、高效、精彩。信息沟通是体育赛事运行的关键，信息沟通一般通过关键会议安排、通信信息管理系统等完成。体育赛事通信信息管理系统是体育赛事信息沟通的核心，它庞大而复杂，主要包括基础设备、网络与通信、官方网站、赛事管理系统、赛事成绩系统等。

（三）体育赛事的风险控制与评估

衡量体育赛事成功与否的标志不仅是赛事的精彩程度，更包括赛事风险防范效果、赛事成本的控制以及赛事的收尾与评估。

1. 体育赛事的风险管理

任何体育赛事都存在风险，为了降低风险对赛事的干扰，获得最大的效益，就必须对赛事可能存在的风险进行管理，并且对潜在的危险进行估测并采取必要的防范措施。

从不同的研究视角可以对体育赛事风险进行不同分类：按风险表现形式可分为自然风险、市场风险、基建风险、环保风险等；从管理要素视角出发可分为人员风险、财产风险、场地器材风险、信息风险等；按赛事阶段可划分为赛事申办风险、赛事筹办风险、赛事实施风险、赛事结束阶段风险等。

体育赛事的风险管理过程主要包括风险规划、风险识别、风险评估和风险应对几方面。赛事管理者在风险管理过程中需要制订风险管理计划、列出风险清单，进行调查研究得出风险评估报告并制定相应的风险管理预案，以降低赛事风险的发生概率，减少不必要的损失，保证赛事成功举办，维护赛事的形象，促进体育赛事产业的可持续发展。

2. 体育赛事的成本控制

体育赛事的成本控制是赛事举办过程中十分重要的环节，若成本控制不佳，极易造成举办方巨大的亏损；对于政府参与出资的大型赛事，更容易产生负面社会效应。赛事的成本控制就是对赛事举办过程中可能产生的各种直接、间接的成本进行科学合理的预算并严格执行预算的过程。

3. 体育赛事的收尾与评估

体育赛事收尾环节主要是体育赛事相关文档的整理、体育赛事物资的统计、复盘赛事管理过程、形成赛事财务报告等。赛事评估是赛事收尾阶段的另一项重要任务，可以为赛事的后续举办提供依据和参考。大型体育赛事由于涉及的因素较多，其评估工作较为复杂，建议引入专业的第三方机构对赛事的计划、决策、实施环节，尤其是经济效益和社会效益等进行分析和评估；中小规模体育赛事的评估则可以根据实际需要选择评估方式和评估主体。

第四节
职业体育产业管理

职业体育是现代体育产业中最活跃的组成部分之一，也是一个国家体育核心竞争力的重要体现。随着全球化和信息化的发展，职业体育产业以精彩纷呈的职业赛事吸引着全球数十亿观众，成为现今社会生活中不可或缺的、影响力最大的社会活动之一。

一、职业体育产业的形成与发展

人类有参与体育运动的传统。体育的冲动对人类文明的重要性不亚于歌唱、绘画等。体育能培养群体团结精神并给人带来愉悦和快乐①。职业体育是运动员以高超的体育技能参加训练和比赛，满足观众观赏需要，并以此作为谋生手段的商业化体育活动。16—17 世纪，随着社会生产力的进步，首先在欧美国家出现了各类业余体育活动，主要是休闲娱乐性质的"乡村体育"及"绅士体育"，并不具有商业活动的特征，但业余体育的开展为职业体育的孕育提供了土壤。18 世纪 50 年代左右，英国最重要的三大体育项目：赛马、拳击和板球有了普遍适用的竞赛规则，并且能够系统性、有规律地产生收入，观众付费观看，运动员收费参与，可以押注，体育成为娱乐业的一个组成部分。18 世纪 60 年代，产业革命促进了生产力的飞速发展，为体育商业化和职业体育的出现奠定了基础。随着体育商业化的发展，19 世纪 40 年代，英国成立了名为"全英十一"的第一支职业板球队，职业体育开始形成。19 世纪 70 年代出现的美国职业棒球大联盟，标志着职业体育经济制度的基本建立。美国职业棒球大联盟的成功运作，使得这种制度很快在篮球、美式橄榄球和冰球等项目中得到了推广。20 世纪初至 20 世纪 60 年代，由于受到国际体育组织中"业余主义"的影响，职业运动员参赛受到一定限制，职业体育处于与业余体育相互竞争、并存发展的状态。20 世纪 70 年代后，随着"业余原则"

---

① ［英］托尼·柯林斯. 体育简史 [M]. 王雪莉，译. 北京：清华大学出版社，2017：6.

逐步被打破，国际性职业体育交往活动不断增多，职业体育得到蓬勃发展。20 世纪 90 年代以后，职业体育获得各国政府和国际社会的普遍认可，更多的国家开始建立职业体育联盟和俱乐部，职业体育赛事遍及全球，逐步成为世界竞技体育发展的主流，进入发展的兴盛阶段。

我国的职业体育俱乐部制度始于 20 世纪 90 年代初。1992 年，国家体委召开了研讨体育体制改革的中山会议，随后发布了《关于深化体育改革的决定》，提出竞技体育要推进运动项目协会实体化，以足球为突破口，部分项目向职业化过渡，逐步与国际接轨。在 1992 年全国足球工作会议之后，足球项目率先进入以"体制改革与机制转换为核心，以协会实体化、俱乐部制和产业开发为重点"的历史阶段，并成为我国体育改革的突破口[①]。

当今世界职业体育发展迅猛，并呈现出以下发展态势：一是职业体育产业产值快速增长，职业联盟盈利丰厚。据维基百科数据显示，2019 年，美国职业橄榄球大联盟（NFL）的收入达到 113 亿欧元，美国职业棒球大联盟（MLB）总收入为 97 亿欧元，美国职业篮球联盟（NBA）总收入达 77 亿欧元，英格兰超级联赛总收入为 60 亿欧元。二是职业体育与大众媒体的关系日益密切，媒体转播收入成为当今西方职业体育组织经济增长的支柱。职业体育自产生之时一直与媒体有着紧密的联系，尤其是 20 世纪 60 年代后，媒体与职业体育的关系更加紧密，而且随着信息传播技术的发展，有线电视、卫星电视、互联网等都先后参与到职业体育赛事的转播中，媒体与职业体育已形成彼此共生共存的关系。三是体育明星商业价值巨大。随着职业体育的发展，体育明星逐渐成为公众人物，商业价值快速攀升。2019 年，足球运动员梅西的收入高达 1.27 亿美元，成为全世界收入最高的男运动员。四是全球市场正在被少数成功的职业体育联盟所占领和垄断，而一些水平较低的联赛则难以为继。由于体育比赛具有全球高度认同的统一规则，不同国家和地区的观众可以毫无障碍地欣赏比赛，这为一些联盟占领全球市场提供了可能性，同时也对职业体育产业相对落后的国家提出了挑战。据英国《泰晤士报》数据显示，英格兰超级联赛在全球 212 个国家或地区有电视转播，潜在观众约 47 亿人。根据 Sports show 统计，截至 2020 年，全球拥有超过 22 亿篮球球迷，其中绝大部分都关注美国职业篮球联赛。

---

① 高雪峰，刘青. 体育管理学 [M]. 北京：人民体育出版社，2009：212-213.

二、职业体育产品属性

职业体育产品可以分为核心产品和衍生产品两类。核心产品是体育竞赛表演，包括现场竞赛表演和媒体转播竞赛表演两种形式。衍生产品是体育赛事的无形资产，如赛事冠名权、媒体转播权等。认识职业体育产品属性是正确把握职业体育产业属性和生产经营规律的基础。

（一）现场竞赛表演的服务产品属性

从传统的三次产业分类理论看，体育竞赛表演通常被认为是服务产品。服务是具有无形特征却可给人带来某种利益或满足感的可供有偿转让的一种或一系列活动，它不是一个单一的过程，而是由核心服务和一系列附加服务构成的服务包。服务产品中的附加服务一般可以被归入以下 8 个类别：信息服务、咨询服务、订单处理、招待服务、保管服务、例外服务、付款服务、开账单。以现场竞赛表演产品为例，它的核心服务是比赛，当观众买票进入体育场馆，除了欣赏比赛还能够享受到一系列的附加服务，诸如代客泊车、入场引导、场内餐饮、娱乐、休闲及中场休息表演等。

作为服务产品，现场竞赛表演具有所有服务产品的特点：一是无形性。指的是服务是非物质化、非数量化的。例如，观众观看一场职业体育比赛，得到的只是一种精神上的享受，而不会留下任何实物；消费者在消费之前，不可能看到或感觉到这种消费，即使在消费之后，也不能取得任何实体持有物。二是不可储存性。由于服务是一种活动，因此服务不能被保存以备后用。三是生产和消费的同时性。服务生产活动与消费活动是同时发生的，即生产过程也就是消费过程，运动队的比赛和观众在现场的观看是同时的。四是缺乏所有权。是指在服务的生产和消费过程中不涉及任何东西的所有权转移。

（二）媒体转播竞赛表演的信息产品属性

随着现代大众传播技术和信息储存技术的发展，当现场竞赛表演被制作成电视信号或网络视频资源供更多的人观赏时，即出现了媒体直播或转播形式的竞赛表演产品时，就使比赛不再受到时空的限制，在很大程度上克服了"不可分性"。所以，尽管从现场观看的角度来看，职业体育主要表现为一种服务经济形式，但竞赛表演本质上是一种信息产品，是通过运动员的身体运动所表达的一种非语义信息。

作为信息产品，职业体育竞赛表演具有以下特点：第一，共享性。是指职业体育竞赛表演一旦被生产出来就可以供许多现场或者不在现场的观众同时观看和消费，观众人数增加并不减少其他观众的观看和消费，同时也不增加职业运动员、教练员、裁判员等劳动者的生产成本。第二，可储存性和可处理性。信息能够以一定的方式储存在某种物质载体之中，信息技术的发展使职业体育比赛的信息可以通过硬盘、软盘、U盘、光盘等存储设备进行储存，还可以将比赛视频加工制作成赛事集锦，方便世界各地的球迷随时随地观看。第三，可转换性和可传递性。信息可以通过不同的物质载体表现。随着现代通信技术的发展，职业体育比赛可以通过广播、通信卫星、有线电视、互联网等多种渠道进行传递，增加了人们选择信息产品的途径。第四，时效性和风险性。从微观上说，各种社会信息只是在特定的时间内对使用者有用。随着时间的推移，信息产品将成为"过时信息"和"老化信息"。尽管职业体育比赛信息可以通过各种方式进行存储和传递，从而使职业体育比赛的观众不受时空限制，但是对于观看者来说，最好的观看效果还是来自现场直播，这样职业体育比赛的精彩和悬念才能体现出来，欣赏效果才能达到最好。职业体育信息产品的时效性也给职业体育比赛的信息带来了风险，如果职业体育组织在比赛时不能吸引一定数量的观众，那么时间的推移会让职业体育比赛的信息产品更加没有实现价值的可能性[1]。

（三）职业体育衍生产品的注意力产品属性

为了实现规模经济和体育职业联盟的长远发展，体育竞赛表演产业不能仅仅依靠门票收入，即通过现场竞赛表演取得的收入，还必须实现其产品的扩展，利用职业体育广泛的影响力开发衍生产品。这些衍生产品主要包括冠名权、广告权、媒体转播权、特许经营权等无形资产。这些无形资产本质上都是一种注意力。注意力代表的是体育职业联盟和俱乐部的受关注程度，而受关注程度是决定赛事无形资产价值的直接因素。诺贝尔奖获得者赫伯特·西蒙在对当今世界经济发展趋势进行预测时指出，随着信息的发展，有价值的不是信息，而是注意力。首先，注意力是不能共享、无法复制的，因此它是有限的、稀缺的。职业体育吸引了社会公众巨大的注意力，随着注意力的升值，体育组织自身的价值也在迅速提高；其次，注意力有从众的特点，受众可以相互交流、相互影响，因此在注意力市场容易出现"马太效应"；再次，注意力是可以传递的，名人广告就说明了这一点，受众的注意力可以由

---

[1] 李伟. 职业体育的注意力经济分析 [D]. 北京：北京体育大学，2007：72.

自己关注的名人到名人所代言的商品，赛事冠名和赛场广告也是利用注意力的可传递性来达到其广告效果的；最后，注意力产生的经济价值是间接体现的。注意力是信息产品的一种支付形式，在把注意力转化为经济价值的过程中，离不开媒体平台。媒体既是注意力的主要拥有者，同时又是注意力价值的交换者，因此媒体在职业体育产业运作中扮演着重要的角色。

三、职业体育管理制度

新制度经济学认为制度至关重要，它是决定一个社会经济绩效的最重要的因素。诺思认为，制度是一种社会博弈规则，是人们所创造的用以限制人们相互交往行为的框架[①]。这种博弈规则又分为正式规则（宪法、产权制度和合同）和非正式规则（规范和习俗）两大类。由此我们可以认为，职业体育制度是为保障职业体育生产活动得以顺利进行而创立的用以限制职业体育相关利益者相互交往行为的博弈规则，由非正式规则和正式规则构成。

（一）职业体育非正式规则

职业体育非正式规则主要是指职业体育的价值评价标准，由于价值评价决定了管理的目标和价值取向，因此它是所有管理活动的前提。树立正确的价值评价体系对于引导职业体育产业健康可持续发展至关重要。

西方国家职业体育的价值评价标准主要包括三个层次，第一层是职业体育竞赛表演对观众观赏需求的满足程度，第二层是俱乐部实现盈利与否，第三层是竞赛成绩结果。因为观众是职业体育产业的最终消费者，职业体育竞赛表演只有能够吸引并满足观众，才能吸引赞助商和媒体，进而实现俱乐部盈利的目标。而获取利润是俱乐部投资人的主要目的，所以球队的竞赛成绩只能放在俱乐部盈利的前提下去考虑。由于这种职业体育价值评价体系反映了职业体育产业发展的内在逻辑，正确地处理了观众、球队、俱乐部等利益相关者的关系，因此有利于引导人们对职业体育的评价更加注重比赛过程而非比赛结果，有利于不断扩大职业体育市场，同时也极大地推动了职业体育的制度创新。例如，为了更好地满足观众观赏需求，创立职业体育联盟制度

---

① 卢现祥. 西方新制度经济学（修订版）[M]. 北京：中国发展出版社，2003：34.

以确保竞赛表演产品的生产；修改完善竞赛规则以使比赛更加精彩等。

（二）职业体育正式制度

职业体育正式制度包括职业体育联盟制度和职业体育派生制度。

1. 职业体育联盟制度

职业体育联盟是团队项目通常采用的一种经济制度。科斯指出，在专业化分工的交换经济中存在着市场和企业两种极端的经济制度。但企业与市场不过是两种极端经济制度的抽象形式。现实中，除了完全通过企业内部组织实施和完全通过市场来组织实施的两种经济活动形式，还存在着通过企业和市场共同组织实施的经济形式，职业体育联盟无疑就属于这种形式[①]。由于竞赛表演产品具有的"联合生产"特性，职业体育俱乐部之间存在"共生性"，各俱乐部需要组成联盟进行合作生产，因此联盟具有一定的企业属性。但是联盟又不完全是一个由各俱乐部组成的大企业，在联盟中各俱乐部仍然是具有独立法人资格的市场主体，在一些领域各俱乐部之间也存在着市场竞争关系，因此联盟也具有一定的市场属性。就组织形式而言，联盟与众多中间性组织中的合资企业战略联盟最为接近。所以我们可以将职业体育联盟界定为：同一项目的若干职业体育俱乐部及其总部以产权为纽带共同组成的联合生产、统一营销联赛产品，共担风险、共享利益的一种特殊形式的合资企业战略联盟。

职业体育联盟是由各个俱乐部和联盟总部共同组成的，在联盟内各个俱乐部将部分权利委托联盟统一实施，联盟总部代表联盟履行实施这些权利，联盟总部的最高权力机构是董事会，董事会一般由各职业队的业主或业主的代表组成，他们是联盟的所有者，负责重大问题的决策。例如，NBA 的最高决策机构是由所有俱乐部业主或代表组成的执行委员会，它采用投票制对涉及俱乐部或联盟的重大事宜作出决策。其主要职能包括：选择职业联盟总裁；确定职业俱乐部的数量和合理分布；决定运动员合理分配、流动；确定比赛规则，决定比赛日程；同全国性的新闻媒体谈判，出售媒体转播权并进行收益分配；协商门票等收入的分配并制定方案；对联盟的事务进行监督等。

NBA 董事会有权推选或聘任联盟总部的总裁，总裁必须按照董事会的决议，代表董事会运营 NBA 各项工作。NBA 总部机构主要是围绕联赛的组织与营销来设置的，包括以下部门：篮球运营部、公关部、内容部、网络媒体部、场馆管理部、财务金融部、全球媒体部、企业合作部、全球战略部、信息科

---

① 孙忠利. 中西方职业竞技体育制度安排及其交易成本的比较研究 [D]. 北京：北京体育大学，2005：22.

技部、地区办公室、法务部、市场营销部、媒体运营与技术部、发展联盟部、人力资源与文化部、裁判运营管理部、安保部、社会责任与球员项目部、球队营销与商务运营部、女子联赛部。其中，媒体运营与技术部下设有 NBA 娱乐公司（负责制作 NBA 相关视频、电影、集锦等）及 NBA 旗下的电视台（负责直播 NBA 比赛）（图 8-5）。

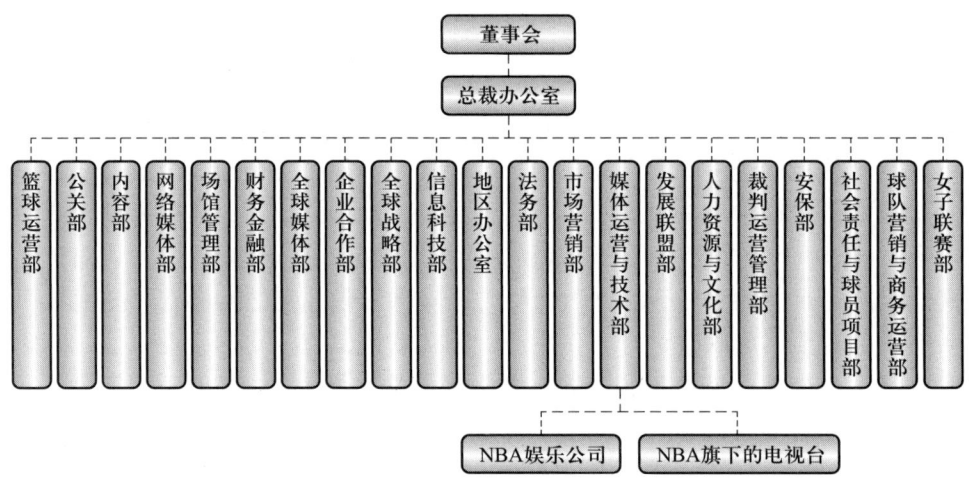

图 8-5　NBA 总部组织机构设置

2. 职业体育派生制度

职业体育派生制度是联盟内制定和执行的协调俱乐部、球员等利益相关者行为的具体规则。制定派生制度的目的是维持联盟竞争平衡，提高比赛结果的不确定性和比赛的可观赏性。要达到联盟竞争平衡需要达到两个条件：一是运动队竞技实力均衡；二是各俱乐部经济实力均衡。职业体育联盟制定的派生制度都与上述两个条件相关。

（1）准入制度

准入制度是指联盟制定的对新职业俱乐部加入联盟所需要达到的一系列条件或标准。实行这个制度的原因在于：第一，优秀运动员资源的稀缺性决定了不可能过多地增加俱乐部的数量，否则难以保证联赛的水平和质量。第二，市场容量是有限的，过多的俱乐部不但会加剧它们之间的竞争，最重要的是会导致原有的俱乐部利益有所减少。因此，必须对职业运动队数量和分布范围控制，以确保每支球队都能获得足够的球迷支持和保护其相应的市场。

（2）收入分配制度

俱乐部收入分配主要体现在媒体转播收入和门票销售收入上。在美国四大职业体育联盟中，全国范围的媒体转播收入在各个俱乐部都是平均分配的。在门票收入方面，美国职业棒球大联盟在主场与客场球队之间的门票收入分配比例大致是 17∶3；美国职业橄榄球大联盟的比例大约是 3∶2。制定收入分配制度的主要依据是任何一场比赛都是由两个俱乐部合作生产，收入分配制度可以避免由于各俱乐部市场规模不同所造成的收入差距拉大，有利于实现各俱乐部经济实力的均衡。

（3）选秀制度

选秀制度是指为了保证各球队之间实力相当、使比赛更精彩而制定的关于有潜力的运动员在联盟中各会员俱乐部之间的分配规则。一般选秀是按照上一赛季名次的逆序进行的，给名次靠后的俱乐部优先挑选运动员的机会。"逆序选秀"制度设计的目的就是为了实现竞争均衡，通过选秀增强弱队的实力，进而提高比赛的不确定性。

（4）转会制度

转会是指职业运动员在两个或者两个以上体育俱乐部之间流动，实质上是运动员变更劳动关系。合理的转会有利于增强联赛活力、提高俱乐部水平以及球员自身的成长。转会制度是职业联赛的管理者规范球员在不同俱乐部之间流动的各种规则和约束，它作为正式的制度，具有行业规范的性质。

（5）工资帽与奢侈税制度

工资帽是对每个俱乐部可以支付给运动员工资的最高数额作出的限制。奢侈税是对球员薪资总额超过工资帽限制的俱乐部的奢侈性消费行为的征税。设置工资帽和奢侈税是为了限制一些豪门俱乐部垄断高水平球员，造成球队强弱分化过于严重的现象，以保持联盟的活力。例如，2018—2019 赛季，NBA 各俱乐部球员工资总额工资帽为 1.018 亿美元，奢侈税起征点为 1.23 亿美元。

（6）限制工资制度

西方职业体育联盟设置了一系列限制运动员工资的制度，包括最高和最低工资限制等，以保障联盟和俱乐部健康长久的发展。

四、职业体育俱乐部管理

职业体育俱乐部是职业体育产业最基本的组织形式。作为具有法人资格的经济实体，职业体育俱乐部为了获得更大的收益，必须加强俱乐部的组织建设与市场开发。

（一）职业体育俱乐部的组织结构

职业体育俱乐部有明确的组织结构，一般情况下其组织结构为：俱乐部主席领导俱乐部董事会，俱乐部总经理管理运动员和经营部、财务部、办公室等部门，并直接对董事会负责。俱乐部董事会主要由俱乐部投资者或代表组成，对影响俱乐部发展的重大问题作出决策。俱乐部主席由董事会推选或指派，通常由出资最多的一方或由其指定代表担任。董事会聘请总经理负责俱乐部的日常事务和运作。俱乐部设有主管具体业务活动的职能部门，它们的职责如图 8-6 所示：行政管理部主要负责俱乐部财务方面的工作；宣传公关部主管宣传、公共关系、广告业务等；运动管理部负责俱乐部球队的竞赛训练工作；办公室主管俱乐部的行政性事务；市场开发部负责俱乐部的经营开发；会员部负责俱乐部与球迷之间的联系[1]。

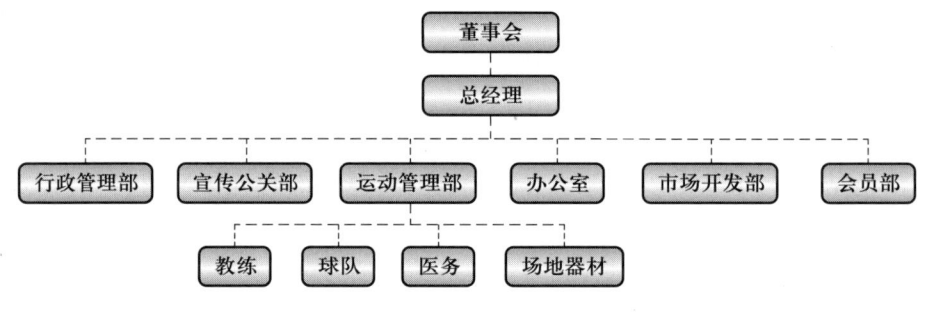

图 8-6　职业体育俱乐部组织结构

（二）职业体育俱乐部的市场开发

职业体育俱乐部的市场开发主要包括门票、媒体转播、赞助与广告、商务开发、运动员转会五方面。

1. 门票

门票收入是早期职业体育俱乐部最主要的收入来源，现在虽然门票收入在职业体育俱乐部总收入中所占比例并不大，但是由于它不仅反映了观众对于体育竞赛表演的满意程度，而且还影响媒体转播、广告与赞助、商务开发等其他经营活动的成效，因此是俱乐部市场开发的重要内容。俱乐部的门票收入取决于所售门票数量和门票价格。由于观众在职业体育俱乐部市场开发中的基础地位，各俱乐部都非常重视观众的上座率，采取多种措施将观众吸

---

① 　高雪峰，刘青. 体育管理学［M］. 北京：人民体育出版社，2009：217-218.

　　◆◇◆

引到比赛场。例如，为观众提供各种服务与便利、营造良好赛场氛围、增加互动环节提升观众参与感、提高体育展示的观赏性、合理制定门票价格等。在门票的定价策略上选择多层次策略、需求心理定价策略和人数取向定价策略。2020 年，美国职业橄榄球大联盟的平均票价为 104.73 美元；美国职业棒球大联盟的平均票价为 34.04 美元。

2. 媒体转播

随着各种媒体对职业体育赛事的关注，媒体转播费快速上涨，在多数职业体育俱乐部中媒体转播收入已超过门票收入，成为俱乐部最主要的经济收入来源。俱乐部大部分媒体转播收入来源于联盟媒体转播费的分成，也有一部分来源于俱乐部各自经营的地区性媒体转播费。职业体育联盟在各个项目竞赛表演市场上具有得天独厚的垄断地位，联盟将联赛的全国电视转播权捆绑出售，加强了联盟与电视转播机构的议价能力。20 世纪 60 年代以来，美国职业棒球、橄榄球、篮球的广播电视转播费大幅度上升，2019—2020 赛季，NBA 的转播收入为 31.2 亿美元，占联盟总收入的 39%。2018—2019 赛季英格兰超级联赛获得了约 30 亿英镑的转播收入，占联赛总收入的比重为 59%。

3. 赞助与广告

赞助与广告收入在俱乐部资金来源中占据重要位置，对保证俱乐部收支平衡发挥着重要作用。赞助活动的核心是体育组织和赞助者之间的互惠互利。由于职业赛事巨大的社会影响力，可以提高企业的知名度，改善企业形象，展示和促销企业的产品，为企业赢得商业利益。同时俱乐部还可以在比赛时为企业提供招待主要客户的机会。俱乐部在寻找赞助商时要考虑自己所处的地域、知名度、体育项目特有的宣传效果以及赛事观众群体特征等因素，选择与俱乐部契合度高的企业进行洽谈，吸引企业赞助。

4. 商务开发

商务开发主要涉及俱乐部标志物的转让使用费、俱乐部标志产品（如运动服装、纪念品等）、会员会费、运动场地出租等体育竞赛相关产品的开发和利用。2019—2020 赛季，美国职业棒球大联盟的球队平均商业营业收入为 5 004 万美元，占联盟总收入的 14%；美国职业篮球联盟球队的平均商业营业收入 6 163 万美元，占联盟总收入的 23%。虽然商务开发在俱乐部收入结构中所占的比重不高，但它是俱乐部经营水平的一个重要标志。有目的地进行市场调查与分析，制定周密完善的营销方案，是俱乐部商务开发成功的关键。

5. 运动员转会

运动员在各俱乐部之间规范、合理、自由流动，可以使运动员资源得到最佳配置，提高联盟的竞争平衡性，促进运动技术水平的提高。同时，运动员转会还有利于俱乐部利用球星效应吸引广大球迷，扩大市场规模，增强经营活力。由于在运动员转会过程中转出的俱乐部要向转入的俱乐部收取一定数额的转会费，因此将具有高市场价值的运动员转会也成为一些职业俱乐部的重要财源。

第五节
体育场馆服务业管理

体育场馆服务业是体育产业的重要组成部分，其从业机构主要通过向社会提供各种观赏或参与型体育类服务以及各种展览、文化娱乐等非体育类服务获取收益。体育场馆服务业与其他子产业间关系密切，对体育竞赛表演业、体育健身休闲业、体育教育与培训业等的发展具有重要作用。

一、体育场馆服务业的定义与分类

了解体育场馆服务业的定义和类别，有助于更好地理解体育场馆的不同管理模式和管理内容。

（一）体育场馆服务业的定义

关于体育场馆服务业的定义，学术界尚无统一界定。一般认为，体育场馆服务业是指将体育场馆的相关资源服务于社会，向社会提供体育、休闲、娱乐和场地等各类服务的体育场馆机构以及所提供的各种场馆服务活动的集合。它既包括体育场馆服务机构本身，又包括各种场馆服务活动，这些活动既有体育类的，如场地出租、体育活动等；又有非体育类的，如各种展览、文化娱乐等。

（二）体育场馆服务业的分类

随着体育场馆服务业的不断发展，体育场馆从业者向社会提供的服务日益多样化，根据不同的标准可以将体育场馆服务分为不同类别。

1. 根据提供的服务种类划分

根据体育场馆服务业向社会提供的服务种类不同，可以将体育场馆服务业分为体育场馆服务单一供应商和体育场馆服务综合供应商，前者仅提供一种场馆服务，而后者提供多种类型的场馆服务，现实中多数场馆服务供应商为综合服务供应商。

2. 根据从业机构的性质划分

根据体育场馆服务业从业机构性质的不同，可以将体育场馆服务业分为事业单位场馆服务供应商、企业场馆服务供应商、非营利组织场馆服务供应商和个体经营机构场馆服务供应商。

3. 根据从业机构规模划分

根据体育场馆服务业从业机构规模的不同，可以将场馆服务业分为大型体育场馆服务供应商和中小型体育场馆服务供应商。

4. 根据从业机构经营区域范围划分

根据体育场馆服务业从业机构经营区域范围的不同，可以将场馆服务业分为国际性体育场馆服务供应商和区域性体育场馆服务供应商，前者如 AEG、SMG 等国际体育场馆运营服务供应商，后者如国内的中体体育产业集团和北京体育之窗文化传播有限公司等。

二、体育场馆运营管理模式

体育场馆的运营管理模式与一国的经济体制密切相关，也会随着体育场馆运营实践的发展变化而变化。

（一）国外体育场馆的运营管理模式

美国体育场馆运营机构分为政府机构、职业球队和专业的私人体育场馆经营集团。接受政府财务资助的体育设施多实行民营化模式，由私人管理机构根据委托经营合同经营公共体育场馆或体育赛事。公共服务设施的运营不需缴纳税费，并在水、电等使用上享有一定优惠政策[①]。

欧洲国家在体育场馆管理方面各具特色。英国的体育场馆主要采取政府内部管理模式、委托管理（私营企业）和基金会管理模式。内部管理模式由政府内部的业务部门直接管理，但也需要公开竞标，约定合同；委托管理（私营企业）由私营企业获得场馆运营管理权，政府支付一定的管理费补贴场馆运营的亏损；基金会管理模式是指由慈善基金会设立独立于政府的公司负责场馆管理和运营，享有税率优惠。西班牙也采取政府管理与社会经营相结合的方式，成立市政企业来管理场馆，采用承租、限期买断使用等多种灵活的组织形式经营；为维护各种业务活动积极与推广商、俱乐部及协会建立合作关系。法国采取市场化运作方式，政府投入只占很少一部分，绝大部分经费依靠电视转播、门票、赞助等获取。德国体育场馆由政府投资兴建后交俱乐部运营管理，此后政府对场地维护等不再投入经费及人力支持，全权由俱乐部运作。

亚洲的日本公共体育场馆实行经营组织的财团化、法人化，经营形态分为两类：直辖经营和委托经营。直辖经营是由行政机关直接管理所有的业务计划和业务经营；委托经营是将业务经营及体育指导部分或全部委托给外部组织，委托对象有国营单位、居民组织或者民间企业。新加坡采取公私合资伙伴关系模式建设场馆，由新加坡体育理事会和私营部门财团合资完成，体育理事会对场馆拥有管理使用权。

（二）国内体育场馆的运营管理模式

受我国经济体制和"事业单位与企业单位"划分的特有模式影响，我国体育场馆在运营管理中面临"经营"和"公益"的双重属性。从是否具备事业单位属性以及我国各地"事转企"的改革实践角度看，我国体育场馆运营管理模式主要可以分为：事业单位管理模式、国有企业管理模式和民营企业管理模式。

1. 事业单位管理模式

事业单位管理模式实际上是计划经济体制下部门管理的延续，将大型体育场馆作为事业单位进行管理，管理手段以指令性计划和行政性管理为主，政府管理部门集行政管理职能和国有资产管理职能于一身。这类管理模式的特点是：体育场馆一般隶属于当地体育行政管理部门，场馆本身是

---

① 雷厉，肖淑红，付群，等. 我国大型体育场馆运营管理：模式选择与路径安排[J]. 北京体育大学学报，2013，36（10）：10-15.

独立法人单位，可以根据实际需要设置相应的内部机构。根据资金投入，又分为全额拨款、差额拨款和自收自支三种类别。政府对于这一类单位进行业务指导和扶持，在确保公益性的前提下，不断探索实现体育场馆自主经营和自负盈亏的方式。但此模式需要具备一定的条件，如当地的社会经济发展水平、市民健康意识的发达程度、场馆所处地理位置、场馆硬件设施条件、场馆规划的合理程度、政府相关部门政策支持的力度以及场馆经营者的经营能力等。

2. 国有企业管理模式

国有企业管理模式是一种改良型的行业管理模式，其特点是行业管理部门不直接管理体育场馆，只履行统筹规划、掌握政策、组织协调、监督服务等政府调控职能，政府通过组建公司对体育场馆实施管理。政府与管理公司实行政企职责分开，赋予公司对体育场馆经营活动的运营管理权利。此模式是纯粹的市场化运作模式，体育场馆自主经营、自负盈亏。在中央提出事业单位分类改革要求后，很多省市开始对场馆进行"事转企"探索，新建场馆则从建设之初就开始实行完全的企业化运作。此类模式有体育系统自行组织和管理的公司，也有脱离体育系统、隶属国资委管理的形式，还有多家公司参股形成伙伴关系的公司治理模式等。

考虑到事业单位改革试点和国有企业改制的发展进程，可以将国有企业管理模式进一步细分为"事转企"场馆和纯国企管理模式。

（1）"事转企"场馆

2006年，在全国事业单位转企改制的背景下，深圳市体育中心从行政事业单位转为国有企业，开始了市场化运作的经营道路。场馆"转企"后政府财政不再负担场馆各项费用，场馆按现代企业制度的要求，深化改革，转变机制，逐步与体育行政部门脱钩。"转企"场馆一般有过渡期，过渡期内有适当的税收优惠政策，正常事业费继续拨付。

（2）纯国企管理模式

随着"建设—经营—转让"（BOT）等新型融资方式的普遍运用，很多大型场馆从建设之初就完全按照国企模式进行设计和运作，为体现与"事转企"场馆的不同，定义为纯国企管理模式。此模式不但能进行多元化经营开发，还能积极开展资本运营，实现多元融资和商业资源的整合。目前来看，纯国企管理模式下的场馆普遍能获得社会和经济效益的双丰收。

3. 私营企业管理模式

私营企业管理模式是私人投资建设和运营体育场馆的模式，以具有独立法人资格的企业来管理体育场馆。由于私营企业具备专业化的经营手段和渠道，在场馆管理中能提供更加专业和规范化的服务，有利于改善场馆经营状况。这一管理模式的特点是完全由社会或个人投资场馆的建设和运营。私营企业的重点是开展多元化经营，项目包括商业街、品牌餐饮等主题商业以及演艺活动、会展经营等。私营企业管理模式与纯国企管理模式的特征基本一致，只是投资建设方属于社会或个人。

三、体育场馆管理的内容

体育场馆管理是一个庞大的复杂体系，其管理内容通常包括以下三方面：一是场馆设施的建设管理；二是场馆设施日常开发使用管理；三是多元化的经营管理。

（一）场馆设施的建设管理

体育场馆设施的建设管理主要包括建设的必要性与可行性论证、建设规划和设计管理、建筑实施过程的管理。

1. 建设的必要性与可行性论证

首先，必要性，要准确预测群众对体育休闲活动参与需求的增长情况以及体育场馆建成后将对本地区经济社会发展产生的直接与间接影响。其次，可行性，主要包括法律规定的可行性、选地的可行性、建成以后使用的可行性、资金的可行性、规划设计的可行性以及管理的可行性。

2. 建设规划和设计管理

首先，建设规划考虑的因素主要包括：建设多功能还是单一功能的体育场馆，是改造还是新建场馆等。其次，设计主要考虑的因素包括：体育场馆位置的总体结构分布（场馆、停车场、交通）、场馆的位置走向、与观众有关的场馆设施（安全保障、座位、卫生间等）、比赛场地外观设计、新闻媒体使用场馆设施、训练馆场馆设施等。再次，设计师的选择、设计组成员构成与顾问的选取。最后，设计过程的实施与监督。

3. 建筑实施过程的管理

建筑实施过程的管理主要包括建筑单位的选择（投标）、各种合同的签订、建筑经理的选择、方案的设计、建筑过程的监督与进程督促、资金的使用管理等。

（二）场馆设施日常开发使用管理

场馆设施日常开发使用管理主要指管理机构及人员的组成、场馆设施对外日常开放管理办法、广告的刊登、场馆设施的形象设计、场馆设施的维护与安全管理等，具体包括门票收费水平、收费办法及出售（年票、月票、次票或团体票等）；广告的设计、广告牌位置的摆放；场馆对外的形象设计、媒体宣传和服务质量形象等；场馆日常的清洁、维修（建筑结构维护，仪器设备维护，灯光、音响、电视维护以及根据活动具体情况添置和拆卸设施等）、安全检查（场馆设施结构、电路、防火及活动本身的安全检查等）[①]。

（三）多元化的经营管理

1. 大型文体活动的运作

场馆在大型文体活动中一般扮演场地出租者的角色，几乎没有附加值，营收较少。场馆实施多元化经营战略可以考虑将其业务范围向场地出租等业务扩展，涉及大型文体活动的策划、经纪、组织、营销、票务和市场推广等，而这些业务具有较高的附加值，利润率较高，而且可以发挥场馆在组织大型文体活动方面的优势，实现场馆硬件资源和人力资源的充分利用，获得较高的利润回报。需要注意的是大型文体活动的运作属于政府特许经营行业，需具备相应的资质和经营许可证，如文化行政部门颁发的营业性演出许可证等。此外，由于场馆经常承接各种大型文体活动，多拥有一流的舞台、灯光和音响设备，这些设备在闲置时对外出租也是场馆多元化经营的一个重要方向。

2. 会议、展览与展销会的组织和相关服务

会议、展览与展销会以及人才交流会等在每年体育场馆承办的各种活动中占较大比例，因此，场馆可以根据会议、展览与展销会的运作流程以及市场和客户的需求进行前向或后向的多元化经营，为市场与客户提供多元化、个性化的服务，满足市场与客户的不同需求。例如，在承办展览的过程中，场馆除了提供场地租赁，也可提供展览设备、电话、网络、音响以及广告制作与发布等附加服务，根据客户的需求开展多元化经营，使客户的多样化需求在场馆内得到满足。

3. 健身休闲娱乐业的经营

场馆拥有丰富的健身设施与资源，是大众健身的理想场所，可借助此优势成立健身俱乐部、健身会所等开展多种全民健身活动，提供公益性和经营性

---

① 张大超，彭金洲，张瑞江. 中外现代大型体育场馆管理体制的比较 [J]. 体育学刊，2004（3）：120-123.

健身服务，满足不同层次消费者的需求。场馆在开展健身活动的同时，可以积极利用富余空间开展其他休闲娱乐业的经营，以在场馆周边形成休闲娱乐产业链，充分发挥场馆的聚集效应，促进健身、休闲、娱乐等各行业的相互支持与协调发展。进行健身休闲娱乐业经营对于体育场馆自身的经营能够起到一定的支持作用，同时，也可以扩大潜在消费群体，为场馆经营带来足够人气。

4. 附属空间的商业开发

体育场馆设施规模庞大，为满足大型赛事的需求，附建有各种办公用房、附属设施以及看台下的空间。大型体育场馆一般都有较多的附属空间，这部分空间商业价值较高，具有较大的开发空间。对于场馆附属空间的商业开发包括商业门面、办公用房的出租、大型卖场或商场的招租以及酒店和餐饮的开发与经营等。场馆的商业门面是场馆非常重要的收入来源，既可以对外出租，又可自主经营，部分场馆 50% 以上的收入来源于商业门面以及办公用房的出租。

5. 无形资产的商业开发与运作

体育场馆的无形资产包括冠名权、户外及馆（场）内外广告发布权、商号、商誉、人力资源等资产，对上述无形资产的商业开发与运作可为场馆带来丰富的回报，拓宽场馆的收入渠道。场馆无形资产的开发与运作可分为两方面：一是场馆冠名权、户外及场馆内外广告发布权、商号和商誉等无形资产的开发与运作。目前，国内多数场馆进行了户外及场馆内外广告发布权的开发与运作，还有少量场馆成立了专业的广告公司如五台山、上海东亚和北京奥体中心等。二是场馆人力资源等无形资产的开发，场馆在长期运营中积累了丰富经验，培养了一大批场馆运营人才，场馆在运营中可以考虑进行品牌输出与管理输出、受托运营管理场馆和对外培训等业务的多元化经营工作，充分发挥场馆在人力资源方面的无形资产优势，拓展场馆经营范围[①]。

第六节
体育教育与培训业经营管理

体育教育与培训业作为我国体育产业的主体部分，具有教育、经济、文

---

① 陈元欣. 大型体育场馆多元化经营研究 [J]. 体育成人教育学刊，2013, 29（4）：1-7.

化等诸多功能，是发展健身休闲产业和竞赛表演业的重要基础，其规范有序发展对于促进体育产业高质量发展具有战略引领意义。

一、体育教育与培训业的概念与特点

新时代，随着国家对青少年体质健康的要求和重视程度不断增强，体育教育与培训机构的数量持续增多，培训项目日益丰富，行业发展不断呈现出新的特点和趋势。

（一）体育教育与培训业的概念

体育教育与培训业，是以体育场馆和场地设施为依托，以提供体育教育与培训服务为核心的各类部门的集合。根据《体育产业统计分类（2019）》，体育教育与培训包括专业体育院校的教学活动，高、中等院校的体育运动、体育经济、体育管理等专业的教学活动，各级各类学校的体育课程教学活动，各级各类学校的校园体育活动等。从体育产业构成来看，当前我国体育教育与培训业主要包括体育健身娱乐培训、体育竞赛表演培训、体育彩票业培训、体育服务培训和其他相关产业培训等。

从参与市场的主体来看，体育教育与培训业主要包括体育教育与培训供给方、体育教育与培训需求方和体育教育与培训中介。体育教育与培训的供给方是提供各类体育教育与培训服务的机构或组织；体育教育与培训的需求方是对体育培训有需求并有支付能力的消费者；体育教育与培训中介是指连接体育教育与培训供给方和需求方的代理服务机构或组织，其并不直接提供体育教育与培训服务。

（二）体育教育与培训业的特点

体育教育与培训业与其他体育产业既有联系又有区别，如同竞赛表演产业，它对体育场馆具有较高的依存度，同时在发展过程中又体现出以下几方面的独特性。

1. 具有潜力的朝阳产业

随着人均可支配消费支出的增加，人们"花钱买健康"的意识越来越强烈，对于参与体育运动的热情越来越高涨。而具备一定的体育知识、运动技能和体育素养是参与体育运动、享受运动乐趣的前提和基础，同时，在运动过程中，除了需要掌握基本的运动知识和技能，还需要具备一定的运动风险防控意识和素养。这些知识、技能以及意识和素养的养成，都需要专业化的体育教育与培训加以保障。另外，当前我国青少年对运动技能提升的需求日益旺盛，进一步为体育教育与培训市场的壮大提供了契机和条件。朝阳潜力行业也成为体育教育与培训业的重要特点之一。

2. 消费群体年轻化

从产业发展的实际来看，体育教育与培训业的服务对象具有明显的年轻化特征。青少年群体是体育教育与培训业的主力军。首先，随着近年来体育产业的繁荣发展，体育的教育功能日益受到社会的广泛认可和重视。由于体育项目大都具有竞技性特征，青少年群体参加体育培训既能增强其运动技能水平，又能提升其心理素质、自信心和耐受挫折能力。其次，从青少年的内心需求来看，运动技能在很大程度上成为他们拓展社交的重要手段，而体育教育与培训恰好能够满足他们的需求。最后，国家的政策导向一定程度上使体育教育与培训成为部分青少年提升运动水平的刚需。2020年，国家体育总局和教育部印发《关于深化体教融合促进青少年健康发展的意见》，明确将体育科目纳入初、高中学业水平考试范围；2021年，中共中央办公厅、国务院办公厅印发《关于进一步减轻义务教育阶段学生作业负担和校外培训负担的意见》，这些政策的出台使青少年体育教育与培训市场日益呈现出供需两旺的态势。

3. 主要提供无形产品

体育教育与培训业具有一般商品的共同属性，产品的使用价值和价值不是负载于具体的有形实物上，而是凝结在无形服务之中。体育教育与培训具有服务类产品的特征，即无形性、生产与消费的同时性、服务异质性及易逝性等特征[①]。其中，服务产品的无形性特征最为显著，因为培训机构提供的服务大都不是有形的实物，所以才会使得生产与消费同时发生。由于体育教育与培训服务具有无形性特点，其服务质量主要靠顾客感知，对于培训机构而言就应该努力提升学员在培训前、培训中以及培训后的良好体验，以促进体育教育与培训业健康、可持续发展。

4. 服务可替代性较强

与健身休闲行业相似，目前我国体育教育与培训业的进入和退出壁垒都比较弱，这在一定程度上造成这两个行业的市场集中度均比较低，即无论健身市场还是体育教育与培训业市场都缺乏相应的龙头品牌企业。行业集中度

---

① 曹可强，张林. 体育产业概论 [M]. 2版. 北京：高等教育出版社，2019：212.

低的优点是市场竞争相对充分，服务价格相对不高，但同时也存在相似体育培训机构之间的项目和服务同质化程度较高的问题，培训机构之间的可替代性较强，不利于体育教育与培训机构核心竞争力的提升，也阻碍了体育教育与培训业的高质量发展。

5. 吸储资金能力强

从收费模式来看，体育教育与培训业一般采取预先收费模式，一般以培训周期为单位进行预收费。当然，对于大部分体育培训机构而言，也提供单次收费服务，只是单次的费用相对较高，性价比较低。所以对于有长期学习意愿的消费者而言，一般都会选择预先付费模式，以提高体育教育与培训费用的性价比。2021 年，全国体育教育与培训总产出达到 2 272 亿元，与 2020 年相比，增加值增速达 11.4%。从本质上看，体育教育与培训业的收费模式与其他教育培训行业同享一套规则体系，因此具有现金流较为稳定的特征，这在一定程度上增加了体育教育与培训业的利润率。

体育培训市场日
渐火爆　蓬勃发
展前景可观

二、体育教育与培训机构的类型

随着近年来体育教育与培训业的迅猛发展，体育培训机构的类型也日益丰富。从投资主体来看，既有政府、企业、社团，又有自然人和专业投资者等，共同构成了多元主体的体育教育与培训市场，促进体育教育与培训业的多元化发展。

（一）公益性体育培训机构

公益性体育培训机构以政府为主要出资人，主要为大众提供免费的体育培训。比如，政府主办的公立体育培训机构或组织，如中华全国体育总会、各单项体育协会、社区体育健身俱乐部以及社区公共服务活动中心等，他们结合所在区域的资源优势，一般通过政府购买第三方服务的方式定期为周边居民尤其是青少年提供各类免费的体育教育与培训。这一模式主要为了解决居民因运动技能缺乏而影响体育活动参与的问题，旨在通过运动技能的提升促进居民特别是青少年广泛参与体育活动。

（二）商业性体育培训机构

当前体育教育与培训业市场上的大部分培训机构属于商业性体育培训机构，这类培训机构也更符合体育产业发展的趋势。商业性体育培训机构的主要特点就是以营利为目的，这类培训机构主要由社会力量出资筹建，以市场为导向，密切关注体育教育与培训市场的需求特征和变化，据此制定和调整培训内容和培训方式，以吸引更多的消费者付费。这类机构由于属于"自负盈亏、自主经营"模式，因此会重点关注培训服务的质量和水平，通过提升消费者的体验来增强消费黏性，实现培训机构的良性发展。

（三）民办非企业类体育培训机构

体育类民办非企业单位是指企事业单位、社会团体、其他社会力量和公民个人利用非国有资产举办的，不以营利为目的，以开展体育活动为主要内容的民办中心、院、社、俱乐部、场、馆等社会组织。自国务院 1998 年颁布《民办非企业单位登记管理暂行条例》以来，体育类民办非企业单位在我国发展较快，主要以非营利性体育俱乐部的形式运营。民办非企业类体育培训机构介于公立和私立之间，性质上属于非营利组织，但发起资金的是私人。民非企业类体育培训机构借助非营利性质，能够顺利走进社区和学校开展体育教育与培训服务[1]。

三、体育教育与培训业的经营管理模式

随着体育教育与培训业的快速发展，体育培训机构的数量呈几何级数增长，相应的经营管理模式也不断丰富和拓展，但总体而言，其经营管理模式与健身俱乐部基本相似。

---

[1] 许宁，黄亚玲. 体育类民办非企业单位的资产困境与路径选择——资源依赖理论的视角 [J]. 天津体育学院学报，2016，31（1）：18-23.

（一）连锁经营模式

连锁经营是当前体育培训机构中最常见的一种商业组织形式和管理模式，包括自有连锁、加盟连锁和直营连锁三种[1]。连锁经营对于体育培训机构的要求较高，无论在资金、培训项目还是专业化服务方面都需要达到较高标准。由于我国体育教育与培训业尚未进入发展的成熟期，品牌塑造、专业服务以及市场推广等均有所受限，因此整体来看连锁经营的层次不高，真正意义的连锁经营模式还在不断探索之中。

青鸟体育介绍

（二）会员制模式

会员制模式在体育培训机构中较为普遍，一般做法是对会员预先收取费用。预付费会员制模式的一个突出特点是"先交钱、后交货"，这也是与传统交易方式的最大不同。在会员制模式下，体育培训机构会根据客户的需求，向其推荐不同级别的会员卡，消费者成为会员后即可根据会员卡的级别享受不同程度的福利和其他附加服务。对于这类体育培训机构而言，保证会员的续约率是至关重要的。因此，这类体育培训机构一切以会员为中心，尽可能为会员提供多元化、高质量的体育教育与培训服务。

（三）个性化私教模式

随着体育教育与培训市场竞争的日益激烈，大众对于体育教育与培训内容和方式的偏好也在发生变化。很多人已经不满足于接受同质化的体育教育与培训服务，他们对于个性化的体育教育与培训需求日益旺盛。因此，许多体育教育与培训机构都开始探索如何为客户提供个性化的培训服务。一对一的私教培训越来越受到消费者的青睐。由于这种模式对于私人教练专业水平的要求很高，而高水平教练的成本相应也高，因此比较适合于重资产的体育培训项目，即那些对培训场地、设备要求较高的体育教育与培训项目。

舒华体育旗舰店：健身个性化定制，打造健康生活场景

---

① 曹可强，张林. 体育产业概论 [M]. 2 版. 北京：高等教育出版社，2019：220.

（四）线上培训模式

在"互联网＋体育"的背景下，尤其 2020 年新冠疫情的暴发，一定程度上改变了大众的生活方式和学习方式。越来越多的人对线上学习方式产生了兴趣，对体育技能的学习也不例外。一些体育培训机构开始提供线上体育教育与培训服务，其主要形式为通过 App 或微信小程序为会员提供在线课程或录播课程，满足消费者对于不同类别、不同级别体育教育与培训项目的需求。这种模式一般也是收取会费，附加赠送一些免费培训课程。

（五）线上线下互动模式

这种模式充分发挥线上体育教育与培训和线下体育教育与培训的优势，打造线上流量加线下场景的体育教育与培训服务闭环。该经营管理模式的主要特点是整合线上体育教育与培训平台与线下体育教育与培训机构的双重资源，实现线上线下的互动、互补与互通。目前，这一模式日益受到消费者的喜爱，如浩沙集团与阿里体育通过合作实现了"线上流量＋线下场景"的结合。

（六）以赛代练模式

以赛代练模式主要指在体育教育与培训过程中，通过引入或组织适当的内外部赛事，使培训者学有所用，在参与赛事对抗中提升技能并检验培训效果。这一模式的理论基础是从"干中学"，即通过不同级别的赛事实践构建并不断完善被培训者对体育知识、技能等的认知水平以及提升被培训者的体育素养水平。

▌思考与探索▐

1. 现代体育产业管理有哪些主要特点？
2. 简述健身俱乐部经营管理的重点工作。
3. 请结合具体赛事策划体育赛事的管理过程。
4. 请结合实际阐述如何进行职业体育俱乐部的市场开发？
5. 简述大型体育场馆主要的运营管理模式。
6. 请结合体育教育与培训业的发展现状分析其经营管理的主要模式。

推荐阅读文献

1. 曹亚东. 体育产业经营管理［M］. 西安：西安交通大学出版社，2015.

2. 王立诺. 全民健身时代体育产业发展研究［M］. 北京：中国财政经济出版社，2023.

3. 王先亮. 体育产业高质量发展动力研究［M］. 北京：人民出版社，2022.

4. 霍建新. 体育场馆运营管理实务［M］. 北京：北京体育大学出版社，2018.

5. 王卫东. 大型综合性体育赛事组织与市场开发［M］. 北京：人民体育出版社，2022.

6. 刘平江. 体育俱乐部的经营与管理［M］. 3版. 北京：北京航空航天大学出版社，2017.

第八章参考文献

第九章

学校体育管理

———

本章导语

我国学校体育是以习近平新时代中国特色社会主义思想为指导，全面贯彻党的教育方针，坚持社会主义办学方向，以立德树人为根本任务，以社会主义核心价值观为引领，以服务学生全面发展、增强综合素质为目标。本章将阐述学校体育管理的基本含义、总体要求和工作方法，探讨学校体育管理体制、机构职能和管理政策的演变历程，剖析学校体育管理的主要内容，探讨学校体育管理评估的基本原则和内容，以帮助学生深刻理解和把握新时代背景下的学校体育管理。

学习重点和难点

学习重点：学校体育管理的定义、原则、目标、任务和方法，学校体育管理体制及其基本职能，学校体育管理的主要内容和管理工作评估的具体流程。

学习难点：新时代我国学校体育管理工作的总体要求，学校体育管理职能如何在管理工作中灵活运用，学校体育管理效果的检查过程与评价方法。

第一节
学校体育管理概述

　　新时代，我国对学校体育给予了更高的定位，提出了更高的要求。学校体育管理作为学校体育的重要组成部分，其重要性不仅体现在学校中，对于家庭和社会都具有深远的影响。本节从学校体育发展历史出发，辨析学校体育与学校体育管理的具体含义，了解学校体育管理的总体要求、特点与方法，有助于对学校体育管理形成总体认识。

一、学校体育与学校体育管理

（一）学校体育的发展概况与含义

　　据史料记载，学校在奴隶社会时期就已经出现，夏代称为"校""序""痒"，商代称为"大学"和"痒"。西周奴隶主贵族子弟学校的教育内容"六艺"的"射""御"，东周时期的"文武兼学、文武分途"，隋唐时期文举武举分开的制度以及宋明时期的兴办武学都具有体育的性质，学校体育的雏形初现。但是，由于重文轻武等观念的影响，学校体育并没有受到足够的重视。近代学校体育开始改革，清政府颁布并实施的《奏定学堂章程》确立了学校教育中体育课程的地位，学校体育教育的序幕由此拉开。从近代的《课程纲要草案》《初级中学体育课程标准》《高级中学普通科体育课程标准》《体育教授细目》等的颁布，到中华人民共和国成立后的《关于改善各级学校学生健康状况的决定》《学校体育工作暂行规定》《关于中学生体育成绩暂时考查办法的通知》将体育课正式列为一门考核学科[①]，再到新时代《关于深化体教融合　促进青少年健康发展的意见》《关于全民加强和改进新时代学校体育工作的意见》等一系列文件和重要指示，党和国家对青少年身心健康的关心和对

---

　　① 张亚平. 学校体育教学与管理 [M]. 北京：中国书籍出版社，2014.

学校体育的重视达到了前所未有的高度。

毛泽东在《体育之研究》中写道："体育一道，配德育与智育，而德智皆寄于体，无体是无德智也。"其中不难发现体育在教育中十分重要，学校体育融合了教育与体育两个部分，自然对社会起着广泛而深远的影响。体育分为广义体育和狭义体育，其中狭义体育即指学校体育，作为学校教育的有机组成部分，学校体育主要指促进学生身心全面发展、增强学生体质、掌握运动的基本技能与技巧、培养道德品质的一种有目的、有计划、有组织的教育活动[①]。

（二）学校体育管理的定义与意义

学校体育管理是指学校相关职能部门或人员为了达到学校体育目标，在遵循教育规律和体育规律的基础上，运用管理学的基本原理和职能，充分发挥有限的人力、财力、物力、信息和时间等资源的作用，采用最佳手段和方法，对学校体育工作过程及其内外部各种因素和环境条件所进行的计划、组织、领导、控制和创新等一系列综合活动。对学校体育进行管理，既是学校教育目标的要求，又是学校体育自身取得效益的关键。

学校体育管理的意义在于：第一，有利于调动各组织和全体人员的积极性，明确各组织人员的分工，使各组织协调配合，有组织地开展学校体育工作。第二，建立各种规章制度，确定学校体育的目标，有目的、有秩序地及进行学校体育工作。第三，客观评价学校体育工作的效果，制定有关学校体育工作的评价标准，促进学校体育改革，实现体育学科高质量发展。

二、学校体育管理的总体要求

（一）学校体育管理的指导思想

以习近平新时代中国特色社会主义思想为指导，贯彻落实习近平总书记关于教育、体育的重要论述和全国教育大会精神，全面贯彻党的教育方针，

---

① 王道俊，郭文安. 教育学［M］. 北京：人民教育出版社，2009.

深化学校体育改革，坚持"健康第一"的理念和"立德树人"根本任务，推动青少年文化学习和体育锻炼协调发展，帮助学生在体育锻炼中享受乐趣、增强体质、健全人格、锤炼意志，培养德智体美劳全面发展的社会主义建设者和接班人。

（二）学校体育管理的原则

学校体育管理的原则是学校体育管理主客体在管理过程中所必须遵循的基本准则。学校体育管理应坚持系统性、可控性、有效性、权责一致和以人为本的原则。

1. 系统性原则

系统性原则是指学校体育管理是由若干个子系统组成的整体系统，这些子系统之间互相联系、相互促进，形成了学校体育管理的整体，为学校体育管理的总目标服务。应在学校体育管理过程中坚持系统性原则，使学校体育管理系统的整体功能大于各部分功能之和。

2. 可控性原则

可控性原则指在管理实施过程中，通过不断检查、评估和控制，确保整个系统顺利地开展工作。在学校体育管理的各个环节、各个方面做好过程干预，强化问题意识，可有效保证学校体育管理各方面工作得到贯彻落实。

3. 有效性原则

有效性原则指在学校体育管理过程的前、中、后阶段，做好管理计划、管理组织、管理控制和管理评估。在管理实施前做好管理计划，管理过程中充分利用已有资源并加以控制，使之发挥最大功效，在管理结束后做好评价与总结，以取得学校体育管理的高质量和高效益。

4. 权责一致原则

权责一致原则是指为确保学校体育管理目标的实现，应当给予学校体育管理部门或个人在人力、财力、物力等方面的管理权力，并使之承担相应的责任。明确的职责和合理的权力有利于保障管理执行力和确保学校体育管理工作和任务的高效完成。在遵循权责一致原则时应做到职责明确、授权合理、奖惩分明和管理规范。

5. 以人为本原则

人是学校体育管理的核心，学校体育管理活动都是以"人"为中心，故而要坚持以人为本。在学校体育管理过程中应充分运用物质激励、精神激励、信息激励等手段，协调整合各子系统、环节和要素，全面调动人的积极性，创造和谐、适宜的管理环境和工作环境。

（三）学校体育管理的目标

学校体育管理的目标主要依据国家的教育方针、法律法规、学校教育目标、学校体育工作目标以及学校体育的客观规律和功能而确定，是指学校体育管理预期要达成的状态或结果。学校体育管理目标可分为总目标和子目标。学校体育管理总目标即保证和促进学校体育目标的实现[①]。依据我国学校体育工作的特点与要求以及学校体育管理的内容，我国学校体育管理的子目标具有多个层次结构，按照不同分类方法，可将学校体育管理的子目标分为以下几种类型：

按照时间长短可分为长期目标、中期目标和短期目标。

按照学龄阶段可划分为幼儿园和小学阶段学校体育管理目标、中学阶段学校体育管理目标以及大学阶段学校体育管理目标。

按照管理内容可分为体育课程管理目标、课外体育锻炼管理目标、课余体育训练管理目标、课余体育竞赛管理目标、校园体育文化管理目标、意外伤害事故管理目标、学生体质健康管理目标、体育科研管理目标、体育资源管理目标等。

不同层次、不同类型的子目标共同构成学校体育管理的目标体系，不同子目标相互配合，共同促进学校体育的发展。因此，学校体育管理就是要通过各种方法手段，合理整合各类资源，发挥资源的最大价值，以保证学校体育目标和学校管理目标的实现。

（四）学校体育管理的任务

学校体育管理工作主要包括各级各类学校的体育课程管理、课外体育锻炼管理、课余体育训练管理、课余体育竞赛管理、校园体育文化管理、学生体质健康管理、体育科研管理以及学校体育人力、财力、物力、信息各类资源管理等。其总任务是遵循学校体育管理的规律，正确处理、协调学校体育发展中的各种关系，科学地组织、控制管理过程，实现学校体育目标，为推进教育现代化，建设体育强国、教育强国、健康中国等服务。具体来讲，学校体育管理主要有以下基本任务：一是明确学校体育工作开展的指导思想和学校体育发展目标，落实有关学校体育工作的方针、政策。二是完善学校体育管理体制，建立和健全学校体育的各级管理机构，制定相关管理法规并明确有关管理机构和人员的管理职责。三是制订学校体育管理的各种计划和文

---

① 肖林鹏. 现代体育管理 [M]. 3 版. 北京：北京体育大学出版社，2015：189.

件，制定学校体育管理的相关规章制度，使之适应学校体育发展的需要。四是合理组织管理学校体育各方面、各环节的活动，协调各方资源与关系，确保各项活动高效率地实施。五是协调学校体育各管理部门和学校体育内、外部的各种关系，构建"教、练、赛"协同、"家、校、社"联动的学校体育全方位育人模式，为学校体育工作的顺利开展提供必要的物质技术基础以及创造良好的育人环境。六是完善管理绩效评价机制，定期和不定期地对学校体育管理工作进行检查评估，促进体育教学质量的不断提高和学生体质的不断增强。七是加强学生思想品德建设，注重对学生体育学科核心素养的培养，促进学生德智体美劳全面发展。

三、学校体育管理的特点与方法

（一）学校体育管理特点

1. 整体性

学校体育管理工作作为学校行政工作系统中的某一环节，它是高级系统的一个子系统，同时又是整合内部各次级系统的高级系统。学校体育管理内容广泛，从静态来看，涉及人力、物力、财力以及时间空间的管理；从动态来看，学校体育管理工作包括所进行的创意、设计、选择、执行、评估等一系列环节和步骤[①]。随着社会的发展，学校体育管理工作涉及因素更为复杂，要求学校体育管理更具整体性意识。

2. 继承性

学校体育管理工作反映着当前社会发展的需求，其管理思想和管理方式等具有继承性。新时代的学校体育管理工作应继承原有学校体育管理工作中的思想成果和物质保障，取其精华、去其糟粕，并在不同时期体现出不同特点，在继承中发展、创新。

3. 阶段性

学生的身心发育是长期的过程，不同年龄段呈现出不同的特征。学校体育管理工作应贯彻"以人为本""健康第一"的理念，制定不同学期或年龄段的教学目标和教学内容。满足学生的个性化需求，做到因材施教。在教学实

---

① 陈振明. 公共政策学——政策分析的理论、方法和技术 [M]. 北京：中国人民大学出版社，2004：10-11.

施过程中，学校应注意管理目标的实现和管理方法的选择，充分关心学生和教师的切身利益，维护其合法权益。

（二）学校体育管理方法

1. 行政管理法

行政管理法是指上级管理部门和管理人员通过发布指令、规定条例或通过书面、口头的方式直接对学校体育工作产生影响的一种管理手段。其实质是通过明确体育行政组织中各职务和职位的职责来实施管理，具有权威性、强制性、针对性、纵向性和稳定性的特点。

2. 检查评估法

检查评估法是指依据学校体育目标，通过建立科学的评估指标体系，不断对目标完成的进度进行调整、监督、控制，达到激励先进、推动后进的目的。检查评估法是学校体育管理的重要手段，对落实学校体育人才培养目标，推进学校体育管理的科学化、规范化、制度化具有重要意义。

3. 动态管理法

动态管理法是指通过对外部环境变化的预测和内部管理数据的分析，对学校体育管理的手段与方式进行适时调整和创新以及对管理计划进行修改和补充。信息时代背景下，动态管理法的运用应充分利用大数据和互联网技术，以实现对学校体育工作的精准管理。

第二节
学校体育管理体制

学校体育管理体制是学校体育管理机构设置、权限划分和管理制度等方面的总称。建立和健全学校体育管理体制是实现学校体育管理总目标的重要保障，也为学校体育管理提供了组织保证。

一、学校体育管理机构

学校体育管理体制可分为校外管理体制和校内管理体制。其中校外管理体制由政府体育管理机构和学校体育社会管理机构组成，校内管理体制主要由校内相关部门和人员组成。

（一）校外管理机构设置

1. 政府体育管理机构

学校体育的政府管理机构主要包括教育行政部门和体育行政部门（图9-1）。我国的教育行政部门为教育部（体育卫生与艺术教育司）、各省自治区、直辖市教育厅（体育卫生与艺术教育处、科、体育科研部门）；体育行政部门为国家体育总局（青少年体育司）、各省自治区、直辖市体育局（青少年体育处或群众体育处、青少年体育科或群众体育科）。

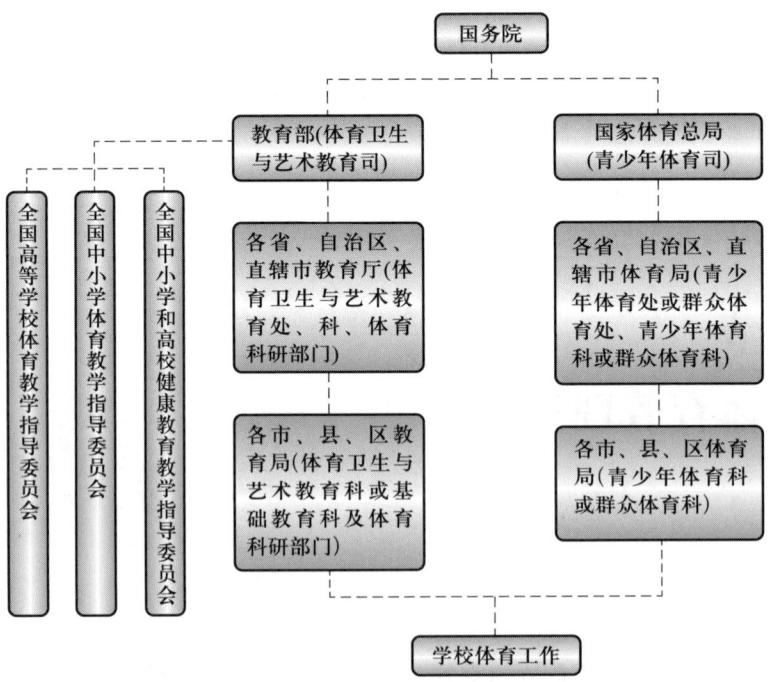

图 9-1　政府体育管理机构设置图

2. 社会体育管理机构

学校体育的社会管理机构主要包括教育部学生体育协会、中国学校体育研究会、中国体育科学学会、中华全国体育总会（图9-2）。

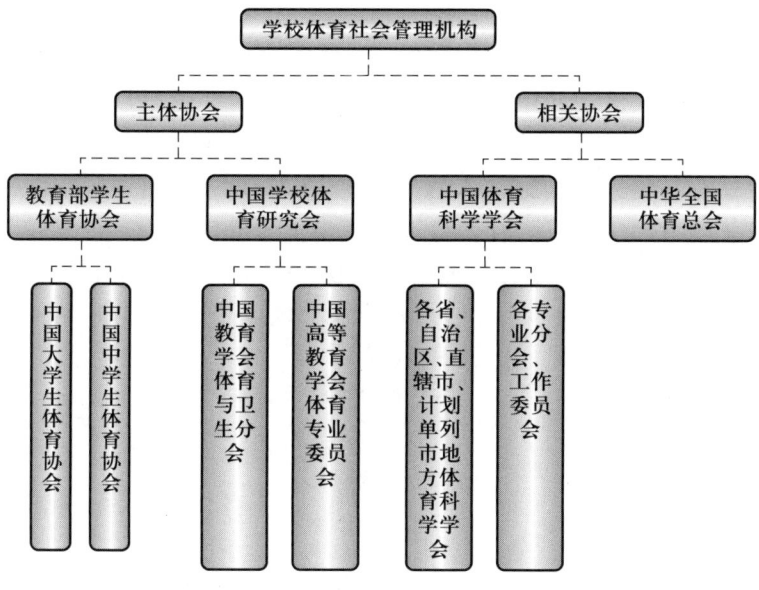

图9-2 学校体育社会管理机构设置图

（二）校内管理机构设置

学校体育的校内管理机构是开展学校体育工作的重要组织，是衔接各级教育行政部门加强对学校体育工作指导和检查的机构保障。按照《学校体育工作条例》中组织机构和管理的要求，根据学校规模大小、水平和实际发展情况，学校体育校内管理机构主要由学校行政部门和学生管理部门共同组成（图9-3）。

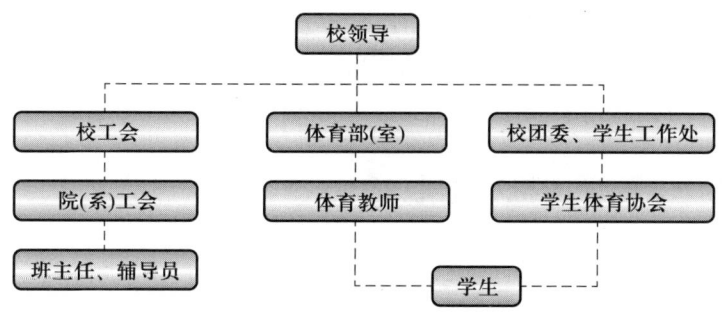

图9-3 学校体育校内管理机构示意图

（三）学校体育管理机构之间的关系

《学校体育工作条例》中明确规定：学校体育工作在教育行政部门领导下，由学校组织实施，并接受体育行政部门的指导。这是以法规的形式对学校体育管理工作进行明确的分工，其中教育部门负责统筹领导、体育部门进行指导、学校具体组织实施。社团在学校体育管理中具有服务功能，协助满足成员在体育方面的需求。社团登记管理由民政部门负责，主要业务范围由教育部或者国家体育总局等部门监管（图9-4）。

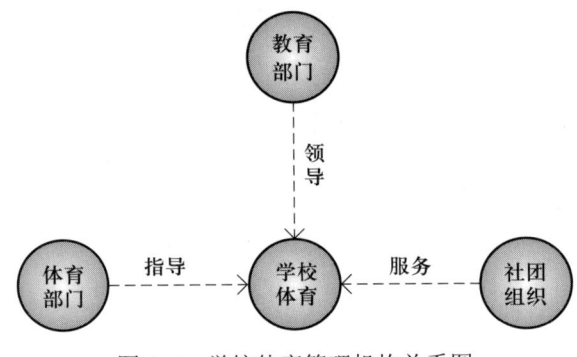

图 9-4　学校体育管理机构关系图

二、学校体育管理机构的职能

我国学校体育管理机构既有宏观上的政府体育管理机构和社会管理机构，也有微观上的学校体育管理机构和人员，不同层级、不同部门和机构之间在学校体育管理中各司其职，共同完成学校体育总目标。

（一）政府体育管理机构的职能

1. 教育行政部门的主要职能

宏观层面，认真贯彻并落实党中央的教育及体育方针、政策，指导和改进新时代学校体育工作；制定及修缮有关学校体育的政策文件，检查和监督学校体育工作；组织协调学生参加国际体育竞赛活动等。

微观层面，统筹管理地方学校体育工作，拟定学校体育发展规划并负责组织实施和检查；负责开展各省、市学生体质健康调查和监测，研究拟定改善学生体质的相关措施、政策；指导体育科学研究工作，参与有关体育学科专业建设和师资培训工作等。

2. 体育行政部门的主要职能

宏观层面，指导和推进青少年体育工作，拟定青少年体育工作的有关政策、规章、制度和发展规划草案；指导和监督学生体育与健康标准的实施和学生体质监测；指导和推动青少年体育服务体系建设；开展青少年体育工作检查和评估表彰；指导竞技体育高水平后备人才培养工作等。

微观层面，拟定各地方青少年体育发展规划、青少年业余训练管理制度并组织实施；指导和监督各地方学生体质健康标准、青少年体育锻炼标准的实施；指导青少年业余训练及后备人才培养工作，输送优秀竞技体育人才，推动学校体育发展；承担青少年竞赛裁判员、教练员培训与管理和青少年运动员注册等工作。

（二）校外社会管理机构的职能

1. 教育部学生体育协会

教育部学生体育协会是教育部直属事业单位，包括中国大学生体育协会和中国中学生体育协会两个独立具有法人资格的国家级体育社团。其主要职责是：积极宣传、贯彻党和国家有关新时代教育和体育方针、政策；承担全国及国际各级各类学生体育比赛及学生体育活动相关活动的组织、策划、研究、比赛训练、市场开发工作及其他相关业务工作。

2. 中国学校体育研究会

中国学校体育研究会由中国教育学会的分支机构体育专业委员会（体育与卫生分会）和中国高等教育学会分支机构体育专业委员会组成。其主要职责是：组织开展国内外学校体育科学研究和学术交流活动；开展学校体育相关的各类咨询、调研与培训活动；开展学校体育科研课题立项、成果评价和奖励活动；向有关部门反映学校体育工作者的意见和建议，为学校体育决策提供信息资讯等。

3. 中国体育科学学会

中国体育科学学会下设有 22 个分会、7 个工作委员会和 3 个会刊以及全国 27 个省（自治区、直辖市）和 3 个计划单列市建立的地方体育科学学会。其主要职责是：围绕体育中心工作，面向体育运动实践，组织引导广大科技工作者在科学研究、科技创新、学术交流、科普推广、科技评价、国际交往、科技咨询、科技服务、组织建设、会员服务等方面开展了卓有成效的工作。

4. 中华全国体育总会

中华全国体育总会是群众性体育组织，是推进新时代学校体育工作的得力助手，其主要职责是：服从党的领导，为学校体育发展建言献策，大力推进学校体育改革；组织体育活动，对青少年学生进行爱国主义、集体主义和社会主义教育，培养学生奋勇进取、顽强拼搏、团结友爱等优秀品德，树立遵纪守法观念等。

（三）校内学校管理机构和人员的职能

1. 校（院）领导

校（院）领导主管体育工作，负责学校体育工作的决策、指导、布置和检查。根据上级有关指示，结合本校实际，在制订计划、总结工作时，校（院）领导应将体育工作列为重要内容；协调与发展学校体育工作相关部门关系；检查、监督学校体育工作的开展和效果评价；对学校体育工作进行整体性、系统性的计划和安排。

2. 体育部（室）

体育部（室）是学校体育工作的组织实施机构。普通高等学校、中等专业学校和规模较大的普通中学应建立相应的体育管理部门，配备专职干部和管理人员。其主要职责为：根据上级文件要求，拟定本校学校体育工作计划和目标，制定学校体育工作的规章制度；组织体育科研和教学活动，探讨体育课程育人任务，领导课外体育活动的持续开展，创新课余训练与竞赛形式，营造良好的学校体育文化环境等。

3. 校团委、学生工作处

校团委、学生工作处肩负着学校体育工作的具体组织实施任务。其职责为：负责学生会各体育单项协会、社团的组织或建设工作，帮助学生在课余时间进行体育活动的群体参与；注重学生身心健康，除体育活动外还肩负着学生心理健康、卫生健康等知识和技能学习等。

4. 校工会和学校其他工会组织

校工会和学校其他工会组织是学校职工自愿结合的群众组织，是学校联系职工群众的桥梁和纽带。其主要职责为：引领指导学校体育工作，贯彻落实学校的体育工作安排；沟通协调各级部门、各个院系之间的工会体育工作，指导开展学校教职工的体育活动、比赛，团结凝聚职工情谊；关心关爱学校教职工的身心健康发展，维护教职工的合法健康权益。

5. 学生体育协会

学生体育协会等组织在学校体育工作中作用明显。其职责为：协调学校和学生之间的关系，积极组织学生参与学校的集体活动；组织各种体育竞赛、教师培训、裁判员培训和技能培训活动；根据学生兴趣以及当地条件，推行"一校一品"名片，组织成立各单项运动协会，吸引更多优秀的社会人才和学生参与体育活动。

6. 体育教师

体育教师是学校体育工作开展的具体组织者和执行者。其职责为：积极参与讨论学校体育工作的计划制订和实施，遵守学校体育工作的规章制度；为人师表，教书育人，注重德育渗透，引导学生树立正确的价值观；注重学生体育卫生知识的学习和掌握，引导学生正确处理与他人之间的矛盾冲突；开展学生体质测试，记录数据，自觉维护体育设施器材等。

7. 班主任、辅导员

班主任、辅导员作为与学生密切接触的群体，对学生的关心照顾尤为重要。其职责为：重视学校体育工作，教育和监督学生积极参加体育活动；协调配合学校卫生部门与体育管理部门做好体育与卫生工作；实时关心学生参与体育活动的动态，掌握学生身体和心理变化，保护学生自尊心，重视学生成长阶段的身心发育，避免校园暴力和校园欺凌事件发生。

三、学校体育管理政策演变

中华人民共和国成立以来我国学校体育管理工作的不断扩展与深化，与引领其发展的各种政策密不可分，概览学校体育管理政策演变，可观学校体育事业发展史。

（一）1949—1976 年："以苏为师"到"本土探索"

1949—1976 年，是我国学校体育的初步发展阶段，这一时期中国学校体育管理工作以"改造、继承、借鉴、探索"为主线[1]。

"改造"主要表现为对民国时期学校体育的指导思想和课程体系进行了大规模的变革，对实用主义教育思想和自然主义体育思想作了批评和反思。"继承"主要表现为对解放区和根据地的学校体育指导、发展经验的传承和延续。

---

① 高鹏. 新中国 70 年学校体育发展演变与历史经验 [J]. 北京体育大学学报，2019，42（11）：57-68.

"借鉴"则是对苏联教育思想、管理方式、教学大纲、体育教材等内容的系统学习和引入。"探索"主要表现为随着中苏关系的恶化以及苏联模式弊端的逐渐显现，中国学校体育开始走上自主探索之路。1961 年，教育部印发了兼具教学大纲性质的十年制《小学体育教材》和《中学体育教材》，标志着我国体育课程走出了苏联模式，奠定了新一代体育课程的基础[①]。

（二）1977—1998 年："拨乱反正"到"法制建设"

随着"文化大革命"十年内乱的结束，教育部设立体育卫生司，国家体委恢复学校体育处，这标志着学校体育管理体制的逐渐恢复。

1978 年，教育部正式颁布《全日制十年制中、小学体育教学大纲（试行草案）》，全面恢复大中小学体育课程与教学，将"掌握体育基础知识、基本技术和基本技能"与"增强学生体质、进行思想品德教育"并列为学校体育教学基本任务。1979 年，教育部又修订了《高等学校普通体育课教学大纲》，同年《中、小学体育工作暂行规定（试行草案）》和《高等学校体育工作暂行规定（试行草案）》正式发布。之后教育部、全国人大常委会等部门又接连发布了《学校体育工作条例》《中华人民共和国体育法》等文件，以条文、法律的形式规定学校体育管理、教学工作，学校体育事业日趋繁荣，学校体育管理工作规范化程度持续提升。

（三）1999—2011 年："素质教育"到"多元探索"

21 世纪初，我国学校体育事业有了新的发展方向。1999 年 6 月，《关于深化教育改革全面推进素质教育的决定》发布，正式将"推进素质教育"确立为深化我国教育改革的核心任务，标志着教育改革进入了持续深入的新时期[②]，学校体育管理改革也开始向深层次发展：

（1）启动新一轮体育课程改革

1999—2003 年，我国连续颁布了针对基础教育领域的《国家基础教育课程改革纲要》《普通高中体育与健康课程标准（实验）》，在"学科"向度上表现出一种超越，即从学科中心转向以学生发展为中心。

---

① 王华倬. 论新中国中小学体育课程的演变过程及其发展趋势 [J] 北京体育大学报，2004，27（9）：1229-1231.

② 潘凌云，王健. 改革开放 40 年我国学校体育改革与发展的政策审思 [J]. 体育科学，2019，39（5）：13-25.

（2）出台高规格的行动纲领

学校体育的本质功能是为人的终身健康打好基础，增强学生身心健康发展是学校体育改革的基本价值取向，是深化学校体育改革的基本任务。2007年5月，中共中央、国务院印发《关于加强青少年体育增强青少年体质的意见》，作为我国学校体育领域规格最高的纲领性文件，针对加强学校体育工作提出了近70项举措，有效推进了学校体育管理改革的进程。

（四）2012 年至今："综合改革"到"全面发展"

党的十八大以来，以习近平同志为核心的党中央从实现"两个一百年"奋斗目标的战略高度就学校体育工作多次作出重要批示，并首次将"立德树人"确立为教育的根本任务，提出了提升教育质量的具体路径——深化教育领域综合改革，这也开始成为学校体育管理改革与发展的主旋律。

这一时期学校体育管理改革的主要目标集中在体制、体系的完善和机制的健全上。2012年，国务院办公厅印发《关于进一步加强学校体育工作的若干意见》，确立了新时期学校体育发展的重点目标，即基本形成学校体育持续健康发展的保障机制，基本建成科学规范的学校体育评价机制，基本形成政府主导、部门协调、社会参与的学校体育推进机制。2013年，党的十八届三中全会审议通过的《中共中央关于全面深化改革若干重大问题的决定》中提出，"强化体育课和课外锻炼，促进青少年身心健康、体魄强健"，为新时期学校体育发展和学校体育管理改革指明了方向、提出了任务、明确了目标。2014年，教育部颁布《学生体质健康监测评价办法》《中小学校体育工作评估办法》《学校体育工作年度报告办法》等文件，进一步完善了学校体育管理机制。为贯彻落实习近平总书记关于教育、体育的重要论述和全国教育大会精神，把学校体育工作摆在更加突出的位置，构建德智体美劳全面发展的教育体系，2020年，国家体育总局、教育部联合印发《关于深化体教融合 促进青少年健康发展的意见》，明确了建立联合督导机制，确立由多部委参与的青少年体育部际联席会议制度。同年，中共中央办公厅、国务院办公厅印发《关于全面加强和改进新时代学校体育工作的意见》，明确提出学校体育是实现立德树人根本任务、提升学生综合素质的基础性工程，要把学校体育工作摆在更加突出的位置。2022年，《义务教育体育与健康课程标准（2022年版）》颁布，学校体育管理步入以服务学生"全面发展"为目标的新时代。

第三节
学校体育管理内容

一、体育课程管理

学校体育课程是一门以身体练习为主要手段，以体育与健康知识、技能与方法为主要学习内容，以落实"教会、勤练、常赛"、培养学生的学科核心素养和增进学生身心健康为主要目标的课程。我们在探讨体育课程本质、确定体育课程定义的时候，应从对学生发展的功能和价值的视角去理解课程的本质[①]。

（一）体育课程的特点

1. 体育课程是运动认知性课程

在教学中，认知可以分为概念认知、感觉认知以及运动认知。体育课程中的认知主要属于运动认知，运动认知主要是通过人本体感觉形成的认知，身体表达是运动认知的结果，运动认知拥有其他认知无法代替的特征，体育课程是通过身体练习以及运动活动实现体育课程目标的。

2. 体育课程是生命与生活教育课程

体育课程在学生的学习与生活中有着其他学科不可替代的特征，可以使学生真切地感受到生命的存在。体育课不仅可以发展学生的运动能力，使学生掌握生存技能，保护自身安全，还可以激发学生主动挖掘运动之美，陶冶情操，感受生命的美好与幸福。

3. 体育课程是情意性课程

情意性课程是指通过课程改造人的主观世界，其中就有很多偶然的、无序的因素。学生在主观世界中通过对体育课程的体验，在情感冲突中促进情感升华。情感冲突中的理想与现实、感性与理性、个体与群体、理智与知觉

---

① 陈佑清. 课程即发展资源——对课程本质理解的一个新视角 [J]. 课程·教材·教法，2003（11）：10-14.

等领域对学生的个性发展以及人格培养都十分重要。体育课程在运动认知的过程中涉及非常复杂的情感体验，这也是其他学科无法比拟的。

4. 体育课程是综合性课程

体育课程在传授过程中涉及的知识包括生理卫生、健康、娱乐、竞技以及表演等，融合多领域知识的体育课程不仅可以提高学生的运动能力，还可以促进学生的人际交往，具有鲜明的综合性特征。

（二）体育课程教学的组织形式

1. 行政班级授课制

行政班级授课制是体育课的传统教学组织形式。学校按照一定的编排原则把学生分成若干个由班主任严格管理的班级，并按照学段、水平进行课时划分。一系列的教学常规不仅可以规范学生的课堂行为，还可以规范教师的教学节奏，使得体育课程按部就班地进行。

2. 体育选项走班制

体育选项走班制是指上课时同学们打破行政班级模式，根据学生自选项目和项目水平重新组班，在新的项目班（如篮球班、足球班、健美操班等）里进行选择性的专项化、训练化的体育学习方式[①]。走班制教学在传统教学的基础上尊重了学生的自主选择权，能有效促进学生某单项运动技能的提高。

案例 9-1
"体育走班制"深化体教融合育人才

在鄂尔多斯市康巴什区第一中学的校园内，几个班的同学们同上一节体育课，每个人都按照自己的兴趣爱好选择体育项目，共同的爱好让课堂上的欢声笑语更加充盈。这种全新的"体育走班制"让同学们跃跃欲试，激发了大家参与体育运动的浓厚兴趣。体育教育与组班上课融合发展正在这里展开新的探索。

在这里，耳目一新的体育课打破了传统的分班制，为学生们提供了多样化的选修课程，满足了不同学生的个性化锻炼需求。"学校创新实施'体育走班制'，就是将同一年级的体育课排在同一时间，让学生根据个人爱好和自身条件自主选择运动项目，进行专项化分层学习的体育教学模式。"康巴什区教体局中小学体

---

① 毛振明，邱丽玲，李海燕，等. 通过体育课程改革培养学生社会性和社会适应能力的假说——行政班体育课走向走班制体育课："班文化"走向"队文化"[J]. 沈阳体育学院学报，2018，37（3）：1-5，30.

育教研员段建庭介绍说，"目前学校开设了足球、篮球、排球、田径等体育课程，将初一年级 14 个班的体育课按照学生数量分成 4 组。每组安排同项目的课程，并根据学生的技能水平实行分层教学，力争让每个学生在中学阶段熟练掌握一项以上运动技能"。

"体育走班制"实行以来，鄂尔多斯市康巴什区第一中学的体育氛围也日渐浓厚，多门体育课程广受学生欢迎，极大丰富了学生们的课余生活。被同学们戏称为"灌篮高手"的王皓毫不犹豫地选择了篮球项目，有了老师的专业指导、科学的课程体系，他打起篮球来更带劲了，"真高兴我的篮球技能有了用武之地，每次上体育课都是我最开心的时刻。不仅如此，因为篮球是一项团体运动，想要获胜不仅要提高自身技术，更需要与队友配合，我的沟通能力和团队意识也在体育课上得到了提高。"

（资料来源：《中国体育报》）

3. 体育俱乐部制

体育俱乐部是以学生的自觉结合为基础，以学校的运动场馆为依托，围绕着某一运动项目，以俱乐部的组织形式将体育教学、课外体育、运动训练、群体竞赛等融为一体的体育课堂教学模式[①]。体育俱乐部制是高校常用的一种教学组织形式，既可以打破班级、水平界限，又可以满足学生不同层次、不同水平的需要，有效激发学生的运动兴趣。

案例 9-2
以体育人：新型体育俱乐部制教学改革

闽江学院于 2013 年探索体育俱乐部制教学改革，提出课程模块设计和课内俱乐部设想；2014 年，该校明确了俱乐部制教学改革方向，开始构建课内、课外俱乐部教学体系，出台相关管理制度；2015—2016 年，学校探讨提升课内外运动量、增强学生体质的方案，与科技公司合作研发适合学校特点的"运动世界校园"App；2017 年，该校正式出台体育俱乐部制教学改革实施方案，率先在全省实施新型俱乐部制教学改革，实施课内外初、中、高三级阶梯式动态调整的会员制度，实行"三自主"（自主选择任课教师、自主选择上课时间、自主选择运动项目）和"三不同"（不同时间、不同水平、不同兴趣）选课。

据介绍，闽江学院新型体育俱乐部制教学改革倡导"以学生为中心、以人格塑造为主线"的教育理念、以"享受乐趣、增强体质、健全人格、锤炼意志"为

---

① 何建东，骆秉全. 我国高校体育俱乐部教学模式研究 [J]. 体育文化导刊，2010（10）：81-85.

改革航标，提出"一核双轮三任务四平台"的俱乐部制教学架构，即以"服务适应社会需要的高素质应用型人才"为核心，以"课内俱乐部、课外俱乐部"为双轮，"教会、勤练、常赛"为三任务，以"体育教学、课外锻炼、运动竞赛、体质测试"为四平台。通过"俱乐部课程体系化、课内外锻炼常态化、活动实施科学化"等一系列创新举措，形成突破时空局限、丰富课程体系、深度融合第一课堂和第二课堂的应用型本科高校公共体育教学新模式。

闽江学院党委书记表示，学校新型体育俱乐部制教学改革实践，既推动了体育锻炼与体育竞技、体育素养和体育精神的对接融合，又深化了体育元素与思政元素的融合对接，充分体现了以体育智、以体育心、以体育人的独特功能，更体现了培养德智体美劳全面发展的社会主义建设者和接班人的目标旨归。

（资料来源：《中国教育报》）

（三）体育课程管理的基本内容

1. 体育课程目标

学校体育课程目标是学校依据教育目的，对全体学生在不同学段所要达到的体育基本素质、运动技能、体质健康标准的总体设计。学校体育课程目标依据社会素质教育背景、体育学科性质和学生身心发展特点而设立，决定着体育课程的内容设计，对体育课程的实施与评估起着导向作用。总体来看，体育课程目标具有以下两个特点：

（1）体育课程目标综合性

《义务教育体育与健康课程标准（2022年版）》《普通高中体育与健康课程标准（2017年版）》和《全国普通高等学校体育课程教学指导纲要》共同构建了我国学校体育课程的框架体系，强调"健康第一"的指导思想和立德树人根本任务，落实"教会、勤练、常赛"，促进学生全面发展。从培养学生体育学科核心素养的价值出发，即发展运动能力、健康行为和体育品德，将体育课程的学习领域目标划分为运动参与、运动技能和身体健康的运动主线目标以及心理健康和社会适应能力的健康主线目标。根据中小学学生的身心发展特点和学习内容特点，将不同年龄段的学生划定为不同的水平目标，大学阶段将体育课程目标分为基本目标和发展目标，大中小学共同构成层次分明、难易有度的体育课程目标（图9-5）。

（2）体育课程目标递进性

体育课程目标的递进性，不仅是指学校体育整个过程的递进，还体现在教学内容、教学计划上的递进。体育课程目标分为总目标和分目标，根据学生身心发展的差异性，采取小学阶段启蒙学习、中学阶段系统学习、大学阶段深入学习的方式，结合教学内容对不同学生提出不同要求，共同促进学

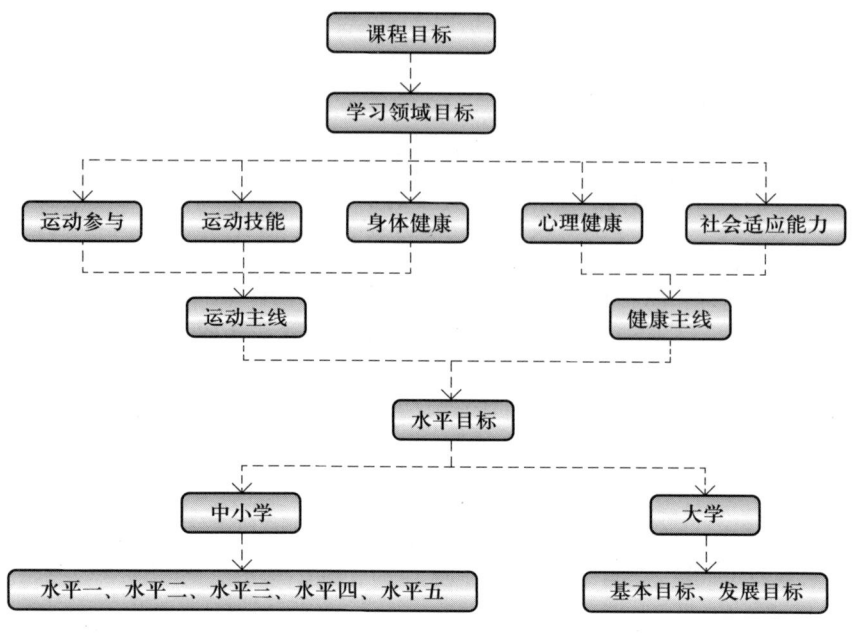

图 9-5　体育课程的目标体系

体育核心素养的养成。

第一，总目标。是全体学生须达到的最基本要求。学生通过体育运动，学习体育基础知识、学会体育基本技术、树立体育锻炼观念和培养优秀品质。因此，在设置课程目标时，须参照学生实际情况提出不同的体育课程目标和要求。

第二，分目标。学生在运动能力、健康行为和体育品德方面等存在很大的差异性，体育教学目标与学科核心素养的协调融合，为学生开展运动项目较为系统和全面的学习，发展学生多元化的体育需求创造了条件。

2. 体育课程内容

体育课程内容是体育学科进行知识传授、技能学习、价值传递、发现和解决问题的全过程，要充分实现体育课程目标，应当将思想政治教育元素融入体育课程的教学内容中去，潜移默化地对学生的思想意识、言谈举止产生影响。同时也要重视大中小学课程内容的有效衔接，对体育课程内容进行一体化设计。一体化体育课程内容主要围绕体育文化类、动作技能类、体能类和生命教育类四个方面（图 9-6）。

体育文化类：体育文化类内容是体育课程中渗透的体育精神和体育人文知识，包括思想观念、形象识别、人文典故和观赛礼仪四方面。体育文化是在体育知识上的提升，要重点加强对中华传统体育文化、民族传统体育文化、红色体育文化等的传承与发展。

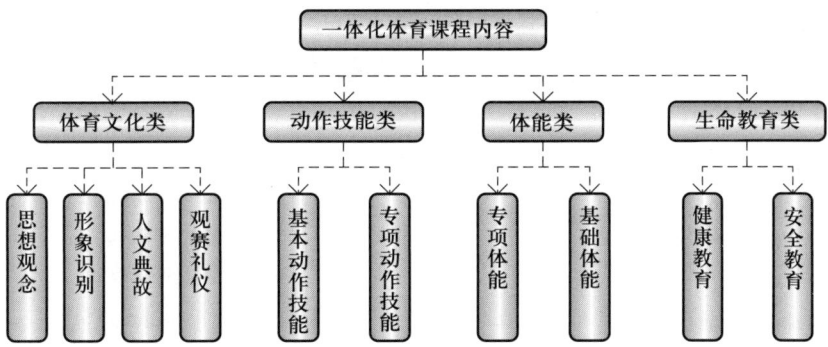

图 9-6　一体化体育课程内容框架

（资料来源：于素梅. 一体化体育课程内容体系的建构［J］.
体育学刊，2019，26（4）：16-21.）

动作技能类：动作技能可以细化为基本动作技能和专项动作技能，基本动作技能指走、跑、跳、投等基本生活所需的技能；专项动作技能指专项运动的单个或组合技能。

体能类：体能训练是体育课程内容体系中不可缺少的一部分。其中，基础体能是身体健康和能力表现的基础，专项体能是学生在特定项目内容中需要具备的能力。具备一定的体能，有助于学生运动能力的形成和发展，也有利于促进学生身心健康。

生命教育类：主要包括安全教育和健康教育。其中，安全教育指着装安全、运动安全等。健康教育主要包括用眼卫生、运动损伤的预防与处理等。

案例 9-3
运动训练学课程思政元素及其融合课程教学的实践探索

运动训练学作为研究和揭示运动规律和现象的一门学科，是服务于竞技体育发展的科学理论，其目标主要是为竞技体育培养优秀教练员，通过提升教练员的思想政治水平和执教能力来推动我国竞技体育水平的提高。如何在传授运动训练理论知识与技能的同时渗透价值观教育，如何引导体育专业学生把个人理想融入国家发展与实现体育强国的具体实践中，提升自身的责任感和使命感，也是推动运动训练课程改革的重要内容。

基于《体育强国建设纲要》《高等学校课程思政建设指导纲要》及体育学类教学质量国家标准专业培养目标和规格，对运动训练学课程所蕴含的思想价值和精神内涵进行分析，将其蕴含的思政元素融入运动训练学课程的教学实践中，寓价值引领于知识传授和能力培养之中，实现思政元素与专业课堂教学的有机融合，充分发挥运动训练学课程的育人功能，落实立德树人根本任务。

运动训练学课程思政元素与知识点的融合设计

模块名称	思政元素	融入点	实施方式	思政教学目标
运动训练学导言	科学精神 创新发展 坚韧不拔	项群训练理论的创建与发展	讨论式教学 案例教学	通过学习体育科研工作者对训练理论的不懈追求，养成追求科学精神的品格，并将这种精神外化为科学指导实践的自觉行动
运动训练的辩证协同原则	辩证思维 批判思维 科学求实	"三从一大"训练原则的过去与现在	讨论式教学 启发式教学	学生能够辩证地认识和解决训练实践中遇到的诸多矛盾，养成辩证思维
运动员竞技能力及其训练（上）	顽强拼搏 创新发展 公平竞争	张伟丽的成长故事	案例分析 互动式教学	培养学生敢于面对困难和挑战的决心和信心，养成不怕吃苦和坚韧不拔的意志品质
运动员竞技能力及其训练（下）	团结协作 以人为本 顽强拼搏	团结协作的女排精神	案例教学 视频赏析	学生能够拥有健康的心理和开阔的胸襟，树立"人人为我，我为人人"的团结协作意识
运动训练方法及其应用	创新发展 普遍联系	苏炳添百米"破十"的关键：起跑技术创新	案例式教学	在运动知识与技能学习过程中，要敢于打破常规，勇于创新
运动训练负荷及其设计与安排	以人为本 辩证统一 坚韧不拔	姚明在2020年"两会"上的发言《体教融合不能忽视人格塑造》	启发式教学 情景教学	学生能够辩证看待运动成绩和身心健康的关系，树立"以人为本"教育理念，塑造和谐健康生活观
运动训练过程与训练计划	科学求实	女子链球运动员张文秀的赛前训练计划	案例教学 讨论式教学	学生能够结合实际情况，养成提出问题、分析问题和解决问题的能力
教练员职责与教练行为	与时俱进 责任担当 家国情怀	郎平五大先进执教理念；姚明承担责任事例	案例式教学	学生能够始终保持与时俱进的精神状态和昂扬向上的斗志，肩负起新时代赋予的使命

（资料来源：韩改玲，朱春山，孙有平，等. 运动训练学课程思政元素及其融入课堂教学的实践探索［J］. 体育学刊，2022，29（1）：111-117.）

3. 体育课程实施

体育课程实施是体育教师依据体育课程内容，根据授课对象所处阶段，采取多种教学方法向学生传授教学内容的过程。体育课程实施要将理论转化为实践，教学方法的选择是前提，课程实施的过程控制是决定教学目标达成和教学质量评定的标准。在实施过程中应当加强前瞻性思考，精准落实体育课程教学实施中的各项举措。

（1）制订体育课教学计划

开展体育教学工作源于教学计划的制订。制订教学计划的依据是：《义务教育体育与健康课程标准（2022年版）》；《全国普通高等学校体育课程教学指导纲要》；现有体育师资状况；学校的现有场馆器材条件；学校实际情况以及以往学生体育教学测评统计资料。

（2）组织体育课教学

管理的组织职能贯穿于体育课教学的全过程。组织工作是实现体育教学预定目标、任务的重要保障。体育课教学的组织过程，是围绕教学目标对人、财、物、时间、信息等因素的配置和调整。

（3）控制体育课教学

体育教学目标能否实现，体育教学计划能否执行，关键是对体育教学过程进行针对性、适时性、客观性、灵活性、经济性和特殊性的控制。

4. 体育课程评价

体育课程评价重视学习评价的激励和反馈功能，强调构建评价内容多维、评价方法多样、评价主体多元的评价体系。

评价内容的确立首先要明确"培养什么人"。具体要围绕体育核心素养，紧扣学业质量，结合具体的教学内容，评估学生体育核心素养发展水平。既关注基本运动技能、体能与专项运动技能，又关注学习态度、进步情况及体育品德；既关注健康基本知识与技能，又关注健康意识与行为养成。

评价方法的选择应当依据评价目的、评价内容、评价主体、评价情景等实际情况，注重过程性评价与总结性评价、定性评价与定量评价、相对性评价与绝对性评价等，积极探索增值评价，建立综合评价体系。

评价主体有学校、学校体育行政部门、体育教师和学生等，其中应当以体育教师为主，鼓励学生、其他学科教师、家长参与到评价中。同时，重视制定明确、具体、可操作的学业质量合格标准，为教师有效教学、学生积极学习及评价指明方向，通过综合性学习评价促进学生达成学习目标，形成体育核心素养。

（四）体育课程管理的基本要求

对体育课程进行管理，我们首先应该了解体育课程的结构体系。准确、清晰的课程结构有助于正确理解体育课程改革方向和路线，对学校体育课程管理起着重要作用。

　　人本教育理念下，体育作为学校教育的重要组成部分，也是学校课程体系中不可或缺的内容，体育课程结构设立的重点要落在培养学生的学科核心素养，发展学生在课程学习过程中逐步形成的关键能力、必备品格和价值观念。

　　因此，学校体育课程结构体系是从学科育人的角度进行整体构建，即以学科核心素养引领课程目标、课程内容、教学与评价方式（情景创设与方法应用、学业质量、学习评价）、学习途径等（图9-7）。

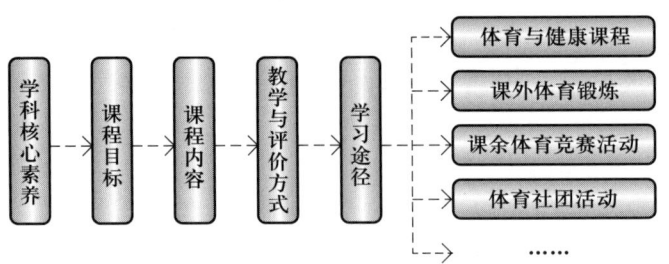

图9-7　体育课程结构体系①

　　体育课程管理主要包括以下几个方面：

　　1. 不断改进体育课程结构体系

　　体育课程结构是对体育课程多个方面的系统把握和整体描绘。体育课程结构改革应紧紧抓牢新时代教育高质量发展导向和人民的教育需求。重视育人在学校体育课程结构体系中的指向性作用，强化体育学科核心素养的引领性作用，全面贯彻落实立德树人根本任务和树立"健康第一"的教育理念。

　　2. 优化课程目标

　　课程目标是教师分析教材和指导学生行为的依据。优化课程目标能使教师运用新理念，客观评价分析教材与学情，帮助学生掌握1~2项运动技能，使学生在体育锻炼中享受乐趣、增强体质、健全人格、锤炼意志，培养德智体美劳全面发展的社会主义建设者和接班人。

　　3. 创新教学过程

　　打破传统体育课堂教学，全面遵循"教会、勤练、常赛"的教学思路，根据学生年龄特点和身心发展规律，围绕课程目标和运动项目特点，丰富教学组织形式，善用互联网与新科技，借鉴不同学科间的教学方法，创新教学模式，让学生在"学中乐、乐中会、会中玩"。

　　① 季浏. 构建体育与健康学科育人的课程结构——关于《课程标准（2017年版）》课程结构的解读 [J]. 中国学校体育，2018（5）：12-14.

4. 构建综合评价指标体系

以体育学科核心素养为引领，从"知识、能力、行为、健康"等方面进行多元性评价，突出体育课程的过程性评价，结合人工智能，倡导评价方式多元化、精准化、便捷化，不断推进教师专业技能发展，提高教师的体育课程教学水平和过程管理水平，提升体育教学质量。

二、课外体育锻炼管理

课外体育锻炼是在体育课以外的时间里运用各种身体练习和多种组织形式，以增强学生体质、提高运动技术水平、丰富课余文化生活、养成良好生活习惯为目的的一种有组织、有计划的体育活动。狭义的课外体育锻炼一般指课间活动、课外活动、体育俱乐部活动等，广义的课外体育锻炼还包括学校运动会、运动训练、班级联赛等。

（一）课外体育锻炼的特点

1. 学生参与的约束性

为落实相关政策文件要求，充分保障学生校内、校外各一小时的体育活动时间，促进学生身心健康和终身锻炼习惯的养成，学校组织开展的课外体育活动，如早操、课间操和集体锻炼等一般都配套相应的规章制度，从而鼓励和约束学生积极参与体育锻炼。

2. 组织形式的灵活性

课外体育锻炼与体育课不同，一般不具有固定的模式和形式，在组织形式上具有灵活性。在组织开展课外体育锻炼时，可根据学生的年龄、运动能力、兴趣爱好等灵活开展，还可按照参与人数、开展时间和学校自身场地设施条件等进行组织。

3. 内容选择的多样性

课外体育锻炼的内容应充分考虑学生个性化差异，做到区别对待、因材施教，锻炼内容应具有多样性。此外，课外体育锻炼的内容应与学校体育课程教学内容保持一定的联系，有利于学生基本运动能力的提升和专项运动技能的巩固。

（二）课外体育锻炼的组织形式

1. 全校性的课外体育锻炼

全校性的课外体育锻炼规模较大，便于统一组织与领导，有利于年级之间、班级之间的相互学习与促进，同时也利于学生爱国主义教育、集体主义精神的培养和规则纪律意识的强化。通常，全校性的课外体育锻炼有一定的周期性，如以一学年（学期）为周期的体育节、运动会等，以一周（日）为周期的早操、课间操等。

2. 年级和班级的课外体育锻炼

年级和班级的课外体育锻炼相较于全校性锻炼而言，组织方便、机动灵活、易于管理。可让体育委员、其他班干部等协助与辅助体育教师和班主任指导和管理，充分发挥学生的主观能动性。在组织形式上有侧重竞争的足球、篮球、排球等校园体育联赛和侧重观赏的武术、体操等表演赛。若学校条件有限，组织难度较大，可考虑以班级为单位进行。

3. 小团体和个人课外体育锻炼

小团体和个人课外体育锻炼自主选择空间大，可根据学生差异、兴趣爱好和运动项目特点进行组织，如球类、操类、田径等。该类体育锻炼对于学生运动能力的提升、体育兴趣的形成、锻炼习惯和终身体育意识的养成有着积极作用，有利于促进学生身体、心理、社交等方面的发展，体育教师应积极做好引导和指导工作，扬长避短、以点带面，提高全体学生的素质。

（三）课外体育锻炼的基本内容

课外体育锻炼分狭义和广义，本节主要阐述狭义的课外体育锻炼，主要包括早操、大课间、班级体育锻炼、体育节、体育俱乐部、节假日体育管理等内容。

1. 早操、大课间的管理

早操、大课间活动是学校安排的最常见的一种体育锻炼形式。内容一般以徒手体操为主，如广播操、眼保健操、健身操等，也可开展各类锻炼活动，如慢跑、太极拳、球类练习等。

2. 班级体育锻炼管理

班级体育锻炼是以班为单位，采取集中与分散结合、规定与自愿结合、班级与个人相结合的组织形式，由体育教师或班主任负责指导，在班干部或锻炼小组长的带领下进行的体育活动。

3. 体育节管理

体育节一般有"体育周""体育日（健康日）"两种形式。有学者曾提出将一年一度的学校运动会改为体育节，以全体学生为主体，融竞技体育与健身、娱乐于一体，让每个人都有参与的机会，使体育节成为集健身、娱乐、竞争于一体的体育文化节，使学校运动会走出金牌的误区，让体育节成为以参与为手段、健身为目的、以培养学生体育和运动能力、提高体育素养为中心的全面素质教育的课堂[①]。

4. 体育俱乐部管理

体育俱乐部是课外体育锻炼中较为流行的一种组织形式，分为单项俱乐部和综合性俱乐部，学生可根据各自兴趣爱好加入俱乐部，具有参与自主性、管理开放性、方法灵活性、师资竞争性和运作经营性等特点。以德国为例，德国中小学除体育课外，其余体育活动一般以俱乐部的形式来实施，德国的发展经验体现了俱乐部体制对学校体育的促进作用[②]。

5. 节假日体育管理

利用节假日开展各种体育活动可以在校内进行，也可以组织学生外出，在校外进行。校内活动可充分利用现有的场地器材等条件，组织开展多样的活动，尽可能满足学生的兴趣爱好。校外活动具有一定的不可控因素，在进行这一类活动时，学校要加强领导，做好组织工作，注意学生安全和卫生，避免伤害事件的发生。

（四）课外体育锻炼管理的基本要求

1. 建立课外体育锻炼管理网络，提高管理效能

课外体育锻炼参与人员多，工作量大，其管理绝非单靠体育教师就能完成。因此，需要建立一个有校领导及有关部门人员共同参与的课外体育锻炼管理体系，形成主管部门负责、多方主体配合的课外体育锻炼管理体系。

2. 加强学生组织建设

充分调动社会、学校、家长、学生等各方面的积极性，建立适合不同年龄、不同性别学生的课外体育锻炼组织，使学生参加课外体育锻炼得到组织保证。

3. 精选活动项目，保证参与度

体育活动项目多、内容广，课外体育锻炼的顺利实施需要依靠学生的积

---

① 高岩松. 走出学校运动会的误区构建体育节 [J]. 广州体育学院学报，2001（1）：40-42.

② 邹师，冯火红. 我国普通高校体育俱乐部的类型与特色研究 [J]. 北京体育大学学报，2003（1）：70-73.

极参与，为此必须精选活动项目，在选择项目时应考虑活动项目与体育教学内容和体育竞赛项目的结合度；应考虑项目类别的季节性，便于活动的组织与开展等。

4. 开展多种活动与竞赛，提高活动质量

竞争作为一种社会性刺激，会对个体心理和行为产生有利影响，良好的竞争可以促使学生人格的完善，学生的锻炼效果和运动技能可以在比赛中得以充分表现和发挥，从而促使学生课外体育锻炼质量的不断提高。

5. 加强宣传教育

思想政治教育工作要有针对性，要切合实际，要形象化、多样化。课外体育锻炼的重点宣传对象是学生和家长，宣传阵地要覆盖家庭、学校、社会，做到家庭支持、学校带动、社会支撑的联动。学校应引导学生自愿、自觉参加课外体育锻炼，培养终身体育意识。

6. 完善医务保障体系

加强课外体育锻炼的医务监督，也是保护学生健康、保证课外体育锻炼顺利进行的重要一环。学校应设立救护站，备好备足急救药品，工作人员要坚守始终，做好各种应急预案。

三、课余体育训练管理

课余体育训练是教练员利用课余时间对有一定体育特长的学生进行系统的训练，全面发展他们的身体素质，不断提高专项运动成绩、培养体育骨干，使他们的运动才能得以发展和提高的一个专门化教育过程，是实现学校体育目标和任务的一项重要措施，也是培养学生运动兴趣、发现体育后备人才的重要途径。

（一）课余体育训练的特点

1. 广泛性

学校课余体育训练的广泛性是指凡愿意参加课余体育训练的学生都可以参加。例如，以学生体育俱乐部的形式组织课余体育训练的爱好组和提高组。

2. 基础性

学校课余体育训练主要是进行基础训练，这是由在训学生的年龄特征以及运动训练规律所决定的。学生正处于生长发育的重要时期，他们的思想作风、道德品质、身体素质和运动技术均处于形成和发展阶段。因此，在管理过程中，其训练内容的制定应从打基础考虑，注重加强思想教育，培养学生全面发展。

3. 课余性

课余体育训练的训练时间主要集中在学生每天文化课学习后、每年寒暑假和其他节假日，这就要求训练计划的制订与执行要具有灵活性和可变性。

（二）课余体育训练的组织形式

1. 学校运动队

学校运动队是我国课余体育训练最常见、最普遍的组织形式之一，也是我国课余体育训练最富有活力的训练组织之一。在传统体育项目学校、体育运动后备人才试点学校和普通中小学校中大都设有学校运动队。

2. 体育特长班

在一些学校，学校会对部分有运动天赋的学生进行特殊培训，组成体育特长班。体育特长班由学校教师或教练员负责，招收本校或周边学校中有一定体育特长的学生进行课余体育训练，采取自愿、业余的形式。

3. 基层运动训练点

基层运动训练点是在学校群众性体育活动广泛开展的基础上，以一两个运动项目为重点的训练场所。由基层体育和教育行政部门共同规划、全面布局。有的基层训练点是以一所重点中学为基地，吸收附近学校有特长或有体育培养前途的学生参加某项运动的训练。

4. 青少年体育俱乐部

随着学校体育改革的深入，课外体育活动丰富多彩，学校根据学生需要或学生自主申请组成了各种形式的体育俱乐部。其中，带有运动训练性质的青少年体育俱乐部成为学校课余体育训练的一种新形式。

（三）课余体育训练的基本内容

1. 基本体能训练

基本体能训练是掌握专项运动技术、提高运动成绩的基础。学校课余体育训练应运用各种有效的手段和方法来增进学生的身体健康，促进学生的全面发展和运动能力的提升。学校课余体育训练应侧重于力量、耐力、速度、柔韧、灵敏等一般的身体素质训练，不同类型的身体素质训练应在不同年龄阶段的学生身体素质发展敏感期进行，以促使该素质在相应年龄阶段得到充分的发展。

2. 运动技能训练

良好的运动技能是创造优异运动成绩的重要影响因素，也是战术得以执行的基础。运动技能的形成和掌握有其固有规律：学习动作初期的泛化阶段，练习过程中的分化阶段和进一步练习后的巩固与自动化阶段。学校课余体育训练应遵循学生运动技能形成规律，循序渐进地对学生进行运动技能训练。

3. 心理能力训练

现代运动竞技水平的提高、攻防转换节奏的加快以及比赛环境的复杂性，要求运动员具备良好的心理能力。学校课余体育训练应注重学生的心理能力训练，有意识地对学生的心理过程和个性特征施加影响，培养学生的心理调控能力，提高心理稳定性，使学生能在训练和比赛时调节自我心理状态，适应复杂比赛环境，获取优异的运动成绩。

4. 战术能力训练

战术能力训练需以一定的基本体能训练和运动技能训练为基础，无论是集体项目还是个人项目，都存在比赛战术的运用。学校课余体育训练中的战术能力训练重在战术意识的培养。首先，应引导学生掌握运动项目的基本规则和战术的基本内容；其次，要帮助学生了解战术变化的规律，培养学生的战术思维能力；最后，使学生掌握一两套基本战术，重复演练战术的变化，形成多套战术，提高基本战术的灵活性和实用性。

5. 体育品德与作风训练

学校课余体育训练的目的是培养全面发展的人，学生的综合素质往往是通过体育品德与作风表现出来的。个人和团体的体育品德与作风需在长期的日常训练中逐渐形成，故而在学校课余体育训练时，应根据学生的年龄阶段和心理特征进行有针对性的教育。体育教师和教练员应言传身教、作好表率，对学生进行启发、引导，使学生在课余体育训练中真正享受乐趣、增强体质、健全人格、锤炼意志。

（四）课余体育训练管理的基本要求

（1）加强领导，健全课余体育训练的管理机构。

（2）训练内容应遵循学生身心发展规律、运动训练原则，教师应了解课余体育训练的性质，提前做好训练初步计划，进行系统科学的训练。

（3）切实抓好学生运动员的政治思想教育和文化课学习。

（4）建立一支高水平的课余体育训练教练员队伍。

（5）把课余竞赛融入课余体育训练之中，使竞赛为促进、检查、指导课余体育训练工作服务。

（6）建设必要的体育场馆、设施，保证课余体育训练经费和教练员工作量计算，确保课余体育训练的顺利开展。

（7）加强运动训练科学研究的管理，建立科学选材、科学训练、科研管理评估制度。

（8）加强教育行政部门与体育行政部门的紧密配合，处理好学校课余体育训练与体育部门业余训练之间的关系，课余体育训练与整个体育运动训练之间的关系，处理好运动训练和文化学习的关系，使参训学生得到全面发展。

四、课余体育竞赛管理

课余体育竞赛是指充分利用课余时间，组织学生以争取优胜为目的，以运动项目、游戏活动、身体练习为内容，根据正规的、简化的或自定的规则进行的个人或集体的体力、技艺、智力和心理的各项运动竞赛活动。

（一）课余体育竞赛的特点

1. 规范性

课余体育竞赛具有规范性，竞赛活动的组织与开展需严格遵守课余体育竞赛管理办法，在管理部门、竞赛组织机构的管理下，按照一定的规则和确定的比赛章程开展课余体育竞赛活动。

2. 竞争性

竞争性是指学生参与课余体育竞赛以争夺优胜为目的。参与者需要比拼双方或多方在体能、技能等方面的能力，参赛双方存在互相竞争的关系。

3. 层次性

课余体育竞赛的层次性是指比赛的层次和等级具有递进性，学生的运动水平存在一定差异。同一层级水平的学生参加同一级别的比赛，不同层级水平的学生应参加不同级别的比赛。

（二）课余体育竞赛的形式

课余体育竞赛包括校内竞赛、校际竞赛和选拔性竞赛（夏令营）。

校内竞赛一般由体育科研室（组）或有关专门机构负责，包括学校运动会、单项运动竞赛、单项娱乐性竞赛、季节性单项竞赛、体育节、体育周、体育文化节等多种形式。校内竞赛贯彻小型多样、单项分散、基层为主、勤俭节约的原则，学校每学年应至少举办一次以田径项目为主的全校性运动会。

校际竞赛是由教育、体育行政部门整合各级各类青少年体育赛事，建立分学段（小学、初中、高中、大学）、跨区域（县级、地市级、省级、国家级）的四级青少年体育赛事体系，利用学生课余时间组织校内比赛，周末组织校际比赛，假期组织跨区域及全国性比赛。

选拔性竞赛（夏令营）是为选拔优秀的体育人才而设立的一种竞赛体系，运动员经过班级联赛、校际联赛和省级夏令营的层层选拔，最终获得代表省（自治区、直辖市）参加夏令营的资格。

（三）课余体育竞赛的内容

从项目划分的角度来看，课余体育竞赛主要可分为以下 6 类：

1. 田径类

田径是体育运动中最古老的项目，素有"运动之母"的美称，也是当下开展较为普及的竞赛项目。田径类竞赛项目包括田赛和径赛两大类别，其中田赛有跳高、跳远、铅球、铁饼、标枪等项目。径赛包括短跑、中长跑、障碍跑、接力跑、竞走等项目。

2. 球类

球类运动在学生体育竞赛中开展得较为火热，经常开展的课余体育竞赛项目有篮球、足球、排球、网球、羽毛球、乒乓球等。

3. 体操类

受限于场地设施和安全隐患，目前在学校中开展体操类课余体育竞赛较少，其中广播体操、健美操、啦啦操、艺术体操是体操竞赛中的主要项目。

4. 娱乐类

娱乐类体育竞赛项目主要包括拔河、跳绳、踢毽子，部分学校会将滑冰、游泳等项目作为比赛内容。

5. 武术类

武术类课余体育竞赛活动的开展是学生了解中华传统体育文化的重要途径，一般分为个人赛、团体赛、个人及团体赛，比赛内容包括拳术、器械等项目。

6. 民族传统体育类

民族传统体育类是指在少数民族聚集区（地）会开展一些具有民族特色的课余体育竞赛项目，如踩高跷、射箭、陀螺、抢花炮、抖空竹等。

（四）课余体育竞赛管理的基本要求

1. 转变观念，加强引导

课余体育竞赛作为体育课的延伸，是体育教学的第二课堂，也是学生从事体育活动，培养体育兴趣的主要方式。教师在思想上要以"育人为本"的宗旨开展运动竞赛，改变以往"重学生素质指标轻学生身体锻炼效果、重管理制度落实轻锻炼习惯培养、重学校统一安排轻学生自主活动"等片面认识[①]。

2. 依靠领导与组织

学校应在相关管理机构的组织与领导下，开展各项课余体育竞赛工作。要充分发挥体育协会、少先队、体育俱乐部等群众组织的作用，利用业余时间培养体育骨干。

3. 面向全体学生

《高等学校体育工作基本标准》中提到参与学生运动会（或体育文化节）的学生要达到50%以上。要从学生的角度出发，对竞赛项目、比赛方法、评分方法等进行改革，将课余体育竞赛重心转向学生体育活动参与，增加课余体育竞赛的参与度。

4. 课余体育竞赛与课余锻炼相结合

课余体育竞赛与课余锻炼两者不可分割，课余体育竞赛的开展可以充分展示课余锻炼的效果，学生课余锻炼的热情也可以促进课余体育竞赛的举办。因此要把竞赛活动与锻炼活动有机结合起来，使校内体育赛事成为促进学生全面发展的重要手段。

---

① 张恩，李龙. 高校课余体育竞赛组织管理现状与发展对策［J］. 广州大学学报（社会科学版），2010，9（7）：74-78.

五、校园体育文化管理

　　校园体育文化是指在以培养学生的体育精神和体育技能为主要形式，以增进学生身心健康和提高学生体育素养为主要目标的文化活动过程中，由体育工作者、学生和其他教育工作者共同创造的，以不同形态存在的特质所组成的一切事物。它包括体育精神、体育价值观念、体育道德和体育行为等。随着我国教育事业的发展，特别是发展学生核心素养的背景下，校园体育文化的构建和管理也愈发重要。

（一）校园体育文化的特点

　　1. 隐蔽性
　　校园体育文化的隐蔽性体现在它的影响方式上，它是以不明确的内隐方式，通过无意识、非特定心理反应机制来影响学生。校园体育文化所形成的体育氛围会不知不觉地影响生存在这个环境中的学生的心理和行为。
　　2. 时代性
　　文化是时代的产物，校园体育文化的形成与发展过程中，其内容、形式会受到时代的影响，校园体育文化在一定程度上也反映了当时社会的体育风貌。
　　3. 闭合性
　　学校由许多组织构成，不同的组织在体育项目的设置和选择上都具有不同的特点，而这种特点就形成了体育的"文化圈"，不同组织的体育"文化圈"在形态上相对闭合，如理科专业与文科专业的体育文化、男生班级和女生班级的体育文化存在明显的差异性，正是这一个个闭合的校园体育文化圈形成了校园体育文化。

（二）校园体育文化的结构层次

　　校园体育文化结构的划分有多种方式，按照结构层次标准来说可以划分为4个子项，同时也构成了"三层次"结构（图9-8）。

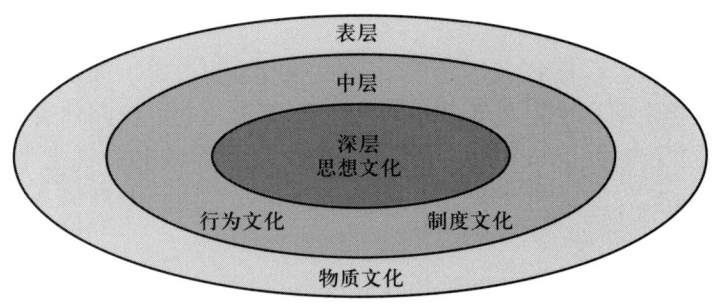

图 9-8 校园体育文化结构图

1. 深层文化

深层文化即体育思想文化，是人们的价值观念，属于精神层面，同时是校园体育文化的核心，它直接决定校园群体的体育价值观念和体育思维方式等，是校园群体一切体育行为的根本原因，包括体育价值观念、体育审美情趣、体育思维方式、体育精神道德等。

2. 中层文化

中层文化包括体育制度文化和体育行为文化两个子项，是连接体育思想和体育行为的中介，对校园群体的体育思想和行为起到引导和约束的作用。体育行为文化包括校园体育传统、课外体育风气、体育工作作风和体育学习风气等。体育制度文化包括体育教育法规、体育管理制度、校园体育组织和体育行为规范等。

3. 表层文化

表层文化即物质文化，是在体育思想文化、行为文化、制度文化综合作用下的具体体现，是校园体育文化的外在表现，具体表现在校园体育建筑、校园体育群体、校园体育实践等方面。

（三）校园体育文化建设的内容

校园体育文化包括思想文化、行为文化、制度文化和物质文化，校园体育文化的建设也可以从这四方面着手：

1. 思想文化建设

思想文化在校园文化建设中起着主导作用，是校园体育文化建设的核心内容，传播正确的体育观是思想文化建设的重中之重。弘扬体育精神，培养学生的终身体育意识，在校园体育文化活动中提高学生的体育道德和行为习惯，通过国内外体育比赛对学生进行爱国主义教育，由此使学生形成正确的世界观、人生观、价值观。

2. 行为文化建设

行为文化在校园体育文化建设中包括多方面的内容，课余体育竞赛、体育教学以及学生的运动锻炼等都在行为文化建设之中。校园体育行为文化建设不仅需要学校举办校园体育文化活动，还需要教师在体育课堂上严谨教学，培养学生养成良好的运动行为习惯。

3. 制度文化建设

制度文化作为思想文化与物质文化的连接桥梁，在校园体育文化建设中不可或缺。建设校园体育文化的过程中不仅要贯彻落实相关体育法规，还要考虑学校的传统，在此基础上建立和改进学校体育的制度，形成良好的校园体育制度文化和氛围。

4. 物质文化建设

物质文化是校园体育文化建设中的基础文化，物质文化建设既要体现学校的人文气息又要凸显学校的独特魅力。作为传播校园体育文化的表层文化，应加强学校的场地设施、器械布置以及体育场地的建筑风格等物质文化的建设，努力发挥和展现学校独有的文化底蕴。

（四）校园体育文化管理的基本要求

校园体育文化是一项系统工程，需要建立由分管校领导负责，体育教研室、学生体育协会组织，校团委、学生工作处、学生会以及体育俱乐部共同协作配合的办事机构，以全面建设校园体育文化并对校园体育文化进行管理。

1. 加强组织管理

由分管体育的校长或副校长负责，加强领导工作与各部门工作之间的协调配合，学校领导的重视是校园体育文化建设的组织保证，其办学理念与治学思想决定了校园体育文化建设的成效。为此，学校领导必须加强对校园体育文化的组织管理。

2. 制订校园体育文化的计划

校领导要统筹兼顾，相关部门要对全校体育活动做总体安排和具体落实，制定好各项体育活动的实施方案，包括内容的确定、比赛的组织、裁判人员的培训及赛前各项准备工作等。

3. 加强校园体育文化的宣传

学校应通过制定新闻宣传方案，加强新闻报道人员的组织和利用校广播电台及校刊向全体师生进行体育活动的宣传报道。利用学校宣传部、新闻部、学生会等部门进行体育文化宣传。院系应设立宣传小组，班级设置宣传委员，形成宣传网络，同时通过墙报、班会、摄影展等手段和途径进行宣传和教育活动。

六、学生体质健康管理

学生体质健康管理的定义为：遵循学校体育教育的基本规律，以提高学生体质健康水平为目的，在监测学生体质健康状况的基础上进行分析、评估，有针对性地采取健康干预措施或健康促进手段以达到增强学生体质健康效果的综合活动。

（一）学生体质健康管理基本内容

增强学生体质、促进学生身心健康发展是学校体育的主要任务之一。学生的体质及健康状况直接影响着新时代中国特色社会主义事业接班人的综合素质，因此，必须要加强学生的体质与健康管理，将体质健康测试工作纳入学校重点工作计划，学校应当面向学校全体学生积极推行《国家学生体质健康标准》[1]。学生体质健康管理的基本内容包括以下几方面：

1. 学生体质健康测试的管理

通过身体形态、身体机能、身体素质以及运动能力等方面综合评定学生的体质健康状况。根据《国家学生体质健康标准》和学生生长发育特点，各年级、各阶段学生的体质测试内容如表 9-1 所示：

表 9-1　学生体质测试内容

组别	评价指标（测试项目）	分值
所有年级	BMI	15
	肺活量	15
小学一、二年级	50 米跑	20
	坐位体前屈	30
	1 分钟跳绳	20
小学三、四年级	50 米跑	20
	坐位体前屈	20
	1 分钟跳绳	20
	1 分钟仰卧起坐	10

---

[1]　季浏. 我国《普通高中体育与健康课程标准（2017 年版）》解读［J］. 体育科学，2018，38（2）：3-20.

组别	评价指标（测试项目）	分值
小学五、六年级	50 米跑	20
	坐位体前屈	10
	1 分钟跳绳	10
	1 分钟仰卧起坐	20
	50×8 往返跑	10
初中、高中、大学各年级	50 米跑	20
	坐位体前屈	10
	立定跳远	10
	男生引体向上、女生 1 分钟仰卧起坐	10
	男生 1 000 米跑、女生 800 米跑	20

2. 学生体质健康档案的管理

通过信息化手段建立学生体质健康电子档案，将学生的体质数据进行记录归档、分类整理，每年定期通过学生体质蓝皮书公布全省和本地区学生体质健康的整体情况。

3. 学生体质健康评估及反馈

学校应成立学生体质健康数据中心，对上报的体质数据进行分析，并且通过体质蓝皮书将学生体质健康情况的分析结果向社会公布，并每年将学生的体质测试分析报告通过移动设备通知学生家长，实现多方管理，让上级领导、体育教师、家长可及时了解学生的体质健康信息。报告中应拟定学生需要锻炼的内容和处方，使学生体质健康监测质量的改进具有可持续发展的内在机制。

4. 体质健康的指导促进措施

通过创新体育课堂教学、开展课外体育活动、推进体质健康教育、制定运动锻炼处方等提高学生体质健康水平，广泛开展体能课、体育俱乐部、大课间活动及"一校一品"或"一校多品"等活动。

5. 学生体质健康的监督机制

针对各地区、各学校学生体质健康发展的问题和做法以及学校体育工作专项督导的结果及时纠正相关政策和措施，从而建立长期有效的监督机制。

（二）学生体质健康管理的基本要求

1. 保证体育与健康课程、课后体育活动时间

《关于全面加强和改进新时代学校体育工作的意见》和《关于进一步减轻义务教育阶段学生作业负担和校外培训负担的意见》等政策文件明确指出：开齐开足上好体育课，推动学生积极参与常规课余训练和体育竞赛。提升学校课后服务水平，满足学生多样化需求。以学生为本，开展适宜的体育课堂和课外体育活动是促进学生体质健康达标的基本保障。

2. 加强学生的健康宣传教育引导

倡导学生树立"健康第一，全面发展"的教育理念，进一步完善配套的管理制度，提高学生的健身意识，加大全民健身的投入与宣传力度，通过学生的体育与健康课堂、大课间、课外活动等多种形式宣传与普及体育健康知识、急救知识技能等，以此提高学生主动锻炼意识以及自我保护能力，培养学生的终身体育意识和锻炼习惯[①]。

3. 完善学生体质健康管理评价考核体系

要求学校对学生体质健康管理工作高度重视，建立体育家庭作业本，并将体育家庭作业、体育锻炼与竞赛、体育与健康知识、体质监测情况等纳入学生综合素质评价。对于因病或其他不可抗因素无法参与体育活动的学生，学校可根据实际情况积极与家长协调沟通，学生的体质健康测试结果等也应及时向家长反馈，家校协同共同监督学生的体质健康。

4. 科学管理体质健康档案

对学生体质健康档案进行科学管理，分年级、分班级、分人进行整理，登记造册，便于随时查阅。对学生的体质与健康状况进行经常性的检查评估与分析研究，并以此开展体质与健康主题报告会，提出针对性措施建议，以达到改善学校体育卫生条件、增强学生体质健康的目的。

5. 建立、健全督导检查机制

各地应将学生的体质健康管理工作作为督导评估内容，经常性开展学校体质健康管理工作监测，设立监督反馈平台或举报电话，及时改进相关工作。借助于现代通信工具，学生还可以对自己的健康状况进行全天候实时管理。

---

① 资料来源：中华人民共和国教育部网站. 教育部办公厅关于进一步加强中小学生体质健康管理工作的通知.

七、学校体育其他管理

学校体育管理还包括体育师资队伍、体育设施、意外伤害事故管理等方面，科学、系统的管理能确保学校体育管理总目标的实现。

（一）体育师资队伍管理

百年大计，教育为本；教育大计，教师为本。体育教师既是学校体育管理的主体，也是管理的对象。建设一支优良的体育师资队伍是实现学校体育目标的重要保障，关系到体育教学质量的高低和学校体育工作的成败。

1. 体育师资队伍建设

（1）全面加强师德师风建设

要加强教师党支部和党员队伍建设，用党的二十大精神、习近平新时代中国特色社会主义思想武装头脑，弘扬高尚师德，增强广大体育教师特别是乡村边远地区体育教师的职业认同感、荣誉感，坚持教书与育人相统一、言传与身教相统一、潜心问道与关注社会相统一、学术自由与学术规范相统一，争做"四有"好教师。

（2）科学制订体育师资编制计划

学校体育师资队伍编制计划既要立足新型城镇化和体育中高考改革等新情况又要着眼于教育现代化和城乡教育一体化发展改革等长远新形势。体育师资编制计划的科学性，决定着能否顺利开展并完成学校体育工作、能否实现学校体育事业高质量发展以及能否实现体育强国这一战略目标。

（3）制订体育师资引进计划

我国欠发达地区体育教师缺编和学历结构偏低的现象普遍存在，尤其是偏远乡村地区，应加大人才引进力度，通过规范的选拔流程，引进知识技能扎实、思想素质优秀、业务素质突出、身体素质出色的优秀体育教师。特别是在"体教融合"背景下，各级学校需根据自身情况积极落实国家相关政策，有计划地引进优秀教练员、退役运动员进入学校担任体育教师和教练员。

2. 体育师资队伍发展与完善

（1）建设教师队伍发展平台

为了更好地发挥体育教师自身优势，促进教师专业技能的发展，应建立教师队伍发展平台，畅通多元化的教师发展渠道，引导体育师资队伍从不同方面发挥自身优势，填补自身劣势。

（2）制订体育师资队伍培训计划

现代社会发展日新月异，信息更迭迅速，对体育教师知识储备和专业技能要求也在不断提高。为此，需制订与现有体育师资学历状况及学科建设需要相适配的体育师资队伍培训计划。

（3）加强科研创新团队建设

学校应立足本校科研水平、科研能力和科研物资等客观条件，制订教师科研能力提升计划。强化教师科研的过程管理，加强对科研人员的能力培训、学术活动交流、课题申报、科研成果鉴定、推广和评奖等内容的管理。打造高水平的科研创新团队，促进科研骨干人才成长，有效提高教师队伍的体育科研效率和水平，更多更好地产出学校体育科研成果，助力学校体育管理目标的实现。

3. 完善体育教师薪酬管理

薪酬制度的设计要结合体育教师的工作特点，与管理制度相适应，充分考虑体育教师的工作量、工作绩效。合理的薪酬制度既能体现体育教师的工作价值，又能激励体育教师不断提高工作质量。须严格落实教师平均工资水平不低于当地公务员平均工资水平的要求，并给予必要的住房、医疗、交通等方面的扶持。

4. 健全体育教师职称评定制度

应依据国家相关规定，在制定体育教师职称评定制度时纳入工作量、工作质量、科研和竞赛、民意测评等多种评价指标，形成科学、系统的职称评价体系。对于长期在乡村和艰苦边远地区从教的教师，职称评审可放宽学历要求，允许乡村教师、小学教师按照所教学科评聘职称，不受所学专业限制；适当提高中小学中高级职称的岗位结构比例，并向乡村教师倾斜，使其比例不低于当地城镇同类学校标准。

高校教师职称评审权建议直接下放至高校，根据不同学科、不同岗位特点，分类设置评价指标，确定评审办法。破除"唯论文、唯帽子、唯职称、唯学历、唯奖项"等弊病，突出质量导向，注重凭能力、实绩和贡献进行教师职称评价；注重个体评价与团队评价相结合，建立考核评估结果分级反馈机制和院校评估、本科教学评估、学科评估、教师评价政策联动机制；优化、调整制约和影响教师考核评价政策落实的评价指标[1]。

---

[1]　资料来源：中国政府网. 教育部等六部门关于加强新时代高校教师队伍建设改革的指导意见.

拓展阅读
新时代体育教师应具备的核心素养

对于新时代体育教师应具备的核心素养，我们应该跳出教师专业标准的思维，从培养学生核心素养的角度出发，教师核心素养应与学生核心素养紧密对应，即教师核心素养是指向学习者的。当前，教育部对学生学科核心素养的界定非常明确，即正确价值观、必备品格与关键能力。基于此，新时代体育教师应具备的核心素养也应集中于这三方面。

1. 正确价值观

新时代体育教师应拥有的正确价值观包括三个层次：一是制度层次，对应正确制度观；二是教师自身层次，对应正确职业观；三是学生层次，对应正确学生观。

2. 必备品格

对于新时代体育教师而言，其必备品格主要包括体育人文底蕴、体育科学精神、体育品德三个方面。

3. 关键能力

新时代体育教师具备的关键能力具有外显性和明显的体育学科特色，且更加强调与学生学科核心素养培育的结合，主要包括体育教学能力、体育教研能力、课外体育活动与训练竞赛能力、学习与反思能力。

不同于学生学科核心素养，教师核心素养在国内的研究还处于起步阶段，随着时代的发展变化与社会环境的改变，教师核心素养也会随之产生变化，需要不断完善与巩固。本文所提到的体育教师核心素养体系还有待进一步检验和验证。

（资料来源：尹志华，田恒行. 新时代体育教师应具备的核心素养与提升策略［J］. 中国学校体育，2020，39（7）：33-36.）

（二）学校体育设施管理

学校体育设施是用于开展学校体育活动的场地、场馆、建筑物及配套器材设备。学校体育设施管理是指学校体育管理者对学校体育设施进行规划、建设和使用等一系列综合活动的过程。

1. 学校体育设施建设与使用原则

（1）健康第一、安全规范原则

安全是学校体育的第一原则，学校应树立"健康第一"的教育理念，切实保证学生的身心健康。对于学校体育设施的建设和使用应严格遵照《中华人民共和国体育法》和《学校体育工作条例》的相关标准与要求，将质量与安全两个硬性要求落到实处，坚决杜绝伪劣体育器材，预防"豆腐渣工程"

和"校园毒跑道"等类似事件的发生，为在校师生及社会公众构建安全、健康、规范的体育活动环境。

（2）教学优先、兼顾课余原则

体育教学活动是学校体育活动的首要组成部分，优先满足体育教学是学校体育设施使用的主要原则。在建设学校体育设施时首先应保证配齐配全用于体育教学活动的学校体育设施；再配优配强用于促进学校体育课余活动开展的学校体育设施。在使用时如果出现教学活动与课余活动相冲突的情况，也应确保教学活动的优先使用权。

（3）结合特色、因地制宜原则

学校体育设施的建设应充分考虑到地区经济情况、文化传统、区域资源和气候等方面的差异，与地区特色、学校实际相结合，因地制宜地发挥学校和地区优势。

（4）多元功能、综合使用原则

随着时代发展，学校体育设施已由传统的单一功能转为综合使用的多元定位。既为学校开学典礼、各类晚会、校园招聘等各种大型活动提供服务，也肩负着落实全民健身国家战略的使命。

（5）加强监督、压实责任原则

在学校体育设施建设和使用时，体育部门必须做好监督检查，严格把控新建设施的质量。在学校体育设施用于内部师生使用或对外开放时需仔细检查设施情况，全过程监督学校体育设施的规范安全使用，及时消除安全隐患，避免出现安全事故。

2. 学校体育设施管理的基本要求

学校体育设施的运营与管理是充分发挥体育设施作用、提高利用效率的重要手段。科学的运营与管理离不开专业的管理人员和高效的管理模式。

（1）建立专业的学校体育设施管理机构

体育部门应委派体育教师挂职管理或引进专业管理人员、工作人员，成立学校体育设施管理机构。体育设施管理人员和工作人员实行岗位聘任制，受聘人员需参加相应岗位的国家职业资格鉴定并通过考核取得相应资格证书。

（2）探索应用学校体育设施高效运营管理模式

学校体育设施建设需要大量资金，在体育经费相对缺乏的情况下，学校体育管理部门可积极借鉴大型体育设施管理新模式。通过与政府部门、企事业单位和民营资本进行合作，多渠道筹集学校体育设施建设资金，提高体育设施运营管理效率。

3. 学校体育场馆对外开放

根据2024年发布的全国体育场地普查数据公报，在全国体育场地中，事业单位体育场地面积达到16.54亿平方米。其中，数量庞大的学校体育场地理应成为促进全民健身的重要"推手"，但相关研究显示，32.8%的学校体育场馆完全不对外开放，体育设施闲置率较高造成了在学校体育设施"绝对不足"的背景下存在"相对浪费"的问题[①]。

2017 年，教育部、国家体育总局针对学校体育场馆对外开放问题专门印发了《关于推进学校体育场馆向社会开放的实施意见》，旨在让学校体育场馆在促进全民健身事业的繁荣发展和提高全民身体素质和健康水平方面作出积极贡献。学校体育场馆对外开放具有重要的意义：第一，学校体育场馆对外开放可以满足社会大众体育健身需求，缓解学校体育场馆资源不足、使用效益不高与学校、社会需求之间的供求矛盾；第二，学校体育场馆对外开放可以有效地提高使用效率，防止场馆资源的闲置与浪费；第三，为社会提供更多的公共体育服务，完善公共体育服务体系；第四，体育场馆低收费对外开放模式可以增加学校收入，为场馆后期维护和器材更新、添置提供资金支持。

案例 9-4
学校体育场地开放需先设计好规则

"学校体育场地是否该向社会开放"的话题，一直倍受社会关注。2017 年，教育部、国家体育总局发文推进学校体育场地开放，并提出了实施原则和具体措施。但从现实看，各地落地尚有距离。

一方面是公众确有需求，另一方面则是开放后随之而来的管理、安全等问题，也让学校、家长等各方心有忧虑。各地在推进学校体育场地开放时须精细统筹，照顾各方需求，把好事做好。

首先，学校体育场地与公共体育场地有较大差别，前者无法像后者那样无条件开放，会受现实条件的制约。对于可能存在的责任划分不够清晰、安全风险较大这些问题，如不加以解决，都会影响到开放的持久性与有效性。因此，不应把学校体育场地开放当作学校资源与服务的供给义务，而应成为政府向社会统筹资源的补充供给。

其次，有必要建立相关保障机制。学校体育场地开放承担了部分公共体育场馆的角色，有必要享受相关待遇或者说应实行采购买单机制。

最后，有必要厘清开放条件。这在之前的政策中其实已有体现，最大限度地趋利避害，包括限时段、限场馆、限流量，都是学校体育场地开放管理与服务的应有之义。

（资料来源：房清江. 学校体育场馆开放需先设计好规则 [N]. 郑州日报，2021-02-22.）

---

① 黄爱峰，王健. 学校体育发展的 10 大问题省思 [J]. 北京体育大学学报，2015，38（2）：95-99，121.

（三）学校体育意外伤害事故管理

学校体育意外伤害事故是指在学校组织实施的校内外体育活动（包括体育教学或课外活动、运动训练、学校体育竞赛）以及在学校负有责任的体育场馆和其他体育设施内发生的，造成意外伤害，造成重伤、残疾、死亡等重大事故。做好学校体育意外伤害事故管理工作，是学校管理者安全有序开展学校体育活动的前提，要强化"预防为主、健康第一"的意识及措施。

1. 学校体育意外伤害事故的归责原则

学校体育安全事故可能构成民事责任、行政违法责任或是刑事责任，这三种行为的追究体系都绕不开归责原则，归责原则是指确定责任归属所依据的法律准则，根据《中华人民共和国民法典》中的表述，归责原则可分为过错责任原则、公平原则、无过错责任原则和自甘风险原则。

2. 学校体育意外伤害事故管理的基本要求

（1）做好相关信息统计

学校应组织学生监护人以及学生本人认真填写《健康登记表》，校方与家长在学生安全上应形成共识，校方需确保班主任、体育教师、校医等掌握学生的健康信息，家长对学生心脏病、癫痫、肺结核、哮喘等既往病史不得瞒报、漏报。

（2）完善体育活动规章制度

学校应依据相关规定，制定符合学校实际的体育活动规章制度。科学完善学校体育工作的各种方案，在体育活动预案、方案、体育课上课要求等内容中对伤害事故管理作出明确要求。

（3）加强活动过程中的引导、督导

在体育课堂、课余体育锻炼、课余体育训练等环节中加强巡查、指导，对可能造成伤害的一些不规范、不科学的教学行为进行督导和纠正，以科学的管理保证教学活动的安全规范，杜绝由于管理、督导缺失而造成意外伤害事故的发生。

（4）发挥学生支持协助作用

学校要重视学生的安全教育，重视学生安全意识的养成。通过主题活动等形式，结合活动实践和日常训练，帮助学生掌握必要的运动伤害急救措施，形成科学的运动习惯。

（5）妥善处理伤害事故

一旦发生运动伤害事故，应根据运动伤害事故的性质作出正确的判断并实施相应的抢救措施。教师应在最短时间尽到校方的救治义务和职责，同时迅速通知家长和医院，履行告知义务。与家长积极沟通伤害事故情况，保护相关证据，避免由于处置不善或沟通欠缺而导致二次伤害或纠纷。

第四节
学校体育管理评估

一、学校体育管理评估原则

（一）政策导向原则

学校体育评估必须要建立在正确的指导思想上，党和国家在不同发展时期制定的学校体育政策是学校体育发展目标和具体工作开展的基础，同时也是学校体育管理工作评估的重要依据，学校体育管理评估是对当下学校体育管理工作效果的评价，可以规范和引领学校体育工作的开展，实现学校体育工作目标。

（二）评价与指导相结合原则

学校体育管理工作评估的目的一方面是检查工作绩效，查验与工作目标是否一致，分析问题存在的原因，不断修正工作计划，朝着最终实现总体目标的方向努力；另一方面是"以评促建、评建结合、重在建设"，借评估工作进一步推动工作开展。只有在评价的基础上进行指导，对指导效果实施评价，动态调整学校体育管理工作，才能取得更大的进步。

（三）定性与定量相结合原则

定性评价是对评价对象作出定性结论的价值判断，对其发展实质作"质"的分析；定量评价是对评价对象作出量化的价值判断，对数据结果作"量"的分析。定性评价和定量评价具有统一性，是对同一事物不同侧面的反映，只有定性评价与定量评价相结合，才能形成对学校体育管理工作全面而正确的认识。

（四）客观性与适用性相统一原则

学校体育管理评估原则是学校体育开展评价活动的基本依据，要求评估科学客观、实事求是。指标的概念要正确，含义要清晰，尽可能避免或减少主观判断，对难以量化的评估因素应采用定性与定量相结合的方法来设置指标。指标体系内部各指标之间应协调统一，指标体系的层次和结构应合理。适用性原则要求管理评估时坚持问题导向，抓住主要矛盾和矛盾的主要方面，着眼于诊断和解决政策全过程中的实际问题，设计评估框架、标准和技术方法，保证评估的恰当性、规范性。要着眼于好用、管用原则，评估政策方案、工具、措施的有效性。

（五）综合性与可比性相一致原则

综合性原则要求评价主体在管理评价中不要仅从单一主体的价值取向去把握各类评价主体的需要，而是全方位地把握各类评价主体的需要，并将这些复杂的需求综合起来，按照一定的层次区分各种需求的相对重要性，然后把握评价的价值主体对各种需要的权重。同时在评价指标体系的建立过程中，要注意选择同类评估对象的共性内容，严格控制评价体系的标准化，把握评价尺度的一致性，通过准确的评价结果比较同类事物的优劣，权衡差异。

二、学校体育管理评估的基本内容

为落实立德树人根本任务，全面推进素质教育，提高学校体育工作水平，学校体育管理工作应根据《学校体育工作条例》《关于深化体教融合　促进青少年健康发展的意见》《关于全面加强和改进新时代学校体育工作的意见》等国家有关规定和学校体育工作目标制定评价办法和评估体系。

（一）学校体育组织管理评估

学校体育组织管理评估内容主要包括：组织机构是否健全，学校是否成立多部门参与的体育工作领导小组并配备专职的干部和管理人员；领导是否重视，校长是否将学校体育列入工作职责并明确一名副校长分管体育工作；监督检查是否到位，学校是否公布阳光体育运动等学校体育工作方案，反馈通道是否畅通；学校体育各项管理制度是否健全等。

（二）学校体育教学评估

学校体育教学评估内容主要包括：体育与健康课程教学计划、单元计划、课时计划是否齐全；是否依据课程标准组织体育教学，完成教学任务；是否加强教学研究与课程教学改革，提高教学效果；是否严格执行体育课考勤和考核登记制度，并将结果存入学生档案等。

（三）学校课余体育活动评估

学校课余体育活动评估主要包括：是否制定阳光体育活动工作方案、基本要求，安排大课间体育活动和开展体育节、体育周（日）；是否将课余体育活动时间和内容纳入教学计划并列入课表严格实施，保证学生每天一小时集体体育锻炼；是否有进行学生体育安全教育与健康知识教育；学生是否掌握一至两项日常锻炼的体育技能等；是否有建立训练小组和高水平运动队；是否有开展一定项目的课余体育训练；学生是否积极参与课余体育训练和竞赛；学校是否有每年开展体育赛事。

（四）体育师资队伍评估

体育师资队伍的评估内容主要包括：体育教师队伍的数量、学历结构、年龄结构、性别结构、职称结构等；体育教师参与培训、继续教育、教研情况等业务培训情况；体育教师工作量完成情况等。

（五）体育科研评估

体育科研评估内容主要包括：学校体育科研活动开展情况、体育科研情报的拥有情况和体育科研成果的获取情况等。

（六）体育教学条件评估

体育教学条件评估内容主要包括：学校体育场地、器材、设施质量是否达标；体育经费占教育经费比例情况；学校体育场馆开放情况；学校体育场地、器材、设施管理人员配备情况等。

（七）学生体质健康评估

学生体质健康评估内容主要包括：是否积极开展学生体质健康测试并妥善保存、如实上报数据；学生体质健康合格率是否达到国家标准；测试评价复核机制是否完善；是否建立健全学生体质健康档案，分析和把握学生体质健康发展趋势等。

（八）学校体育管理评估体系

按照学校体育管理检查与评估的要求、学校体育管理工作评估的内容、学校体育管理评估标准应遵循的原则以及学校体育管理评估指标体系制定的程序，本教材提供了一套学校体育管理综合评估指标体系，如表9-2所示。

表9-2　学校体育管理综合评估指标体系实例

项目及权重	序号	指标内容	权重	得分	合计分
（一）组织管理（20%）	1	学校体育组织机构健全，成立多部门参与体育工作领导小组，并配备专职管理人员	0.2		
	2	学校领导重视体育工作，明确一名副校长分管体育工作	0.3		
	3	监督检查到位，反馈通道畅通，公开阳光体育活动方案	0.3		
	4	学校体育各项管理制度健全	0.2		
（二）体育教学（15%）	5	体育与健康课程教学计划、单元计划、课时计划齐全	0.3		
	6	依据课程标准组织教学，完成教学任务	0.3		
	7	加强教学研究改革，提高教学效果	0.2		
	8	严格执行体育课考勤和考核登记制度，并将结果放入学生档案	0.2		

项目及权重	序号	指标内容	权重	得分	合计分
（三）课余 体育活动 （15%）	9	制定阳光体育活动工作方案，安排大课间体育活动，开展体育节、体育周（日）	0.25		
	10	将课余体育活动时间和内容纳入教学计划，列入课表严格实施，保证每天一小时集体体育锻炼	0.25		
	11	进行学校体育安全教育与健康知识教育	0.1		
	12	学生掌握1~2项日常锻炼的体育技能	0.1		
	13	制订学校运动训练队训练计划，确保训练时间、开展项目	0.15		
	14	校园竞赛体系完善，运动竞赛成绩效果和运动队管理情况	0.15		
（四）体育 师资队伍 （10%）	15	体育教师队伍数量、编制、学历结构、年龄结构、性别结构、职称结构等	0.4		
	16	体育教师参加培训、继续教育、教研情况等业务培训情况	0.3		
	17	教师工作量完成情况	0.3		
（五）体育科 研（10%）	18	广泛开展学校体育科研活动	0.5		
	19	体育科研情报拥有情况和成果获取情况	0.5		
（六）教学条 件（15%）	20	体育场地、器材、设施质量达标	0.2		
	21	体育经费占教育经费比例	0.3		
	22	体育场馆开放情况	0.3		
	23	配备专门体育场地、器材、设施管理人员	0.2		
（七）学生 体质健康 （15%）	24	实施《国家学生体质健康标准》并妥善保存、如实上报数据	0.2		
	25	学生体质健康标准达标率	0.3		
	26	测试评价、复核机制完善	0.2		
	27	建立健全学生体质健康档案，分析和把握学生体质健康发展趋势	0.3		

（资料来源：教育部关于印发《中小学体育工作督导评估指标体系（试行）》的通知）

三、学校体育管理效果的评估实施

学校体育管理效果的评估实施是指根据学校体育管理所包括的内容，对某一阶段或整个工作计划的工作运营情况进行科学的检查、诊断及评估的过程。

（一）准备阶段

1. 遴选评估部门及成员
（1）确定评估成员

评估组织的上下级应根据管理范围进行划分，从多层次管理范围中遴选出思想作风过硬、评估经验丰富的成员组成评估部门。

（2）划分评估范围

根据学校体育管理发展方向、教师专业水平、学生发展需求以及学校体育未来管理规划，划分学校体育管理评估范围。

（3）明确评估部门职责

在整体层面上，各管理部门应全面构建新发展格局，深入研究学校体育管理体系，对学校体育管理工作有全局性谋划和战略性布局；在个体层面上，教师应立足贯彻新发展理念，渗透学校体育教学工作，加强学校体育工作理论学习和实践。

2. 确定评估目的

任何评估都应有明确的评估目的，这是评估工作顺利进行的重要导向，是评估内容和评估方法的"指南针"。

3. 选择评估方法

根据不同的评估目的，可以选择评估目标的终结性评估方法，也可以选择评估整个工作过程的过程性评估方法。同时，还可选择相对评估方法或者绝对评估方法。

4. 制定评估体系

结合学校实际情况，首先应制定学校体育评估体系，该体系应由起草小组制定，筛选出极具代表性的内容项目，使评估目标变为有具体数值可以监测的指标或标准，并形成一定的指标体系；其次，严格遵循评估活动实施原则，评估部门应按照预先设定的指标或工具进行测量，反复对比，自我诊断；最后，在征求多方意见及测评的基础上确定出评估指标体系中各指标的权重系数，尤其要征求评估对象的意见。

5. 安排评估进度

安排评估进度要注意给被评估对象充分的准备时间；安排评估过程要依据精练高效的原则。

6. 准备评估用具

要根据评估方案的内容和要求，制作各种调查表、统计表、测试表、问卷等，供信息收集、实施评估阶段使用。

（二）检测实施阶段

检测实施阶段是整个评估工作的中心环节，也是决定评估成败的重要阶段。这一阶段的主要任务是：

1. 全面收集评估信息

全面收集信息资料，组织成员发放问卷或要求被评估对象自主填写，从而汇总并验证评估方案实施的有效性和可行性。

（1）认定评估方案是否有效

认定评估方案是否有效的标准包括：评估方案所解决的问题是否具体；是否选择了合理的解决途径；是否达到方案的预期目标及实施的可行程度。

（2）确定评估方案是否可行

确定评估方案是否可行的标准包括：评估方案的要求是否符合学校现有条件和能力；评价的工具是否繁琐，是否会对教师和学生造成影响。

（3）明确评估指标体系是否可信

明确评估指标体系是否可信的标准包括：评价的标准是否适合被评估对象；评价工具收集的信息是否准确。

2. 处理评估信息

处理评估信息是检验实施结果的关键。首先，以评估内容为依据，选择处理评估信息的具体手段，为实现预期评估目标提供方法支撑；其次，实施过程中应设置及时且多样的诊断环节，确保评估结果的准确性；最后，根据处理信息过程中的不可控因素快速制定应对方案，在评估信息得到处理的同时进行科学化分析调整，保证评估实施过程的可重复性。

3. 作出评估结论

在收集和处理各方面评估信息基础上，对改进评估方法、提高工作效率作出全面、准确、客观的评价与原因分析，形成完善的评估程序，及时扬长避短，总结学校体育管理评估工作的成功经验，加强学校体育管理建设。

（三）总结阶段

总结阶段是评估工作不可或缺的一部分，反思评估方案、实施过程与结果，结合实际对评估对象作出反馈，帮助评估单位进行工作调整，从而取得更大进步。

被评估对象应及时向评估部门反映自身诉求，协商评估方法，认真听取反馈意见，保证评估工作的顺利完成。

思考与探索

1. 从体教融合视角出发，谈谈你对我国学校体育管理目标变革与发展的认识。

2. 结合学校体育管理方法，浅谈你对阳光体育大课间活动进校园的思考。

3. 简述我国学校体育管理体制的内容。

4. 结合"健康第一"的理念，概述学校体育管理政策制度的演变。

5. 结合体育学科核心素养，对比其他国家的体育课程目标，谈谈你对新时代我国体育学校体育发展的思考。

6. 结合你的校园经历，概述你对校园体育文化的认识。

7. 结合学校体育管理评估相关内容，谈谈你对学校体育教学风险管理控制的建议。

8. 浅析学校体育管理评估未来的发展趋势。

推荐阅读文献

1. 毛振明，邱丽玲，杜晓红. 中国学校体育改革与发展若干重大问题解析——从当下学校体育改革5组"热词"说起［J］. 上海体育学院学报，2021，45（4）：1-14.

2. 王家宏，董宏. 体育回归教育：体教融合的现实选择与必然归宿［J］. 北京体育大学学报，2021，44（1）：18-27.

3. 钟秉枢. 问题与展望：体教融合促进青少年健康发展［J］. 上海体育学院学报，2020，44（10）：5-12.

4. 赵富学，陈蔚，王杰，等. "立德树人"视域下体育课程思政建设的五重维度及实践路向研究［J］. 武汉体育学院学报，2020，54（4）：80-86.

5. 季浏，马德浩. 新时代我国学校体育改革与发展［J］. 体育科学，2019，39（3）：3-12.

第九章参考文献

第十章

竞技体育管理

本章导语

本章主要介绍竞技体育的定义、结构与功能，竞技体育管理的概念与类型，我国竞技体育管理的举国体制；在我国竞技体育管理的演进历程中，将我国竞技体育管理划分成五个阶段，并就各阶段的特征进行总结；阐述我国竞技体育管理存在的问题和挑战，提出我国竞技体育管理的变革路径，并对新时代我国竞技体育治理体系和治理能力现代化进行研究。

新时代，我国竞技体育管理的内、外部环境发生深刻变化，伴随着管理思想与实践的不断创新与发展，我国竞技体育管理将迈入新的发展阶段；随着中国式体育现代化的推进，中国特色新型竞技体育举国体制的建立，竞技体育管理必将为建成体育强国、健康中国贡献新的智慧与力量。

学习重点和难点

学习重点：竞技体育管理的类型，我国竞技体育举国体制，我国竞技体育管理的阶段与特征。

学习难点：我国竞技体育管理的演进历程。

第一节
竞技体育管理概述

一、竞技体育的定义、结构与功能

（一）竞技体育的定义

竞技体育亦称竞技运动，它是现代体育中最具亮点与特色的组成部分，处于人类身体运动文化中的最高位置。杨文轩、杨霆主编的《体育概论》中将竞技体育定义为是以竞技运动为手段来促进人的身、心和精神协调发展的一种体育活动[1]；全国体育院校通用教材《运动训练学》，将竞技体育定义为"体育的重要组成部分，是以体育竞赛为主要特征，以创造优异成绩、夺取比赛优胜为主要目标的社会活动"[2]，这也是我国竞技体育界广为认可的概念之一。

概念的生成与发展具有显著的时代特征，随着时代的发展，概念的内涵和外延将发生显著变化。结合当前全球及我国体育发展的宏观、微观环境，竞技体育是为了满足不同层次（国家、群体、团队、个体）的体育需求，在一定的时间和空间内，按照既定的比赛规则及其相关规则体系，围绕直接参与者、利益相关者而开展的训练、竞赛及其过程的总和。

（二）竞技体育的结构

结构决定功能，就竞技体育的内部结构而言，主要包括：一是竞技体育基础部分，即运动项目及时间、空间，综合保障条件，利益相关者（媒体、社区、官员、学校、赞助商等）。二是竞技体育核心部分，即运动员、裁判员、教练员、志愿者、工作人员等参与者，体育竞赛的规则与竞赛过程，竞赛成绩及奖励等。三是竞技体育外延部分，即竞技体育的无形资产开发与保护，竞技

---

[1] 杨文轩，杨霆. 体育概论 [M]. 北京：高等教育出版社，2005.
[2] 全国体育院校教材委员会. 运动训练学 [M]. 北京：人民体育出版社，2008.

体育产品的市场开发与推广，竞技体育所引致的综合影响等（图 10-1）。

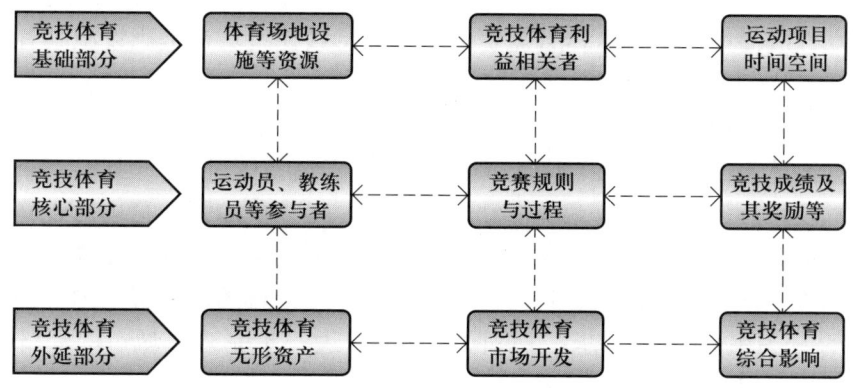

图 10-1　竞技体育的内部结构及其逻辑关系

（三）竞技体育的功能

1. 政治功能

（1）增强国家软实力，提升民族自豪感

当今时代，体育全球化发展趋势已经形成，竞技体育领域的竞争，可以有效展示国家实力和国家形象，参与以奥林匹克运动会、国际单项锦标赛、世界杯等竞技体育赛事活动并取得好成绩，可以有效增强国家软实力，提升民族荣誉感、自豪感。

（2）团结民心，树立政府的良好形象

政府在发展竞技体育过程中扮演着至关重要的角色。政府可以通过申报、举办大型或高水平竞技赛事，提升综合协同与服务能力，树立正面形象；政府还可以通过政策引导与资金支持等方式，发展竞赛表演业，提升竞技体育产品和服务的供给能力，团结民心，树立良好的形象。

（3）优化政府公共体育服务，提升民众对政府的满意度

由于竞技体育具有显著的正外部性，发展竞技体育活动可以带动群众体育发展。政府需要建设更多的体育场地设施、组织更多的群众体育活动、扶持更多的体育社会组织发展等。因此，发展竞技体育可以显著优化政府公共体育服务能力，提升民众对政府的满意度。

2. 经济功能

（1）促进城市基础设施建设

竞技体育的发展水平是一个国家综合经济实力的展示。举办大型竞技体育活动，对于城市基础设施建设有较高的要求，涉及城市道路的"硬化、绿化与亮化"、公共交通的顺畅与效率、医疗的提供、供水供电的保障、信息

网络的安全与便捷、酒店住宿的保障与服务跟进、城市景观的建设等。因此，无论是成功举办一次高水平、有特色的大型体育竞赛活动，还是举办一次群众性或商业性中小型体育竞赛活动都对持续完善城市基础设施具有推动作用。

（2）带动体育场馆建设，完善城市经济空间布局

竞技体育的发展需要依托体育场馆、体育装备等进行，因此，在训练、比赛以及承办、举办体育竞赛活动的过程中，必须要加强体育场地设施的建设或改造，而且当前国内各主要城市，尤其是大中型城市都在加强具有城市特色的奥林匹克体育中心建设，基本形成了相当规模的场馆群，围绕场馆而形成的服务综合体，带动了新商圈的形成，进一步完善了城市的经济空间布局。

（3）促进体育与旅游、文化、医疗、商业的融合发展

竞技体育的综合价值决定了其业态的联动性和融合性。竞技体育赛事的举办能够拉动当地旅游业的发展，同时，体育赛事能够广泛带动吃、住、行、游、购、娱等多方面的消费，有效提升体育与旅游、文化、医疗和商业的融合发展，使健康消费成为拉动社会经济发展的重要动力。

3. 文化与教育功能

（1）丰富民众业余文化生活

观赏高水平竞技体育赛事，可以提升人们的生活品质，改善生活习惯，促进体育参与。将体育竞赛引入学校、社区、家庭或特定人群中，可以使不同人群参与其中，享受体育所带来的娱乐感，进而提升幸福感；参与或观赏商业性体育竞赛活动或大型体育竞赛活动，也是满足人们对于美好体育生活需要的一种重要方式。

（2）有利于形成体育文化品牌，提升文化影响力

体育文化是当地民众经过长期的积累、沉淀形成的共有体育行为习惯、体育道德体系以及有形的体育物质存在等，竞技体育的作用在于能够培育、形成特有的体育运动文化。以竞技体育为核心的体育赛事品牌、体育相关标志、体育符号或体育设计等都是体育文化的重要载体和对外展示的部分，可以有效提升文化影响力。

（3）促进人的全面发展

竞技体育崇尚竞技精神，实现"更快、更高、更强——更团结"的目标，能够强身育心，完善人格。竞技体育的发展，凝结了"为国争光、无私奉献、科学求实、遵纪守法、团结协作、顽强拼搏"的中华体育精神和"相互理解、友谊团结和公平竞争"的奥林匹克精神，对于促进人的全面发展具有不可替代的重要作用。

二、竞技体育管理的概念和类型

（一）竞技体育管理的概念

人类认知的形成与人类实践的发展密不可分、相互依托，概念是对某个事物认知的集中抽象与概括，它随着实践的发展而调整与进步，人类对于竞技体育管理概念的认知也是如此。

竞技体育管理是指为了实现竞技体育发展目标，以运动员、教练员等核心要素为中心，开展的计划、组织、领导、控制与创新等相关活动的过程。竞技体育管理，包括了促进竞技体育发展的手段、方法与形式，与国家（或地区）的政治制度、经济体制、教育方式以及民族文化密切相关。

竞技体育管理的内涵较为丰富，涉及如下方面的内容：第一，管理主体，包括政府、企业、社会组织乃至个体，都可以成为竞技体育的管理主体；第二，管理对象，包括竞技体育发展过程中涉及的运动员、教练员、裁判员与场地设施等要素资源；第三，管理过程，包括在实现竞技体育目标的过程中，所运用的管理手段、方法以及制度措施等；第四，管理评价，即对竞技体育管理的主体、客体、过程等进行的评测与反馈等。

（二）竞技体育管理与发展方式的类型

竞技体育管理与发展方式是竞技体育发展过程中呈现的综合形态，从不同角度出发，划分的类型不同。以下介绍五种主要类型（图 10-2）：

第一，粗放型（亦称"外延型"）和集约型（亦称"内涵型"），是从生产要素的投入与使用状况的角度来划分。竞技体育的粗放型管理与发展方式是指主要依靠持续增加生产要素的投入，不断扩大竞技体育的生产规模来实现竞技体育成绩的提高，其特点是片面追求速度与规模，忽略发展的质量与效益，可能会出现高投入、高消耗、低质量、低效益等问题。竞技体育的集约型管理与发展方式是指通过提高生产要素的使用效率以实现竞技体育发展质量与效益的提升。

第二，赶超型和非赶超型，是从竞技体育的发展速度及其追求的目标状态的角度来划分。竞技体育的赶超型管理与发展方式是指为了赶上并超过某一国或地区的竞技体育成绩，而采用非常规手段、方式和方法使竞技体育加速发展的状态；非赶超型则是不以赶超为目的的竞技体育发展状态。

第三，协调平衡型和失调失衡型，是从竞技体育发展的协调性与平衡性角度来划分，包括竞技体育与政治、经济、社会、文化、生态等宏观环境以及竞技体育与群众体育、学校体育、体育产业等方面发展的协调性角度；此外，还可按照竞技体育发展的内外部结构的平衡性角度来划分。

第四，可持续型和非可持续型，是从竞技体育的可持续发展能力角度来划分，即是否能够保持并促进竞技体育的可持续发展。

第五，政府主导型、市场主导型和结合型，是从发展竞技体育的主体以及运行机制的角度来划分。一般意义上，竞技体育发达的国家采用的发展方式偏向于市场主导型和结合型，即充分发挥市场在竞技体育发展过程中资源配置的基础性或决定性作用，以及更好发挥政府宏观调控的作用。

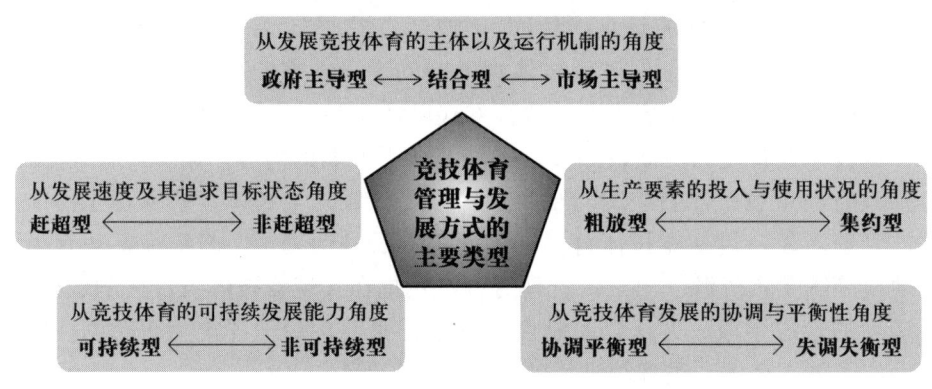

图 10-2　竞技体育管理与发展方式的主要类型

三、我国竞技体育管理的举国体制

（一）竞技体育举国体制的概念

我国竞技体育举国体制是在计划经济体制下建立与发展起来的，指在政府主导下，主要运用行政机制，统筹调动全国有限的体育资源，以在奥运会等国际体育赛事上取得优异成绩、为国争光为目标的管理体制。

结合我国在发展竞技体育方面的成功经验，可以进一步将传统意义上的竞技体育举国体制表述为：在政府主导下，以乒乓球、羽毛球、跳水、举重、射击等优势和潜优势项目为竞技体育主体项目，以行政机制为资源配置的主要方式，以相对封闭的各层次竞技体育训练体系为空间载体，以奥运会和全运会等国际、国内高水平体育赛事为主战场，以取得优异成绩为主要目的的竞技体育管理方法与形式。

（二）竞技体育举国体制的特征

传统意义上，我国竞技体育举国体制呈现如下特征：

第一，关于竞技体育管理的目标，是以竞技体育"为国争光"为主要目的的发展战略导向，这一目标指向具有鲜明的历史脉络和中国特征，是我国发展竞技体育所遵循的根本指针。

第二，关于竞技体育管理的主体，政府发挥主导作用，企业、非营利组织以及个人在竞技体育发展中的作用，尚未充分发挥出来。

第三，关于竞技体育的资源配置方式，主要通过行政机制进行资源配置，经费来源主要依靠公共财政以及体育彩票公益金的投入。

第四，关于竞技体育管理的时空结构，主要延续传统的"竞技体育三级训练网"结构，大多数优质的竞技体育发展要素资源如高水平运动员、教练员等在体育体制内流动。

第五，关于竞技体育管理的体育项目类型，重点发展奥运项目，如乒乓球、羽毛球、跳水、举重、射击等为主的优势项目与潜优势运动项目；同时，发展足球、篮球、排球等三大球和田径、游泳等基础项目。

第六，关于竞技体育管理目标的实现形式，主要体现在运动员、教练员以及科技保障人员等共同备战国际、国内重要体育赛事，以"争金夺银"作为竞技体育的目标。

（三）竞技体育举国体制的路径依赖

作为嵌套于繁杂社会、经济与文化系统中的制度规则，是竞技体育发展的重要外部环境，因此，制度性的规制或发展规划等将成为确定竞技体育发展模式的重要纲领、路径或行为指南。然而，由于受到各种因素的影响与制约，通过建构式的制度供给形式，不一定能设计并推行一系列有效的制度；也就是说，制度的初始设计更像是一种"计划秩序"。虽然初始制度的选择可能是多种多样的，但是，一种制度一旦被初始选择、不断强化并最终确定下来则反过来影响到制度变迁，并形成路径依赖[1]。

客观而言，在特定历史阶段作为一种目标导向而设计的竞技体育举国体

---

[1] 段文斌，陈国富，谭庆刚，等. 制度经济学——制度主义与经济分析 [M]. 天津：南开大学出版社，2003：346-349.

制是一项有效率的制度供给，它的服务领域直指"奥运争光计划"，以奥运赛场夺取金牌为目标。但是，随着社会、经济的发展，现行竞技体育的举国体制已然无法保障竞技体育高质量发展，制度的短缺、供给滞后与保障乏力已不能满足竞技体育发展的内在要求。

然而，作为一种固定化的竞技体育制度，举国体制存在着多种规则体系、固定的行为方式、价值观念、认知与思维惯性，体育改革也会沿着举国体制形成强烈的路径依赖，而路径依赖则使得无效率的制度依然存在于我国竞技体育领域，从而构成影响我国竞技体育管理变革的阻力。

第二节
我国竞技体育管理的演进历程

一、借鉴"苏联模式"的竞技体育管理布局阶段（1949—1958 年）

（一）筹划并成立体育组织

中华人民共和国成立之初，虽然百业待兴，但对体育事业是异常重视的。1949 年 10 月 27 日，中华全国体育总会筹备委员会在北京成立（后称中华全国体育总会第一届全国代表大会），朱德到会讲话。1952 年 6 月 20 日至 24 日，在北京举行了中华全国体育总会（All-China Sports Federation，英文缩写为 ACSF）成立大会，毛泽东为大会题词："发展体育运动，增强人民体质"，朱德题词："普及人民体育运动，为生产和国防服务"。

为适应当时国际国内背景下发展体育运动的需要，1952 年 8—9 月，荣高棠、马叙伦相继上书中央，建议在政府内成立体育运动委员会以及设立体育院校、集中培训运动员、举办国家运动会、修建大型运动设施等[①]。国家领导

---

① 熊晓正，夏思永，唐炎，等. 我国竞技体育发展模式的研究 [M]. 北京：人民体育出版社，2008：5.

人对体育运动的开展高度重视，1952 年 11 月，中央人民政府体育运动委员会成立（1954 年更名为中华人民共和国体育运动委员会，简称国家体委），随即区县级以上人民政府均设立体委。国家体委成立后，担负起领导全国体育工作的职责，中华全国体育总会的机构、编制、经费也并入国家体委。这一时期，中国体育行政管理的组织框架趋于成型，为之后竞技体育举国体制的形成奠定了最重要的组织基础。

（二）明确发展体育运动的宗旨

中华全国体育总会成立伊始就鲜明提出并倡导"新体育"的思想，提出"团结全国体育界，协助政府提倡新民主主义体育，为国防与生产服务"，这一提法表明了中国发展体育运动的原始动因，体现了发展体育运动的新论调。1950 年《新体育》杂志创刊，毛泽东亲题刊名，《新体育》的创刊与发行广泛传播了当时国家发展体育运动的宗旨，推动了体育运动的发展。1952 年，中国为了参加第 15 届赫尔辛基奥运会，对提升竞技体育运动成绩的需求十分迫切，中共中央组织部和团中央联合下发了《选拔各项运动选手集中培养的通知》，迈开了竞技体育发展的新步伐。

（三）构建培训与竞赛体系

为提高我国优秀运动员的竞技体育水平以及培养教练员、管理人员等，1952 年，中华全国体育总会设立"中央体训班"（国家队），同时各大区相继设立"体训班"（省队），最早设立的体育项目包括足球、篮球、排球、田径、游泳、体操等。1956 年，国家体育运动委员会发布了《中华人民共和国运动竞赛制度的暂行规定（草案）》和《中华人民共和国运动员等级制度条例（草案）》；在竞技体育后备人才培养方面，也进行了些许探索，包括建立各级青少年业余体校（后备队）以及发布学校章程等，资料显示：截至 1958 年，全国青少年业余体校达 1.6 万所，在校学生达 77 万多人。至此，中国"竞技体育三级训练网"的雏形已呈现出来。

在选拔并集中培训运动员的基础上，国家体委公布了《中华人民共和国运动竞赛制度的暂行规定（草案）》，规定了 43 项实施竞赛制度的运动项目。其中，田径、体操等 22 个项目设置"全国单项锦标赛"，每年举行一次；足球、篮球和排球三个项目设置"全国甲、乙级队联赛"，每年举行一次；设置"全国综合型运动会"，每四年举行一次。至此，全国性质的竞赛体系基本建立。

二、以奥运争光为目的的赶超型管理与发展阶段（1958—1992 年）

（一）赶超型管理与发展方式的形成背景

1958 年，国家体委制定了《关于体育运动十年规划的报告》，正式提出"争取十年或者更短的时间内，在主要运动项目上，赶上或超过世界水平"。20 世纪 60 年代初，国家体委顺应中央经济建设"调整、巩固、充实、提高"的精神，采取"缩短战线，确保重点"思路，在进行认真总结经验教训的基础上，明确了将体育工作的重心调至竞技体育，1965 年全国体育工作会议提出"要力争 3、5 年内实现 1958 年提出的 10 年左右在田径、体操、游泳、足球、篮球、排球、乒乓球、射击、举重、速度滑冰 10 个主要项目上赶上和超过世界水平的奋斗目标"。

1966 年开始的"文化大革命"使我国竞技体育发展遭受巨大挫折，20 世纪 70 年代初，在周恩来的亲自支持下体育秩序才有所恢复，并于 1971 年促成了具有历史意义的体育标志性事件——"乒乓外交"。1973 年，亚洲运动会联合会在曼谷召开执委会会议，确认中华全国体育总会为该联合会会员；1974 年，中国体育代表团参加了在德黑兰举行的第 7 届亚运会并取得优异成绩，这是中国第一次参加亚运会。1975 年，第 3 届全运会在北京举行，共 6 人次打破 3 项世界纪录，2 人 2 次平 2 项世界纪录。我国竞技体育开始复苏并且局部有所发展。

1979 年 11 月，中国奥委会恢复在国际奥委会的合法席位，提高体育竞技水平的迫切性与日俱增。国家对于通过发展竞技体育，实现扩大国际交流，展示国家形象的需求越发强烈。在此宏观背景下，国家体委确定了"国家体委和省一级体委要在普及与提高相结合的前提下，侧重抓提高"的工作思路。同时，就加快提高运动技术水平制定了三项重要措施：第一，调整运动项目的重点布局，项目设置尽可能与奥运会对口并突出重点；第二，根据奥运会设置项目，调整全运会项目设置，使全运会和奥运会的项目一致；第三，改革并完善训练体制，按照"思想一盘棋，组织一条龙，训练一贯制"的要求，从项目、选材、训练等各方面层层衔接，调整好一、二、三线队伍。1984 年，中共中央发布的《关于进一步发展体育运动的通知》进一步强调了"集中力量发展优势项目，把那些短期能赶上世界先进水平的项目抓上去，争取在今后的重大国际比赛中，夺取更优异的成绩"的指导方针。1985 年，在全国体育工作会议上，国家体委主任李梦华明确提出了"奥运会战略"，并同时要求

"全国都要以奥运会为重点"。自此之后，我国竞技体育正式进入以奥运争光为目的赶超型发展阶段。

（二）赶超型管理与发展方式的特征

1. 政府强力主导发展竞技体育

计划经济体制下的中国竞技体育是完全由政府主导的发展方式，主要表现为国家体委设定体育发展的战略规划，集中培训国家队运动员为奥运争光服务等；各省级体委负责本地区的体育发展规划，集中培养省级高水平运动队、选拔后备队为备战全运会服务等。虽然政府在发展竞技体育过程中进行了一些改革，但20世纪80年代的体育改革并没有从根本上改变国家办体育的基本格局。

2. 竞赛制度围绕奥运会展开

1965年召开的全国体育工作会议提出要力争3~5年实现在10个主要项目上赶上和超过世界水平的奋斗目标，所有竞赛都紧紧围绕着"国内练兵，提高运动技术水平；一致对外，猛攻尖端"的思想，形成了一整套中国特色的体育竞赛制度。体育竞赛制度体系的构建为我国运动员提高运动竞赛水平提供了不同层次的练兵平台；但同时，对于非奥项目的竞赛却相对偏废了。

3. 集中有限的体育资源为竞技体育发展服务

受生产力水平、宏观经济发展的影响，当时中国用于发展体育的资源非常有限。在这种情况下，集中有限的体育人力、物力和财力等全方位资源发展竞技体育，尤其是竞技体育中的优势运动项目，成为当时的理性与现实选择。

三、适应社会主义市场经济体制的转型阶段（1992—2002 年）

（一）转型阶段的历史背景

1992年，邓小平南方谈话消除了对社会主义市场经济的种种怀疑和动摇，党的十四大报告正式提出要建立社会主义市场经济体制。1993 年 11 月，党的十四届三中全会通过了《中共中央关于建立社会主义市场经济体制若干问题的决定》，要求在 20 世纪末初步建立社会主义市场经济体制。

为适应国家经济体制改革的宏观形势，1992 年国家体委召开了两次重要会议，初步凝结了全国体育界奋力改革的共识："红山口会议"决定对足球进行职业化改革；"中山会议"提出体育改革不是对原有体育体制和运行机制进行修修补补，而是要按照社会主义市场经济的要求和现代体育运动的发展规律，对原有体育体制的根本性变革 [1]。1993 年在总结体育工作经验的基础上，按照党的十四大建设社会主义市场经济体制的总目标，着眼于体育领域的体制改革，国家体委制定了《关于深化体育改革的意见》，并提出了改革的总目标："改变原来在计划经济体制下，单纯依赖国家和主要依靠行政手段办体育的高度集中的体育体制，建立与社会主义市场经济体制相适应，符合现代体育运动规律，国家调控，依托社会，有自我发展活力的体育体制和良性循环的运行机制，形成国家办与社会办相结合、集中与分散相结合的格局。力争在本世纪末初步建立具有中国特色的社会主义体育新体制"。自此，我国竞技体育管理开启了适应社会主义市场经济体制的转型探索阶段。

（二）转型阶段竞技体育管理方式的特征

1. 运动项目职业化改革逐步推进

继 1992 年我国足球职业化改革方向确定以来，我国分别于 1995 年、1996 年选择了篮球与排球项目进行职业化改革的推动及运行探索，均以赛制改革为突破口，以市场化、职业化为动力与方向，初步建构了具有现代职业体育特征的联赛体制与运行机制 [2][3]，培育了以竞赛表演业和体育赞助业为主要内容的市场体系，促进了体育产业的发展。以足球、篮球、排球为先导的我国竞技体育项目步入了向职业化过渡的转型期。

2. 竞技体育的发展目标逐步多元化

长期以来，我国发展竞技体育的目标是单一的，即为国争光，而在社会主义市场经济条件下，体育职业化与体育产业化改革激活了不同利益主体发

---

[1] 杨桦，陈宁，刘建和. 改革开放以来中国体育发展战略的演进与思考 [J]. 成都体育学院学报，2002（3）：1-7.

[2] 王贺立，姚望，杜丛新，等. 中国篮球职业化进程回顾 [J]. 广州体育学院学报，2008（1）：18-21.

[3] 苏益华，龚德贵，胡永红. 中国排球职业化改革发展与探索 [J]. 北京体育大学学报，2004（4）：570-572.

展竞技体育的多元利益属性，进一步激活了竞技体育市场中消费者的异质性需求。追求经济与社会效益成为发展竞技体育的重要动因，竞技体育的发展目标开始向多元化方向延伸。

3. 管理体制与运行机制开始调整

国家体委分别于1994年和1997年进行了体制与机制改革，设立了20多个运动项目管理中心以实现管办分离、推动运动项目协会实体化进程。而后，各省、自治区、直辖市体育运动委员会也先后进行了与之相匹配的改革，1998年，国家体委改组为国家体育总局，自此，加强政府对竞技体育的宏观管理、运动项目管理中心逐步实体化的改革路径逐步明朗。

4. 市场成为配置竞技体育资源的另一只手

计划经济体制下的完全依靠财政投入和政府行政手段配置资源的格局被打破，市场成为了配置竞技体育资源的另外一只手，进一步促进了以运动员为核心的竞技资源的流动，带动了更广阔的私人资源投入到竞技体育的发展中来。与此同时，体育彩票的广泛发行与持续发展也为我国竞技体育发展提供了巨大的民间资金支持，1994年开始在全国发行体育彩票，当年的销售额就高达5亿元，据统计，1994—2002年我国体育彩票共销售559.39亿元，共获得公益金178.78亿元，其中40%用于"奥运争光计划"领域[1]。

四、以科学发展观为核心的发展方式转变阶段（2002—2013年）

（一）发展方式转变阶段的背景

步入21世纪，中国经济社会发展进入了一个新的历史时期，2001年中国正式加入世界贸易组织（WTO），经济发展开始全面与世界接轨；2002年，我国国内生产总值（GDP）首次突破10万亿元；2003年我国人均国内生产总值更是首次超过1 000美元，按照国际经验，人均国内生产总值超过1 000美元，消费结构和产业结构升级速度加快，社会消费结构也由生存型向发展型、享受型升级。面对国际国内形势，2003年10月，党的十六届三中全会提出了科学发展观，标志着我们党对于社会主义现代化建设规律、人类社会发展规

---

① 张玉超，刘家裕，王明立. 我国体育彩票发行回顾与发展对策研究［J］. 天津体育学院学报，2004（1）：36-38.

律、共产党执政规律的认知达到了新的历史高度。科学发展观，第一要义是发展，核心是以人为本，基本要求是全面协调可持续，根本方法是统筹兼顾，这指明了我国推动经济社会改革与发展的战略与思路，明确了经济社会发展的根本指导思想。

2001年7月，中国北京获得2008年奥运会主办权，自此围绕着备战2008年北京奥运会而开展的竞技体育得到了迅速发展。为提高我国竞技体育水平，中共中央、国务院于2002年下发《关于进一步加强和改进新时期体育工作的意见》，对我国在新时期发展体育事业的指导思想、工作方针和总体要求进行了明确规定，提出了以举办2008年北京奥运会为契机全面提升我国竞技运动水平的具体措施，包括坚持和完善举国体制；重视体育科学技术研究工作；调整项目结构，完善项目布局；深化我国体育管理体制改革，实行管办分离；深化运动项目管理体制改革，分期分批进行单项协会实体化改革等。该文件是加强和指导我国新时期竞技体育改革的纲领性文件，对于加快转变竞技体育发展方式具有重大意义。

2008年，北京奥运会被国际奥委会前主席罗格先生盛赞为"这是一届真正无与伦比的奥运会"。虽然，我国竞技体育取得了辉煌的历史成绩，但仍存在许多长期固化的、深层次的矛盾与问题，亟待转变管理方式。

（二）发展方式转变阶段的新特征

1. "以人为本"的竞技体育发展观逐步树立

2008年北京奥运会前后，我国体育界关于竞技体育发展观相关问题的讨论甚为激烈，竞技体育改革成为体育界热点议题。总体而言，"以人为本"的竞技体育发展观逐步树立，但"唯金牌论"依然存在，转变竞技体育发展方式的价值追求还需持续深入贯彻。

2. 体育强国建设成为新目标

2008年北京奥运会后，胡锦涛同志在北京奥运会、残奥会总结表彰大会上，提出了"要坚持以增强人民体质、提高全民族身体素质和生活质量为目标，高度重视并充分发挥体育在促进人的全面发展、促进经济社会发展中的重要作用，实现竞技体育和群众体育协调发展，进一步推动我国由体育大国向体育强国迈进"。自此，我国正式进入了由"体育大国"向"体育强国"转变的新时期，体育强国建设成为了当前我国体育发展的新目标，客观上对于竞技体育发展提出了新目标与新要求。

五、竞技体育治理体系和治理能力现代化阶段（2013年至今）

（一）治理体系和治理能力现代化阶段的历史背景

2013年，党的十八届三中全会胜利召开，从顶层设计的角度筹划了中国在新的历史起点上全面深化改革的纲纪，强调了改革的系统性、整体性与协同性，并确立了全面深化改革的总目标，即"完善和发展中国特色社会主义制度，推进国家治理体系和治理能力现代化"，并且确定了政府与市场的关系，提出"经济体制改革是全面深化改革的重点，核心问题是处理好政府和市场的关系，使市场在资源配置中起决定性作用和更好发挥政府作用"。

2017年，党的十九大召开，中国特色社会主义进入新时代，我国社会主要矛盾转化为"人民日益增长的美好生活需要和不平衡不充分的发展之间的矛盾"。2020年，我国全面建成小康社会，经济发展迈向高质量发展的新阶段，党的十九届五中全会提出，到2035年基本实现国家治理体系和治理能力现代化，建成体育强国与健康中国的重要目标。党的二十大报告指出，广泛开展全民健身活动，加强青少年体育工作，促进群众体育和竞技体育全面发展，加快建设体育强国。为新时代我国各项体育事业的发展指明了根本方向。

（二）治理体系和治理能力现代化阶段的发展特征

1. 以"人民为中心"的竞技体育发展观得到确立

2015年，党的十八届五中全会强调必须坚持"以人民为中心的发展思想"，这一思想的提出为竞技体育管理与发展确定了价值观。竞技体育的管理与发展，要把增进人民福祉、促进人的全面发展作为发展的出发点和落脚点，确定运动员在竞技体育发展中的中心地位。这就从根本上扭转了运动员在竞技体育发展过程中的角色定位，促进了运动员从"主体功能性"价值向"主体创造性"的价值转变，为我国竞技体育进行更深层次的变革提供了价值遵循。

2. 中国足球改革与体育产业发展受到高度重视

2015年，中央全面深化改革领导小组第十次会议召开，审议通过《中国足球改革发展总体方案》，对中国足球改革进行了全面系统的顶层设计，提出了体制机制改革等方面的措施，为我国振兴足球规划了路线图。目前，足球职业化改革正在向纵深发展。

同时，我国体育产业也迎来了重要发展机遇期。2014年，国务院召开国务院常务会议，研究部署加快发展体育产业、松绑体育赛事审批等事项。会议通过了"取消商业性和群众性体育赛事审批，放宽赛事转播权限制，最大限度为企业'松绑'"等相关决议。同年，国务院下发《关于加快发展体育产业促进体育消费的若干意见》，就大力发展体育产业进行了整体部署，提出"到2025年，基本建立布局合理、功能完善、门类齐全的体育产业体系"，体育产业总规模超过5万亿元的奋斗目标。在"推动体育产业成为国民经济支柱性产业"的背景下，以竞技体育赛事为核心的竞赛表演业得到了前所未有的重视与关注。

3. 协会实体化改革取得实质性成果

根据中共中央办公厅、国务院办公厅印发的《行业协会商会与行政机关脱钩总体方案》以及国家发展改革委、民政部、中央组织部等十部委联合下发的《关于全面推开行业协会商会与行政机关脱钩改革的实施意见》，按照"市场在资源配置中起决定性作用和更好发挥政府作用"的原则，对于传统的行政化管理方式进行变革，努力建立新型管理体制和运行机制。这进一步规范了体育行业协会与国家体育总局、运动项目管理中心之间的关系，协会实体化促进了行业协会自主运行、有序竞争、优化发展，进一步明确了竞技体育管理主体，使得管理主体由"一元主体"向"多元主体"转变，必然引发我国竞技体育管理模式的深度变革。

第三节
我国竞技体育管理存在的问题与变革

一、我国竞技体育管理面临的挑战与问题

（一）宏观层面的外部环境挑战

竞技体育的治理方式是一个整体的、有机的、相对闭合的系统，这一系

统受到我国经济、社会、文化、教育等方面发展的整体外部环境的广泛影响。

1. 外部环境变革对竞技体育管理带来挑战

党的十八届五中全会首次提出"以人民为中心的发展思想",即发展为了人民,发展依靠人民,发展成果由人民共享。经济、政治、教育以及文化环境等不断变革,给竞技体育管理带来新的挑战。在经济领域,聚焦于发挥市场在资源配置中的决定性作用,这与传统的政府投入形成反差;在教育领域,不断打破传统的体育与教育的割裂状态,倡导"体教融合"培养竞技体育后备人才的新路径,这对竞技体育相对封闭的训练体系形成冲击;在社会治理领域,致力于打造"共建共治共享"的社会治理格局,完善"党委领导、政府负责、社会协同、公众参与、法治保障"的社会治理体制,对我国竞技体育管理也提出新的要求。

2. 竞技体育资源投入主体单一

在我国竞技体育的发展主要依托政府的公共资源投入,主要依托政府,非公共资源调动的范围与能力较为不足。同时,竞技体育职业化发展的尚不规范,利用市场资金开展竞技体育的发展模式尚未成熟。依靠政府资源投入来生产竞技体育产品势必产生并固化成依附于这一生产过程的既得利益者,而非公共资源进入这一领域可能会出现体制性壁垒或制度性排斥等问题。

3. 竞技体育自身的培养系统面临严峻的问题与挑战

当前,我国竞技体育举国体制面临着自身培养系统的严峻挑战,最为突出的问题在于基层的业余体校、体育运动学校的数量正在持续减少。现存的业余体校、体育运动学校普遍面临生源数量和质量下降的危机,竞技体育后备人才萎缩成为竞技体育自身培养系统危机的突出表现。而退役运动员文化教育、就业安置、伤病以及后期保障等方面的痼疾又变相加剧了这一问题,极易构成恶性循环。

4. 竞技体育发展目标的实现形式单一

从竞技体育管理所达成的目标而言,以奖牌尤其是金牌作为标尺,作为竞技体育发展的核心目标,而训练、文化教育、日常生活与管理过程中出现的矛盾和问题则有可能被成绩的光芒所掩盖。长期形成且固化的业绩考评标准折射出深层次的体制、观念问题。体育奖牌所带来的荣誉感正在观念层面发生质变,民众对于部分运动项目的金牌的关注度正在日趋降低;而竞技体育尤其是运动员及其培养体系所产出的负面效应则可能会受到社会非议乃至质疑。

（二）微观层面的现实问题

我国竞技体育管理的目标、管理主体、资源配置方式、时空结构、项目类型以及目标实现形式等六方面均存在不同程度的问题。

1. 管理目标相对单一

在竞技体育领域，偏政治化的目标依然较强烈，竞技体育发展的经济目标、文化目标、社会目标、生态目标以及教育目标、科技目标等差异化目标，还有待于尽快完善、获得高度认同并付诸实施。竞技体育内部的经济建设、政治建设、文化建设、社会建设和生态文明建设的总体布局还有待优化。

2. 管理主体的多元化发展滞后

在竞技体育管理中，体育行政部门的主体地位仍旧显著，协会实体化过程中还存在一些弱化、虚化的问题，企业的作用还未充分激活与激发，市场主体的培育空间巨大，"强国家、强市场、强社会"的多元发展主体还有待进一步培育和发展。

3. 资源配置方式以行政机制为主导

在我国竞技体育的资源配置过程中，政府行政机制依然发挥主导作用，市场的决定性作用未能有效发挥。尤其是在职业体育领域，推动政企分开、政资分开的进程还需加快。我国职业体育尚未完全融入市场经济体制内并形成良好的发展秩序。

4. 时空结构相对封闭

相对封闭的竞技体育人才培养系统，在一定程度上斩断了竞技体育小系统与社会大系统的天然脐带，造成体制内与体制外沟通、协调、互补能力相对缺乏，造成社会力量对竞技体育发展的认可度与支持度不足。同时，"竞技体育三级训练网"的金字塔结构的塔基不稳，"体教融合"不到位且部门利益容易出现纷争，这些问题制约着我国竞技体育的可持续发展。

5. 竞技体育项目发展不足

部分竞技体育项目的社会化程度低，同时田径、游泳等基础大项和足、篮、排"三大球"等项目发展滞后，这与我国竞技体育金牌数量的反差较大。尤其是足球发展水平的滞后，已经引起民众长期不满，亟待深化改革与管理创新。

6. 目标实现形式的固化现象严重

仅以奥运会、全运会等国际国内重大赛事上的成绩为主要评估标准，体育行政部门的政绩观亟待转变。同时，我国竞技体育项目的职业化水平低，国内拥有自主知识产权的职业体育赛事无法满足广大球迷的市场需求等，都对我国竞技体育发展带来挑战。

二、我国竞技体育管理的变革路径

（一）促进竞技体育管理主体的多元化与建立广泛的合作伙伴关系

尽管社会主体间的身份与职责各不相同，但就参与竞技体育发展的权利而言，各类组织的法律地位是平等的，企业、非营利组织及个人参与竞技体育发展的权益应依法得到保障，即竞技体育发展主体的向度是多元的、相互的，而不是"单一的"或"自上而下"的。一般来说，竞技体育管理的主体以及主体的构成结构是多种多样的，但是在我国，竞技体育的发展主体及其结构发育尚不完全，但也昭示着我国竞技体育管理主体的巨大潜力。

在强调竞技体育管理主体多元化的同时，也要强调政府、企业与非营利组织之间的合作。政府、企业与非营利组织之间的合作，可以分为4种合作方式：政府和企业合作；政府与非营利组织合作；企业与非营利组织合作；政府、企业与非营利组织的合作。它们之间应在遵循相互认同、合作、协商以及伙伴关系等原则的基础上形成双向的互动关系。

这种新型伙伴式合作关系，应紧紧围绕竞技体育及其社会需求这一中心展开，尤其是在当今消费者早已取代了生产者成为社会的中心，因此，政府、市场、社会三者合作为公众提供竞技体育服务，成为社会各个组织应有的重要责任与使命。合作应致力于合理调动最广泛的社会资源，避免重复建设、过度竞争、资源配置低效等问题，从而形成竞技体育管理主体错位发展、突出特色、差别竞争的格局，满足多样化的社会需求，凝聚成我国竞技体育发展的竞争力与生命力（图 10-3）。

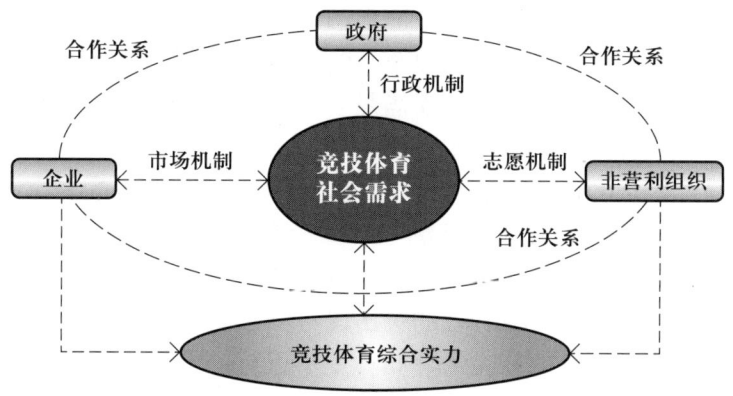

图 10-3　政府、企业与非营利组织之间的合作关系

在维系政府、企业与非营利组织的合作关系进程中，政府首要的责任在于转变职能、理顺关系、提高效能，切实支持与维护企业与非营利组织参与竞技体育发展的权益；在职业体育领域，严格遵循以产权清晰、权责明确、政企分开、管理科学为条件的新型企业制度；同时，加快推进协会实体化并通过政府财政资金投入支持非营利组织参与竞技体育的发展；企业与非营利组织应弥补政府的职能空缺，促进竞技体育的市场化、社会化，真正使我国竞技体育管理主体多元化，实现"强政府、强市场、强社会"的竞技体育管理格局。

（二）灵活运用竞技体育管理的行政机制、市场机制和志愿机制

当前，行政机制在我国竞技体育资源配置中发挥着重要作用，这就使得政府在竞技体育发展过程中具有主导性和决定性。政府主导下的竞技体育管理方式未能扎根于社会大环境之中，影响了企业组织、非营利组织的积极性和社会责任感，更没有将竞技体育视为一种社会公益事业加以培育。在"四个全面"战略布局下，亟需发挥市场机制和志愿机制在竞技体育治理过程中的重要作用。

市场机制，即市场在资源配置中起决定性作用的机制，这一机制通过自由竞争、自由交换等方式来实现对资源的合理配置，从而使价格围绕价值上下波动，实现需求与供给的动态平衡。围绕竞技体育市场而营造的巨大商机，是众多资本及企业家竞相追逐的宠儿，当今时代的体育尤其是竞技体育早已成为全球性产业，竞赛表演业、体育传媒业、体育中介业、体育博彩业、体育康复业、体育保险业等早已成为一个全球化的竞争市场。

从市场需求角度而言，随着职业体育的全球化蔓延，社会公众的需求日益多样化，公众对于竞技体育产品需求的"公共性"和"同质性"正在大幅减少，相反，其"异质性"需求却在不断增加。因此，仅靠政府行政机制提供的单一的竞技体育产品必然不能满足多样化、专业化、层次化的需求。而企业能够有效利用市场机制，合理配置发展竞技体育所需的各种生产要素，向消费者提供差异化竞技体育产品和服务以高效率满足市场的多元化需求。

社会组织扮演着先驱者、倡导者、改革者、价值维护者、服务提供者和社会教育者的角色在政府和市场双重失灵的窘况下发挥了重要作用[1]。社会组织通过志愿机制，发挥行业管理的突出优势，通过构建各层次的竞技体育治理主体，完善竞技体育的社会治理和行业治理结构，促进竞技体育根植于广

---

① KRAMER RALPH M. Voluntary Agencies in the Welfare State [D]. Berkeley: University of California Press, 1981.

大民众。

综上所述，在规范行政机制的同时，要大力发挥市场机制和志愿机制在我国竞技体育治理过程中的突出作用，使公共资源和非公共资源得到共同调动，使竞技体育的管理机制更为完善，实现良性运转。

（三）促使竞技体育空间场域向"大社会"延展

自20世纪50年代以来，我国为提高竞技体育水平而规划形成"竞技体育三级训练网"体系，成为带动我国竞技体育发展的重要空间场域。但是，当前传统的"竞技体育三级训练网"正在加速分化，中小学运动队、体育传统项目学校的根基已然不稳固；业余体校的发展面临窘况，生源及其质量整体呈现萎缩趋势。显然，在长期的竞技体育发展进程中，我国政府在发展竞技体育的同时，也自然地割断了竞技体育小系统向社会大系统汲取营养的脐带，使得竞技体育的发展成为政府或其派生组织的专利，使竞技体育的培养系统具有了独立性、神秘感和封闭性。

为此，应着力打破竞技体育场域空间的封闭性。政府应退出直接生产竞技体育产品，将角色由"直接管、办竞技体育"转向"构建竞技体育的公共服务体系"，即由"管""办"向"服务"转变。特别重要的是，要深入推进"体教融合"发展路径，使学校成为培养我国竞技体育后备人才的主要场域，同时积极拓展各层次俱乐部的联系，构建"大社会"格局下的竞技体育管理模式。一方面，在竞技体育"政府失灵"的情况下，发挥企业和社会组织的强大力量；另一方面，使竞技体育深深扎根于社会沃土、融入社会进步的血脉。

（四）持续深化改革竞技体育运动项目、赛事体系和发展目标

长期以来，我国发展竞技体育运动项目有优先次序，这一优先次序是以奥运战略为导向，按照夺金、夺牌的概率而划定的。在我国体育领域称之为：具备争金夺银的体育运动项目为"优势项目"、具备夺取奖牌的体育运动项目为"潜优势项目"、不具备这些能力的运动项目则称之为落后项目或待发展项目。当然，按照这一逻辑，公共资源配置的区别就十分鲜明，优势项目的资源投入丰厚，潜优势项目的投入次之，落后项目或待发展项目的投入相对较少，如果是非奥运项目投入就更少了。

在新的发展主体和资源配置机制下，我国竞技体育运动项目的发展应打破这一既定路径，按照职业体育项目、大众喜好项目、竞技体育优势和潜优

势项目的逻辑发展。同时，应保持这些项目之间的融通性和可配置性，使得我国竞技体育的运动项目更加符合民众和市场的需求，当然，这样更有利于培育各级体育赛事市场和激活全民健身的市场，最终达到竞技体育"为国争光""为企创利""为民谋福"的巨大综合价值（如图 10-4 所示）。

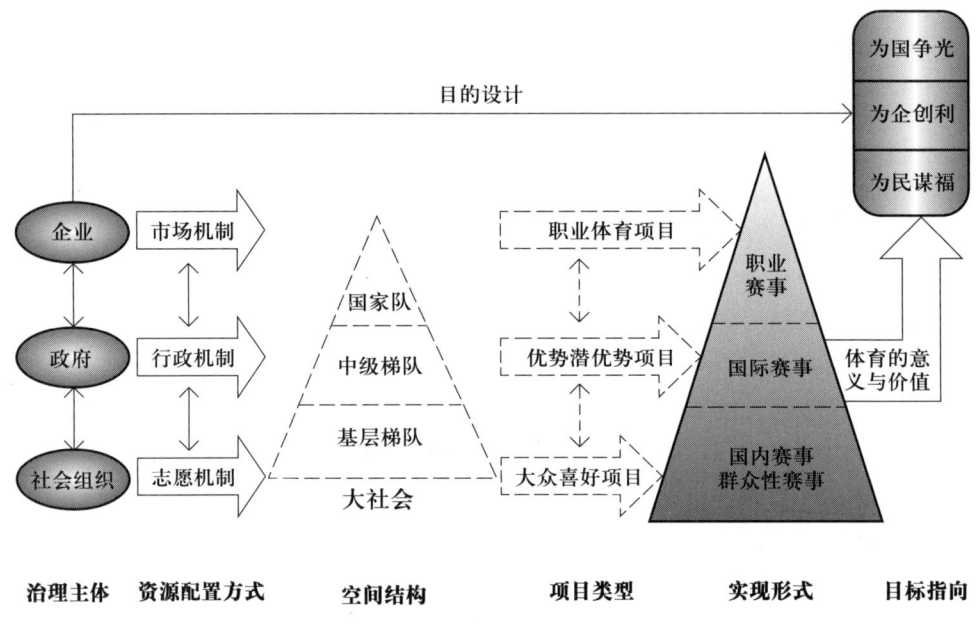

图 10-4　未来我国竞技体育治理现代化的总体结构设计

三、新时代我国竞技体育治理体系和治理能力现代化

（一）政府从管理向治理的迈进

从现代学术发展来看，一般意义上，治理作为专有学术名词引入政治、经济与社会发展的研究视域源于 1989 年世界银行首次使用了"治理危机"一词，同时西方政治学家、经济学家赋予其更为广泛的运用范围。在西方，治理是与国家或政府统治相对应的词汇，政府统治强调行政职能，而治理则打破了公共事务讨论的"政府"行政范畴，使公共事务的责任从政府的专属区域中释放了出来。因此，治理一词的使用便于对许多国家的计划和官僚机构进行改革，显然比"政府改革"的提法更具技术性而较少政治色彩。因此，

"治理"与"政府改革"相比拥有更多的依仗主体与发挥空间。

治理概念的引入，呈现如下特征：

第一，治理内涵的演进体现了政治体制改革的思路与进程，包括了治理理念的转变与丰盈；

第二，治理的主体已经突破了政府的单一主导，广泛而多样的企业组织、社会组织和个人也成为治理的主体；

第三，治理的对象更加广泛，除政治与经济事务以外，现存的各式公共事务均可含于其中；

第四，治理的形式与手段日益丰富，多元化治理、网络化治理、整体性治理、多中心治理等理论与实践方兴未艾；

第五，治理的落脚点更多地体现为管理各种共同事务的诸多方式、手段与方法的总和，而这些相互协同的方式、手段与方法等正是治理体系与治理能力现代化的保障与支撑条件。

（二）竞技体育治理体系及其现代化

竞技体育治理体系的建立，首要在于体察不同利益主体对于自身或公共利益的追求，而这一过程首先是建立在治理者的理性决策基础上的，而理性决策则是执行那些对于竞技体育发展更有效率和价值的行为方案与规则体系。因此，国家竞技体育治理体系则成为这些各式行动方案与规则体系执行过程的高度凝练与抽象。

尽管理性决策构成了竞技体育治理体系的逻辑起点，但这并不意味着竞技体育治理体系的理性达成，因为，时下我国竞技体育改革的使命仍在于此，只不过理性决策的出发点正在发生变化：由政府主导的单向度治理体系向以政府、市场与社会互动的多向度治理体系转变。这种多向度的竞技体育治理体系表现在体育决策层面，则亟需进行深入的"满足谁的需求"的价值评判，而这一过程将决定体育政策的取向，由此带来的竞技体育治理目标、主体、疆界、领域、方式与手段等方面的变化将对新时代我国体育改革产生巨大而深远的影响。

竞技体育治理体系整合政府、市场和社会三方力量，可以有效实现竞技体育、群众体育和学校体育等各种竞技体育关联部分的协调发展和相互促进，而不是简单的条块分割或治理分野。竞技体育治理体系与政府、市场、社会的逻辑关系，如图 10-5 所示。

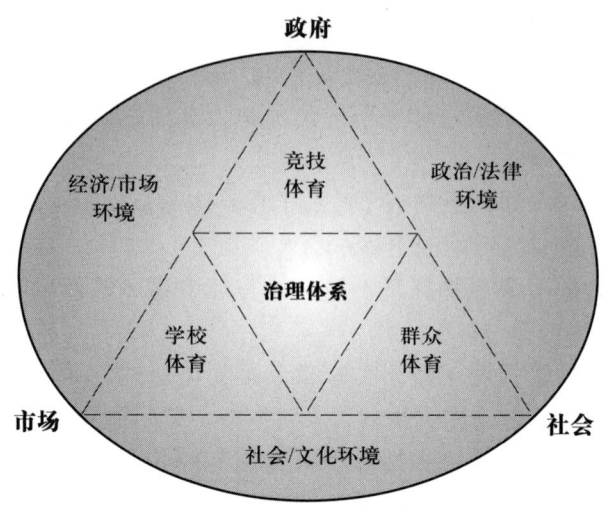

图 10-5　竞技体育治理体系与政府、市场、社会的逻辑关系

　　基于以上分析，构建竞技体育治理体系在于形成一个有机、有效的竞技体育治理结构、规则及过程（表 10-1）。

表 10-1　竞技体育治理体系及其现代化

组成部分	具 体 内 容	现代化追求
竞技体育治理的目标	创造并满足专业化、多样化、多层次的竞技体育需求；建设有中国特色的社会主义现代化体育强国	目标多样化
竞技体育治理的主体	体育政府组织、体育企业组织和体育非营利组织，以及三类组织内部与之间的互动与合作等	主体多元化
竞技体育治理的疆界	国家竞技体育、区域竞技体育、城市竞技体育、农村体育、社区体育、学校竞技体育等	疆域均衡化
竞技体育治理的领域	竞技体育赛事、学校体育、体育科技、体育装备制造、体育法制、体育宣传等	领域整合化
竞技体育治理的方式	多元治理、利益相关者治理、网络治理、整体性治理、多中心治理等	方式专业化
竞技体育治理的手段	宪法、法律、法规、行业规范、文化传统、道德风俗等正式制度与非正式制度	手段制度化

（三）竞技体育治理能力及其现代化

　　国家治理体系和治理能力是一个有机整体，推进治理体系与治理能力

　　　　　　　　　　　　　　　　　　　　　　　　　　　　　　第十章　竞技体育管理

的现代化是同一过程中相辅相成的两个方面，有了良好的国家治理体系，才能提高国家的治理能力；反之，只有提高国家治理能力，才能充分发挥国家治理体系的效能。竞技体育治理能力是治理主体为实现发展目标而运用各种手段与方式治理各方面事务的综合能力；竞技体育治理能力现代化本质上则是指保障现代化顺利进行并达成现代化目的的各种手段、方法与规则的综合。

两者是一个辩证的逻辑顺延的现代化实现过程。其中，竞技体育治理体系现代化是竞技体育治理能力现代化的基础和保障；竞技体育治理能力现代化是体育治理体系现代化的功能实现，总之，其最终落脚点就是在架构现代化的竞技体育治理体系基础上，实现治理能力现代化。毋庸置疑，实现这一现代化过程，将是一个长期的、不断探索的改革进程。

概而言之，国家竞技体育治理能力现代化就是在遵循现代竞技体育发展规律的基础上，政府、企业和非营利组织通过良好的协作，运用专业化、多样化、最优化的治理方式与手段，对域内不同的竞技体育及其相关领域进行全面、协调、有效治理的过程，从而创造并满足民众的各式竞技体育需求，最终形成科学化、法治化、效益化、体系化的竞技体育治理能力，使竞技体育的政治、经济、文化、教育、健身等方面的功能竞相迸发，最终实现现代化体育强国，为建设富强、民主、文明、和谐的社会主义现代化国家贡献力量（图10-6）。

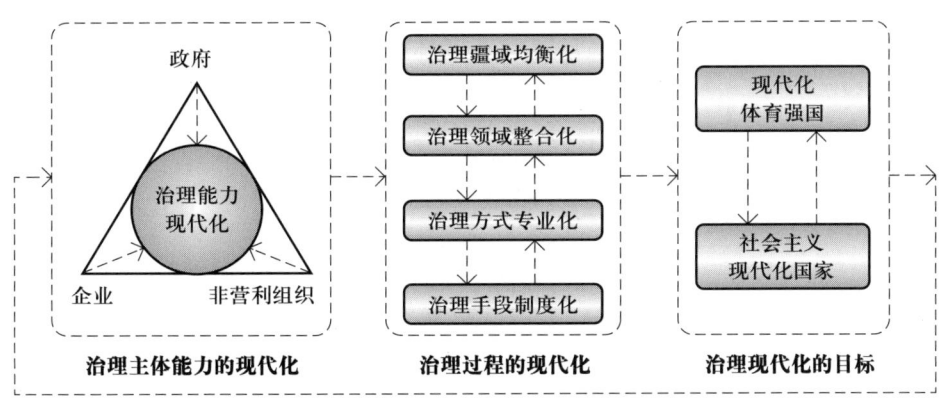

图 10-6　竞技体育治理体系和能力现代化的内在逻辑

思考与探索

1. 简述新时代我国竞技体育管理的优势和不足。
2. 分析当前我国竞技体育举国体制的路径依赖及创新发展趋势。
3. 简述新时代我国竞技体育后备人才培养的体教融合新路径。

4. 简述竞技体育管理与职业体育管理的异同。

5. 分析当前竞技体育管理的热点与难点问题及其改革思路。

6. 简述构建中国特色新型竞技体育举国体制的思考。

7. 谈谈中国式现代化对于竞技体育发展的新要求。

8. 概述国内外竞技体育管理的变革趋势。

▎推荐阅读文献▎

1. 任海. 中国体育治理逻辑的转型与创新［J］. 体育科学，2020，40（7）：3-13.

2. 鲍明晓. 新发展格局下体育发展的新理念、新动能、新模式、新机制研究［J］. 体育科学，2022，42（1）：3-14.

3. 陈洪. 中国式体育现代化的历史维度、内涵场景与实现路径［J］. 天津体育学院学报，2022，37（6）：658-663，696.

4. 周志成. 最优边界：整体资源配置理论—政策—运行在演绎通论［M］. 上海：复旦大学出版社，2019.

5. ［法］让·梯若尔. 共同利益经济学［M］. 张昕竹，马源，等，译. 北京：商务印书馆，2019.

6. ［美］约瑟夫·E. 斯蒂格利茨. 公共部门经济学［M］. 郭庆旺，等，译. 3版. 北京：中国人民大学出版社，2005.

7. 王向军. 新型举国体制的核心优势与时代意义［J］. 人民论坛，2021（27）：65-67.

8. 包炜杰. 从"举国体制"到"新型举国体制"：历史与逻辑［J］. 社会主义研究，2021（5）：104-110.

第十章参考文献

国际体育管理

本章导语

　　国际体育管理是体育管理的重要分支，国际体育管理的发展不仅影响世界体育的进步和和平，也关系我国体育的国际地位和竞争力。为了推进我国体育治理体系和治理能力现代化，实现体育强国建设目标以及提升我国体育的国际影响力，我们需要深化对国际体育管理的认识和理解。通过了解主要国际体育组织的运行管理规则以及国际体育赛事的组织运作过程，有助于借鉴国际体育组织的管理运作流程和国际体育管理的先进理念和经验，掌握国际体育管理的新趋势和新特点，为研判和思考新时代我国体育管理理论与实践发展的新方向奠定基础。

学习重点和难点

　　学习重点：国际体育组织的性质、结构、自治规则、议事规则和仲裁机制，主要的国际体育组织和奥林匹克运动的三大支柱，国际体育赛事，主要包括综合性国际体育赛事、单项国际体育赛事和国际主要商业体育赛事。

　　学习难点：国际体育管理新趋势，主要包括《奥林匹克 2020 议程》《奥林匹克 2020+5 议程》和国际体育管理的善治。

第一节
国际体育组织

国际体育组织是开展国际体育管理的重要载体，是维持国际体育社会有序运转的权威主体，也是开展体育外交、参与国际体育治理的重要平台。了解国际体育组织的性质、结构、规则、主要类型以及由国际体育组织主办的大型体育赛事，是把握国际体育管理本质、现状和预测国际体育组织管理发展趋势的基础。

一、国际体育组织概述

国际体育组织的概念、性质、结构、规则和仲裁机制等是开展国际体育组织管理工作的重要基础，是掌握国际体育管理工作的基础。

（一）国际体育组织的性质

国际体育组织的产生与国际体育赛事的举办密不可分。国家和地区间在举办国际体育赛事和各类体育交流与合作过程中，会出现部分国家或地区都难以单独解决的问题，因而需要确定共同遵守的准则，定期或不定期举办国际会议共同研究，并成立秘书处处理日常事务。这种形式在经历了逐步发展之后便转化成相应的国际体育组织。

国际体育组织，也被称为国际体育团体或国际体育机构，是具有国际性行为特征的体育组织，是在国际上开展体育活动，依据其缔结的条约或其他正式法律文件而建立的，有一定规章制度的常设性机构。

国际体育组织绝大多数属于国际非政府组织（NGO），是具有合法地位的、有公开的组织章程以及透明的财务管理的民间组织。其主要特点是：第一，非政治性和非政府性。其活动的目标为非政治性的，不谋求政治权力；其性质为社会团体，不属于政府机构，独立于政府机关及其附属机构之外，不是由政府出资成立的，不具有自上而下的体制，不具备排他性的垄断权力，不是由政府间的协议创立的，而是一种民间性的跨国跨地区联合。第二，非营利性。其活动不以营利为目的，不具有利润分红等营利机制，组织资产不得以任何形式为私人所占有。第三，公益性或社会服务性。区别于各种追求利润的企业性组织，国际体育组织在投入上更多地依赖社会，在产出上更多地服务于社会，它们往往以各种形式吸纳社会公益或共益资源，提供的是社会所需要的各种形式的公共产品或服务，并形成一定的公共空间。第四，志愿性。会员均为自愿参加、自我管理，组织的参与者和支持者通常不存在外在的强制关系，而更多基于自愿、自主的奉献精神和不求回报索取的理念，各种形式的志愿者成为其重要的人力资源。

国际体育组织的成立及其活动的申办和开展，主要是由各相关国家和地区的法律法规加以规范，国际体育组织在某个国家或地区注册或登记为合法团体。该国际体育组织若在其他国家和地区进行活动，也应当遵守所涉及国家和地区的相关法律法规，不得从事违法活动。

国际体育组织有广泛的民意基础和代表性，其成员直接参与国际体育事务、开展体育活动。国际体育组织还掌握着国际体育社会的人力、物力等资源。

按照不同的标准可以将国际体育组织被划分为以下类型：综合性国际体育组织、单项运动的国际体育组织；奥运会项目的国际体育组织和非奥运会项目的国际体育组织；夏季运动项目的国际体育组织和冬季运动项目的国际体育组织；世界性的国际体育组织、洲际和区域性的国际体育组织；以发展体育运动项目为重点的国际体育组织、以服务和研究为重点的国际体育组织等。

（二）国际体育组织的结构

国际体育组织需要设立各级职能机构，赋予各职能机构相应的权力，确保组织活动的顺利运行。组织结构的设置主要包括会员代表大会、执行委员会、委员会和秘书处。

1. 会员代表大会

会员代表大会在国际体育组织结构中被赋予立法权和审议权，在法律上属于国际体育组织的最高权力机构，主要任务是定期召开会议、选举领导机构、修改组织章程和附则、修改技术文件、审议工作报告和财务报告、接纳新会员等。国际体育组织每年至少需召开一次会员代表大会。

会员代表大会的决策权来自全体会员代表，会员代表共同决定国际体育组织的宗旨、目标、政策、任务，用投票的方式来完成决议。国际体育组织的活动受限于会员代表大会所通过的组织章程等各项条款和财务预算，领导机构的人事任免也必须通过会员代表大会表决实现。

会员代表大会的成员有两种形式，即成员国家或地区代表制和个人委员制。国际体育组织大多是成员国家或地区代表制，一般每个国家或地区可以有两名正式代表参加会员代表大会，但只有一个投票权。国际体育组织在批准吸收国家或地区成员时，采取的标准不尽相同，有的国际体育组织按照国际奥委会的成员国家或地区标准来批准和吸收成员，有的按照联合国的成员国家或地区标准，还有的是自行确定的标准。

采用个人委员制的国际体育组织很少，国际奥委会即是这一类型。国际奥委会的最高权力机构是典型的个人委员制，每年召开一次的国际奥林匹克委员会全体会议（以下简称"全会"）是国际奥林匹克委员会的最高级别会议，奥林匹克运动中一切重大问题的决策均通过全会进行表决。与大多数国际体育组织实行成员国家或地区代表的方式不同，国际奥委会采用"逆向选举"制来确定国际奥委会的委员，以避免各国政府或其他政治因素的干扰，确保组织的独立性。这些国际奥委会委员不是一个国家（地区）或组织在国际奥委会的代表，而是国际奥委会和奥林匹克运动在该国家（地区）或组织的代表。

2. 执行委员会

执行委员会，简称执委会，是国际体育组织的领导与决策机构。执委会在最高权力机构休会期间负责履行组织的各项职能：领导国际体育组织开展工作；执行会员代表大会通过的各项决议；监督秘书处工作。执委会拥有对组织事务的决策权与执行权，并对组织章程及规则等基本文件拥有解释权。执委会是根据国际体育组织相关章程规定，由会员代表大会选举产生的主席、副主席、秘书长、司库及委员构成，有的国际体育组织也在章程中规定部分自然当选或是任命的少数执委会成员，执委会在规定任期内展开工作。

3. 委员会

委员会在国际体育组织中扮演着重要角色，在其组织结构中发挥重要职能。委员会有两种类型，一类是在章程中明确规定名称、职责、任职程序并经会员代表大会选举产生；另一类是国际体育组织根据专项工作需要，经执委会批准成立的专项委员会。

委员会的成立是为了满足国际体育组织在组织管理、技术运行等不同领域的工作需要而建立起来的专门性工作机构。国际体育事务具有越来越强的复杂性、专业性和动态性，国际体育组织的实际工作和正常运转要依赖有专门技术和知识的专家成立各种委员会来辅助领导机构和行政机构及时有效处理相关问题。委员会的成立，可以建立完善的利益诉求机制，维护不同群体的利益。

4. 秘书处

秘书处是国际体育组织的常设机构，在执委会领导下开展日常管理工作，下设若干职能部门，通过聘用工作人员保证各职能部门的日常运行和管理。

秘书处的工作人员均为付薪人员，他们以个人身份为国际体育组织服务，确保其工作的公正性和独立性，工作人员的聘任及待遇需要得到执委会批准。其基本职能是处理国际体育组织的日常事务，执行执委会的决议，执行组织各个机构制定的方针、政策，落实各项活动计划和方案，协调联络成员和会员以及其他国际体育组织。随着国际体育组织的发展，其对管理水平提出了更高的要求，需要聘用经济、法律、管理等众多不同专业的工作人员来支持组织的运行。

（三）国际体育组织的自治规则

1. 国际体育组织的自治内容与规则

国际体育组织是具有权威性和公信力的国际体育运动的组织者和管理者，自治性是国际体育组织的基本特征。

国际体育组织自治的内容主要包括组织自治、规则自治及争端解决自治。其中，规则自治是国际体育组织行使自治权的基础，国际体育组织通过制定规则对内部资源进行分配，确定成员的权利义务，从而建立国际体育治理的制度框架。

根据国际体育组织的金字塔式结构，不同体育组织所处的层级不同，其所受到的来自外界的影响和约束也各不相同。处于金字塔下层的组织的权限自然受到其上层组织的限制。但在大部分情况下，所有体育组织的自治权都会受到尊重。此外，随着一些具有高管理层级的特殊体育管理组织如世界反兴奋剂机构（WADA）和国际体育仲裁法庭（CAS）的建立，在进一步强化全球体育组织的结构的同时，也将国际体育组织的管理层级分为横向层面的联系和纵向层面的管辖，但组织之间的关系交错复杂，既相互合作又相互制约[1]。

2. 国际体育组织自治权力的实施

无论哪一个类型或层级的体育组织均具有其独特的管理职能和权力，这些权力是国际体育组织实现自治的根本保障。根据项目、功能的不同，国际体育组织的管理职能和权力有所不同。但整体来看，其自治权力一般包括以下几项：一是规章制定权。是指由国际体育组织自己制定章程和规则，管理组织运作以及开展各项体育活动，并对违反规章制度的行为和参与者给予相

---

[1] 康晓磊. 论国际体育自治的缘起、内涵及实效 [J]. 体育文化导刊，2017（12）：27-31.

应处罚。二是行使管理权。这些权力包括推动项目的发展、举办体育赛事活动、管理和发展项目内运动员，维持与项目内外相关体育机构、政府、监督机构之间的联系，维护国际体育组织的商业发展等。三是实施惩罚权。对违反组织规定、侵犯组织利益以及不当行为等作出相应处罚。四是纠纷解决权。根据国际惯例，首先通过内部救济解决体育争端。具体来说，要将内部救济充分用尽，即行使体育行业内部的"特别权力"，将国际体育组织的纠纷处理控制在组织内部。目前，大多数国际体育组织都拥有内部争端解决权并设置了相应的内设纠纷解决机构。

国际体育组织自治权对国际体育组织自身的发展以及整个国际体育秩序产生了积极的影响，得到了国际社会的尊重和认可，在实践中得到承认，承认的主体包括以下三类：

（1）各国政府

国际体育组织具备全球范围内的事实权威性，其内部制定的规则得到各国的普遍认同和遵守。以世界反兴奋剂机构制定的《世界反兴奋剂条例》为例，作为统一反兴奋剂规则的基本文件，《世界反兴奋剂条例》为各体育组织和各国政府提供了制定反兴奋剂规则的法律框架，各国政府都签署了一份反对使用兴奋剂的《哥本哈根宣言》，表示各国政府承认《世界反兴奋剂条例》和世界反兴奋剂机构的工作，也都以《世界反兴奋剂条例》为蓝本制定适用于本国的反兴奋剂法律法规。

（2）国际体育组织成员

国际体育组织的会员或成员，除受本国法律约束之外，还要服从其所属国际体育组织的管辖，服从所属国际体育组织制定的规章制度和规则，否则将会受到所属国际体育组织的行政处罚。因此，国际体育组织对其成员是一种"有效统治"，具有事实上的权威性，体现了国际体育组织自治权的社会合法性。

（3）国际体育运动个人参与者

国际体育组织的自治权得到了全球公众的认可，对国际体育运动参与主体也具备这种事实上的"有效统治"。国际体育运动的参与主体包括个人，如运动员、裁判和国际体育组织的官员等，国际体育组织制定的规则对参与国际体育运动的个人具有强制约束力，对于违反规则的个人有权实施处罚。因此，参与国际体育运动的个人在实践中也认可国际体育组织制定的章程、规章和其他规则，尊重国际体育组织的权威。

（四）国际体育组织的议事规则

在国际体育组织中，会员代表大会是最高权力机构，执行委员会是国际体育组织的领导与决策机构，为了确保国际体育组织的各类会议更规范高效，各项职责的履行更充分务实，国际体育组织的议事程序多数遵照了《罗伯特议事规则》。

《罗伯特议事规则》的使用范围相当广泛，公共领域中的联合国大会、欧盟议会、各国国会的议事程序，均是以它为依据和蓝本。

国际体育组织的议事规则可简单归纳为以下 12 条原则：

（1）动议中心原则

动议是开会议事的基本单元。会议讨论的内容应当是一系列明确的动议，必须是具体、明确、可操作的行动建议。先动议后讨论，无动议不讨论。

（2）主持中立原则

会议"主持人"的基本职责是遵照规则来裁判并执行程序，尽可能不发表自己的意见，也不能对别人的发言表示自己的倾向（主持人若要发言，必须先授权他人临时代行主持之责，直到当前动议表决结束）。

（3）机会均等原则

任何人发言前均须示意主持人，得到主持人允许后方可发言。先举手者优先，但尚未对当前动议发过言者，优先于已发过言者。同时，主持人应尽量让意见相反的双方轮流得到发言机会，以保持平衡。

（4）立场明确原则

发言人应首先表明对当前待决动议的立场是赞成还是反对，然后说明理由。

（5）发言完整原则

不能打断别人的发言。

（6）面对主持原则

发言要面对主持人，参会者之间不得相互辩论。

（7）限时限次原则

每人每次发言的时间有限制。

（8）一时一件原则

发言不得偏离当前待决的问题，只有在一个动议处理完毕后，才能引入或讨论另外一个动议；主持人对跑题行为应予制止。

（9）遵守裁判原则

主持人应制止违反议事规则的行为，这类行为者应立即接受主持人的裁判。

（10）文明表达原则

不得进行人身攻击，不得质疑他人动机、习惯或偏好，辩论应针对具体问题，以当前待决问题为限。

（11）充分辩论原则

表决须在辩论充分展开之后方可进行。

（12）多数裁决原则

平局即没通过，弃权者不计入有效票。

议事规则的基本精神是：权利公正、充分讨论、一时一件、一事一议、多数裁决。其具有三个特点：一是约定性，规则明示在前，对事不对人；二是工具性，凡事不论及道德，不无端拔高和指控；三是价值中性，通过文明议事来说服、辩论、妥协，从而形成有效果的行动。

（五）国际体育组织的仲裁机制

国际体育组织拥有独立的自治体系，是体育特殊性的重要反映，在对体育自治规则法律化的调适中，要尽可能避免对体育本质的伤害以及对国际体育自治体系的破坏。

仲裁，作为最为重要的一种替代司法诉讼的争议解决方式，适应着国际体育活动的全球化发展，被广泛应用于解决国际体育纠纷，并且在实践中获得越来越多的国家法律和国际体育界的认可。国际体育组织的仲裁机制，包括组织内部的仲裁机制，即国际体育组织内部成立的仲裁委员会以及外部仲裁机制，国际上著名权威的解决国际体育纠纷的仲裁机构是总部设在瑞士洛桑的国际体育仲裁法庭，它也是国际体育仲裁机制的核心机构。

国际体育仲裁法庭的仲裁机制，包括普通仲裁、上诉仲裁、特别仲裁三种形式。国际体育仲裁法庭，有着合理的程序设计，仲裁专家包括有体育专家、法律专家以及同时精通体育规则和法律条文的专家，以保证其独立性、中立性和公正性。最终的仲裁裁决对双方当事人均有约束力，再加上国际社会存在着普遍承认仲裁裁决的《纽约公约》，这在体制上就对体育仲裁裁决的执行力提供了保障。

国际体育仲裁法庭上诉程序的启动，取决于国际体育组织的章程中是否有接受国际体育仲裁法庭管辖的仲裁条款。由于竞技体育纠纷具有特殊性，越来越多的国际体育组织在其内部条例或者章程中规定了由国际体育仲裁法庭行使管辖权的仲裁条款。

二、主要的国际体育组织

奥林匹克运动和奥林匹克精神坚持业余主义的理念，发展出奥林匹克运动相关的国际体育组织，奠定了国际体育的基础。与此同时，现代竞技运动在商业化推动下，发展出有强大影响力的职业化国际体育组织。

（一）奥林匹克运动相关的国际体育组织

全球的国际体育管理有一条主线：奥林匹克运动。国际奥林匹克委员会也是全球最有影响力的国际体育组织，世界上所有重要的国际体育组织都与国际奥林匹克委员会有直接或间接的关系。但所有的国际体育组织都不是国际奥林匹克委员会的成员，国际奥林匹克委员会只有个人委员，重要的国际体育组织会得到国际奥林匹克委员会的承认。

（二）职业体育国际组织

体育职业化是市场经济体制下现代体育发展的必然，特别是国际影响力巨大、社会关注度高、经济效益突出、群众基础广泛的运动项目，如职业足球、篮球、田径、拳击、赛车等。

职业体育走向国际化，最重要的原因是新兴市场的出现，这些新兴市场给媒体转播、比赛录像、商品销售以及特许权以机会，这些均会增加收入，增强职业体育组织的实力。

在世界范围内取得成功的职业体育组织有：美国职业篮球联赛（NBA）、美国职业棒球联盟（MLB）、美国国家橄榄球联盟（NFL）、北美职业冰球联盟（NHL）、职业网球联合会（ATP）、欧洲足球五大联赛组织等。

三、奥林匹克运动的三大支柱组织

奥林匹克运动的组织体系主要由国际奥林匹克委员会、国际单项体育联合会和国家奥林匹克委员会协会三部分组成。

（一）国际奥林匹克委员会

国际奥林匹克委员会，简称国际奥委会，1894 年在法国巴黎成立，是一个国际性、非政府、非营利组织，是奥林匹克运动的领导机构，总部位于瑞士洛桑，瑞士联邦议会确认其为无限期存在的具有法人资格的国际体育组织。

国际奥委会无疑是国际上最重要的国际体育组织，它的成立促进了体育活动在全球的普及，促进了全球性体育组织网络的形成，并为各国和地区的体育组织发展提供了借鉴。

国际奥委会是奥林匹克运动的最高权力机构，是奥林匹克运动的指导者、捍卫者和仲裁人。国际奥委会具有法人地位，其任务是按照《奥林匹克宪章》领导奥林匹克运动，它根据《奥林匹克宪章》所作出的决定是最终决定。具体表现为：

（1）国际单项体育联合会只有获得国际奥委会的承认，其管辖的运动项目才有可能列入奥运会比赛项目；国家奥委会只有获得国际奥委会的承认，才有权参加奥运会。国际奥委会可以撤销对国际单项体育联合会和国家奥委会以及其他协会和联合会的承认，并立即生效。

（2）国际奥委会对奥运会拥有全部权利。由国际奥委会决定奥运会举办城市，并有权撤销举办城市、组委会和国家奥委会举办奥运会的权利；由国际奥委会批准设置或撤销奥运会比赛项目中的运动大项、分项和小项。

（3）国际奥委会可以暂时或永久取消违反《奥林匹克宪章》的运动员、运动队、代表团官员、管理人员和技术官员参加奥运会的资格，或将他们开除出奥运会，并收回获得的奖章和奖状。

《奥林匹克宪章》的主要内容

《奥林匹克宪章》是国际奥委会制定的关于奥林匹克运动的最高法律文件。《奥林匹克宪章》对奥林匹克运动的组织、宗旨、原则、成员资格、机构及其各自的职权范围和奥林匹克各种活动的基本程序等作了明确规定。这个法律文件是约束所有奥林匹克活动参与者行为的最基本标准和各方进行合作的基础。

国际奥委会委员由自然人组成，人数总数不得超过 115 人，其中 70 人为个人委员，15 人为现役运动员的代表，15 人为国际单项体育联合会的代表，15 人为国家（或地区）奥委会的代表。国际奥委会执委会由 15 人组成：主席 1 人，副主席 4 人，执委 10 人，由代表大会以不记名投票形式选举产生，执委会主席任期 8 年，副主席和其他委员任期为 4 年。

（二）国际单项体育联合会

1. 国际单项体育联合会

国际单项体育联合会是在世界范围内管辖一项或几项运动项目，并接纳若干管辖这些项目的国家和地区级团体的非官方的国际性组织。大多数国际单项体育联合会仅管理一项体育运动（如国际篮球联合会、国际足球联合会），而有些国际单项体育联合会则管理几个运动项目，如国际游泳联合会，不仅管理游泳，还管理跳水、水球和花样游泳。

国际单项体育联合会制定并推行本运动项目的规则，保证该项目在全世界的开展。其制定的章程一般会包含以下内容：

（1）对世界范围内的本运动项目进行指导，推动项目在世界各国和地区在各级水平上的发展；

（2）制定并保证执行各类规则和条款，加强世界所有成员之间的友好关系；

（3）组织本运动项目世界锦标赛和其他国际比赛；

（4）发扬体育精神、诚信、道德及公平竞争，杜绝腐败和兴奋剂使用及损害本运动项目形象的问题发生；

（5）促进本运动项目的性别平等和公平；促进残疾人运动；

（6）代表本运动项目并保护其在国际奥委会、国际残疾人奥林匹克委员会以及其他国际机构中的利益；与国际奥委会、国际残疾人奥林匹克委员会合作，特别是在本运动项目运动员参加奥运会比赛中的合作；

（7）指导和管理国际上本运动项目的电子和虚拟竞赛。

2. 国际单项体育联合会协会

不同的国际单项体育联合会逐步联合成立以单项体育联合会为会员单位的国际体育协会，目前，国际奥委会承认的国际单项体育联合会组成的国际体育组织包括：夏季奥运项目国际单项体育联合会协会（ASOIF）、冬季奥运项目国际单项体育联合会协会（AIOWF）、国际奥委会承认的国际单项体育联合会协会（ARISF）、独立体育组织联盟（AIMS）。

夏季奥运项目国际单项体育联合会协会，目前其成员是 28 个夏季奥运会比赛项目国际单项体育联合会和 5 个东京奥运会新增比赛项目国际单项体育联合会。

冬季奥运项目国际单项体育联合会协会，目前其成员是 7 个冬季奥运会比赛项目国际单项体育联合会。

国际奥委会承认的国际单项体育联合会协会，目前其成员是 42 个获得国际奥委会承认但是未列入夏季或冬季奥运会正式比赛项目的国际单项体育联合会。

独立体育组织联盟，成立于 2009 年，由尚未得到国际奥委会承认的体育运动项目的国际单项体育联合会组成。

3. 国际单项体育联合会总会

国际单项体育联合会总会（GAISF），也称世界体育总会，于 1967 年成立于瑞士洛桑，是国际单项体育联合会的联合组织，其成立的其宗旨是：促进世界体育联合会总会的独立性和权威性；促进世界体育联合会总会与和其他体育组织之间建立更密切的联系；就奥运会和国际体坛的有关问题向各国际单项体育联合会、国际奥委会和其他体育组织提出建议。

2022 年 12 月 29 日，国际单项体育联合会总会正式解散，这个拥有 55 年历史的奥林匹克和非奥林匹克体育项目管理机构告别了历史的舞台。

（三）国家奥林匹克委员会协会

1979 年 6 月 26—27 日在波多黎各召开的第 9 届国家和地区奥林匹克委员会代表大会成立了国家奥林匹克委员会协会，由国际奥委会承认的国家和地区奥林匹克委员会组成。目前其成员是 206 个国家或地区奥委会。

代表大会是国家奥林匹克委员会协会的最高权力机构，每两年召开一次。大会闭会期间的权力机构是执行理事会，它根据协会章程和大会的决议负责具体管理。执行理事会由 32 人组成，每年至少开一次会。国家奥林匹克委员会协会目前根据工作需要成立了 10 个专项委员会。

国家奥林匹克委员会协会的主要宗旨是：

（1）促进国家奥林匹克委员会间的相互了解、合作与支持，鼓励对话，交换信息和情报，并且强化它们在奥林匹克运动中的作用；

（2）致力于维护各国人民的和平、和谐与友谊，并通过体育运动教育青年，增进各国人民之间的相互了解，为建立一个更美好的和平世界作出贡献；

（3）处理国家奥林匹克委员会共同关心的问题，处理与国际奥林匹克委员会执委会共同举行的联席会议和奥林匹克代表大会中出现的问题，审查国家奥林匹克委员会提出的各项建议；

（4）帮助国家奥林匹克委员会准备其与国际奥林匹克委员会执委会的会谈和参加奥林匹克代表大会，并提出对它们有直接影响的建议；

（5）向国际奥林匹克委员会执委会、国际奥林匹克委员会和国家奥林匹克委员会共同组成的各专门委员会、奥林匹克代表大会以及其他致力于体育发展的组织提出建议和意见，指定国家奥林匹克委员会在国际奥林匹克委员会和国家奥林匹克委员会共同组成的各专门委员会、其他专门委员会中的代表，并确定其权力；

（6）就国家奥林匹克委员会和奥林匹克团结计划在电视转播上收入的分配份额向国际奥林匹克委员会提出建议；

（7）就加强国家奥林匹克委员会在国家和国际水平上促进和实现奥林匹克理想的作用提出建议。

第二节
国际体育赛事

组织举办国际体育赛事是多数国际体育组织开展工作的核心目标与内容，这是由体育的本质所决定的。了解有代表性的国际体育赛事对于把握现代国际体育组织管理的本质具有重要意义。

一、综合性国际体育赛事

现今，国际上有众多综合性国际体育赛事，规模较大、水平较高的综合性国际体育赛事包括夏季奥林匹克运动会、冬季奥林匹克运动会、青少年奥林匹克运动会、残疾人奥林匹克运动会、冬季残疾人奥林匹克运动会、世界运动会、夏季世界大学生运动会、亚洲运动会、英联邦运动会、美洲运动会、大洋洲运动会、非洲运动会、特殊奥林匹克运动会、世界大师运动会等。

（一）奥林匹克运动会

奥林匹克运动会，简称"奥运会"，是国际奥林匹克委员会主办的全球规模最大的综合性运动会，每四年一届，会期不超过 16 天，也是世界上影响力最大的体育盛会。第一届现代奥林匹克运动会于 1896 年在希腊雅典举行。

奥林匹克运动会是在奥林匹克主义指导下，以体育运动和四年一度的奥林匹克庆典——奥运会为主要活动内容，是促进人的生理、心理和社会道德全面发展，加强各国人民之间的相互了解，在全世界普及奥林匹克主义，维护世界和平的国际社会运动。奥林匹克运动包括以奥林匹克主义为核心的思想体系，以国际奥委会、国际单项体育联合会和各国奥委会为骨干的组织体系和以奥运会为周期的活动体系。

奥运会将体育运动的多种功能充分发挥，影响力远远超出了体育的范畴，在当代世界的政治、经济、哲学、文化、艺术和新闻媒介等诸多方面产生了一系列深远的影响。经过一百多年的发展，奥运会从申办到完成组织工作，形成了一套完善的体系，其他的综合性和单项的国际体育赛事以及洲际和地区性国际体育赛事，都借鉴了奥运会的这个体系。

1. 奥运会申办

奥运会的申办流程主要如下：

（1）由申办城市向国际奥委会提出书面申请

国际奥委会在奥运会举行的前8年即开始招标，并规定明确的截止日期。意欲举办奥运会的城市须在此日期前以正式的书面形式向国际奥委会提出申请。申请报告必须经本国奥委会的批准，并由该国政府签署表示支持。如果同一国家有两个以上的城市拟申办，由该国奥委会从中确定一个。

（2）国际奥委会执委会对提出申办的城市进行初步筛选

（3）国际奥委会评估委员会对申办城市进行实地考察

国际奥委会和负责奥运会项目的国际单项体育联合会发出对申办城市各种条件进行调查的有关表格和问卷，调查内容详尽而具体，涉及举办奥运会的各个方面。评估委员会会亲自赴各申办城市进行实地考察，并将考察的结果以书面报告形式呈交国际奥委会，发送给每一位委员，作为委员在最后的全会表决时的参考依据之一。

（4）国际奥委会全会投票确定举办城市

（5）国际奥委会与举办城市签约

2. 主办城市合同

奥运会主办城市合同的主体部分一般包括下内容：基本原则——策划、组织和举办奥运会的原则；住宿的组织；比赛的组织；文化活动的组织工作；仪式、奥林匹克圣火与火炬接力；财务与商业义务等。

主办城市合同还包括附件部分，主要内容包括：奥林匹克运动会注册和报名；国际奥委会关于组织会议的指南；关于为奥林匹克大家庭提供交通的规定；国际奥委会关于奥运村的准则和国家奥委会的要求；国际奥委会媒体指南；国际奥委会市场开发的准则；国际奥委会／国际残疾人奥委会协议；国际奥委会关于信息技术的准则；关于国际奥委会医学委员会的规定；关于保险的规定；国际奥委会礼宾指南；关于国际奥委会奥林匹克博物馆和国际奥委会档案馆的规定；关于国际体育仲裁法庭的规定；关于世界反兴奋剂机构的规定。

3. 协调委员会

国际奥委会将成立一个协调委员会，处理国际奥委会、国际单项联合会、各国奥委会与奥运会组委会的工作关系。该委员会包括国际奥委会、各国际单项联合会及国家奥委会的代表、以往奥运会的组委会、国际奥委会运动员委员会、国际残疾人奥委会以及专家。协调委员会的主要任务是检查奥运会组委会的工作进展，向奥运会组委会提供协助以及行使国际奥委会授予的其他权力。协调委员会应与奥运会组委会定期会晤，若有协调委员会无法解决的事项或任何一方拒绝遵守其决定，国际奥委会将作出最终决定。

4. 奥运会的筹备与组织工作

奥运会各项比赛的组织工作是核心，主办城市合同签订后5个月内成立奥运会组织委员会，设立工作部门，围绕竞赛组织任务开展各项工作。

（1）制订"实施奥运会的总计划"

在申办城市向国际奥委会提交的申办报告中，已经对准备举办奥运会的各项内容和指标作了详尽的规定。总计划就是将这些指标具体化，对各种资源进行调配，对各个部门的具体职责和工作范围加以界定，按照时间顺序排列各项准备工作，分阶段进行。对奥运会的各项工作，如奥运会的主要活动、财政收支、场馆沿途的修建与经营、交通、通信、服务、安全、信息、环境治理等方面，进行总的设计与规划。

（2）集资

组委会与国际奥委会一起与各大电视广播公司就出售电视转播权进行谈判，寻求赞助伙伴，从官方和非官方的各种渠道争取经济来源，开展一系间的商业活动。对奥运会的财政收入，如通过电视转播权出售、商业赞助、出售门票、彩票、发行纪念币及政府和其他渠道得到的收入作出总的统计。对奥运会的各项开支，如宣传、招待、礼仪、文化节、开闭幕式、行政、安全、通信、医疗、票务、保险、交通、场馆建设及管理、奥运村建设及经营等项目活动作出详细的安排。

（3）场馆及生活设施的筹建

比赛场馆：举办奥运会要有一个主运动场、几十个其他场馆和附属设施，配置的技术装备需符合国际单项体育联合会关于比赛场馆的规定，达到各国际单项体育联合会所制定的技术标准，满足奥运会各项竞赛的需要。

贵宾驻地：对参加奥运会的贵宾，如国际奥委会委员、国际单项体育联合会负责人、政府首脑等，集中安排在贵宾驻地，便于提供保护和服务，也便于贵宾出席奥运会期间的各种活动。

奥运村：这是各个国家和地区体育代表团的住宿地，设有餐厅、医院、文化中心、办公室、会议室、商业点，还有进行宗教活动的宗教活动中心等。

记者村：为采访奥运会的记者们提供的住宿地，配备有新闻中心、记者会馆、购物中心、银行、邮局、酒吧、健身房、电脑终端和闭路电视系统等设施。新闻中心则应拥有最完善的服务和最先进可靠的通信技术设备。

（4）服务系统

礼宾：奥运会前后，大量的人流将出入举办城市，组委会为奥运会的参加者简化出入境手续，设立特别通道，发放和使用奥运会注册卡，使几万甚至几十万人参与的奥运会在人员管理方面并然有序。

交通：奥运会期间举办城市的客流量大大增加，组委会根据举办城市现有的交通状况和设施，扩建空港、地铁、公路，增加运载工具，改善自动化控制的交通网络，形成一个为奥运会服务的畅通的现代化交通系统。

餐饮：奥运会是全世界运动员的大聚会，在饮食上不仅供应的量要大，而且要种类齐全，以满足不同的饮食习惯和饮食偏好。

医疗：奥运会期间对医疗设施和医疗力量的需求增加，要应对比赛中出现各种伤病，还要对运动员和马匹进行兴奋剂检测。

（5）媒体与信息系统

媒体设施：奥运会主新闻中心是为奥运会专门提供的新闻设施，举办城市一般还需要改善一般通信条件如光缆、微波、卫星等各种通信线路。

数据处理系统：奥运会有大量的信息处理工作，需要高效率的信息网络系统，用于注册、预订、组织、人事、志愿人员、计时、成绩公报等方面。

（6）环境治理

绿化、美化城市与园林，治理城市的水质和大气的污染源，是奥运会准备工作的一个重要内容。

（7）安全系统

奥运会安全系统的建立是保证参加奥运会全体人员的安全，预防可能出现的危害。奥运会的安全保卫工作主要包括：比赛场馆的人员疏散；奥运会所有设施的保卫；城市综合治安和反恐怖活动等方面。

（8）人力资源的开发与训练

奥运会需要一支庞大的工作人员队伍，人力资源的开发是奥运会成败的关键。随着各种准备工作的展开，人员数量会逐步增加。

（9）检查验收与试运行

在奥运会筹备阶段后期，组委会组织测试赛，或利用奥运设施组织国际比赛，对比赛场地、生活设施、交通通信等"硬件系统"和各种服务等"软件系统"进行全面的测试，对场地设备和人员进行实战性的检验。

5. 奥运会期间组委会的工作

经过数年的精心准备，在奥运会举办期间组委会已经有了良好的运行机制。各场馆依照既定的程序处理自己部门的常规工作，使奥运会的各项工作有序运转。

6. 文化活动

国际奥委会规定，举办奥运会期间必须组织"文化奥运"的文化活动，包括国际奥委会的展览活动，活动方案要提前报请国际奥委会执行委员会书面批准。文化活动必须有助于促进和谐的国际关系与友谊，特别是奥运会参加者和观众之间的关系与友谊，以加强作为奥林匹克主义中心主题的体育运动与文化的联系。

7. 赛后评估

奥运会结束后，组委会需要将奥运会期间使用的设施、物资以适宜的方式移交给社会各个部门；有步骤地解散机构，辞退人员；进行认真的经济核算；写出详细的总结报告提交国际奥委会。

国际单项体育联合会就奥运会筹备和组织工作写出评估报告提交国际奥委会，评估报告中主要涉及 6 个部分的评估内容：赛前筹备工作，竞赛组织工作，场馆设施和运行情况，比赛场馆的餐饮、通行等服务，奥运会住宿交通制证票务等工作，与国际奥委会的协调情况。

国际奥委会也会就奥运会的筹备和组织工作以及各运动项目及其国际单项体育联合会作出评估。

8. 奥运会遗产

随着奥运会发展成为世界最重要的体育赛事，其对主办城市和国家的影响也在增加。主办奥运会的城市越来越重视奥运会为其公民创造的遗产，并且将奥运会作为城市更新的催化剂。奥运会需要创造的不仅仅是 16 天比赛的美好回忆，更重要的作用是向主办城市和东道主国推广奥运会的文化遗产。

奥运会遗产是一个非常复杂的问题，因为奥运会给举办城市带来的某些积极作用可能要在奥运会结束后的几年后才能彰显。多年来，主办城市通过举办奥运会并利用其作为催化剂创造出许多积极的遗产。

案例 11-1

2015 年 1 月 6 日，北京冬奥会申办委员会向国际奥委会递交申办报告。申办报告清晰简洁、严谨准确，突出亮点、补齐短板；贯彻中央精神、遵循国际惯例、借鉴往届经验、突出京张特色；将"纯洁的冰雪，激情的约会"愿景贯穿报告始终，将"以运动员为中心、可持续发展、节俭办赛"三大理念贯穿报告始终，将"京津冀协同发展"作为国家战略贯穿报告始终。

中国举办冬奥会对促进冬季运动项目发展和促进中国体育项目发展有着重要的意义。

（二）其他综合性国际体育赛事

1. 世界运动会

世界运动会是一个国际性的体育竞赛盛会，每四年举行一次，首次世界运动会于 1981 年在美国加利福尼亚州圣克拉拉举行，竞赛项目以非奥运会项目为主，于每届奥运会后一年举行。世界运动会的领导机构是1980年成立的世界运动会理事会，后重新命名为国际世界运动会协会。世界运动会得到国际奥委会支持，国际世界运动会协会接受并遵守《奥林匹克宪章》的所有原则。

世界运动会为期11天，多样化、大众化和精彩的高水平比赛成为世界运动会的支柱，比赛项目包含了陆上体育项目、空中体育项目、水上体育项目和水下体育项目，倡导"更快、更高、更强"的体育精神。2022年，第11届世界运动会有30个正式比赛项目和包括武术在内的5个邀请比赛项目。

在澳大利亚黄金海岸举行的国际世界运动会协会2019年全会上，成都获得2025年第十二届世界运动会举办权，也是中国大陆首个成功申办这项赛事的城市。

国际世界运动会协会除举行非奥运会项目的比赛外，在举办每届世界运动会的同时，主办城市还举办各种文化活动和社会活动，如音乐会、展览会等。世界运动会的创办促进了世界体育文化的繁荣和发展，当时的国际奥委会主席萨马兰奇很赞赏世界运动会的举办，称世界运动会为"二级奥运会"。

2. 世界大学生运动会

世界大学生运动会由国际大学生体育联合会主办，只限在校大学生和毕业不超过两年的大学生（年龄限制为17~28岁）参加的世界大型综合性运动会。1959年，第一届世界大学生运动会在意大利都灵举行，来自45个国家的985名运动员参加了比赛。1960年，仿奥运会赛制，又在法国夏蒙尼举办了世界大学生冬季运动会。起初，夏季运动会和冬季运动会分别在单数和双数年举行，从1981年起改为在同一年举行。

世界大学生运动会每两年在不同的城市举办一次，秉承"身心卓越"的目标，将教育和文化相结合，鼓励来自世界各地的学生运动员将提高体育成绩与智力追求相结合。世界大学生运动会作为国际大学体育和文化的庆祝活动，吸引了成千上万的学生运动员参与竞争，成为世界上规模盛大、极有影响力的综合性体育比赛，是世界上规模最大的学生运动员参加的综合体育比赛。

为期12天的世界大学生运动会包括15个必选比赛项目。为了符合体育运动项目的发展和创新的趋势，主办方可以自选三个比赛项目，三个自选项目需从国际大学生体育联合会承认的项目中以及世界大学生锦标赛正式比赛项目中选取。

3. 亚洲运动会

亚洲运动会简称亚运会，是亚洲规模最大的综合性运动会，每四年举办一届，由亚洲奥林匹克理事会的成员轮流主办，第一届亚运会于1951年在印度新德里举行。

1990 年，第 11 届亚运会在中国首都北京举行，这是在中国举行的第一个大型国际综合性运动会。2010 年，第 16 届亚洲运动会在中国广州举行，由汕尾、佛山、东莞协办，广州是中国第二个取得亚运会主办权的城市。第 19 届亚洲运动会于 2023 年在中国杭州举行。

杭州亚运会共设 40 个竞赛大项，包括游泳、射箭、田径、羽毛球、篮球、拳击、皮划艇、自行车、马术、击剑、足球、高尔夫、体操、手球、曲棍球、柔道、现代五项、赛艇、7 人制橄榄球、帆船、射击、乒乓球、跆拳道、网球、铁人三项、排球、举重、摔跤、空手道、竞技攀岩和棒垒球等 31 个奥运项目和武术、藤球、克柔术、柔术、板球、棋类、轮滑、卡巴迪、壁球等 9 个非奥项目。同时，在保持 40 个大项不变的前提下，增设两个竞赛项目，电子竞技和霹雳舞是第一次被列入亚运会正式比赛项目。

杭州亚运会邀请大洋洲国家的运动员参与部分团体项目的比赛，邀请范围限定在那些可以通过亚运会获得 2024 年巴黎奥运会参赛资格的比赛项目包括排球、沙滩排球、篮球、足球和击剑。

二、单项国际体育赛事

各运动项目的国际单项体育联合会定期举办单项国际体育赛事，以促进运动项目的发展和提高训练成绩，如世界锦标赛、世界杯赛、大满贯赛、大奖赛、联赛等。

（一）足球世界杯

国际足球联合会举办的足球世界杯，简称"世界杯"，是世界上最高荣誉、最高规格、最高竞技水平、最高知名度和影响力的足球比赛，与奥运会并称为全球体育两大顶级赛事。

世界杯是全球各个国家（地区）在足球领域最梦寐以求的神圣荣耀，也是各个国家（地区）所有足球运动员的终极梦想。世界杯每四年举办一次，国际足联会员国（地区）都可以派出代表队报名参加这项赛事。第一届世界杯于 1930 年在乌拉圭举办。

世界杯赛程分为预选赛和决赛两个阶段。世界杯预选赛阶段分六大赛区进行，分别是欧洲、南美洲、亚洲、非洲、北美洲和大洋洲赛区，每个赛区需要按照本赛区的实际情况制定预选赛规则。各个已报名参加世界杯的国际足联会员国（地区）代表队需要在所在赛区进行预选赛，争夺进入世界杯决赛阶段的名额。

世界杯决赛阶段的名额是 32 个，决赛阶段主办国可以直接获得决赛阶段名额，除主办国外，其他名额由国际足联根据各个预选赛赛区的足球水平进行分配，不同的预选赛赛区会有不同数量的决赛阶段名额。从 1938 年第三届世界杯开始，规定卫冕冠军和东道主可以直接晋级，但是 2002 年因为卫冕冠军法国在韩日世界杯表现太差，所以国际足联规定从 2006 年世界杯预选赛起，卫冕冠军需要参加其所属区域内的世界杯预选赛，从而只有东道主可以入围决赛圈的比赛。

2017 年国际足联官方宣布，2026 年起世界杯决赛阶段将扩充至 48 支球队参加。

案例 11-2

2022 年卡塔尔世界杯是历史上第一次在中东地区举办的世界杯，也是第一次在冬季举办的世界杯。面对高温和沙尘，主办方提出了"绿色世界杯"的理念，重视环保、节能和可持续发展。"中国制造"在多个基建项目中发挥了重要作用，展现了中国的技术和质量。其中，最引人瞩目的是 2022 年卡塔尔世界杯的主体育场——卢赛尔球场，由中国中铁建设集团有限公司承建，于 2021 年 9 月完工，创造了多项行业之最，包括世界最大跨度双层索网屋面单体建筑等。卢赛尔球场的设计灵感来自卡塔尔传统的帆船，象征着卡塔尔人的海洋文化和探索精神。球场的屋顶采用了双层索网结构，形成了一个巨大的弧形帆，覆盖了整个球场。屋顶由超过 4 000 根钢缆组成，总重量达到了 4 000 吨，总长度达到了 200 千米。屋顶可以开启或关闭，为球场提供了灵活的使用方式。屋顶还装有太阳能板，为球场提供了清洁的能源。屋顶的索网还可以降低球场的温度，为球员和观众提供了舒适的环境。卢赛尔球场展示了卡塔尔的文化、创新和可持续发展的理念，也展示了"中国制造"的高质量和高水平，为卡塔尔和中国之间的友好合作留下了深刻的印记。

（二）世界田径锦标赛

世界田径锦标赛，是国际田径联合会主办的世界最高水平田径赛事，也是世界第三大体育赛事，最初是每四年一届，1991 年起改为每两年一届，第一届世界田径锦标赛于 1983 年在芬兰首都赫尔辛基举行。

1913 年，刚成立不久的国际业余田径联合会决定，由奥运会的田径比赛实际承担田径世锦赛的使命，所以世界顶级的田径运动员，每四年才能参加一次世界最高水平比赛。这一决定起效长达 50 多年，直到 1960 年不少国家的田径协会开始呼吁组织田径世锦赛。

世界田径锦标赛是国际田径联合会全球竞赛计划皇冠上的"明珠"，有来自 200 多个国家和地区的约 2 000 名运动员参加，争夺 49 枚金牌，其中，男子项目有 24 枚金牌，女子项目有 24 枚金牌，男女混合项目有 1 枚金牌。世界田径锦标赛通常在 8 月举行，为期 9 天。

三、国际主要商业体育赛事

（一）美国职业篮球联赛

美国职业篮球联赛，简称美职篮或"NBA"，是美国四大职业体育联赛之一，也是社交媒体上最受欢迎的体育联赛之一。

美国职业篮球联赛按夏季联赛、季前赛、常规赛和季后赛四个阶段进行，参赛球队分为东部联盟和西部联盟，每个联盟又被划分为 3 个赛区，各赛区由 5 支球队组成。每个赛季结束后在下赛季开始前，会进行选秀，选秀后举办各球队新秀夏季联赛。季前赛、常规赛通常在十月份打响，季前赛包含海外赛。在 2 月份有一项特殊的表演赛事——全明星赛。常规赛结束后，东、西部联盟分别由前 8 名进入季后赛，决出东、西部冠军，晋级总决赛，表现最优秀的球员获最有价值球员奖荣誉。

（二）温布尔登网球锦标赛

温布尔登网球锦标赛，简称"温网"，是一项历史最悠久、最具声望的世界性网球公开赛事，由全英俱乐部和英国草地网球协会于 1877 年创办，因举办地在英国伦敦的温布尔登而得名，是世界网球四大满贯之一。

温网通常于 6 月或 7 月举办，是每年度网球大满贯的第三项赛事，排在澳大利亚网球公开赛和法国网球公开赛之后，美国网球公开赛之前，也是四大满贯中唯一的草地比赛，整个赛事通常历时两周。男子单打、女子单打、男子双打、女子双打和男女混合双打比赛在不同场地同时进行。温网还举办有男子单打、女子单打、男子双打、女子双打的青年比赛。此外，温网还为退役球员举办特别邀请赛。

温网可以不完全按照世界排名来定种子排位，因为这项赛事是由一个私人俱乐部在经营。从 2001 年开始，温网的种子排位就由一个委员会决定，他们参考这些球员过去几年的草地表现，再根据其世界排名的高低排出种子位置。这个特殊的计算方式是：以温网开始前一周的世界排名积分作为基础，另外再加上过去 12 个月的所有草地赛事的积分和此前 12 个月中最好的草地赛事积分的 75%。考虑到每个赛季的草地赛事数量有限，因此这个方式也能照顾那些擅长在草地作战的球员。温网种子排位计算公式同时提高了草地赛事的重要性，这些赛事的每一场胜利都会帮助球员在全英俱乐部获得更好的种子排位。

（三）环法自行车赛

环法自行车赛是知名的年度多阶段公路自行车运动赛事，每次赛期为 23 天，一般是每年 7 月初开始，7 月底结束，每天进行一个赛段，共进行 21 个赛段，中间有两天休息，总赛程为 3 200 千米左右。完整赛程每年不同，但大都环绕法国一周。起点每年不同，大多在北方的城市，有时也在邻近的国家，围绕法国一圈后，到达终点巴黎。

因为环法自行车赛的名气，沿途的城镇都愿意成为赛段的起始站。大赛的前奏赛（一般是第一个计时赛，不是每年都有）和第一赛段最受青睐，因为两场比赛一般都从同一个城镇出发。

比赛全程分成许多段，按比赛形式分个人计时赛和大组赛，按比赛道路分平地赛段和山地赛段，海拔最高可达 2 200 米。大赛的前数个赛段常常穿过周围的其他国家。

比赛从一个城镇到下一个，每一段分别计时排名。所有段成绩累计起来决定每一位赛手的总成绩。冠军为各段时间累计最少者。在每日赛事结束时，领先者将可穿上黄色领骑衫，最佳冲刺者将得到一件绿色车衣，山间赛事中最佳骑士将会得到一件波尔卡点运动衣，其有时被称作"山巅之王"。

在比赛中，如果选手落后于主车群太远将会面临淘汰出局的危险。根据比赛各赛段的平坦程度和当天速度，环法比赛的规则手册清楚写明淘汰的标准。如果选手在平地上比赛时速度低于 34 千米 / 小时，淘汰的速度点就是第一名选手所需时间的 4%。如果比赛的速度为 48 千米 / 小时，淘汰的系数就会上升为赛段第一名选手时间的 12%；在高山赛段，淘汰系数上升为 18%。个人计时赛上，是统一 25% 的淘汰系数。某些赛段上，尤其是在高山赛段，如果有一半的选手面临着淘汰，主办方将会自行依据规则决定。

（四）世界一级方程式锦标赛

世界一级方程式锦标赛（F1），是当今世界最高水平的赛车比赛，年收视率高达 600 亿人次，可以说是高科技、团队精神、车手智慧与勇气的集合体。F1 是赛车中的顶级赛事，全年的统筹安排、每站的赛事组织、车队管理、电视转播等方面都井井有条。

F1 使用的是单一年度联赛制度，积累全年积分来决定车手和车队的成绩，产生冠军。F1 每年规划有 16~17 站的比赛，通常在 3 月中开赛，10 月底结束赛季。每个分站产生一名分站冠军，全年各分站成绩总积分最高的赛手成为年度的 F1 世界冠军。

按照 F1 的章程，成立车队的必要条件是需要拥有自主研发的底盘，发动机总成、空气动力学套件等可以使用其他车队或厂家的产品。以前的车赛常借用城市的街道和公路作为赛道，比赛规则不完善，选手受到很大的制约。随着专业赛道的出现，比赛规则也在不断地完善，使赛车手水平得以更好地发挥。

（五）终极格斗冠军赛

终极格斗冠军赛（UFC），是目前世界上规模最庞大的职业综合格斗赛事，每年举办超过 20 期。1993 年，比赛首次在美国丹佛举办，目的是在开放式规则下为不同武术流派的格斗家提供统一的竞技平台，从而产生终极冠军，原本计划只举办一届的赛事因超高的关注度而延续下来。

比赛的直播为按次付费形式，赛事擂台为标志性的八角笼，签约 UFC 的职业格斗选手都经过系统而科学的格斗训练，具备综合运用各种格斗技术的能力。

UFC 将比赛按运动员的体重从 60 千克到 120 千克分为 8 个级别，每个级别有各自的特点，重量级运动员的力量可以形成猛烈攻击，最轻量级在力量上与其他级别有很大差距，但可以充分体现速度和灵活性优势。运动员可以根据体重增减来变换自己的比赛级别，但是当运动员增加体重进入更重级别的时候，自己的速度优势将会减弱，相反如果运动员减重进入更轻级别时，自己的力量也将减弱。

UFC 在一个被称为"八角笼"的八边形封闭擂台上比赛。八角笼的面积为 70 平方米，由钢丝网围成八边形场地，钢丝网由黑色人造皮包裹，场地分为蓝色角落区和红色角落区，两个颜色分别分配给比赛运动员，他们佩戴蓝色或者红色的比赛手套，手套颜色代表运动员休息时的角落区。擂台直径为9.8米，围栏高度为1.8米，整个擂台比地面高出1.2米，有两个可供出入的门。在围栏的上方以及8根柱子上都围有泡沫衬垫。地面是印有赞助商标的垫子，每届比赛会更换。比赛中只有两名运动员和一名裁判允许进入笼内，两个回合之间打开两个门供双方运动员入场。

第三节
国际体育管理新趋势

以善治改革促进行业自治，是国际体育组织全面深化治理改革的时代选择和发展愿景，也是国际体育管理的新趋势。了解国际体育组织管理的新趋势有助于为借鉴国际体育组织治理经验，更好地提升我国体育现代化治理能力和构建现代化治理体系奠定基础。

一、《奥林匹克 2020 议程》

2014年12月8日，在摩纳哥召开的国际奥委会第127次全会通过了《奥林匹克议程2020》（以下简称《议程》）改革方案，改革方案历经一年半的酝酿、讨论、整合、咨询、决议。期间，国际奥委会成立了14个改革方案起草小组，历经两次全会、六次执委会、一次高峰论坛进行商讨，从4万条建议中归纳出1 200个有益的想法，最终形成了40条改革建议。

《议程》为奥运会开启了改革之门。其改革的核心内容是降低奥运会申办和运行成本、可持续发展、提高公信力和注重人文关怀等，这些核心内容也体现了国际体育管理的新趋势。其核心思想主要包括以下几方面。

（一）确保奥运会的可持续性

国际奥委会前主席罗格在国际奥委会第114次全会上进一步明确指出，奥运会的成功举办是国际奥委会一切工作的前提。然而，随着奥运会的规模日益扩大，奥运会的管理和控制也变得愈发困难。如果要保持可持续性，对奥运会的改革刻不容缓。在国际奥委会成立的14个改革方案起草小组中，有5个小组共提出了有关奥运会改革的建议达13条，占到40条建议数量的约1/3，足以说明奥运会问题的重要性。这些建议涉及奥运会的申办程序、奥运会的可持续性与遗产、奥运会的差异化、奥运会项目的构成与程序、奥运会的运营管理等内容，但均指向"确保奥运会的独特性和可持续性"这一主题。

首先，《议程》对奥运会的申办程序及要求做出重大改革："国际奥委会将引入一个全新的理念：邀请候选城市参加奥运会主办城市的评选，前提是，申办奥运会能够最佳匹配城市的体育、经济、社会和环境长期规划的需要。"此外，《议程》还提出，如果出于可持续性的原因，奥运会预选赛以及其他正式比赛均可以在主办城市之外的城市或者国家举行。众所周知，由申办城市和所在国家奥委会共同递交申办请求，以招投标式的选举方式确定主办城市已经得到固定化，"同一时间、同一地点"的举办模式也早已在《奥林匹克宪章》中得到确认。然而，《议程》打破了这个常规，其出发点在于降低申办城市的成本、更大限度地利用现有的资源举办比赛，而且邀请制度将使得那些被"申办军备竞赛"挡在大门外的国家具备参与申办的机会和拥有申办的条件，也使得多个城市和国家联合申办奥运会变成可能。为了降低申办城市的成本、鼓励更多的城市申办，《议程》还提出由国际奥委会承担申办的部分费用，如国际奥委会曾划拨150万美元的专款供北京2022年冬奥会申办城市使用。

其次，《议程》对奥运会申办城市的评估标准进行修订，将重点放在"奥运会举办所带来的可持续性和遗产"上。国际奥委会将在现有的14个评估标准中增加"运动员体验"这一新的标准，并明确指出，要最大限度地利用现有场馆和临时场馆。评估委员会还将着重对申办可能带来的环境、社会、经济、政治状况进行整体评估。《议程》提出，由联合国环境计划署等第三方组织独立评估奥运会的环境风险，并组建世界奥运城市联盟、加强申办知识传递，实现申办遗产的可持续性传递。此外，申办城市可以采用非公开的方式与评估委员会和国际奥委会委员进行交流。新的改革建议充分表明旧有的做法得到了一定程度的修正，有利于委员们行使职责、使选择申办城市的程序更加透明，各方信息更加对称。

最后，《议程》还提出稳定奥运会的规模框架，但将奥运会项目的格局由"以大项为中心"改革为"以小项为中心"，这同样是一大创举。《议程》提出保持奥运会的规模为：夏奥会的注册运动员上限为 10 500 名，教练和服务人员上限为 5 000 名；冬奥会的注册运动员上限为 2 900 名，教练和服务人员上限为 2 000 名。这种做法在一定程度上延缓了奥运会的超大规模势头。同时，《议程》提出将夏奥会的小项限定在 310 项以内，冬奥会的小项限定在 100 项以内，在该届奥运会大项确定的前提下（由国际奥委会全会在主办城市选举前确定），奥运会组委会有权建议增加 1 个或多个小项，在奥运会正式举办前三年交由国际奥委会执委会决定。这种改革方案极大地突破了原有《奥林匹克宪章》对奥运会项目 35 个（夏奥会 28 个，冬奥会 7 个）大项的限定，使更多达到国际奥委会筛选标准的项目得到进入奥林匹克舞台展示的机会，体现了奥林匹克整体项目的灵活性以及体育项目的丰富延展性，最终有利于推动奥运会在多元文化世界的可持续发展。

（二）确立运动员的中心地位

随着奥运会利益主体的多元化和赛场竞争的白热化、功利化，运动员的中心地位不断遭受冲击，如电视转播商对赛程的更改、规则的修订在一定程度上会侵犯运动员的地位和利益；兴奋剂的阴影挥之不去，会影响运动员的身心健康和竞赛公平。面对挑战，巴赫主席旗帜鲜明地表达了国际奥委会对待运动员的态度："他们是最好的大使、是我们的榜样和财富，我们的第一要务是要保护干净的运动员。"

在理念层面上，《议程》提出要强化运动员平等的权利与受保护的权益。将《奥林匹克宪章》中"奥林匹克主义基本准则"的第六条修改为：《奥林匹克宪章》规定人们应当享有的权利和自由不能受到任何形式的歧视，如种族、肤色、性别、性取向、语言、宗教、政治或其他意见、国家或社会出身、贫富、出生或其他身份。上述最新的表述是对联合国《世界人权宣言》《体育运动国际宪章》有关"从事运动训练和体育运动是一项基本人权"的延续和肯定，也增加了更多的不受歧视的领域和观念，如性取向等，更加符合多元价值观念的社会风潮。在此基础上，《议程》明确提出："保护参赛运动员的纯洁性是反兴奋剂的根本目标，并诉诸打击假球、操纵比赛和腐败问题的相关措施。"《议程》提出要改变人们错误的思想观念，即把反对兴奋剂、反非法博彩、反腐败的投入看作是一种成本负担；相反，人们应该视这种投入是一种潜在投资，目的在于树立比赛的公信力、保护运动员，在于奥林匹克运动的长远发展。

在实践层面上，《议程》建议追加 2 000 万美元的专项资金用于保护干净的运动员，其中 1 000 万美元用作运动员的教育和预防，并强调由国际奥委会领导下的"国际体育诚信论坛"加强同政府部门、非政府组织和博彩公司的合作，以推动相关的信息共享、法律管控与教育传播，各种教育项目应该在国际刑警组织（ICPO）和联合国毒品和犯罪问题办公室（UNODC）的支持下完成；另外的 1 000 万美元用作兴奋剂检测技术的科技研发，相关研发团队应该在国际奥委会医疗委员会的领导下进行，并同世界反兴奋剂机构的健康与医疗研究委员会紧密合作，所有的研究必须以运动员为中心展开。《议程》还建议对纯洁参赛运动员的榜样进行表彰。

除此之外，国际奥委会还会将运动员的感受和体验作为奥运会评估的重要标准，并推动组委会在延迟奥运村居住服务、提供私密祷告场所、增加运动员亲友团门票等方面做出改进。还使用奥林匹克团结基金，同重要利益相关者（国家奥委会、运动员委员会、单项协会和商业伙伴）共同开发能够对运动员赛场内外的学习、教育、职业生涯规划给予指导和帮助的项目。

（三）推动奥林匹克主义的传播与教育

作为一种道德理想而衍生的"精神状态"（顾拜旦语），奥林匹克主义面临的最大问题是如何融入不同的文化语境以及如何被贯彻落实到具体的行动策略中。国际奥委会前主席罗格从一上任就认识到了这种问题，他开创性地发明青年奥运会就是要提供给青少年一个亲近、感受、参与奥林匹克价值观并接受教育的"活动课程"。《议程》紧紧围绕这一主题提出改革建议，最终目标是让奥林匹克主义在每一天都保持鲜活、生动。

首先，开创性地提出由奥林匹克广播服务公司（OBS）建立一个数字化的奥林匹克电视频道（Olympic Channel）。在媒体大爆炸的时代，16 天的集中报道之后，奥运会又要被湮没在海量的电视资讯之中，甚至"很多有魅力的奥运会项目，除每四年一次的夏季或冬季奥运会之外，其他的时间都很少被转播"。奥林匹克电视频道有助于增加奥运会时间之外的奥林匹克媒体曝光率，能够使人们有机会重温和体验奥运会的宝贵经历，能够将赞助商们更好地整合进来实现赞助者和观众的双赢。更主要的是，频道会将节目重点放在突出奥林匹克运动的思想传承与文化交流，会鼓励更多的青少年通过奥林匹克电视频道得到娱乐、知识和教育。

其次，在寻求更加广泛合作的基础上推动奥林匹克主义的有形化。国际社会高度评价和期望国际奥委会能够承担更多的社会责任，而不仅仅是体育活动。国际奥委会于 2013 年 6 月推出了名为"奥林匹克主义在行动（Olympism in Action）——体育服务全人类"的宏大工程，包括"社会发展、和平促进、健康推动、文化教育、性别平等、环境保护"等若干主题。这些项目不是停留在纸面上，而是要通过体育竞赛、交流、展示、场所等载体更好地发挥体育的力量，如国际奥委会为海地和赞比亚的"体育希望"子项目投入了每年

200 万美元的款项用于建设体育中心。

再次，加强国际奥委会的倡导能力。国际奥委会将充分利用在联合国总部的永久观察员身份，并在下属的国际合作与发展部增设一个倡导战略单元，希望通过与联合国教科文组织等组织重新签订谅解备忘录，使国际政府间组织和其他组织认识到体育的重要作用。

最后，进一步加强体育、文化、教育的融合。国际奥委会将重新评估青奥会，将第 4 届夏季青奥会举办年从 2022 年调整到 2023 年，实施专门的奥林匹克价值观教育计划（OVEP）和组委会的文化与教育计划（CEP），设立奥林匹克文化桂冠奖，通过奥林匹克小屋、移动奥林匹克博物馆、艺术展示项目等方式加强奥林匹克文化交流与教育实践。

（四）实现国际奥委会的组织自治与善治

国际奥委会的组织重要性不言而喻："奥运未来发展的好坏，在很大程度上取决于国际奥委会改革的成败……奥林匹克改革的首要目标就是使奥运的首脑机构更加透明、更加现代和更有效率。"《议程》不可回避地涉及国际奥委会组织自身的责任担当与机构改革。

首先，《议程》提出要确保国际奥委会的自治地位与善治理想。自治和善治是一个硬币的两面，其中，自治是国际奥委会确保组织独立性、治理体育事务自主性的体现，联合国在 2014 年 10 月通过了一个支持国际奥委会自治地位的法案；而善治则是国际奥委会实现组织目标的伦理向度。2008 年，国际奥委会正式通过《奥林匹克和体育运动善治基本通则》以下简称《通则》，标志着将体育善治作为解决奥林匹克运动及国际奥委会当代困境的手段。

其次，《议程》进一步提出设立一个小型的专家组对《通则》进行更新、同时评估遵守《通则》的效果，并着重强调国际奥委会的财务公开等透明度问题，如严格按照国际财务报告准则的要求进行财务公开，同时要求国际奥委会委员做好个人的财务公开。

再次，为了更好地实现组织善治，《议程》还建议加强国际奥委会伦理委员会的民主产生程序。国际奥委会在 1999 年盐湖城冬奥会危机后成立了伦理委员会，专门加强委员们的道德约束、处理违纪和腐败行为。《议程》提出要加强对《通则》的遵守，伦理委员会的主席和委员由国际奥委会主席指定改由全会选举产生，进一步完善国际奥委会的权力制衡与监督机制。

最后，为了增加委员的工作弹性，提高组织的民主化程度，《议程》建议对国际奥委会的成员组成和任职年限进行改革。按照原有的规定，委员最长任职年限为 8＋8 年，70 岁必须退休，《议程》提出如果委员任职期满未满 70 岁，可以申请额外延长 4 年的任期之后再退休。全会可以通过提名委员会最多提名 5 名候选人，以更好地平衡地缘、性别、领域等因素。

不难看出，《议程》提出的相关组织改革建议，其目的在于推动国际奥委会在同其他政府组织、商业团体、非政府组织、基层社区的多方互动中达成共识、实现共赢。

曼德拉有句名言："体育具有改变世界的力量"，这恰恰是国际奥委会承担社会责任的内在动力。奥林匹克运动将继续以其独特的方式促进人类社会的和平、友谊和进步。

二、《奥林匹克 2020 + 5 议程》

《奥林匹克 2020 + 5 议程》以《奥林匹克 2020 议程》已经取得的成就为基础，增加了 15 条新的改革建议，旨在未来 5 年更好地应对后疫情时代的挑战。这是一项针对所有奥林匹克运动参与者与利益相关方的合作倡议，希望借此实现更进一步的团结和数字化，加强可持续发展，提升信任度和社会对体育的关注度。

（一）15 条改革建议

（1）增强奥运会的独特性和普遍性；

（2）促进可持续的奥运会；

（3）加强运动员的权利和责任；

（4）继续吸引顶尖运动员；

（5）进一步加强安全运动和对干净运动员的保护；

（6）加强和促进奥林匹克之路；

（7）促进体育赛历和谐共生；

（8）与观众进行数字化互动；

（9）鼓励虚拟运动的发展并进一步与电子游戏社区互动；

（10）加强体育对实现联合国可持续发展目标的重要推动作用；

（11）加强对流离失所的难民和人们的支持；

（12）向奥林匹克社区之外"破圈"；

（13）继续树立企业公民榜样；

（14）通过善治改善奥林匹克运动；

（15）创新创收模式。

（二）奥林匹克运动：将挑战转为机遇

如今，奥林匹克运动涌现出了众多新趋势，具体包括：

团结。当前，世界百年未有之大变局加速演进，局部冲突和动荡频发，难民和流离失所者数量不断增加，尊重、包容和平等不断受到侵蚀。全球团结在人们最需要它的时候却不断经受挑战。然而，团结是奥林匹克运动所倡导的价值观的核心。现在正是我们为一个更加包容的社会与和平作出贡献的时机。

数字化。新冠疫情加速了社会的数字化进程。物理世界和数字世界正在逐渐融合，我们能够借此机会进一步将数字技术作为强大工具，更直接地与人们沟通，宣传奥林匹克价值。同时要记住，目前世界上约有一半的人口仍无法获得数字服务。

可持续发展。对有限资源的竞争正一步步升级为冲突，气候行动正处于临界点，人类健康与地球健康之间的相互依存关系是显而易见的。在诸多事实证据中，人们普遍认为体育是可持续发展的重要推动因素。通过参与实现联合国可持续发展目标，我们将作出自己的贡献。

公信力。人们对传统机构的信任度正在下降，年轻一代希望从机构和企业当中看到更多的目标与使命感。我们将通过进一步加强奥林匹克运动的公正、透明和善政，提高奥林匹克组织和比赛的公信力。

经济和金融方面的韧性。持续的公共健康危机将带来严重的金融和经济影响。今天为恢复经济产生的债务将需要在明天偿还，这可能会继续拉大社会内部以及国家之间的经济差距，也会影响政府和企业的优先事项排序。我们需要抓住机会强调我们在经济恢复中所作的贡献。

国际奥委会作为一个以价值为基础的机构，在《奥林匹克2020议程》取得成绩的启发下，凭借着在奥林匹克运动中的独特地位，紧跟趋势，转危为机，实现通过体育塑造更美好世界的愿景。

三、国际体育管理的善治

国际体育管理善治是随着治理理论的发展而提出的新概念。治理理论着眼于政府与公民的合作架构，提供了自身独特的视角和范畴，体现了政治发展的方向。

（一）国际体育管理善治的内涵

"善治"概念源自 1989 年世界银行在应对非洲发展危机时提出的一揽子治理思路和结构性调整政策，当下"善治"概念一般包括经济自由化和创造市场友好环境、民主化改革、政治经济方面的透明度和问责制、法治化与消除腐败等内容。可以说，善治是建立国际体育组织行业秩序和自治规则的最佳范本，是一种理想的治理境界。

国际体育管理的善治理论与实践在 20 世纪 90 年代蓬勃兴起。主要原因有：

（1）社会文化环境的日益成熟。文明、有序的社会是善治的现实基础，没有一个健全和发达的社会文化环境，就不可能有真正的善治。

（2）善治比传统的善政使用范围更大。善治不受政府范围的限制，无论是公司、社区，还是地区、国家，乃至国际社会，都需要善治。

（3）国际社会和国内社会在全球化时代需要新的公共权威和公共秩序，这一新的公共权威和公共秩序只能由善治来实现。

善治的治理理论虽然在管理方法与技巧上更适合现代社会，却不能确保实现新模式的功能和作用。

国际体育管理善治的实质是建立在市场原则、公共利益和认同之上的合作。它所拥有的管理机制主要依靠合作架构的权威，其权力向度是多元、相互的，而不是单一的和自上而下的。善治组织不是来自授权，而是来自协商，是由成员平等协商产生的。组织内部的议事规则、办事程序经过成员协商约定。决定事项的过程由于通过了彻底的民主协商，成员的意见能够得到充分的表达，具有非常灵活的利益表达机制，能够更好地体现公开、公平和公正。

国际体育管理的善治意味着管理方式和管理手段的多元化。国际体育管理的传统管理模式是通过发号施令来达成目标。现代的善治模式则认为办好事情的能力并不仅限于国际体育组织的权力，在公共事务的管理中，还存在着其他管理方法和技术。国际体育组织应该运用各种可行的办法来达到公共事务的良好管理，国际体育管理从传统的单边纵向权力渠道转向新的横向网络治理形式。

（二）国际体育管理善治的基本要素

国际体育管理善治的基本要素主要有：

1. 合法

合法即国际体育秩序和国际体育组织权威被认可和服从。

2. 透明

透明即国际体育管理的信息公开，章程和规则的制定、各项活动和政策实施、组织预算和开支以及其他有关的信息，组织成员和社会公众有权获得和知晓，并且对国际体育管理过程实施有效的监督。

3. 责任

责任指的是国际体育管理人员及国际体育管理机构须履行相应的职能和义务，国际体育管理机构和人员的责任越大，善治的程度越高。

4. 法治

法律是公民社会也是国际体育管理的最高准则，任何国际体育组织及其成员都必须依法行事，在法律面前人人平等。法治的直接目标是规范国际体育管理的行为，管理国际体育事务，确保事业发展。法治是善治的基本要求，没有对法律的充分尊重，就没有善治。

5. 回应

这一点与责任密切相关，是责任的延伸，指的是国际体育管理人员和管理机构必须对社会和其成员的要求做出及时和负责的反应，不得无故拖延。国际体育管理机构在必要时还应当定期、主动地向社会及其成员征询意见、解释政策和回答问题。

6. 有效性

有效性主要指管理的效率，包含两方面内容：一是国际体育管理机制结构合理，管理程序科学；二是最大限度降低管理成本。善治程度越高，管理的有效性也越高。

（三）国际体育管理善治的原则

1. 明晰目标

国际体育组织在组织章程中应明确设定其根本宗旨和初始目的。虽然各国际体育组织的具体目标可能千差万别，但是仍有一些共同的目标，如抵制兴奋剂和反对歧视，维护体育独立廉洁性以及采取符合伦理的实践活动。国际体育组织应当制定长期规划，设定近期发展目标，促进组织活动的责任性和透明度，并监督组织战略发展规划的实施。

2. 制定伦理法典

国际体育组织要制定伦理法典以约束其成员、利益相关者、参加者、员工和志愿者，并为体育伦理法典的施行制定具体的实施规则和内容。

3. 评估利益相关者的身份和角色

由于项目特征、参加者和利益方的差异，每个国际体育组织所面对的利益相关者各有不同，可能包括运动员、管理者、所有者、教练员、联盟方、俱乐部、支持者、代理人、比赛官员等。这就需要国际体育组织充分评估如何建立利益相关者代表的最低标准，通过社会对话等方式使得各方对体育最佳利益能够达成共识，并以机构内部法规方式确认国际体育组织和利益相关者共同为体育的发展承担责任。

4. 确定民主的最低标准

各国际体育组织需要有清晰的组织结构，依托合适的代表机制和民主程序作出决策。在国际体育组织章程中应当明确机构各个部门的职责，区分决策的制定、实施机构，建立代表大会、执行委员会、纪律和司法委员会和各工作委员会。确定程序规则，国际体育组织及其各部门决策时需要按照程序进行，成员和利益相关者有权参加咨询、辩论和决策过程。章程中具体规定成员、利益相关者在会议中的投票权，多数决定原则，定期召开会议，有权接收会议通知，商业合作的机会，成为代表的机会等，并有相应程序予以落实；提名决策机关的最低民主原则，各国际体育组织根据特定需求和资源情况可以采用合适、成比例、透明的结构。

5. 设立专门委员会和技术委员会

国际体育组织明确专门委员会和技术委员会的职责、任务。专门委员会即各执行机构需要认清其对会员和利益相关者的任务，各委员会的提名应当向所有会员和利益相关者开放，委员会的组成应当有广泛的代表性和专业性。明确国际体育组织各部门在决策时的责任，有利于提高政策的有效性和治理的效率。

6. 设立执委会

大多数国际体育组织设立执委会并作为执行机关监管和运行该机构的日常事务，执委会代表了体育治理的基本情况。一个国际体育组织能否成功执行和接受善治，取决于执委会是否以及多大程度上接受善治理念。

7. 建立适当的纪律和司法程序

要建立适当的内部司法和纪律程序，通过独立的内部司法和纪律条例，选拔公正的执法者，对执法者的技术和专业能力提出要求，建立公正听审的程序和适当的上诉程序。

8. 体现包容性和青年吸引力

国际体育组织要体现包容性，制定和执行包容性的发展战略，吸引青年人参与到体育事业的发展中。

9. 规范透明的章程和规章制度

章程的制定和修改需要进行适当的、一定范围的咨询程序，章程和规章制度颁布后需要向公众开放。

10. 体现责任性和透明度

在责任性方面，国际体育组织需要建立一个清晰的标准来监督和说明各决策机构的责任，确保权力的行使符合章程规定，符合相关机构的目标和作用，国际体育组织应当关注责任范围的检查和平衡。

国际体育组织的规模需要和关键性能指标以及评估程序相一致，以促进各层级体育组织的有效性和良好管理。国际体育组织应当采取成比例的、符合目标的内部控制措施。

在透明度方面，除了决策和执行的透明要求，还体现在财政、内务和对外交流等方面。财政信息应当根据规定向所有会员、利益相关者和公众开放，所有财政信息应当在年度报告中呈现。资金分配应当形成文件，根据合适条件和跟踪报告制度约束接受资金者。

采取有效的、成比例的风险管理机制。在内务和沟通方面，国际体育组织应当制定适当的保密协议和规定，建立泄密的危机迅速处理机制。制定透明的内外部交流政策，为组织员工、成员、志愿者和利益相关者建立有效、透明的沟通途径，为员工和志愿者的职业发展创造条件，提供清晰的员工行为指引。

思考与探索

1. 国际奥委会的奥运会设项改革对中国体育事业的改革与发展有什么影响和借鉴意义？

2. 简述中国体育赛事知识产权保护的现状。

3. 中国体育的改革创新和发展可以从《奥林匹克 2020 议程》和《奥林匹克 2020＋5 议程》中借鉴哪些内容？

4. 参照国际体育组织的组织结构和自治规则，中国单项体育协会的组织结构和自治规则有哪些特点？

5. 2022 年北京冬奥会筹备与组织有哪些主要的经验与成果？

6. 中国体育管理善治可以从国际体育管理的善治趋势中借鉴哪些经验？

7. 谈一谈中国职业体育和商业赛事发展的现状及成功案例。

推荐阅读文献

第十一章参考文献

1.《奥林匹克宪章》

2.《中华人民共和国体育法》

3.《反对在体育运动中使用兴奋剂国际公约》

郑重声明

高等教育出版社依法对本书享有专有出版权。任何未经许可的复制、销售行为均违反《中华人民共和国著作权法》，其行为人将承担相应的民事责任和行政责任；构成犯罪的，将被依法追究刑事责任。为了维护市场秩序，保护读者的合法权益，避免读者误用盗版书造成不良后果，我社将配合行政执法部门和司法机关对违法犯罪的单位和个人进行严厉打击。社会各界人士如发现上述侵权行为，希望及时举报，我社将奖励举报有功人员。

反盗版举报电话 （010）58581999 58582371

反盗版举报邮箱 dd@hep.com.cn

通信地址 北京市西城区德外大街 4 号
　　　　　高等教育出版社知识产权与法律事务部

邮政编码 100120

读者意见反馈

为收集对教材的意见建议，进一步完善教材编写并做好服务工作，读者可将对本教材的意见建议通过如下渠道反馈至我社。

咨询电话 400-810-0598

反馈邮箱 gjdzfwb@pub.hep.cn

通信地址 北京市朝阳区惠新东街 4 号富盛大厦 1 座
　　　　　高等教育出版社总编辑办公室

邮政编码 100029

防伪查询说明

用户购书后刮开封底防伪涂层，使用手机微信等软件扫描二维码，会跳转至防伪查询网页，获得所购图书详细信息。

防伪客服电话 （010）58582300